全国医药高职高专护理类"十二五"创新教材

U0746552

人体结构学

（供护理、涉外护理、社区护理及助产专业使用）

主编 张永昌 何世洪

中国医药科技出版社

内 容 简 介

本书是全国医药高职高专护理类"十二五"创新教材之一,依照教育部教育发展规划纲要等相关文件要求,紧密结合卫生部护理执业考试特点,根据《人体结构学》教学大纲的基本要求和课程特点编写而成。

全书共分为三部分,十二单元,分别介绍了人体细胞和基本组织、器官及系统结构、人体胚胎学概要的内容。

本书适合医药卫生高职高专、函授及自学高考等相同层次不同办学形式教学使用,也可作为医药行业培训和自学用书。

图书在版编目(CIP)数据

人体结构学 / 张永昌,何世洪主编 . —北京:中国医药科技出版社,2013.2
全国医药高职高专护理类"十二五"创新教材
ISBN 978-7-5067-5684-6

Ⅰ . ①人… Ⅱ . ①张… ②何… Ⅲ . ① 人体结构 – 高等职业教育 – 教材
Ⅳ . ① Q983

中国版本图书馆 CIP 数据核字(2012)第 291602 号

美术编辑　陈君杞
版式设计　郭小平

出版　　中国医药科技出版社
地址　　北京市海淀区文慧园北路甲 22 号
邮编　　100082
电话　　发行:010 – 62227427　邮购:010 – 62236938
网址　　www.cmstp.com
规格　　787 × 1092mm $\frac{1}{16}$
印张　　19 $\frac{1}{2}$
字数　　416 千字
版次　　2013 年 2 月第 1 版
印次　　2013 年 2 月第 1 次印刷
印刷　　大厂回族自治县德诚印务有限公司
经销　　全国各地新华书店
书号　　ISBN 978-7-5067-5684-6
定价　　**59.00 元**

全国医药高职高专护理类"十二五"创新教材建设委员会

编委会

编写说明

随着《国家中长期教育改革发展纲要（2010～2020年)》的颁布和实施，高职高专教育更加强调内涵建设，高职高专院校办学进入了以人才培养为中心的结构优化和特色办学的时代。护理专业在2003年卫生部等六部委联合下发的《关于实施"职业院校制造业和现代服务业技能型紧缺人才培养培训工程"的通知》中，就被确定为四个紧缺型技能人才培养专业，其对人才的需求更加急迫。教材作为知识的载体，是人才培养过程中传授知识、训练技能和改善思维模式的重要工具之一，是学校教学、科研水平的重要反映。同时，教材内容的创新是课程建设的重要组成部分。针对新时期护理专业人才培养的要求，过去使用的大部分高职高专护理教材已不能适应素质教育、特色教育和创新技能型人才培养的需要，距离以"面向临床、素质为主、应用为先、全面发展"的人才培养目标越来越远，所以动态更新专业、课程和教材，改革创新办学模式已势在必行。

《全国医药高职高专护理类"十二五"创新教材》是为了切合新一轮教学改革专业调整方案的要求、切合新版执业护士资格考试大纲的要求，在深入学习了《国家中长期教育改革和发展规划纲要（2011～2020年)》、《医药卫生中长期人才发展规划（2011～2020年)》等文件精神，并到各相关院校广泛调研的基础上组织编写的。本套教材以培养能够适应护理工作第一线的高素质实用技能型人才为根本任务。紧密结合教学大纲要求、紧密结合护士执业考试要求，以理论知识适度、加强任务分析内容、加强实际操作能力培养为特点。在以往教材体现"三基"（基本理论、基本知识、基本技能）、"五性"（思想性、科学性、先进性、启发性、适用性）、"三特定"（特定学制、特定专业方向、特定对象）的基础上，设立要点导航、护理应用、考点提示、直通护考、知识链接等模块，使其在内容上、体例上更贴近教学改革，有所创新。

本套教材在策划、主编遴选、编写、审定过程中，得到了很多专家的精心指导，得到了相关院校的大力支持，在此一并致谢！

改革创新的过程也是探索提升的过程，目标的提出至目标的实现甚至是一个漫长、曲折的过程。在此殷切希望各医药卫生类院校师生和广大读者在使用中进行检验，并提出宝贵意见，使本套教材更臻完善，成为应用性更强、教学效果更好、更符合现代教育改革的教材。

全国医药高职高专护理类"十二五"创新教材
建设委员会

前言 Preface

　　随着高等教育改革的不断深化，教材建设也在不断发展。医学类护理专业为国家紧缺型技能人才培养专业，全国各医药高职高专学校一直在探索、研究，力争编写出一套既不同于医学本科，也不同于中专，符合高职高专培养目标的创新教材。本版《人体结构学》，就是在全国医药高职高专护理类"十二五"创新教材建设委员会指导下，根据医药高职高专护理类专业培养目标进行编写的。

　　本版教材主要有以下特点：①明确培养目标，紧扣教学大纲和考试大纲：以培养有市场需求的医药类高素质技能型专门人才为目标，强调"三基"，即基本理论、基本知识、基本技能；基本理论和基本知识，本着必须、实用和够用的原则，更强调基本技能的培训。培养的人才，除了要经岗位检验以外，还要经国家上岗考试检验，教学内容不仅紧扣教学大纲，还紧扣考试大纲；本教材主要适用于医药高职高专护理类各专业三年制学生。②坚持"五性"：即思想性、科学性、先进性、启发性、适用性。③强调与相关学科的联系：《人体结构学》是其他医学基础学科和临床学科的基础，编写中强调与相关学科的联系，专门设置了应用模块，以便于后续学科的学习。④注重整体性：人体结构相当复杂，本版《人体结构学》涵盖了《人体细胞学》、《组织胚胎学》、《系统解剖学》、《局部解剖学》的内容，以便于让学生对人体结构有全面系统的了解。⑤突出形态学特点：《人体结构学》是形态学科，学时安排上注重实验课，教材基本上用彩图，便于形象记忆。

　　《人体结构学》是高职高专护理类各专业的一门重要医学基础课，人体结构包括大体结构和微细结构，由人体细胞以不同组织形式形成器官，由器官构成系统，因此教材分为三部分，第一部分人体细胞和基本组织，第二部分器官及系统结构，第三部分胚胎学。全书共12单元，插图383幅，力求文字简明扼要，重点突出。

　　在教材的编写过程中，参阅了不少国内外专家、学者的文献资料及研究成果，有的未能一一标出，在此表示真诚的感谢。同时得到了四川中医药高等专科学校、重庆三峡医药高等专科学校、重庆医药高等专科学校、四川乐山职业技术学院、四川达州职业技术学院及中国医药科技出版社的大力支持，在此一并致谢。教材建设是一个长期工程，由于编写人员的学术水平和编写能力有限，加之时间仓促，教材中的不足之处在所难免，恳请同行批评指正，以便再版时完善。

编　者

2012 年 10 月

目录 Contents

1

第二部分 器官及系统结构

第三部分　胚胎学

绪　论

要点导航

学习要点
掌握：人体结构学的定义；人体的组成和分部；标准姿势和常用方位术语。
熟悉：常用组织切片的制作方法和染色。
了解：学习人体结构学的基本观点和方法。
技能要点
1.能熟练使用显微镜。
2.能在活体指认身体各部，灵活运用方位术语。

一、人体结构学的定义和在医学教育中的地位

人体结构学是研究正常人体的产生、生长发育规律及形态、结构的一门科学，属于生物科学的形态学范畴。人体结构学的主要任务是探讨和阐明正常人体细胞、组织及各器官的形态特征、位置毗邻和相互关系，它涵盖医学科学中人体细胞学、组织学、胚胎学和人体解剖学的内容。人体结构学是医学中的一门重要基础课程，医学名词中约 1/3以上来源于人体结构学，与医学其他各学科关系极为密切，它能够为其他医学基础学科和临床医学提供正常人体形态、结构的基础知识，是高职高专护理类学生的必修课程。

二、人体的组成和分部

细胞 cell 是构成人体结构和功能的基本单位。许多形态相似、功能相近的细胞群以及多少不等的细胞间质构成组织 tissue。按其结构和功能，人体的组织分为4种，即上皮组织、结缔组织、肌组织和神经组织。这些组织按一定方式有机地结合构成具有一定形态、完成特定功能的器官 organ。由功能关系密切的器官连接在一起，完成某种连续性的生理功能，称这套器官为一个系统 system。人体共有9大系统，即运动系统、消化系统、呼吸系统、泌尿系统、生殖系统、脉管系统、内分泌系统、神经系统、感觉器。其中消化系统、呼吸系统、泌尿系统、生殖系统的器官大部分位于胸、腹、盆腔内，借一定的管道直接或间接与外界相通，主要进行物质代谢和繁殖后代，统称为内脏。内脏器官中呈管状或有大的空腔者称中空性器官，如胃、小肠、膀胱等；无特定空腔者，称实质性器官，如肝、脾、肾等。

从外形上，人体可分为四大部分，即头、颈、躯干和四肢。头部包括后上部的颅和前下部的面部；颈部包括后面的项和前面的颈；躯干包括胸、腹、盆部、会阴和背等；上肢包括肩、臂、前臂和手；下肢包括臀、大腿、小腿和足等。

三、人体结构学的研究方法

人体结构学的研究方法主要有两种：一是用刀切开尸体，凭借肉眼观察的方法研究正常人体器官的位置、形态特征、毗邻及相互关系，即尸体解剖标本观察；二是借助显微镜观察来研究人体的产生、生长发育规律，以及人体细胞、组织和各器官的微细结构，即显微镜组织切片观察。

（一）尸体解剖标本观察

尸体解剖标本观察的目的就是要把所观察到的人体器官形态结构描述出来，人体器官结构复杂、种类很多，为了正确描述人体器官的形态、位置以及它们间的相互关系，必须先规定公认的统一标准和描述语言，所有医务人员都按这些标准、用这些语言来描述，以利于相互学习和交流。公认的统一标准和描述语言具体包括标准姿势、方位术语、轴和切面，初学者必须准确掌握并严格遵循这些基本原则。

1. 标准姿势

标准姿势即身体直立，两眼平视前方，双足靠拢，足尖朝前；上肢自然下垂于躯干两侧，手掌掌心向前（拇指在外侧）。

2. 方位术语

（1）上和下：标准姿势下，头居上，足在下。近头者为上，近足者为下。可用颅侧代替上，用尾侧代替下。

（2）近侧（端）和远侧（端）：是用于描述四肢位置关系的一组方位术语，即离四肢与躯干相连部位距离短的为近侧，而相对距离较长的部位为远侧。

（3）前和后：靠身体腹面者为前，而靠背面为后。在描述躯干时通常用腹侧和背侧。在描述手时则常用掌侧和背侧。

（4）内侧和外侧：以身体正中矢状切面（将人体分成左右两等分的切面）为准，距离近者为内侧，距离相对远者为外侧。描述上肢的结构时，由于前臂尺、桡骨并列，尺骨在内侧，桡骨在外侧，故可用尺侧代替内侧，用桡侧代替外侧。下肢小腿部有胫、腓骨并列，胫骨在内侧，腓骨居外侧，故又可用胫侧代替内侧，用腓侧代替外侧。

（5）内和外：用以表示某些结构和腔的关系，靠近腔的称内，远离腔的称外，不同于内侧和外侧。

（6）浅和深：是以体表皮肤为标准来描述的方位术语，靠近体表的叫浅，相对远离体表的叫深。

3. 轴和面

（1）轴：为规范尸体剖开的切面和描述关节的运动，以标准姿势为准，人体可设计相互垂直的三种轴。（绪图 –1）。

垂直轴：为上下方向与地平面垂直的轴。

矢状轴：为前后方向与垂直轴垂直的轴。

冠状轴：为左右方向的水平线，与前两种都垂直的轴。

（2）面：按照轴线可将人体或器官切成不同的切面，以便从不同角度观察某些结构。人体的切面有三种：矢状面、冠状面、水平面（绪图 –1）。

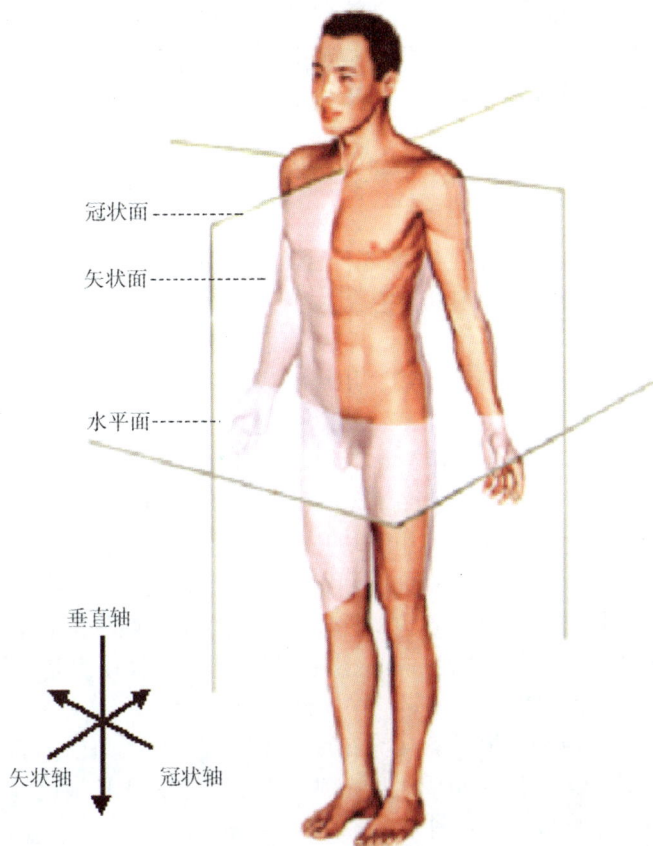

冠状面 ----------

矢状面 ----------

水平面 -------

垂直轴

矢状轴　　　冠状轴

绪图 –1　人体的轴和面

矢状面：是沿矢状轴方向将人体分为左右两部分的切面，如该切面恰好通过人体的正中线，则叫做正中矢状面。

冠状面：是沿冠状轴方向将人体分为前后两部分的切面。

水平面：是与垂直轴垂直的切面，它将人体分为上下两部分，与上述两个切面均相垂直。

器官的切面一般不以人体的长轴为准，而以器官本身的长轴为准，即沿其长轴所做的切面叫纵切面，而与长轴垂直的切面叫横切面 。

（二）显微镜组织切片观察

1. 光学显微镜的使用

光学显微镜的使用主要包括下面的步骤：

（1）使用前准备：揭下防尘罩，插上电源，打开开关。

（2）对光：用物镜转换器将 10 倍物镜对准聚光器中心，再用手拉动目镜筒滑板，使双眼视野重合在一起。

（3）放置切片：将所要观察的标本从切片盒内取出，先肉眼观察标本组织的外形、大小、颜色及盖片有无破损，然后将盖片朝上把切片平放于载物台上，用切片夹固定好。调整切片位置使其标本对准聚光器中心，以便进行观察。

（4）低倍镜观察：用粗螺旋使低倍镜头与标本相距 0.5cm 左右，向下移动载物台，直到视野内图像清晰为止。低倍镜主要用于观察组织、器官的基本结构的全貌。

（5）高倍镜观察：首先在低倍镜下把要观察的部分移至视野中央，然后用物镜转换器转换 40 倍镜头，再用细螺旋调节。

（6）观察后的处理：取下切片，下移载物台，关闭电源开关，罩上防尘罩。

2. 组织切片的制作

人体组织器官不可能直接放在显微镜下面观察，都需要先制作成能够透光并染色的组织切片，最常用的是石蜡切片 HE 染色法。

石蜡切片的基本制作过程包括：

（1）取材和固定：取人体新鲜组织，用甲醛或乙醇使蛋白质迅速固定或沉淀，以保持组织的原有结构。

（2）脱水和包埋：用乙醇和二甲苯将固定组织脱水，后用石蜡包埋，制成石蜡块。

（3）切片和染色：用切片机将用石蜡包埋的组织块切成 5~7 μm 厚度的薄片，贴于载玻片上，最后脱蜡染色。用染料使组织切片着色称染色，碱性染料可将细胞和组织的酸性物质染成紫蓝色，酸性染料可将细胞和组织的碱性物质染成红色。易被碱性染料着色的性质称嗜碱性，易被酸性染料着色的性质称嗜酸性，对两种染料的亲和力都不强称中性。最常用的碱性染料是苏木精 hematoxylin，最常用的酸性染料是伊红 eosin，用苏木精和伊红对切片染色，称 HE 染色。

除石蜡切片外，血液和体液可直接涂在玻片上制成涂片，疏松结缔组织可撕开铺在玻片上制成铺片，骨和牙等硬性组织可磨成薄片称磨片。除 HE 染色外，有些组织用硝酸银处理（银染）后呈现黑色，这种现象称嗜银性。

四、学习人体结构学的基本观点和方法

人体结构学是一门形态学科，要实现对人体的产生、生长发育规律及形态、结构相关知识的全面认识和掌握，必须具备一些基本观点和方法。

（一）形态和功能相联系的观点

器官的形态结构是器官功能的物质基础，所以器官发生形态结构的改变必将影响功能的变化，当然器官功能的变化也可引起形态结构的改变，将形态和功能相联系，对掌握器官的形态结构是十分重要的。

（二）局部和整体相联系的观点

虽然人体各种器官都有特定功能，但必须在神经和体液的调节下，密切配合，共同协调方能完成。人体是一个有机整体，任何一个器官都不能独立地完成其功能。在学习过程中要有局部和整体相联系的观点，防止认识的片面性。

（三）进化发展的观点

人类是由灵长类动物经过长期进化演变而来的，而人的个体发生反应了种系发生的过程，现代的人类仍在不断发展变化中。人体器官的形态和功能不管是出生前、还是出生以后都可能随环境条件的变化而变化，所以学习人体结构学要具备进化发展的观点。

（四）理论和实际相联系的观点

学习是为了应用，学习人体结构学是为了更好地认识人体，为医学理论学习和实践奠定基础，在学习过程中要把教材内容与尸体标本观察、显微镜组织切片观察以及活体

密切结合起来，最终达到学以致用的目的。

（五）形象记忆和理解记忆相结合

人体结构学名词术语繁多，要牢固掌握人体结构的基础知识，必须充分发挥形象思维和理解记忆能力，才能为后续课程的学习打下扎实的基础。

练习题

一、A1 型题（单句型最佳选择题）

1. 下列关于标准姿势的说法，错误的是

　　A. 身体直立　　　　　　B. 两眼平视前方　　　　　C. 双足靠拢，足尖朝前

　　D. 手掌掌心向前　　　　E. 两手掌掌心相对

2. 下列哪组是以皮肤为标准的方位术语

　　A. 上和下　　　　　　　B. 浅和深　　　　　　　　C. 前和后

　　D. 内和外　　　　　　　E. 近端和远端

3. 下列关于显微镜的使用，正确的是

　　A. 对光时将 40 倍物镜对准聚光器中

　　B. 放置切片时将盖片朝下放于载物台上

　　C. 先看低倍镜后看高倍镜

　　D. 先看高倍镜后看低倍镜

　　E. 转换 40 倍镜头后，主要用粗螺旋调节

二、名词解释

1. 标准姿势　　　　　2. 内脏　　　　　3.HE 染色

（张永昌）

第一部分

人体细胞和基本组织 >>>

人体细胞

要点导航

学习要点

1. 说出构成细胞的主要化学元素和细胞膜的化学成分。
2. 归纳细胞质中各种细胞器的主要功能。
3. 简述细胞核的结构。
4. 解释细胞器、染色质和细胞周期的概念。
5. 概述细胞周期各期的特点。

技能要点

能在光镜下辨认几种主要细胞的形态。

第一节 细胞的基本结构

细胞 cell 是人体的基本结构和功能单位，全身共有 40 万亿 ~60 万亿个。组成人体的细胞大小不一，形态多样，功能各异。细胞的平均直径在 $10\sim20\mu m$ 之间。最大的是成熟的卵细胞，直径在 0.1mm 以上，肉眼勉强可见；最小的是血小板，直径只有约 $2\mu m$。细胞的形态与其执行的生理功能和所处的部位密切相关。例如，具有接受刺激、传导冲动的神经细胞有很多细长突起；流动的血细胞多数呈球形；紧密排列的上皮细胞呈立方形、柱状和扁平形等（图 1-1）。凡此种种无不证明了人体细胞的形态与功能的辩证统一。

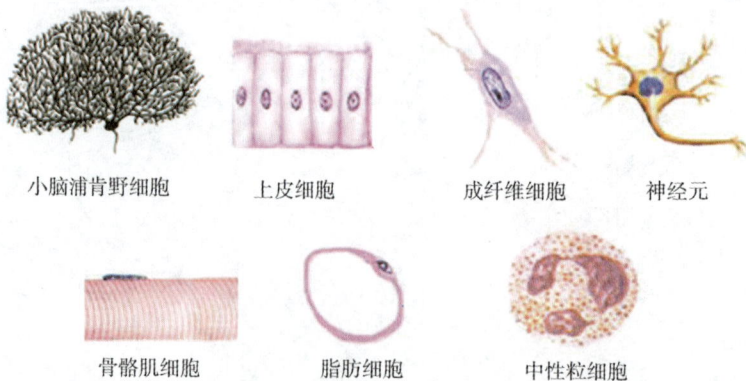

小脑浦肯野细胞	上皮细胞	成纤维细胞	神经元

骨骼肌细胞	脂肪细胞	中性粒细胞

图 1-1 细胞的种类

人体细胞的多样性是逐渐发育分化而形成的。在胚胎发育时期，它们均来自单一的受精卵，以后随着胚体发育，细胞的增多，适应各种功能的需要才出现了许许多多不同形态，执行不同功能的细胞，这种现象称之为细胞分化。人体细胞尽管千差万别，但仍有共同的基本结构。在光镜下，均可分为细胞膜、细胞质和细胞核三部分（图1-2）。这是传统的描述方法，其优点是简单明了，内外区域层次分明，因此，目前仍被广泛应用。自从20世纪50年代电子显微镜问世以来，打破了细胞分成三部分结构的

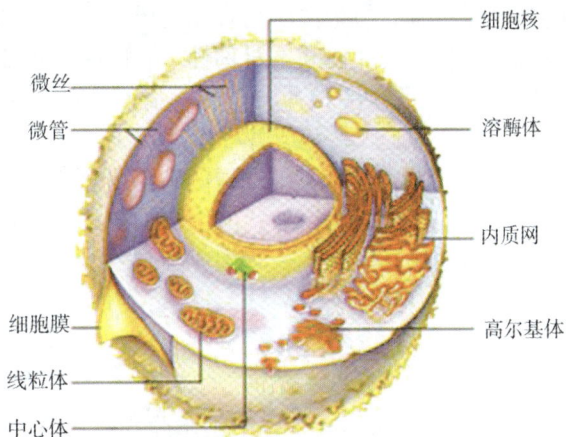

图 1-2　细胞结构示意图

旧概念。过去在光镜下只能依靠生理功能和染料吸附等来证明其存在的细胞膜，现在在电镜下不仅清晰可见，而且还发现细胞内部的许多细胞器也是由类似细胞膜样的膜性结构构成的。所以现代研究细胞结构是按细胞组成成分，而把细胞分为膜相结构（包括细胞膜、线粒体、内质网、高尔基复合体、溶酶体、微体、核膜）和非膜相结构（包括细胞基质、包含物、细胞骨架、核糖体、中心体、核基质、核仁、染色质）（图1-2）。用此方法区分细胞，能较准确地表达细胞结构的本质。

一、细胞膜

细胞膜 cell membrane 是包在细胞表面的一层薄膜，也称质膜，其厚度为 7~10nm。

1. 细胞膜的结构　细胞膜在光镜下一般难以分辨，用电镜观察固定染色的标本，可见细胞膜呈现两暗夹一明的 3 层结构，即内、外两层电子密度高，深暗；明层电子密度低，明亮。每层厚 2.5nm，三层总厚约 7.5nm。细胞内膜性细胞器的膜也均有类似的三层结构。由此可见，上述三层结构是一切生物的细胞所具有的共同特征，故称为单位膜 unit membrane。

细胞膜的化学成分主要由脂类、蛋白质和少量糖类、水、无机盐和金属离子等组成。其中脂类和蛋白质比例 1：1。关于细胞膜的分子结构，目前较为公认的是"液态镶嵌模型"学说。该模型的基本内容是：膜的分子结构以液态的类脂（磷脂）双分子层为基架，其中镶嵌着各种不同生理功能的球状蛋白（图1-3）。类脂分子排列成内、外两层，形成一个连续的隔膜；膜上的蛋白质分子大部分以不同方式（不同程度地部分嵌入、深埋或横跨全膜）镶嵌在两层类脂分子之间，称为"镶嵌蛋白"，少量蛋白质附着在类脂分子层的内表面，称为"表在蛋白"。糖分子多位于细胞膜

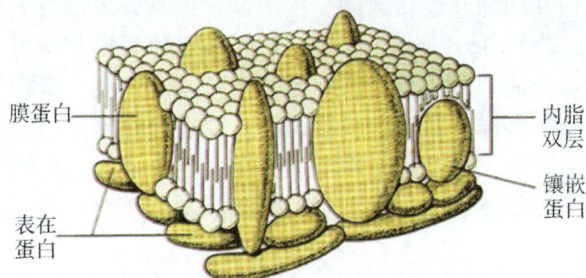

图 1-3　细胞膜液态镶嵌模型

的外表面，有的与蛋白质结合成糖蛋白，有的与脂类结合成糖脂。液态镶嵌模型学说主要强调了膜的流动性和不对称性。有的学者把膜类脂与膜蛋白的关系比喻为"海洋"与"冰山"的关系，蛋白质分子像一群"冰山"，无规则地漂浮在流动的脂质"海洋"中。这一结构使细胞膜能完成各种生理功能。

2. 细胞膜的功能　细胞膜的功能是多方面的，并且与膜的分子结构密切相关：①维持细胞的完整性，保持一定的细胞形态；②选择性通透作用，维持细胞内环境的相对稳定；③细胞膜受体功能；④构成细胞的支架；⑤与细胞识别、细胞粘连和细胞运动等有关。

二、细胞质

细胞质 cytoplasm 是位于细胞膜与细胞核之间的部分，是细胞完成多种重要生命活动的场所。包括基质、细胞器和包含物三部分。

1. 细胞器　细胞器是指悬浮于细胞基质内、具有特定的形态结构，并执行一定生理功能的小器官。光镜下只能看到线粒体、高尔基复合体及中心体等三种细胞器。

（1）线粒体——细胞的供能站：在光镜下，线粒体呈线状、杆状或颗粒状，故称之。电镜观察线粒体为双层单位膜围成的椭圆形小体，外膜光滑，内膜向内折叠形成线粒体嵴（图1-4）。线粒体嵴含有多种酶，能将细胞摄入的蛋白质、脂肪、糖等分解、氧化，并制造高能磷酸化合物——三磷腺苷（ATP），为细胞活动提供能量。

（2）核糖体——合成蛋白质的基地：核糖体又称核蛋白体。电镜下是一种近似球形的致密颗粒，主要由 RNA 和蛋白质组成。核糖体的功能是合成蛋白质。在胞质中核糖体以两种形式存在，一种游离于细胞基质中，称为游离核糖体，主要合成细胞"内源性"结构蛋白，供细胞自身的代谢、生长和增殖需要；另一种附着于内质网和核外膜表面，称为附着核糖体，主要参与合成向细胞外输出的分泌性蛋白质（如消化酶、抗体等）。

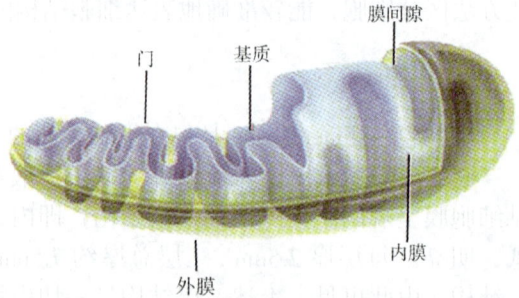

图 1-4　线粒体结构模式图

（3）内质网——多功能的膜性小管系统：内质网是由单位膜围成的扁囊或小管泡状结构，这些结构在细胞质中纵横交错，相互沟通并连接成网。内质网根据其外表面有无核糖体附着可分为粗面内质网和滑面内质网（图1-5）。前者由平行排列的扁囊和附着在膜外表面的核糖体构成，其主要功能是合成和分泌蛋白质。后者由分支小管及小囊构成，膜外表面光滑，无核糖体附着，其功能多样，随所在细胞而异。如在肝细胞中与肝糖原和解毒有关；在脂肪细胞中与合成脂类有关；在肾上腺皮质细胞中与合成类固醇激素有关；在肌细胞中则参与钙离子的储存和释放，参与肌细胞的收缩活动。总之，滑面内质网是一种多功能的结构。

（4）高尔基复合体——细胞的加工厂：光镜下观察，高尔基复合体多位于细胞核附近，常呈小泡及网状，故又称内网器。在电镜下，高尔基复合体是由扁平囊泡、小泡和大泡三部分构成的复合体（图1-6）。其主要功能是参与细胞的分泌活动，能将粗面内质网中合成的蛋白质进一步加工、浓缩、包装成分泌颗粒。此外，还参与多糖的合成和溶酶体的形成。

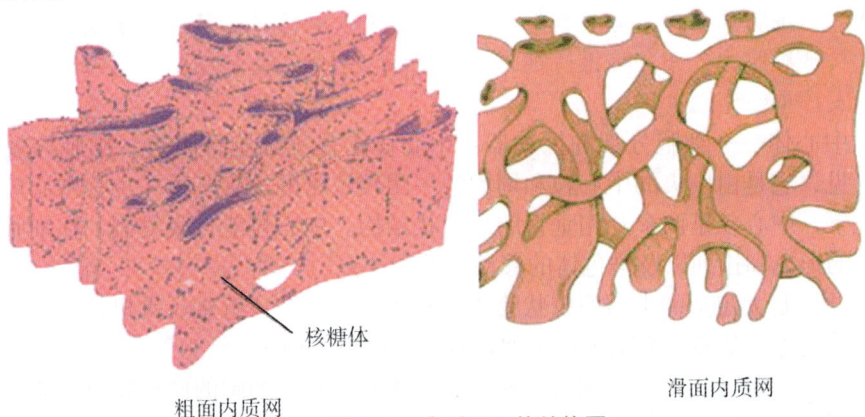

核糖体

粗面内质网

滑面内质网

图1-5 内质网立体结构图

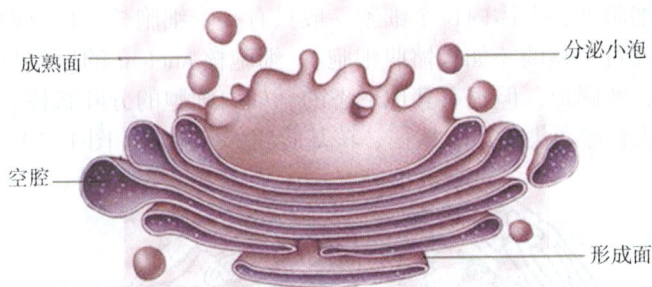

成熟面

空腔

分泌小泡

形成面

图1-6 高尔基体立体结构图

（5）微体——细胞的防毒小体：微体是由一层单位膜围成的圆形或椭圆形小体。微体富含过氧化物酶、过氧化氢酶以及多种氧化酶，故又称为过氧化氢酶体。它的主要功能是破坏对细胞有毒性的过氧化氢，防止细胞的氧中毒，起着保护作用。

（6）溶酶体——细胞内的消化器：溶酶体是由一层单位膜围成的小体，其大小不一，形态各异。溶酶体内含多种水解酶，能对外源性有害物质（如细菌）及内源性衰老破损的细胞器（如破损的线粒体、内质网等）进行消化分解。因此，人们常把它比喻为细胞的"清除器"。

应用链接

机体缺氧、中毒、创伤等情况，可引起溶酶体膜破裂，大量水解酶扩散到细胞质内，致使整个细胞被消化、自溶。研究表明，肿瘤、类风湿、休克、发热、肝炎和硅沉着病（矽肺）等的发病机制均与溶酶体有一定关系。

临床上使用克矽平类药物（聚乙烯吡啶氧化物）来抑制硅沉着病病程，就是因为这类药物可进入溶酶体内，其氧原子与硅酸分子结合，使硅酸不能与溶酶体膜结合，从而对溶酶体膜起保护作用。

（7）微管、微丝、中间丝——细胞骨架：细胞骨架是指细胞内的结构网架，由蛋白质纤维构成，包括微管、微丝、中间丝等。微管是一种中空性圆柱状结构，粗细均匀，无分支，其主要成分是微管蛋白；微丝是一种实心的丝状结构，其主要成分是肌动蛋白；中间丝是细胞质中介于微管与微丝之间的一种实心细丝，其成分复杂。微管、微丝和中间丝构成细胞内支架，在维持细胞形态、参与细胞运动和细胞分裂以及跨膜信息传递等方面发挥重要作用。

（8）中心体——细胞分裂的推动器：中心体多位于细胞核附近，细胞分裂时光镜下清晰可见，它是由中央的中心粒和周围的一团较致密的细胞基质（也称中心球）所组成。电镜下，中心粒是两个互相垂直的短筒状结构。中心粒能自我复制，在细胞分裂时与纺锤丝的形成和排列以及染色体的移动有关。

2. 基质 是无定形的半透明胶状物质。基质成分复杂，有水、无机盐、多种酶，还有脂类、糖类等。基质是细胞进行多种物质代谢的重要场所。

3. 包含物 包含物不是细胞器，而是一些代谢产物或细胞的储存物质，如脂肪细胞的脂滴、肝细胞的糖原。有些细胞有其特殊产物，如黑色素细胞产生的黑色素颗粒。

三、细胞核

除成熟的红细胞外，人体内每个细胞一般只有一个细胞核，也有两个（如肝细胞），甚至几十个乃至几百个核的（如骨骼肌细胞）。细胞核 nuclear 的形态与细胞的形态相适应，一般为圆形、卵圆形，但也有其他形态的，如白细胞的分叶状核、马蹄形核等。电镜观察，细胞核由核膜、染色质、核仁、核基质四部分组成（图1-7）。

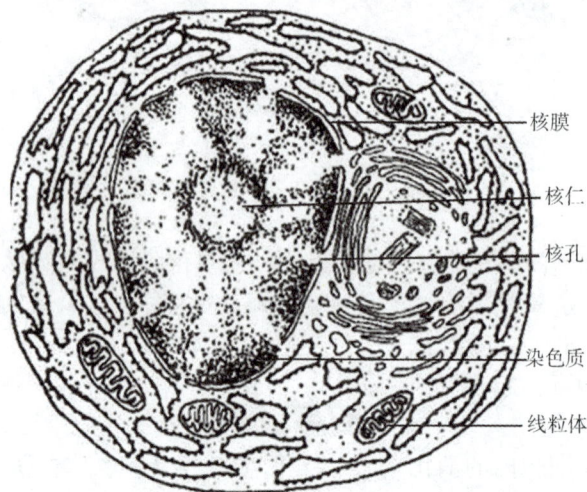

图1-7 细胞核的电镜结构（浆细胞）

1. 核膜 遗传物质区域化的膜。核膜是围绕在核表面的膜，由内、外两层单位膜构成，其间隙称为核周隙。外层核膜附有核糖体，在形态上与粗面内质网相似，并与内质网相连续，核周隙与内质网腔相连通。核膜并不是完全连续的，有许多部位核膜内、外两层互相融合形成小孔，称为核孔。核孔是细胞核与细胞质之间进行物质交换的通道，并对物质交换具有调控作用。核膜包围染色质和核仁构成核内微环境，保证遗传物质的稳定性，有利于细胞核的各种生理功能的完成。

2.**核仁** 合成核糖体的场所，在光镜下，核仁一般呈圆球形，有较强的折光性，其数量以一个多见，大小变化随细胞类型而异。电镜下，核仁是一个表面无膜的海绵球状体，其主要化学成分是 RNA、DNA 和蛋白质。核仁最主要的功能是合成 rRNA，另外还有组装核糖体的功能。

3.**染色质与染色体** 遗传物质的载体染色质，是光镜下能见到的易被碱性染料着色的物质。电镜下，染色质呈细丝状结构，其化学成分主要是 DNA 和蛋白质。在细胞分裂期，染色质细丝螺旋化、盘曲缠绕成一条条粗棒状的结构，即染色体。所以染色质和染色体是同一物质在细胞不同时期的两种表现形式。

各种生物的染色体数目恒定，人体细胞有 46 条染色体，组成 23 对。其中 22 对为常染色体，其形态在男、女性都一样；另一对为性染色体，决定人的性别，在男性为 XY，在女性为 XX。每条染色体由两条纵向排列的染色单体构成，它们借着丝粒相连接。从着丝粒向两端伸出染色体臂，着丝粒的位置决定了染色体的形态。染色体是遗传物质的载体。

4.**核基质** 又称核液，一般认为是核内无定形的胶状物质，主要由水、蛋白质及无机盐等组成，为核内代谢活动提供适宜的环境。

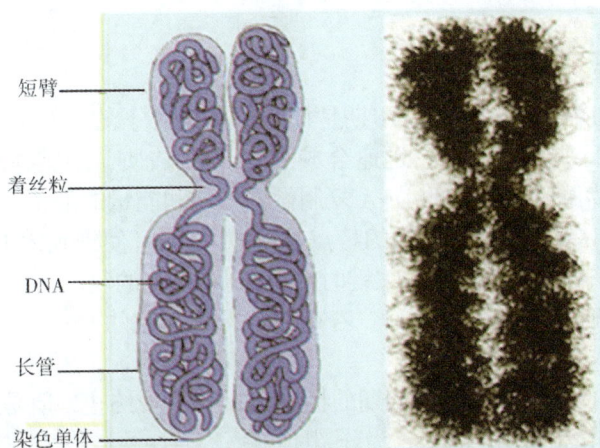

图 1-8　染色体形态

第二节　细胞的基本生命活动

一、细胞增殖

细胞增殖是机体生长发育的基础，是指细胞通过分裂、增加数量以补充细胞和更新细胞。细胞增殖具有一个复杂的周期性变化过程。

1.细胞增殖周期的概念

细胞从前一次分裂结束形成新细胞开始到下一次细胞分裂结束为止所经历的全过

程，称为细胞增殖周期，简称细胞周期 cell cycle。整个细胞周期可分为间期和分裂期两个时期。间期以 DNA 合成为依据，又可分为 DNA 合成前期（G_1 期）、DNA 合成期（S期）和 DNA 合成后期（G_2 期）3 个阶段。分裂期（M 期）即有丝分裂期，此期以染色体的形态变化为主要依据，可进一步分为前、中、后、末 4 个阶段。细胞周期见图 1–9。

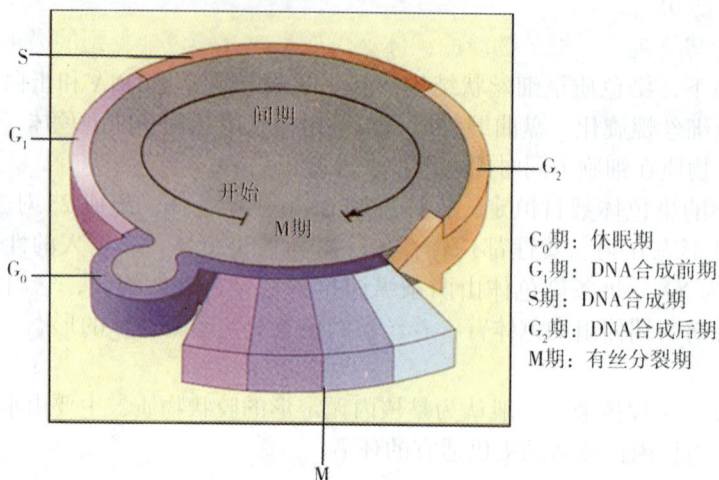

图 1–9　细胞周期示意图

2. 分裂间期细胞各期特点

（1）G1 期——DNA 合成前期：G1 期是从上一次细胞分裂完成到 DNA 开始复制的时期。此期的特点是物质代谢活跃，迅速合成 RNA 和蛋白质，细胞体积显著增大。这一期的主要意义在于为下阶段 S 期的 DNA 复制做好物质和能量的准备。

（2）S 期——DNA 合成期：此期的特点是 DNA 复制，使细胞内 DNA 的含量增加一倍。从 G1 期进入 S 期是细胞周期的关键时刻，只要 DNA 的复制一开始，细胞增殖活动就会进行下去，直到分成两个子细胞。若在此期干扰细胞的 DNA 复制，则会引起细胞变异和分裂异常。

（3）G2 期——DNA 合成后期：此期的特点是 DNA 合成终止，但是还有少量 RNA、蛋白质的合成，特别是微管蛋白的合成，为分裂期纺锤丝微管的组装做好进一步的物质准备。

3. 分裂期细胞各期特点
细胞分裂有 3 种方式：无丝分裂、有丝分裂和减数分裂。无丝分裂在人类很少，减数分裂发生在生殖细胞的成熟阶段，有丝分裂则是体细胞分裂的主要方式。

有丝分裂过程如下（图 1–10）。

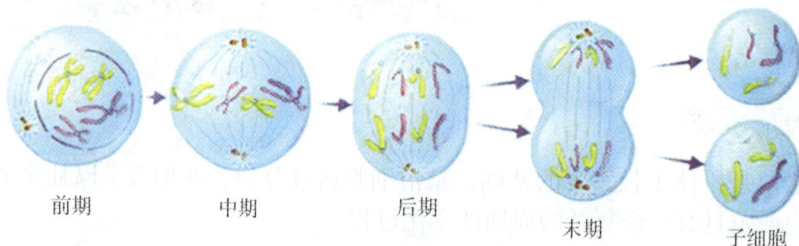

图 1–10　细胞的有丝分裂

（1）前期：是有丝分裂的开始阶段。细胞核膨胀，间期核染色质由细丝状逐渐卷曲，缩短变粗成为棒状的染色体，这是前期最明显的变化。在前期，核仁、核膜逐渐消失，细胞质内已经复制好的两对中心粒向两极移动，中间以纺锤丝相连，形成一个梭形纺锤体。

（2）中期：此期核膜、核仁完全消失。每一条染色体已纵裂为两条并列的姐妹染色单体，这两条染色单体之间并没有完全分离开，它们仍以着丝粒相连接着。每条染色体着丝粒两侧的着丝点都有纺锤丝附着在上面，在纺锤丝的牵引下，染色体逐渐移向细胞中央，排列在赤道面上。在中期，染色体的形态比较固定，数目比较清晰，便于观察计数。

（3）后期：染色体上的着丝粒一分为二，原来连接在同一着丝粒上的两条姐妹染色单体也随之分离，成为两条子染色体。纺锤丝牵引着子染色体分别向细胞的两极移动，这样就形成了数目相等的两组子染色体集中于细胞的两极。与此同时，细胞开始拉长，细胞中部的细胞膜下环行微丝收缩，该部细胞逐渐缩窄。

（4）末期：已进入细胞两极的染色体形态上又发生变化，染色体解螺旋，逐渐松开，变成细长而盘曲的染色质。同时，纺锤丝逐渐消失，核仁和核膜重新出现，形成两个新的细胞核。细胞中部进一步缩窄，逐渐将细胞质分割开，最终两个子细胞形成。至此，细胞完成有丝分裂的全部过程，并进入下一个细胞周期。

在细胞周期中，分裂间期的主要生理意义是合成DNA，复制两套遗传信息，而分裂期的主要生理意义是通过染色体的形成、纵裂和移动，把两套遗传信息准确地平分到两个子细胞中去，使子细胞具有与母细胞相同的染色体，使遗传特性一代一代地传下去，从而保持遗传的稳定性。

二、细胞衰老

体外培养的正常人胚胎成纤维细胞传代40~60次即死亡，培养细胞在死亡前出现一系列衰老性变化，如细胞失水、细胞膜流动性降低、衰变性色素积累、核固缩、常染色质减少等。细胞衰老可能是由于一些衰老因子的积累，如脂褐素增加、蛋白质合成错误累积等；也可能是衰老基因活化所致，这些基因在生命早期并不表达，如遗传性青光眼、老年性糖尿病等。检测细胞质内脂褐素及与衰老相关的 β–半乳糖苷酶活性可了解细胞衰老程度。

三、细胞死亡

多细胞的人机体内经常不断地发生细胞的死亡，细胞的死亡方式常见有细胞坏死、细胞衰亡和细胞凋亡。细胞死亡常见为病理性的细胞死亡，正常组织细胞亦可偶见少数细胞坏死。细胞衰亡见于高分化细胞，主要表现为细胞核浓缩变小或淡染无核化。细胞凋亡也是一种生理性细胞死亡，是受基因调控的、有序的自然死亡过程，也称细胞程序性死亡。细胞凋亡见于细胞衰亡前不同演化阶段的细胞，实际是细胞的夭折和早死。细胞程序性死亡是个体正常发育必不可少的，在遗迹器官的消失、指（趾）间分离过程中均必须有大量的细胞凋亡。成体的组织器官也不断有细胞凋亡与持续的细胞增生形成动态平衡，以保持其维生阶段相对稳定的形态结构与功能。

练习题

一、A1 型题（单句型最佳选择题）

1. 在电镜下观察细胞膜的切面可以看到
   A. 三层深色致密层 B. 三层浅色疏松层
   C. 两层浅色疏松层 D. 两层深色致密层和中间一层浅色疏松层
   E. 两层浅色疏松层和中间一层深色致密层

2. 肌细胞中，Ca^{2+} 的摄取与释放与下列哪种结构有关？
   A. 粗面内质网 B. 滑面内质网 C. 溶酶体
   D. 微体 E. 吞噬体

3 高尔基复合体的主要功能是参与
   A. 蛋白质的合成 B. 蛋白质加工 C. 蛋白质消化
   D. 能量转化 E. 支持作用

4. 起防御和保护作用的细胞器是
   A. 线粒体 B. 中心体 C. 高尔基复合体
   D. 溶酶体 E. 内质网

5. 一般而言，细胞周期中时间最长的是
   A.G_1 期 B.G_2 期 C.S 期
   D. 前期 E. 后期

二、名词解释

1. 单位膜 2. 游离核糖体 3. 染色质 4. 细胞周期

（魏启玉）

第二单元

基本组织

要点导航

学习要点

1. 掌握：上皮组织的结构特点及分类、分布；结缔组织的结构特点与分类、疏松结缔组织中主要细胞的功能，血液的组成、各种血细胞的光镜下形态结构和功能；骨骼肌、心肌、平滑肌的光镜结构特点；神经元的形态、结构、分类。

2. 熟悉：被覆上皮的形态特征及功能，骨骼肌纤维的超微结构特点，化学性突触的超微结构。

3. 了解：上皮组织的特殊结构；心肌的超微结构；神经纤维和神经末梢的概念和分类。

技能要点

1. 能在光镜下辨认各类被覆上皮，疏松结缔组织中主要细胞，各种血细胞。

2. 能在光镜下区分三种肌组织。

组织是由形态相似、功能相近的细胞和细胞间质所形成的结构。根据它们的结构和功能特点，将人体的组织分为四种，即上皮组织、结缔组织、肌组织和神经组织。它们是构成人体各器官的基本成分，故又称为基本组织。

第一节 上皮组织

上皮组织 epithelial tissue 简称上皮，分布于体表或体内管、腔、囊的内表面。具有以下结构特征：①细胞多而密集，排列紧密；细胞间质少。②上皮细胞有极性，一面朝向体表或腔面，称游离面；另一面，借基膜与深部结缔组织相连，称基底面。③上皮组织内一般没有血管和淋巴管，其营养由深部结缔组织内的血管透过基膜供给。

上皮组织分为被覆上皮、腺上皮和特殊上皮，有保护、吸收、分泌和排泄等功能。

一、被覆上皮

被覆上皮 covering epithelium 覆盖在人体的管、腔、囊的内表面和机体的外表面，以保护等功能为主。根据细胞的形态及层数，分为下列类型（表 2-1）

表2-1 被覆上皮的分类

单层上皮	单层扁平上皮	内皮：心脏、血管和淋巴管的腔面 间皮：胸膜、腹膜和心包膜的表面 其他：Ⅰ型肺泡上皮和肾小囊壁层等处
	单层立方上皮	肾远端小管上皮、甲状腺滤泡上皮等
	单层柱状上皮	胃、肠、胆囊、子宫等处
	假复层纤毛柱状上皮	呼吸道腔面
复层上皮	复层扁平上皮	非角化型：口腔、咽、食管、阴道等腔面 角化型：皮肤的表皮
	变移上皮	肾盂、肾盏、输尿管和膀胱等腔面

（一）单层上皮

1. 单层扁平上皮 单层扁平上皮 simple squamous epithelium 又名单层鳞状上皮。由一层扁平如鳞状的细胞组成。表面观，细胞为不规则多边形，边缘呈锯齿状，互相嵌合；胞核椭圆形，位于细胞中央。侧面观，胞核梭形，胞质很薄，含核部分略厚（图2-1）。

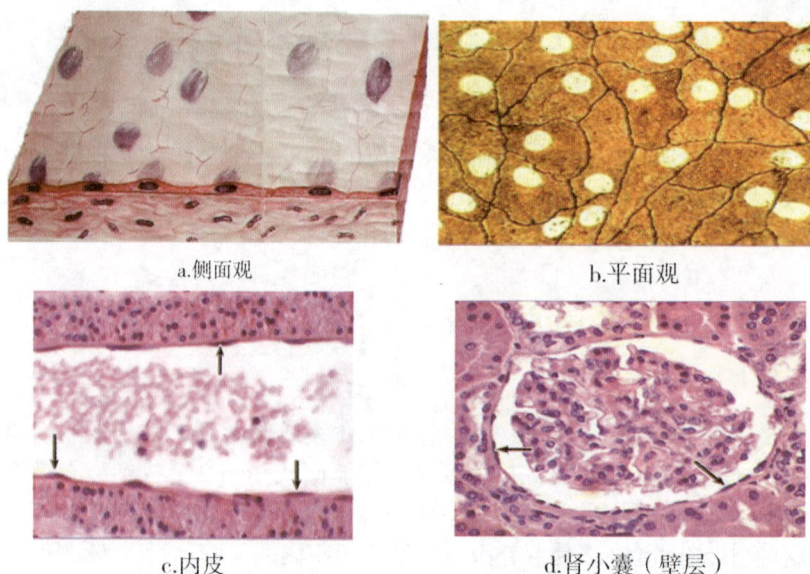

a.侧面观　　　　　　　　　　b.平面观

c.内皮　　　　　　　　　　d.肾小囊（壁层）

图 2-1 单层扁平上皮

衬贴于心血管和淋巴管腔面的单层扁平上皮，称内皮。内皮薄，游离面光滑，有利于物质的交换和血液、淋巴液的流动。分布在胸膜、心包膜和腹膜表面的单层扁平上皮，称间皮。间皮游离面光滑、湿润，以利器官的活动。内皮细胞能分泌多种生物活性物质。

2. 单层立方上皮 单层立方上皮 simple cuboidal epithelium 由一层立方形细胞组成。表面观，细胞呈多边形；侧面观，细胞大致呈正方形；核圆，位于中央（图2-2）。分布于甲状腺滤泡、肾远端小管、小叶间胆管等处，有分泌和吸收功能。

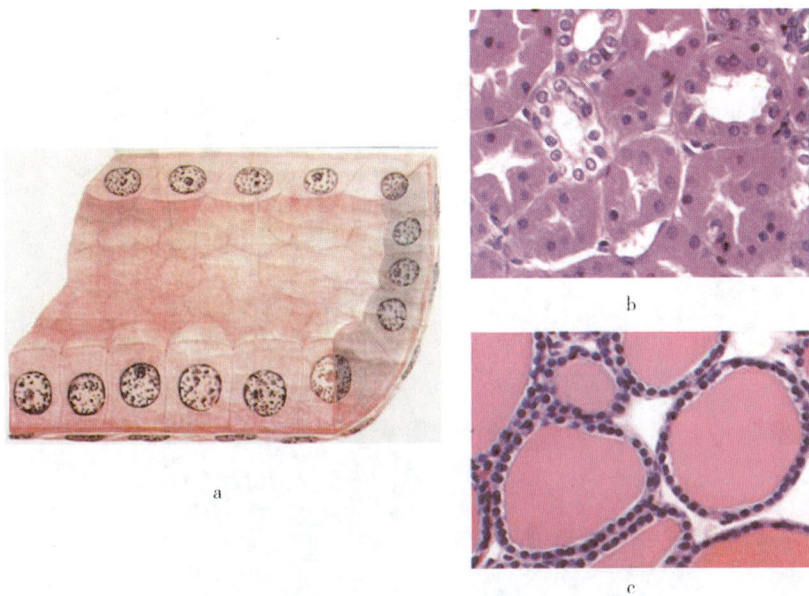

a.模式图　b.单层立方上皮（肾小管）　c.单层立方上皮（腺滤泡）

图2-2　单层立方上皮

3. 单层柱状上皮 单层柱状上皮 simple columnar epithelium 由一层棱柱状细胞组成。表面观，细胞呈多角形；侧面观，细胞呈柱状；核呈椭圆形，靠近细胞基底部（图2-3a,b）。此种上皮分布在胃、肠、胆囊和子宫等器官。分布于小肠与大肠的单层柱状上皮细胞间散在有杯状细胞，形似高脚酒杯，是一种单细胞的外分泌腺。核较小，染色深，核上方的胞质充满黏原颗粒，因制片被溶解而呈空泡状。此类上皮大多有吸收或分泌功能。

应用链接

秋冬季腹泻（轮状病毒肠炎），多发生在6~24个月婴幼儿。起病急，常伴发热和上呼吸道感染症状，无明显感染中毒症状。病初1~2天常发生呕吐，随后出现腹泻。大便次数多、量多、黄色水样或蛋花样便带少量黏液，无腥臭味。常伴脱水、酸中毒及电解质紊乱。病毒侵入肠道后，在小肠绒毛顶端的柱状上皮细胞内复制，使细胞发生空泡变性和坏死，其微绒毛肿胀，排列紊乱和变短，受累的肠黏膜上皮细胞脱落，致使小肠黏膜吸收水分和电解质的功能受损，在肠腔内大量积聚而引起腹泻。

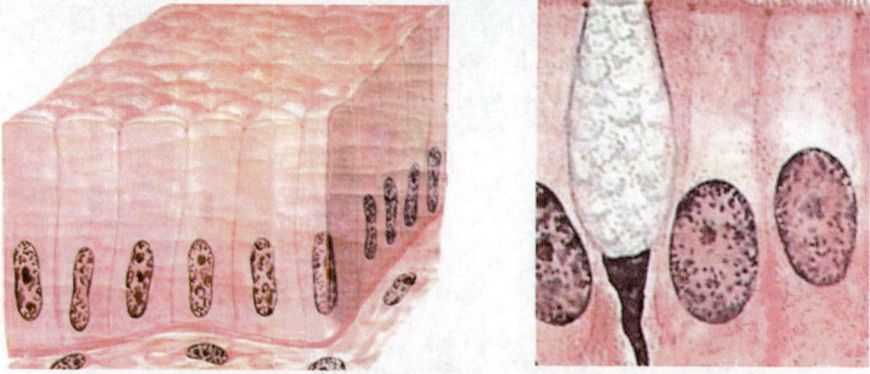

图 2-3a　单层柱状上皮（胆囊）切片图

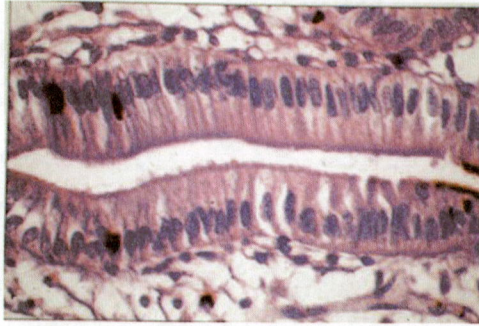

图 2-3b　单层柱状上皮（胆囊）切片图

4. 假复层纤毛柱状上皮　假复层纤毛柱状上皮 pseudostratified ciliated columnar epithelium 由柱状细胞、锥状细胞、梭形细胞和杯形细胞构成，其中柱状细胞最多，游离面有大量纤毛。上述四种细胞形态不同，大小不等，高矮不一，核的位置不在同一平面上，但其基底面均附着在同一基膜上。因此，在垂直切面上观察，好似复层，实为单层。此上皮主要分布在呼吸道的腔面，有湿润和清扫功能（图 2-4a,2-4b）。

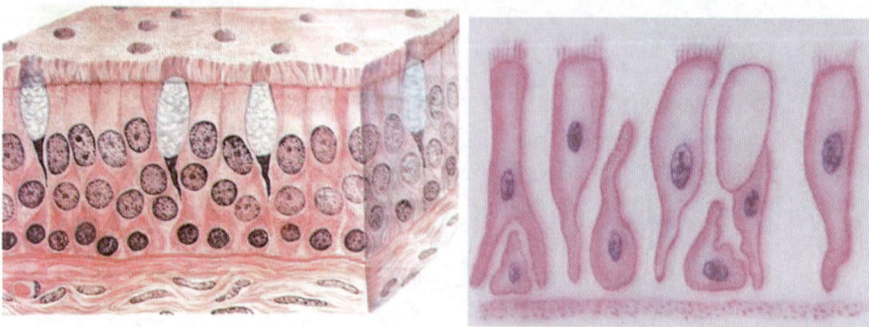

图 2-4a　假复层纤毛柱状上皮模式图

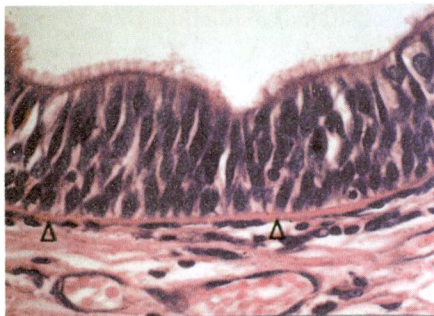

图 2-4b 假复层纤毛柱状上皮（气管）切片图

（二）复层上皮

1. 复层扁平上皮 复层扁平上皮 stratified squamous epithelium 由多层细胞组成。侧面观，表层为数层扁平鳞片状细胞（图 2-5a），故又称复层鳞状上皮；中间数层由深至浅为多边形和梭形细胞；紧靠基膜一层细胞为低柱状或立方形，是有分裂增殖能力的干细胞。分布于口腔、咽、食管、阴道和肛管黏膜的复层扁平上皮细胞，表面湿润，不形成角化层的，称未角化的复层扁平上皮（图 2-5b）。分布于皮肤表面的复层扁平上皮，表层细胞特化，细胞核消失，成为角化层，称角化的复层扁平上皮（图 2-5c），复层扁平上皮具有很强的保护作用和再生修复能力。

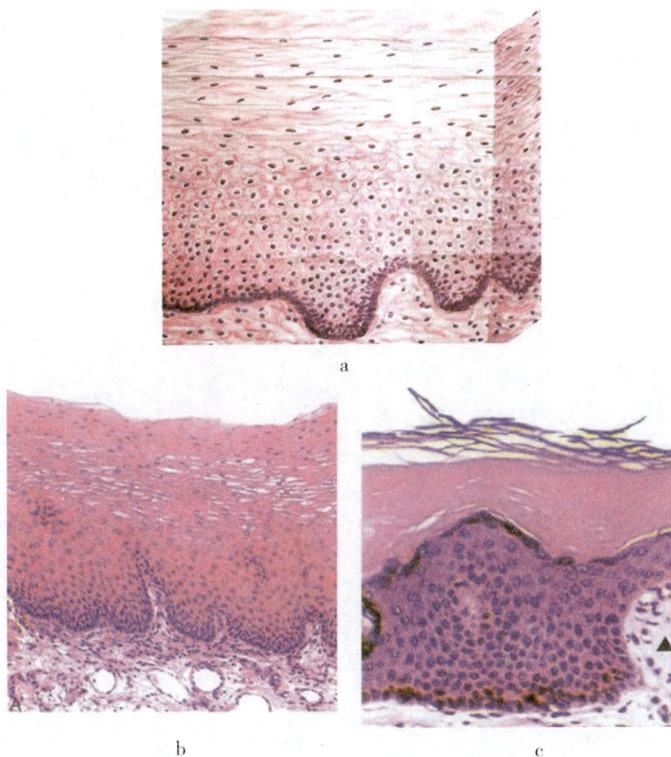

a

b

c

a. 复层扁平上皮模式图　b.（未角化）复层扁平上皮（食管）
c.（角化）复层扁平上皮（皮肤）

图 2-5 复平扁层上皮

2. 变移上皮 变移上皮 Transitional epithelium 又名移行上皮，由多层细胞组成。其特点是细胞形状和层数可随所在器官容积的大小变化而改变，如膀胱空虚时，上皮变厚，细胞层数变多，细胞体积变大；膀胱充盈扩张时，上皮变薄，细胞层数减少，细胞形状变扁（图 2-6a,b,c），其表层细胞大而厚，部分盖细胞有两个胞核，一个细胞可盖住下层数个细胞，故名盖细胞，有防止尿液浸蚀的作用。此上皮主要分布在肾盂、输尿管、膀胱等处。

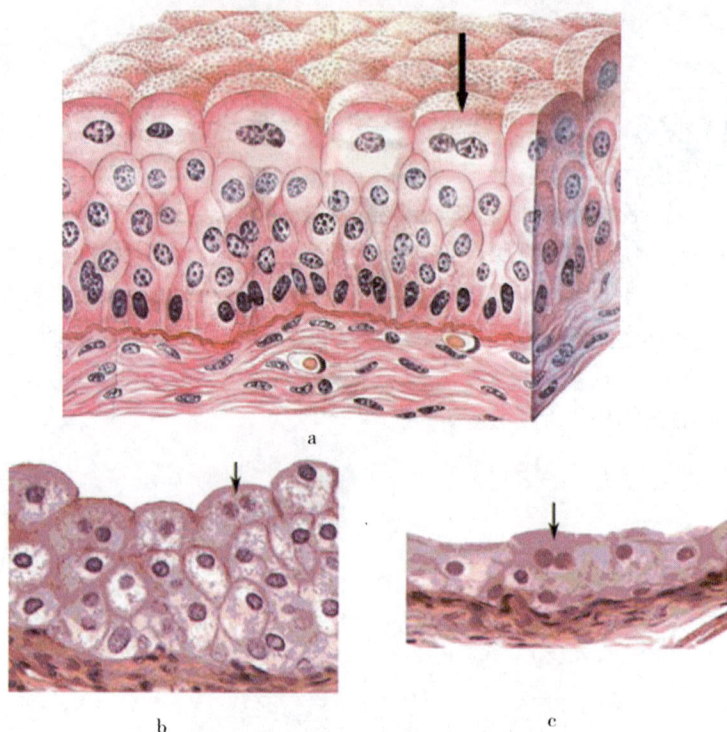

a.变移上皮（立体）模式图　b.膀胱充盈　c.膀胱空虚

图 2-6　变移上皮（↓示盖细胞）

二、上皮细胞的特化结构

上皮细胞呈极性分布，由于功能的需要，在上皮细胞的游离面、基底面和侧面常形成一些特化结构（表 2-2）（图 2-7,2-8）。

上述细胞连接常可同时存在。在侧面只要有两种或两种以上细胞连接同时存在，称连接复合体。细胞连接不仅存在于上皮组织，也存在于肌组织、神经组织及结缔组织的细胞间。

表2-2 上皮细胞的特殊结构

名称		结构特点	功能
游离面	微绒毛	上皮细胞的细胞膜及细胞质向细胞表面伸出细而短的突起，其内含微丝	增加细胞表面积
	纤毛面	上皮细胞的细胞膜和细胞质向表面伸出粗而长的突起，其内部结构主要含微管	可呈节律性摆动
侧面	紧密连接	在上皮细胞顶部，相邻细胞侧面细胞膜外层嵴状融合，呈桶箍状围绕细胞四周	可防止大分子物质从细胞间进入深部组织
	中间连接	在紧密连接深面，相邻细胞间有15~20nm的间隙，内含有致密丝状物质连接两侧的细胞膜，此处细胞质面有微丝附着	加强细胞间的黏着和传递细胞间收缩力
	桥粒	位于中间连接的深部，呈斑状，连接区细胞之间有15~30nm的间隙，内含丝状物质，丝状物质在间隙中央交织形成一条中间线；此处细胞质面各有一椭圆形的附着板，有许多张力丝附着	使相邻细胞之间牢固相连
	缝隙连接	在某些上皮细胞侧面桥粒连接深处，相邻细胞的细胞膜间断性融合形成许多规则小管	细胞离子交换和信息传递
基底面	半桥粒	上皮细胞基底面细胞膜与基膜间形成类似桥粒的致密斑，但只有桥粒的一半	加强上皮细胞与基膜的连结
	质膜内褶	细胞基底面的细胞膜内陷形成内褶，内褶间胞质内含大量线粒体	增加细胞表面积，增强细胞对水和电解质的转运
	基膜	是上皮细胞基底面与深层结缔组织之间的一层薄膜状结构，分为基板和网板，基板由颗粒状和细丝状物质构成，网板由网状纤维和基质构成	加强上皮细胞与结缔组织的连接，有物质交换功能

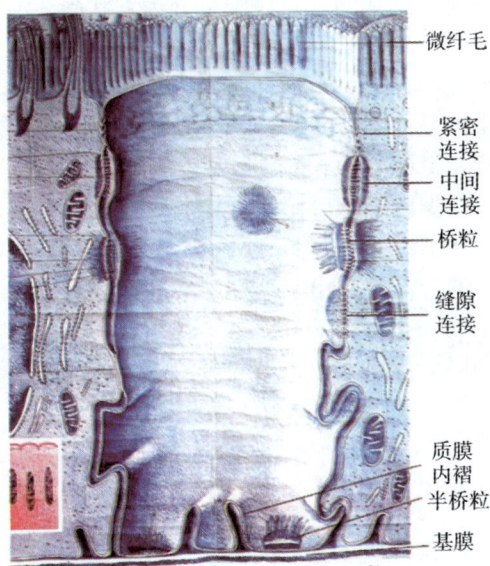

图 2-7 上皮细胞特殊结构

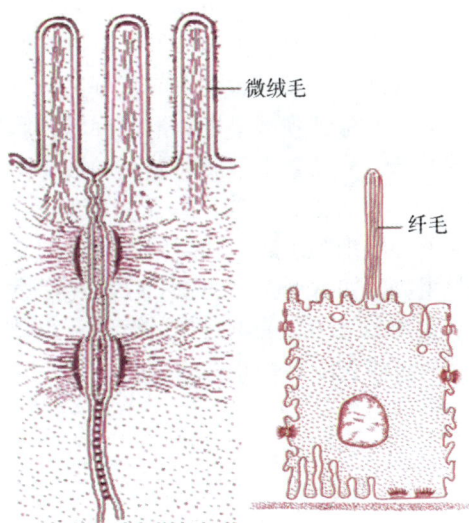

图 2-8 微绒毛和纤毛

三、腺上皮和腺

（一）腺的概述

以分泌功能为主的上皮，称腺上皮 glandul arepithelium，以腺上皮为主要成分的器官，称腺 gland。腺分为外分泌腺和内分泌腺。外分泌腺有导管，其分泌物经导管排泌到体表或器官的腔面，如肝、唾液腺等；内分泌腺无导管（图2-9），腺细胞周围有丰富的毛细血管，其分泌物（称激素）直接释入血液。如甲状腺、垂体等。

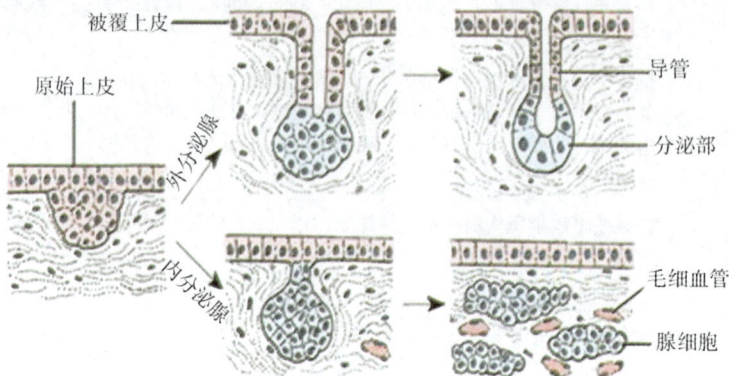

图2-9 内、外分泌腺发生模式图

（二）外分泌腺的结构和分类

按组成外分泌腺的细胞数目，可分为单细胞腺（杯状细胞）和多细胞腺。多细胞腺一般都由分泌部和导管两部分组成。

1. 分泌部 分泌部的形状为管状、泡状或管泡状。泡状和管泡状的分泌部常称腺泡。分泌部一般由一层细胞组成，中央有腔。根据分泌部的形状，腺可分为管状腺、泡状腺和管泡状腺（图2-10）。

外分泌腺分泌部由浆液性腺细胞和黏液性腺细胞组成。浆液性腺细胞多呈锥体形或柱状，核圆，位于细胞中央或近基底，顶部胞质可见许多分泌颗粒，分泌含酶的稀薄液体；黏液性腺细胞多呈锥体形或柱状，胞质中含大量的黏原颗粒，核呈扁圆形，位于细胞的基部，分泌含蛋白质的黏稠的液体。因此，根据腺细胞分泌物的性质，可将外分泌腺分为三种类型：①浆液性腺：由浆液性腺细胞组成，如腮腺、胰腺等；②黏液性腺：由黏液性腺细胞组成，如贲门腺和幽门腺等；③混合性腺：由浆液性腺细胞和黏液性腺细胞组成，如舌下腺、下颌下腺、气管腺等。

2. 导管 为分泌物排出的管道，由单层或复层上皮组成，一端与分泌部相连，另一端开口于体表或有腔器官的腔面。

单管状腺　　　　　复泡状腺　　　　　　复管泡状腺

黏液性
腺泡

浆液性
腺泡

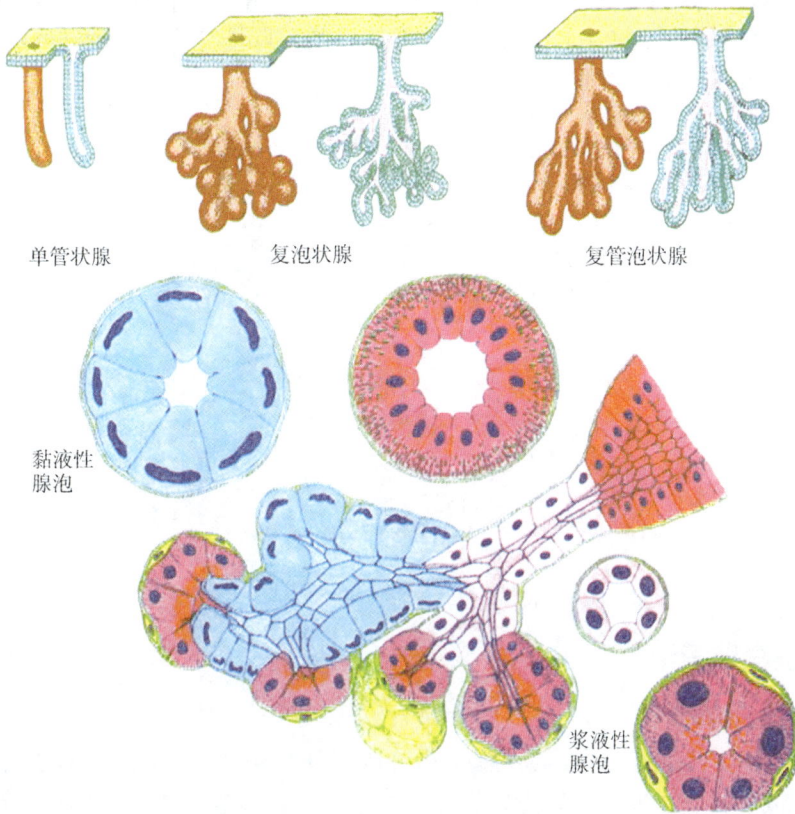

图 2-10　外分泌腺的形态

第二节　结缔组织

结缔组织 connective tissue 由细胞和大量的细胞间质构成，其结构特点是：①细胞种类多，数量少，散在分布于细胞间质中。②细胞间质多，包括无定形的基质、纤维和不断循环更新的组织液。③无极性。在体内分布广泛，形态多样，包括固有结缔组织（疏松结缔组织、致密结缔组织、脂肪组织、网状组织）、软骨、骨组织以及血液和淋巴。狭义结缔组织是指固有结缔组织。结缔组织主要起支持、连接、营养、修复和保护作用。

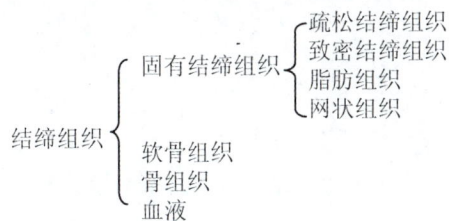

$$
\text{结缔组织}
\begin{cases}
\text{固有结缔组织}
\begin{cases}
\text{疏松结缔组织}\\
\text{致密结缔组织}\\
\text{脂肪组织}\\
\text{网状组织}
\end{cases}\\
\text{软骨组织}\\
\text{骨组织}\\
\text{血液}
\end{cases}
$$

结缔组织来源于胚胎时期的间充质。间充质由间充质细胞和基质构成，间充质细胞是一种分化程度较低的干细胞，呈星形，细胞间以突起相互连接成网，细胞核大，核仁明显，胞质弱嗜碱性（图2-11）。在胚胎时期，该细胞除能分化为各种结缔组织细胞外，还能分化为内皮细胞和平滑肌细胞等。

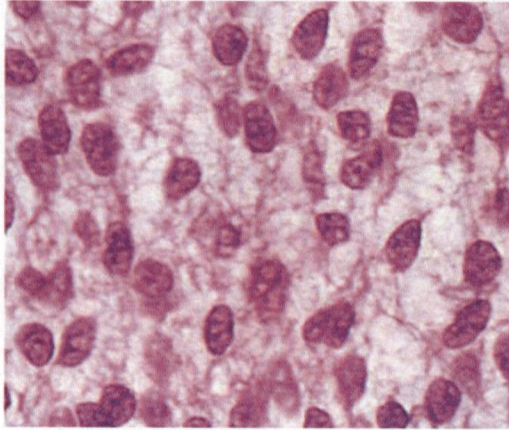

图 2-11 未分化的间充质细胞

一、固有结缔组织

（一）疏松结缔组织

疏松结缔组织 loose connective tissue 由细胞、纤维和基质组成，广泛分布于细胞之间、组织之间和器官之间，其特点是细胞种类较多，纤维数量较少，排列松散，基质含量较多，整个组织如蜂窝状（图2-12），又名蜂窝组织。疏松结缔组织具有连接、支持、保护、防御、创伤修复等功能。

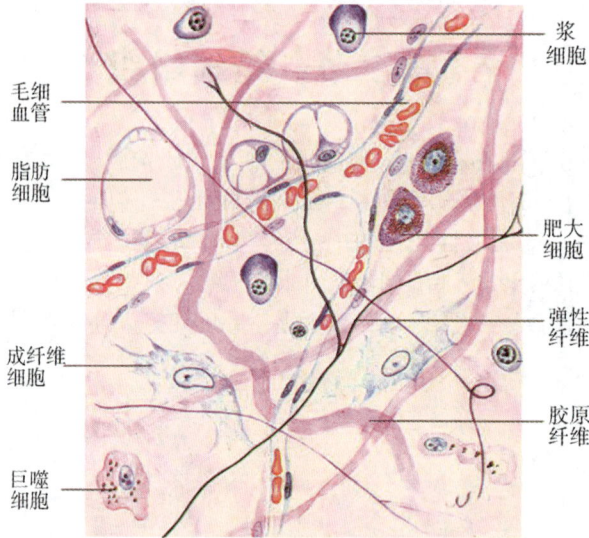

图 2-12 疏松结缔组织铺片模式图

1.细胞

（1）成纤维细胞：是疏松结缔组织内最主要的细胞。细胞胞体较大，形态不规则，扁平多突起，常贴于胶原纤维；核大呈椭圆形，着色较浅，核仁明显。胞质弱嗜碱性，胞质内有丰富的粗面内质网、游离核糖体和发达的高尔基复合体（图2-13）。成纤维细胞可合成基质和纤维，具有较强的再生能力，对人体发育和组织损伤修复起重要作用。

成纤维细胞功能处于静止状态时，称为纤维细胞。细胞体积较小，呈长梭形；胞核小，呈扁卵圆形，染色深。在手术、创伤等情况下，可转化为成纤维细胞，有利于伤口的愈合。

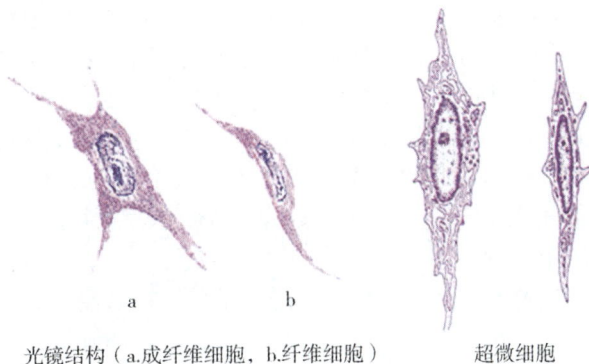

光镜结构（a.成纤维细胞，b.纤维细胞）　　　　超微细胞

图2-13　成纤维细胞光镜结构与电镜结构

（2）脂肪细胞：单个或成群分布。细胞呈球形，体积较大，胞质内充满脂滴，常将细胞核和细胞质挤至细胞的边缘（图2-12）。在HE染色切片上，脂滴被溶解，细胞呈空泡状。脂肪细胞能合成和贮存脂肪，参与脂类代谢。

（3）巨噬细胞：来源于血液中的单核细胞，形态多样，相对静止时，常呈圆形或椭圆形，功能活跃时常伸出伪足而不规则。细胞核小，着色深。胞质丰富，呈嗜酸性，常含异物颗粒或空泡（图2-14）。

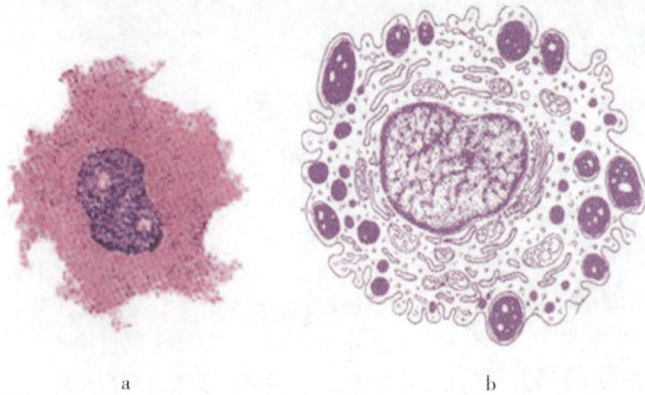

图2-14 巨噬细胞（a.光镜结构 b.电镜结构）

巨噬细胞的主要功能：①吞噬作用：当机体某一部位出现炎性病变时，病变组织和细菌产物（趋化因子），刺激巨噬细胞产生活跃的变形运动，向病变部位聚集，这种现象称为巨噬细胞的趋化性。当其到达病变部位时，即伸出伪足粘附和包裹细菌、异物、体内衰老死亡的细胞及肿瘤细胞等，然后将其吞噬到细胞内，最后被酶分解和消化。因此，巨噬细胞具有防御、保护作用。②参与和调节免疫应答：巨噬细胞把摄取的抗原物质进行加工处理，并将处理后的抗原物质传递给淋巴细胞，引起淋巴细胞的免疫应答。活化的巨噬细胞也能杀伤病原体和肿瘤细胞。③合成和分泌功能：巨噬细胞能合成和分泌多种生物活性物质，如溶菌酶、补体、干扰素、白细胞介素Ⅰ及粒细胞生成素等。溶菌酶能分解细菌的细胞壁，以杀灭细菌。补体参与炎症反应、对病原微生物的溶解过程。干扰素是一种抗病毒因子。白细胞介素Ⅰ能影响免疫活性细胞的功能。粒细胞生成素能促进中性粒细胞的生成。

（4）浆细胞 由B淋巴细胞分化形成，在病原微生物易侵入的部位，如消化道、呼吸道的结缔组织内及慢性炎症的部位较多。细胞呈圆形或卵圆形，核圆常偏于一侧，核内染色质成块状，沿核膜呈车轮状排列，胞质丰富，嗜碱性（图2-15）。浆细胞能合成和分泌免疫球蛋白（抗体），参与体液免疫。

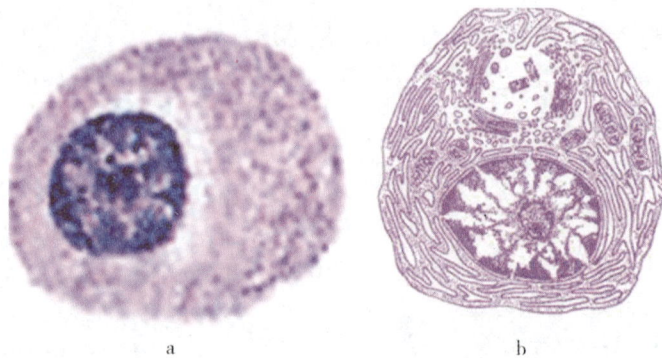

图2-15 浆细胞（a.光镜结构，b.超微结构）

（5）肥大细胞 分布于小血管周围，细胞体积较大，呈圆形或卵圆形，胞核小而圆，位于胞体中央；胞质内充满粗大的嗜碱性异染颗粒，可被甲苯胺蓝染色成紫红色而不是蓝色（图 2-16）。颗粒易溶于水，在 HE 染色切片上颗粒不易看到，该细胞难以辨认。

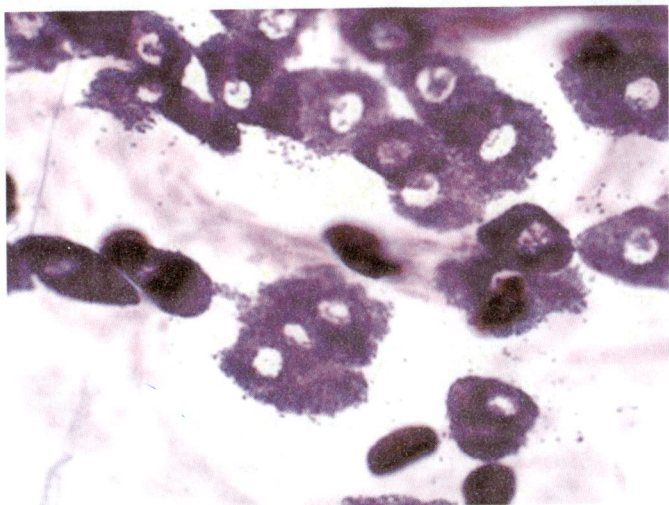

图 2-16 肥大细胞（甲苯胺蓝染色）

肥大细胞颗粒内含有肝素、组胺和嗜酸性粒细胞趋化因子等，胞质内含有白三烯。当肥大细胞受到刺激时，将释放颗粒内物质和白三烯，使皮肤内的毛细血管和微静脉扩张，通透性增加，导致组织水肿，形成荨麻疹；若引起细支气管和终末细支气管平滑肌痉挛，可导致哮喘；严重时，可使全身小动脉扩张，引起血压下降，导致休克。嗜酸性粒细胞趋化因子可吸引嗜酸性粒细胞向过敏反应部位聚集，从而减轻过敏反应。肝素有抗凝血的作用。

（6）未分化的间充质细胞　主要分布于毛细血管周围，是一种分化程度较低的干细胞，具有多向分化潜能，当炎症与创伤修复时，能分化为成纤维细胞、新生血管内皮细胞及平滑肌细胞等。

2. 细胞间质

（1）纤维

① 胶原纤维：数量最多，新鲜时呈白色，又称白纤维。HE 染色切片中，嗜酸性，呈粉红色。纤维粗细不等，呈波浪状走行，有分支相互交织成网（图 2-12）。电镜下，胶原纤维主要由胶原原纤维粘合而成。胶原纤维韧性大，抗拉力强。

应用链接

妇女在怀孕期间，因肾上腺分泌大量糖皮质激素或肚子太大，会引起弹性纤维和胶原纤维的断裂，在腹部的皮肤上出现了粉红色或紫红色的不规则纵形裂纹，称妊娠纹。但长期体育锻炼的女性，出现妊娠纹的概率比较低。

② 弹性纤维：新鲜时呈黄色，又称黄纤维。比胶原纤维少而细，有分支并连接成网（图 2-12）。HE 染色呈浅红色，折光性强；用醛复红可将弹性纤维染成紫色。弹性纤维弹性好，韧性差。随着年龄的增长，弹性纤维的弹性将逐渐减弱。强烈的日光可使弹性纤维断裂，导致皮肤失去弹性而产生皱纹。

结缔组织中的胶原纤维和弹性纤维互相交织，因而具有韧性和弹性，使器官和组织的形态位置保持相对恒定。

③ 网状纤维：纤维细短分支较多，相互连接成网，HE 染色不易着色，难以分辨。用银染法，网状纤维可被染为黑色，故又称为嗜银纤维。网状纤维主要分布于网状组织、结缔组织与其他组织交界处。

（2）基质：基质是无色透明、无固定形态的胶状物质，具有一定的粘性，其化学成分主要为蛋白多糖。蛋白多糖是蛋白质与多糖分子结合形成的大分子复合物。多糖成分又称糖胺多糖，主要成分是透明质酸、硫酸软骨素、硫酸角质素和肝素等，其中透明质酸含量最多。透明质酸是曲折盘绕的长链大分子，构成蛋白多糖的主干，其长链分子上又连接许多蛋白质分子和多糖分子，构成具有许多微小孔隙的结构，称分子筛（图2-17）。小于孔隙的物质，如水、气体分子、营养物质、激素和代谢产物等可通过孔隙，大于孔隙的物质，如细菌、肿瘤细胞和大分子物质等不能通过被限于局部，使基质成为限制细菌等有害物质扩散的屏障。但溶血性链球菌和癌细胞能产生透明质酸酶，分解透明质酸，破坏基质防御屏障，导致感染和肿瘤扩散。

从毛细血管动脉端渗入组织中的液体，称为组织液，其内不含血细胞和大分子物质，含有电解质、气体分子和营养物质等小分子物质，在与组织细胞进行物质交换以后，大部分组织液由毛细血管静脉端回到血液，少部分组织液进入毛细淋巴管形成淋巴，最后也流入血液。组织液不断更新，有利于血液与细胞之间进行物质交换，为细胞提供赖以生存的内环境。病理情况下，基质中组织液增多或减少，形成水肿或脱水。

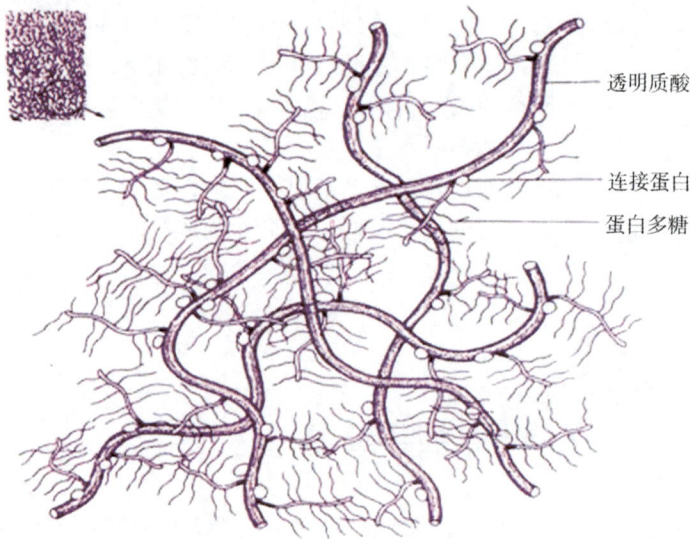

透明质酸

连接蛋白

蛋白多糖

图 2-17 分子筛模式图

（二）致密结缔组织

致密结缔组织 dense connective tissue 的结构特点是纤维成分多，排列紧密，细胞和基质成分少，细胞主要是成纤维细胞，大部分致密结缔组织纤维成分是胶原纤维，如肌腱、真皮、巩膜和器官被膜等，极少数纤维成分是弹性纤维，如黄韧带。根据纤维排列是否规则，致密结缔组织可分为规则致密结缔组织和不规则致密结缔组织。规则致密结缔组织分布于肌腱和大部分韧带，可见大量纤维平行排列成束，纤维束之间有呈行排列的成纤维细胞（腱细胞）（图2-18a）；不规则致密结缔组织分布于真皮、巩膜和器官被膜等处，粗大的胶原纤维纵横交织，纤维之间有少量基质和成纤维细胞（图 2-18b）。

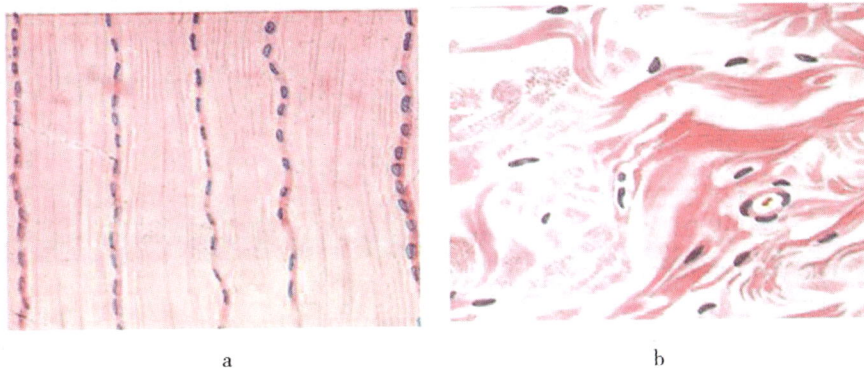

图 2-18　a. 规则致密结缔组织　b. 不规则致密结缔组织

（三）脂肪组织

脂肪组织 adipose tisse 由大量的脂肪细胞聚集而成，脂肪细胞之间有富含血管的疏松结缔组织形成的小隔，将脂肪细胞分隔成许多脂肪小叶。HE 染色切片上，脂肪细胞内脂滴被溶解，细胞呈空泡状（图 2-19）。脂肪组织主要分布于皮下、网膜、肾脂肪囊、系膜和黄骨髓等处。具有贮存脂肪、支持、保护、缓冲外来压力、保持体温、参与脂代谢等功能。

（四）网状组织

网状组织 reticular tisse 由网状细胞、网状纤维及基质构成。网状细胞是具有突起的星形细胞，相邻细胞以突起连接成网；胞核较大，呈圆形或卵圆形，着色较浅，核内核仁明显，1~2 个；胞质丰富，弱嗜碱性（图 2-20）。网状纤维由网状细胞产生，分支连接成网，伴随网状细胞走行，与网状细胞一起构成造血组织和淋巴器官的支架，为血细胞的发生和淋巴细胞的发育提供适宜的微环境。网状组织主要分布于红骨髓、淋巴器官和淋巴组织等处。

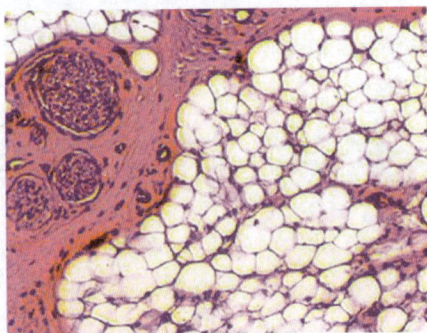

图 2-19　脂肪组织

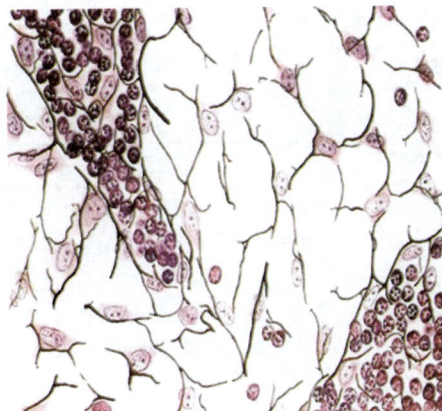

图 2-20　网状组织

二、软骨组织与软骨

（一）软骨组织

软骨组织 cartilage tissue 由软骨细胞和细胞间质构成。软骨组织无血管分布，其营养由其周围软骨膜内的血管供给。

1.细胞间质　由软骨基质和纤维构成。软骨基质呈半固体凝胶状，其主要成分为蛋白多糖和水，其中水约占90%。纤维包埋于软骨基质内，不同的软骨类型所含纤维成分不同。

2.软骨细胞　位于软骨基质所形成的软骨陷窝内。软骨组织周边软骨细胞发育幼稚，体积较小，呈扁圆形，常单个分布。自软骨周边向中央，软骨细胞逐渐长大成熟，呈椭圆形或圆形，常2~8个成群分布于同一软骨陷窝内，它们由一个软骨细胞分裂增殖而来，称为同源细胞群（图2-21）。软骨细胞核圆形或卵圆形，着色浅，有1个或几个核仁，胞质弱嗜碱性。具有合成纤维和基质的功能。

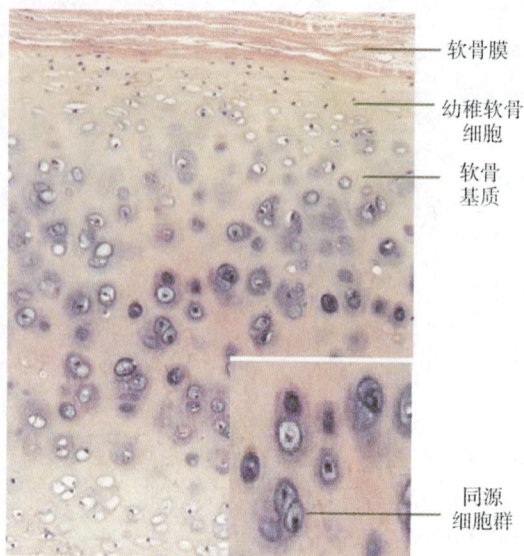

图 2-21　透明软骨

（右侧标注：软骨膜、幼稚软骨细胞、软骨基质、同源细胞群）

（二）软骨

1.软骨膜　是包绕于软骨组织表面的致密结缔组织膜，分内、外两层，外层结构致密，纤维含量多，主要起保护作用；内层较疏松，含有较多的细胞和毛细血管，其中紧贴软骨组织处有呈梭形的小细胞，称骨原细胞，可增殖分化为软骨细胞，对软骨的生长和修复起重要作用。

2.软骨类型

根据软骨基质中所含纤维成分的不同，可将软骨分为透明软骨、弹性软骨和纤维软骨三类。（表2-2　图2-21,2-22,2-23）

表2-2　三种软骨的比较

类型	透明软骨	弹性软骨	纤维软骨
结构特点	新鲜时呈半透明状，间质中的纤维为少量胶原纤维	新鲜时呈不透明的黄色，间质中的纤维为大量交织成网的弹性纤维	新鲜时呈不透明的乳白色，间质中含有大量交叉或平行排列的胶原纤维束
光镜结构	由于纤维细小且折光率与基质接近，故HE染色片上不能区别。	折光率不一，HE染色片上，可见到弹性纤维	HE染色可见软骨陷窝内软骨细胞成行分布和大量胶原纤维束
分布部位	鼻、咽、喉、肋软骨及关节软骨等	耳廓、会厌等处	椎间盘、耻骨间盘、关节盘等处

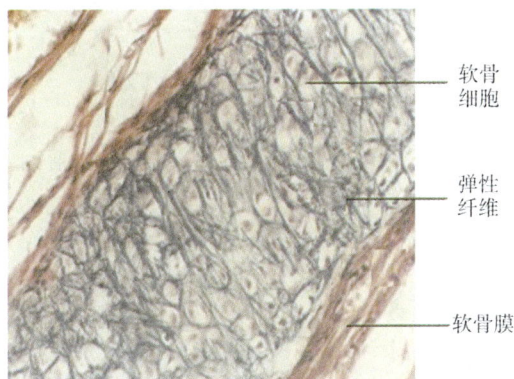

图 2-22 （弹性软骨）

软骨细胞
弹性纤维
软骨膜

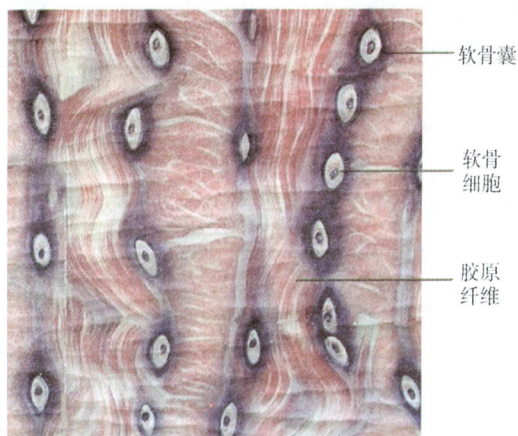

图 2-23 纤维软骨

软骨囊
软骨细胞
胶原纤维

三、骨组织与骨

（一）骨组织的结构

骨组织是构成骨的主要成分。是一种坚硬的结缔组织，由骨细胞和大量钙化的细胞间质构成。钙化的细胞间质又称骨质

1.骨质　由有机质和无机质构成。有机质含量较少，由大量胶原纤维和少量无定形的基质组成。基质呈凝胶状，主要成分为糖胺多糖，位于纤维之间，具有粘合、参与骨的钙化和调节骨的吸收等作用。无机质又称骨盐，含量较多，在成人约占骨重的65%，主要成分为羟基磷灰石结晶，不溶于水，呈细针状，沿胶原纤维的长轴排列，这种结合使骨质既坚硬又有韧性。

骨基质内胶原纤维成层排列，并与骨盐和基质紧密结合，形成骨板。同一层骨板内纤维平行排列，相邻骨板的纤维则相互垂直，骨板的这种排列方式，有效的增强了骨的支持力。骨板之间与骨板内，由基质形成的小腔称骨陷窝，骨陷窝向四周发出细小的骨小管，相邻骨陷窝的骨小管相互连通。

2.骨细胞　胞体较小，有许多细小的突起，胞体位于骨陷窝内，突起伸入骨小管内，相邻骨细胞的突起相互接触形成缝隙连接（图 2-24）。骨陷窝和骨小管内含有少量组织液，有营养骨细胞和运送代谢产物的作用。骨细胞具有一定的成骨和溶骨作用，参与调节血钙浓度。除骨细胞外，在骨组织边缘还有成骨细胞和破骨细胞，骨膜内还有骨原细胞。

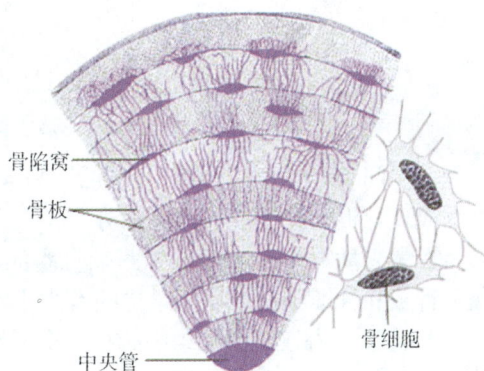

骨陷窝
骨板
中央管
骨细胞

图 2-24　骨板与骨细胞结构示意图

（二）骨的结构

以长骨为例，其结构如下：

骨由骨密质、骨松质、骨膜和骨髓组成。

1.骨密质　主要分布于长骨骨干，在骨干内、外层分别形成内环骨板和外环骨板，在中间层形成骨单位和间骨板（图2-25）。骨干内有横向穿行的穿通管，其穿行方向几乎与长骨骨干垂直，穿通管以滋养孔开口于骨表面，其内含有来自骨膜的血管、神经和少量结缔组织。

（1）外环骨板：由数层到十多层组成，较整齐排列于骨干外层。

（2）内环骨板：由几层组成，较薄，排列没有外环骨板规则。

（3）骨单位：又称哈弗斯系统 Haversian

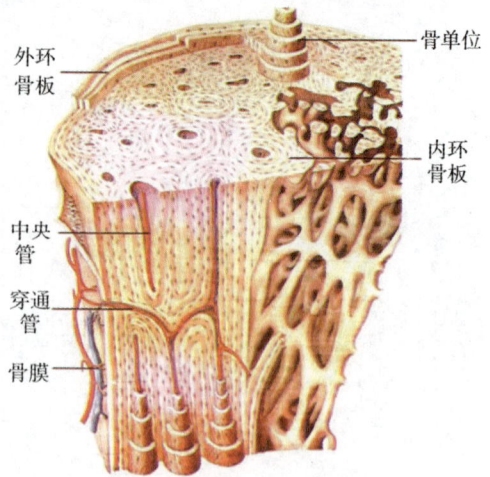

图2-25　长骨骨干立体结构模式图

systerm，位于内、外环骨板之间，是骨干骨密质的主要结构，由10~20层呈同心圆排列的筒状骨板围绕中央管构成（图2-26）。中央管与穿通管相通，穿通管内的神经、血管及结缔组织走行进入中央管。

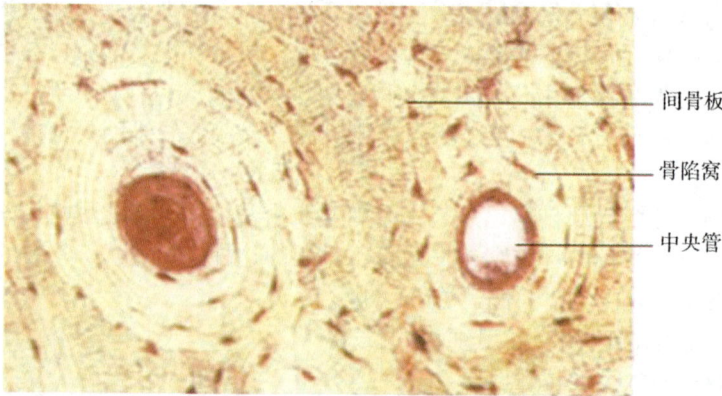

图2-26　骨单位（横切面）

（4）间骨板：位于骨单位之间，是形状不规则的平行骨板，是骨改建过程中旧的骨单位或环骨板未被吸收的残留部分。

2.骨松质　多分布于长骨两端骨骺部，由针状或片状骨小梁交织而成，骨小梁由不规则骨板和骨细胞构成。小梁之间有大小不等的间隙，内含有红骨髓、血管和神经。

3.骨膜　由致密结缔组织构成，分骨外膜和骨内膜。骨外膜覆盖于除关节面以外的骨表面，分内、外两层：外层较厚，为致密结缔组织，纤维粗大密集，有的纤维向内进入骨质，起固定骨膜和韧带的作用；内层较疏松，富含血管、神经和骨原细胞。骨内膜覆盖于骨髓腔面、小梁间隙、中央管及穿通管内表面，由一层骨原细胞和少量结缔组织构成。骨原细胞能增殖分化为成骨细胞，具有成骨功能，骨膜对骨的生长、骨折的修复有重要作用，临床上处理骨折时，应尽量保留骨膜以利骨的修复。

四、血液

血液（blood）是流动于心血管内的一种特殊的结缔组织，由血浆和血细胞组成。成人的循环血容量约5L，占体重的7%。从血管内抽取少量血液加入适量抗凝剂，有形成分经自然或离心沉淀后，可分出三层：上层为淡黄色的液体，称血浆；下层为红细胞，中间的薄层为白细胞和血小板（图2-27）。血浆相当于结缔组织的细胞间质，约占血液容积的

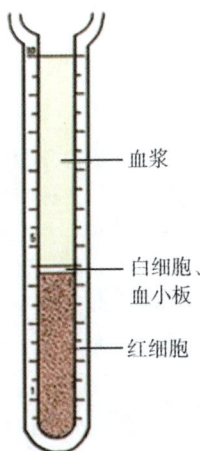

图 2-27　血浆与细胞比积

55%，其中90%是水，其余为血浆蛋白（白蛋白、球蛋白、纤维蛋白原等）、营养物质、无机盐、酶、激素和各种代谢产物。血液流出血管后，溶解状态的纤维蛋白原转变为不溶解状态的纤维蛋白，凝固成血块。血块静置后即析出淡黄色透明的液体，称血清，相当于细胞间质中的基质。

血细胞约占血液容积的45%。光镜下观察血细胞的形态结构，通常使用Wright或Giemsa染色的血涂片标本（图2-28）。在正常生理情况下，血细胞有一定的形态结构，并有相对稳定的数量。血细胞形态、数量、比例和血红蛋白含量的测定，称血象（表2-3）。患病时，血象常有显著变化，故检查血象对了解机体状况和诊断疾病十分重要。

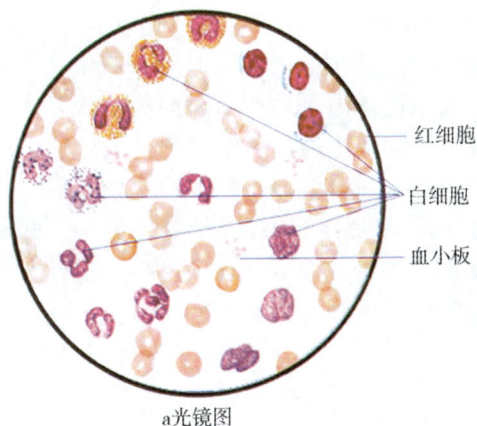

a光镜图

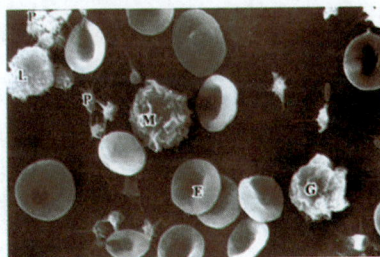

b电镜图

（E红细胞，G粒细胞，L淋巴细胞，M单核细胞，P血小板）

图 2-28　各类血细胞

表2-3 血细胞分类和计数的正常值

血细胞	正常值	血细胞	正常值
红细胞	男（4.0~5.0）×10^{12}/L	白细胞分类	
	女（3.5~5.0）×10^{12}/L	中性粒细胞	50%~70%
		嗜酸性粒细胞	0.5%~3%
白细胞	（4.0~10）×10^9/L	嗜碱性粒细胞	0%~1%
		单核细胞	3%~8%
血小板	（100~300）×10^9/L	淋巴细胞	20%~30%

（一）红细胞

红细胞 erythrocyte，red blood cell 是血液中数量最多的细胞，直径约 7.5μm，呈双凹圆盘状，边缘厚，中央薄（图 2-28a,b）。新鲜时单个红细胞呈黄绿色，聚集成团时呈红色。

成熟的红细胞内无细胞核和细胞器，胞质内充满血红蛋白（Hb）。血红蛋白是一种含铁的蛋白质，约占红细胞重量的 33%。正常成年人每升血液中血红蛋含量，男性为 120~150g，女性为 105~135g。Hb 具有结合与运输 O_2 和 CO_2 的功能，所以足够的血红蛋白含量能保证全身组织和细胞所需 O_2 供给，并带走组织和细胞所产生的大部分 CO_2，以保证机体正常的代谢平衡。

红细胞胞质渗透压与血浆渗透相等，当血浆渗透压过低时，过多水分进入红细胞，使细胞膨胀破裂，血红蛋白溢出细胞外，这种现象称为溶血。输血时血型不符、蛇毒、溶血性细菌等也能引起溶血。红细胞膜上有 ABO 血型抗原。

红细胞在体内平均存活时间约 120 天。每天有大量由骨髓产生的新生红细胞进入血液，这些新生红细胞未完全成熟，称为网织红细胞，其胞质内有残留核糖体，用煌焦油蓝染色，可见胞质内有蓝色的细网或颗粒（图 2-29）。在成人，网织红细胞占红细胞总数的 0.5%~1.5%，新生儿可达 3%~6%。网织红细胞具有合成血红蛋白的功能，1~2 天后即发育成熟。临床上网织红细胞可作为判断骨髓造血功能的一项指标。

应用链接

营养性缺铁性贫血

贫血是血液内成分低下，突出表现为红细胞（RBC）数目减少低于 $3.0×10^{12}$/L，或血红蛋白量减低（Hb < 100g/L）。引起该病的原因很多，可以是原材料的缺乏（如营养不良、缺铁）、长期慢性失血（月经过多、痔疮等）、血液再生障碍等。贫血的原因一旦找到，需要尽快消除病因，如及时足量补充体内缺乏的物质（蛋白质、铁等），治疗慢性病（痔疮手术等）。

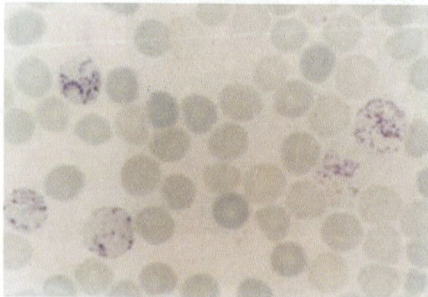

图 2-29 人血涂片示网织红细胞
（煌焦油蓝染色）

（二）白细胞

白细胞 leukocyte，white blood cell 是无色有核的球形细胞，外周血中正常范围值为（4~10）× 10^9/L。根据胞质内有无特殊颗粒将其分为有粒白细胞和无粒白细胞。前者根据颗粒嗜色性的不同，又分为中性粒细胞、嗜酸性粒细胞和嗜碱性粒细胞三种。后者分为淋巴细胞和单核细胞两种。

1. 中性粒细胞 neutrophil 白细胞中数量最多。细胞直径 10~12μm。胞核染色较深，呈弯曲杆状或分叶状，分别称杆状核和分叶核，分叶核一般 2~5 叶，叶间以细丝相连，正常以 2~3 叶居多（图 2-30）。杆状核和分叶较少的中性粒细胞发育较幼稚，分叶越多越接近衰老。细胞质内充满细小、分布均匀的被染成淡紫色或淡红色的颗粒。电镜下，颗粒分为两种：①嗜天青颗粒：颗粒较大，约占颗粒总数 20%，是一种溶酶体，内含过氧化物酶、酸性磷酸酶和多种水解酶，能消化分解吞噬的细菌和异物。②特殊颗粒：颗粒细小，约占颗粒总数 80%，内含吞噬素和溶菌酶，吞噬素具有杀菌功能，溶菌酶能溶解细菌表面的糖蛋白。

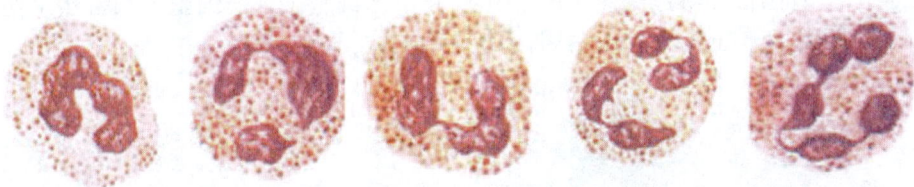

图 2-30 中性粒细胞（杆状核演变至 5 叶核）

中性粒细胞具有活跃的变形运动和吞噬能力。当机体某一局部有细菌感染时，中性粒细胞能以变形运动穿过毛细血管壁进入结缔组织，向病变部位聚集，包围并吞噬细菌后，颗粒内的酶将其杀死并分解消化。同时中性粒细胞自身死亡，成为脓细胞。当急性细菌感染时，中性粒细胞的数量将明显增多。

2. 嗜酸性粒细胞 eosinophil 细胞直径 12~14μm，核多分为 2 叶，叶间以细丝相连，胞质内充满粗大、分布均匀被染成鲜红色的嗜酸性颗粒（图 2-31）。该颗粒为一种溶酶体，内含酸性磷酸酶、过氧化酶、组胺酶等。嗜酸性粒细胞具有趋化性，可作变形运动，向发生过敏反应的部位移行，吞噬抗原抗体复合物，释放组胺酶灭活组胺，从而减轻过敏反应。也可杀灭寄生虫。当机体有过敏性疾病或寄生虫感染时，血液中嗜酸性粒细胞增多。

3. 嗜碱性粒细胞 basophil 白细胞中数量最少，细胞直径 10~12μm。核分叶、呈 S 形或不规则形，着色浅。胞质内充满大小不等、分布不均、被染成紫蓝色的嗜碱性颗粒，常遮盖细胞核（图 2-32）。嗜碱性颗粒内含有肝素、组胺和嗜酸性粒细胞趋化因子等，胞质内含白三烯。其功能与肥大细胞相似。

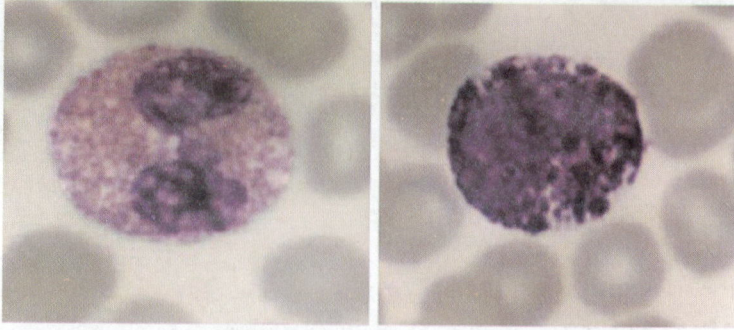

图 2-31 嗜酸性粒细胞　　图 2-32 嗜碱性粒细胞

4. 淋巴细胞 lymphocyte　呈圆形或椭圆形，体积大小不等，分为大、中、小三种类型，大淋巴细胞直径 13~16μm，中淋巴细胞直径 9~12μm，小淋巴细胞直径 6~8μm，以小淋巴细胞最为多见。小淋巴细胞核圆形，一侧常有小凹陷，染色质呈致密块状，染成紫蓝色，胞质很少，在核周围形成很薄的一圈，染成天蓝色。大、中淋巴细胞核染色质略稀疏，着色略浅，有的可见核仁，胞质较多（图 2-33）。淋巴细胞胞质内可含嗜天青颗粒。电镜下，可见胞质内有大量游离核糖体，其他细胞器不发达。

根据淋巴细胞发生部位、表面标记和免疫功能等的不同，可分为：胸腺依赖淋巴细胞（T 细胞）、骨髓依赖淋巴细胞（B 细胞）、K 淋巴细胞（杀伤细胞）和自然杀伤细胞（NK 细胞）四类（详见第八单元"脉管系统"）。

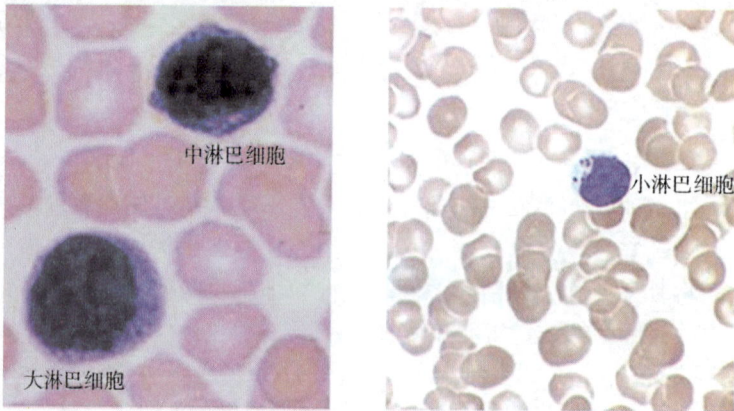

图 2-33　淋巴细胞

5. 单核细胞 monocyte　血细胞中体积最大，直径 14~20μm。细胞核形态多样，呈圆形、卵圆形、肾形、马蹄铁形或不规则形，核常偏于一侧，染色质颗粒细而松散，着色较浅。胞质较多，弱嗜碱性，呈灰蓝色，内含许多细小的嗜天青颗粒，即溶酶体（图 2-34）。单核细胞具有活跃的变形运动和一定的吞噬能力，在血液中停留 1~2 天即离开血管进入结缔组织，形成巨噬细胞。

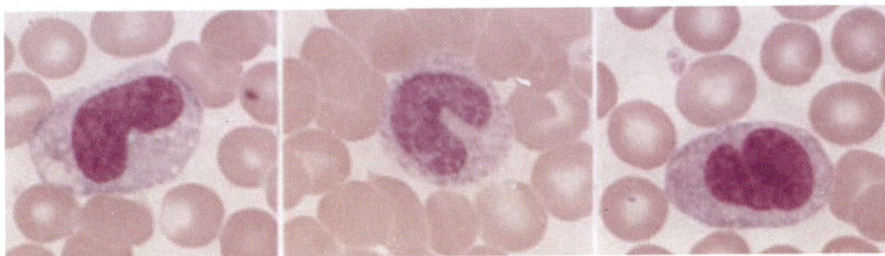

图2-34 单核细胞

（三）血小板

血小板 blood platelet 是骨髓中巨核细胞脱落的胞质小块。血循环中，血小板呈双凸的圆盘状，直径为 $2\sim4\,\mu m$，无细胞核，有一些细胞器。在血涂片上，血小板形态不规则，常聚集成群，Wright 染色镜下观察，血小板中央有蓝紫色颗粒，称颗粒区；周边呈均质浅蓝色，称透明区。电镜下，血小板表面吸附有血浆蛋白，内有微管、微丝、小管系统、线粒体、血小板颗粒和糖原颗粒等。血小板在止血、凝血过程中起重要作用。当血管内皮受损时，血小板迅速聚集粘附于受损处，形成血栓堵塞破口止血，同时释放颗粒内物质，进一步促进止血和凝血。

> **应用链接**
>
> 当血小板减少到 $100\times10^9/L$（10万/mm^3）以下时，就会引起皮下出血，临床上称之为血小板减少性紫癜。当低于 $50\times10^9/L$（5万/mm^3）以下时，就有自发出血的危险。

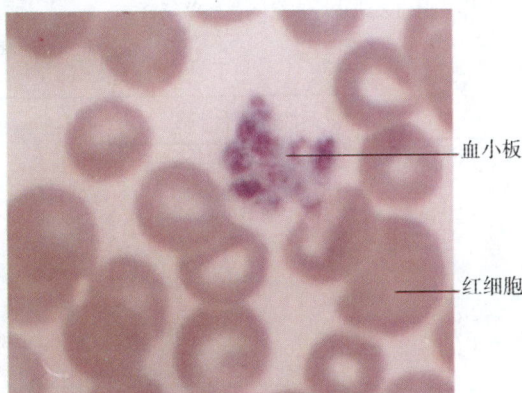

血小板

红细胞

图2-35 血小板

五、血细胞的发生规律

体内血细胞均有一定的寿命，红细胞在体内存活时间约120天，血小板的寿命为7~14天，白细胞的寿命从几天到数年不等。血液中原有的血细胞逐渐衰老死亡，同时骨髓又产生相同数量新的血细胞进入血液，使血液中血细胞的数量和质量维持动态平衡。

人体发育的不同阶段造血器官各不相同：胚胎发育至第3周，卵黄囊壁的血岛部分细胞分化为造血干细胞，经血流迁移至肝和脾；第6周，迁入肝的造血干细胞开始造血，11周达到造血高峰；第12周，脾内造血干细胞开始分化形成各种血细胞，并维持到出生前；胚胎后期，造血主要由骨髓完成，并维持终生。

1. 骨髓的结构 骨髓存在于骨髓腔和骨松质的间隙内，分为红骨髓和黄骨髓。有造血功能的是红骨髓，主要由造血组织和血窦构成。胎儿及婴幼儿时期，骨髓均是红骨髓，从5岁开始，长骨骨髓腔内出现脂肪组织，红骨髓逐渐变为黄骨髓，失去造血功能。但黄骨髓内仍有少量幼稚血细胞，保持造血潜能，当机体需要时，可转变为红骨髓恢复其造血功能。在骨松质间隙内终身存在的均是红骨髓。

2. 造血干细胞和造血祖细胞 造血干细胞在一定的微环境和一些因素的调节下，先分化为各类造血祖细胞，然后造血祖细胞再定向增殖、分化成各种成熟的血细胞。

（1）造血干细胞 又称多能干细胞，是产生各种血细胞的原始细胞，起源于卵黄囊的血岛，出生后主要存在于骨髓。主要特性：有很强的增殖潜能，具有自我复制和多向分化的能力。

（2）造血祖细胞 又称定向干细胞，由造血干细胞分化而来，增殖能力有限，只能由造血干细胞补充。主要的造血祖细胞有：红细胞系造血祖细胞、粒细胞单核细胞系造血祖细胞和巨核细胞系造血祖细胞。

3. 血细胞发生的一般规律 各种血细胞的发生一般要经历原始、幼稚和成熟三个阶段（图2-36）。血细胞的发生，其形态结构处于一个连续的动态变化过程中，比较复杂，各系血细胞发生过程也有一定的差别，但一般变化规律如下：①胞体由大变小（巨核细胞由小变大）。②胞核由大变小（巨核细胞核由小变大）。红细胞核最后消失，粒细胞核最后变成杆状或分叶状。③细胞质由少到多，嗜碱性逐渐减弱，胞质内特殊结构从无到有，如粒细胞中的特殊颗粒、红细胞中的血红蛋白出现，并逐渐增多。④细胞的分裂能力逐渐消失（但淋巴细胞仍保留很强的分裂潜力）。

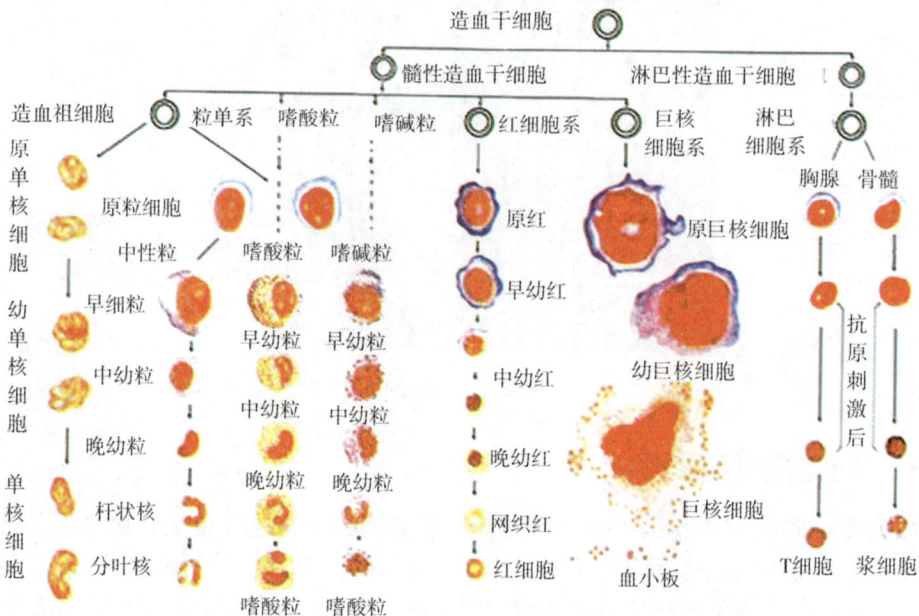

图2-36 血细胞发生过程示意图

第三节 肌组织

肌组织 muscle tissue 主要由肌细胞组成，其间有少量结缔组织、血管、淋巴管和神经。肌细胞细长，呈纤维状，故又称肌纤维。肌细胞的细胞膜称肌膜，细胞质称肌质，又称肌浆；细胞内的滑面内质网称肌质网，又称肌浆网，是贮存与释放 Ca^{2+} 的细胞器。细胞质中有大量肌丝，是细胞进行舒缩运动的物质基础。

根据肌纤维的形态结构、存在部位和功能特点，可将肌组织分为骨骼肌、心肌和平滑肌 3 类。在显微镜下，骨骼肌纤维和心肌纤维均有明暗相间的横纹，称横纹肌；平滑肌纤维无横纹。骨骼肌的运动受意识支配，属随意肌；心肌和平滑肌的运动不受意识支配，属不随意肌。

一、骨骼肌

骨骼肌 skeletal muscle 构成肌腹，借肌腱附着于骨上。每块肌均由平行排列、细长的肌纤维束构成。结缔组织包裹在每块肌的外面形成肌外膜，内含血管和神经。肌外膜的结缔组织以及血管和神经的分支深入肌内，分隔包裹多条（数条至 10 条以上）肌纤维，形成肌束。包绕肌束的结缔组织，称肌束膜；包绕每条肌纤维的薄层疏松结缔组织，称肌内膜，含丰富的毛细血管（图 2-37）。肌内膜与肌纤维质膜间有基膜。各层结缔组织膜有支持、连接、营养和保护肌的作用，并对单条肌纤维、肌束和整块肌的肌纤维群体活动起调整作用。

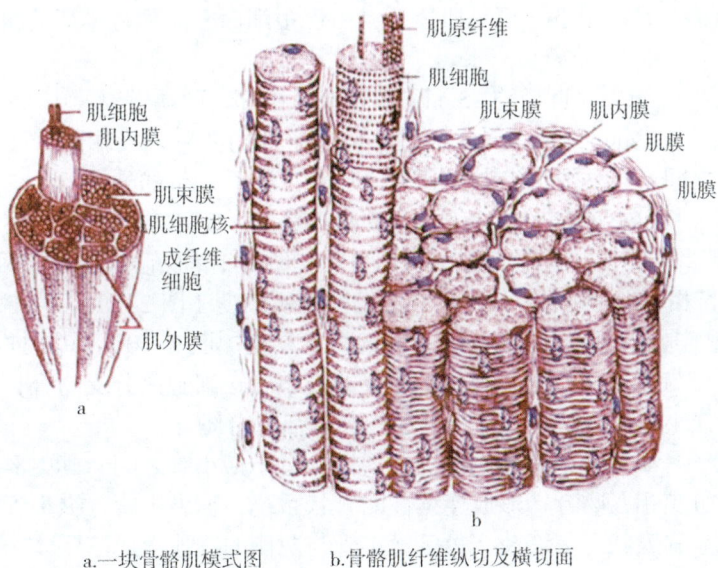

a.一块骨骼肌模式图　　b.骨骼肌纤维纵切及横切面

图 2-37　骨骼肌与周围结缔组织

（一）骨骼肌纤维的光镜下结构

骨骼肌纤维呈细长的圆柱状，长 1~40mm，直径 10~100μm。一条肌纤维内有十几个甚至数百个扁椭圆形的细胞核，靠近肌膜。肌质中有与肌纤维长轴平行的肌原纤维。肌原纤维呈细丝状，每条肌原纤维上都有明暗相间的带。在一条肌纤维内，由于各条肌原纤维的明、暗带都排在同一平面上，因此呈现出明暗交替的横纹（图 2-38）。在偏振光显微镜下，明带又称 I 带；明带中央有一条深染的细线，称 Z 线。暗带又称 A 带，其中央有一淡染的窄带为 H 带，H 带的中央还有一条染色较深的线，称 M 线。相邻的两条 Z 线之间的一段肌原纤维，称肌节，是骨骼肌纤维的基本结构和功能单位（图 6-3）。肌节由 1/2 明带 +1 个暗带 +1/2 明带组成。

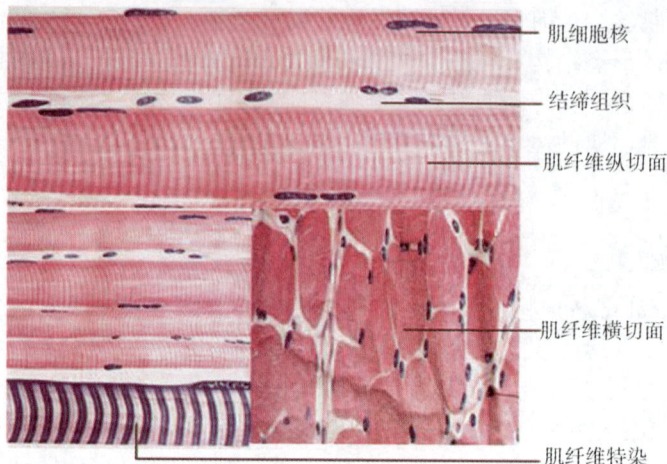

　　肌细胞核
　　结缔组织
　　肌纤维纵切面

　　肌纤维横切面

　　肌纤维特染

图 2-38　骨骼肌纤维光镜结构模式图

（二）骨骼肌纤维的超微结构

1. 肌原纤维　在电镜下，可见肌原纤维由许多细而密的平行排列的粗、细两种肌丝所组成。

　　粗肌丝长约 1.5μm，直径约 15nm，位于肌节中部，两端游离。中央借 M 线固定。

　　细肌丝长约 1μm，直径 5nm，细肌丝位于肌节的两侧，一端附着于 Z 线，另一端伸入至粗肌丝之间，与之平行走行，其末端游离，止于 H 带的外侧。

　　当肌纤维收缩时，粗肌丝牵拉细肌丝向 A 带中的 H 带方向滑行，使 I 带和 H 带宽度同步缩窄，所以肌节也随之缩短；当肌纤维舒张时，肌节伸长，相邻两 Z 线间距增大，I 带和 H 带相应的增宽；A 带宽度在舒缩时均不改变（图 2-39）。

2. 横小管　是肌膜向肌浆内凹陷形成的管状结构（图 2-40），其走向与肌纤维长轴垂直，位于明带与暗带交界处。同一平面上的横小管在细胞内分支吻合，环绕每条肌原纤维的周围。横小管可将肌膜的兴奋迅速传到肌细胞内部。

3. 肌浆网　是肌纤维中特化的滑面内质网，位于横小管之间，其中部纵行包绕每条肌原纤维，且分支相互吻合，形成连续性的管状系统，称纵小管，纵小管的两端在横小管的两侧扩大呈扁囊状，称终池。每条横小管与两侧的终池组成三联体，在此部位将兴奋传到肌浆网膜。肌浆网膜上有钙泵和钙通道。钙泵能把肌浆中的 Ca^{2+} 泵入肌浆网内贮存，当肌浆网膜接受兴奋后，钙通道开放，大量 Ca^{2+} 涌入肌浆（图 2-40）。

4. 线粒体　肌浆内有丰富的线粒体，分布于肌膜下和细胞核附近以及肌原纤维之间，线粒体产生 ATP，为肌收缩提供能量。

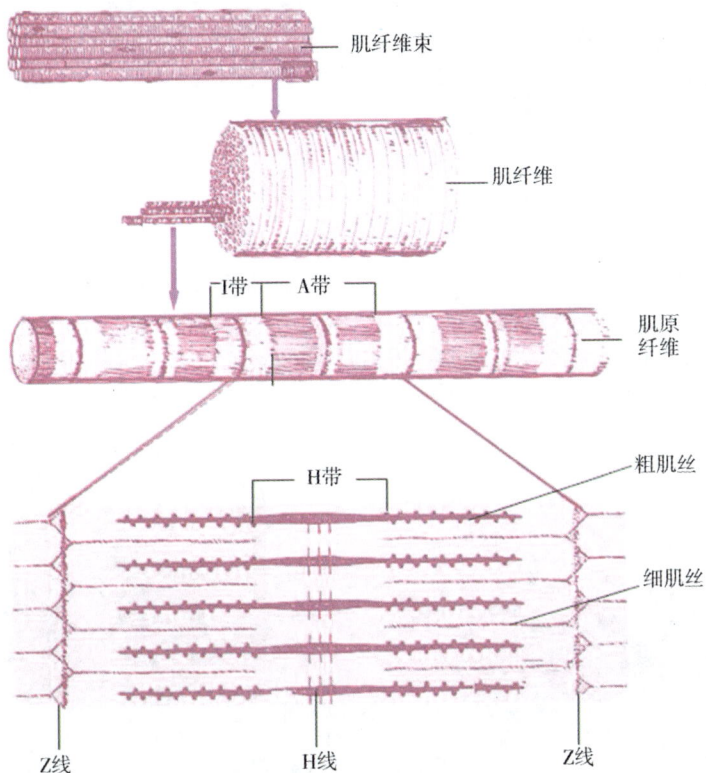

肌纤维束

肌纤维

I带 A带

肌原纤维

H带

粗肌丝

细肌丝

Z线 H线 Z线

图 2-39 骨骼肌逐级放大示意图

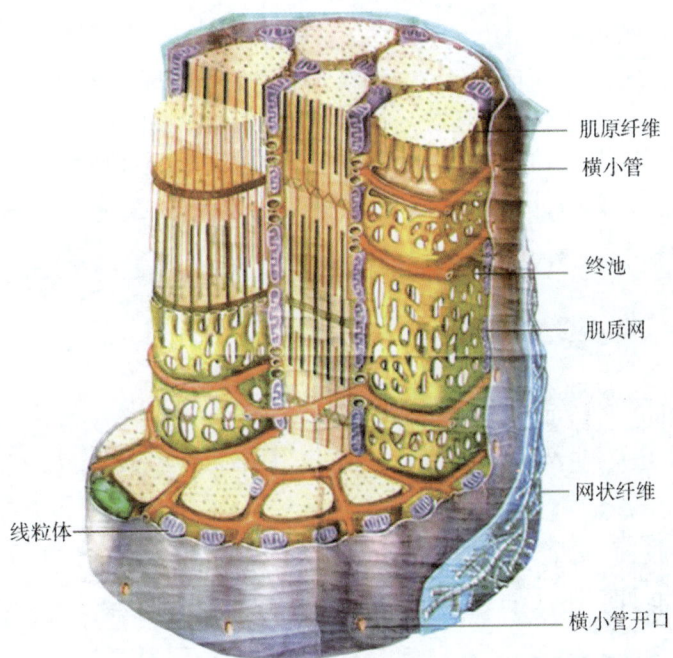

肌原纤维

横小管

终池

肌质网

网状纤维

线粒体

横小管开口

图 2-40 骨骼肌纤维超微结构立体模式图

二、心肌

心肌 cardiac muscle 分布在心和邻近心的大血管根部。心肌主要由心肌纤维构成，其间有结缔组织、血管和神经。心肌互相连接成网，在结构和功能上连成一个统一的整体。心肌收缩有自动节律性，缓慢而持久。

（一）心肌纤维的光镜结构

心肌纤维呈短柱状，有分支。相邻肌纤维端端相连，相互吻合成网。心肌纤维有横纹，但不如骨骼肌明显；每条心肌纤维一般有 1 个椭圆形的核，位于细胞中央，染色较浅；核两端肌质丰富（图 2-41a）。肌质内含丰富的线粒体和糖原，亦含脂滴和脂褐素。脂褐素为次级溶酶体的残余体，随年龄的增长而增多。相邻两心肌纤维连接处互相嵌合，特化成闰盘，光镜下呈着色较深的横行或阶梯状的细线（图 2-41a,b）。

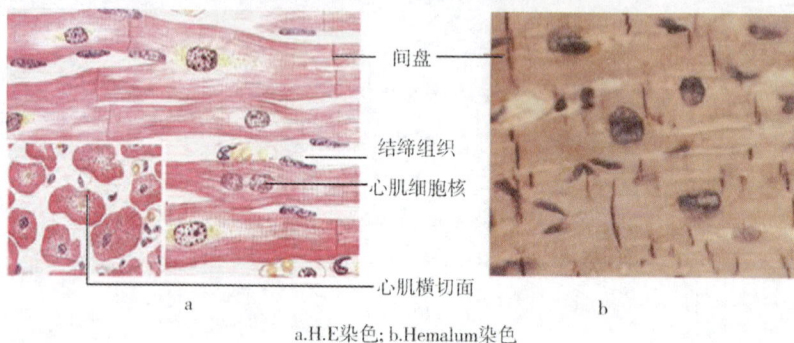

间盘
结缔组织
心肌细胞核
心肌横切面

a

b

a.H.E染色；b.Hemalum染色

图 2-41　心肌纤维

（二）心肌纤维的超微结构

心肌纤维也有粗、细两种肌丝，它们在肌节内的排列与骨骼肌纤维相同，亦有肌质网和横小管等结构，但心肌纤维还有一些与骨骼肌纤维不同的超微结构点（图 2-42）。

（1）肌原纤维不如骨骼肌规则、明显，肌丝被少量肌质和许多纵行排列的线粒体分隔成粗细不等、不完整的肌丝束。

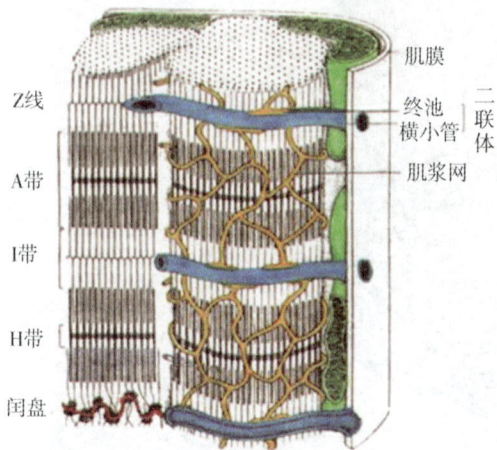

Z线
A带
I带
H带
闰盘

肌膜
终池
横小管
肌浆网
二联体

图 2-42　心肌纤维超微结构立体模式图

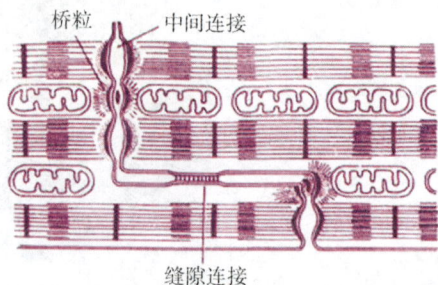

桥粒
中间连接
缝隙连接

图 2-43　心肌闰盘超微结构模式图

（2）心肌纤维的横小管较粗，位于 Z 线水平。

（3）心肌纤维的肌质网较稀疏，纵小管不发达，其末端仅在横小管的一侧略微膨大形成终池，并与横小管紧贴形成二联体，三联体极少见。

（4）心肌纤维的闰盘在 Z 线水平，呈阶梯状。在闰盘的横位部分有中间连接和桥粒，起牢固的连接作用；在纵位部分有缝管连接，便于心肌纤维间化学信息的交流和电冲动的传导，以保证心肌纤维收缩的同步性和协调性，使心肌成为一个功能整体（图 2-43）。

三、平滑肌

（一）平滑肌的光镜结构

平滑肌 smooth muscle 广泛分布于内脏器官、血管、淋巴管等器官的壁内。

平滑肌纤维呈长梭形，大小不一，长 15~200μm（妊娠子宫的平滑肌纤维可长达 500μm），无横纹，只有 1 个核，位于中央，细胞收缩时核常呈扭曲或折叠状。平滑肌纤维间彼此平行，聚集排列，一个细胞粗的中间部与另一细胞细的末端毗邻，使细胞间连接紧密，有利于细胞间收缩力的传导。平滑肌纤维可以单独存在，但绝大多数是成束或成层分布。在横断面上，平滑肌纤维呈圆形，断面大小不等，核仅见于大的断面中央（图 2-44）。

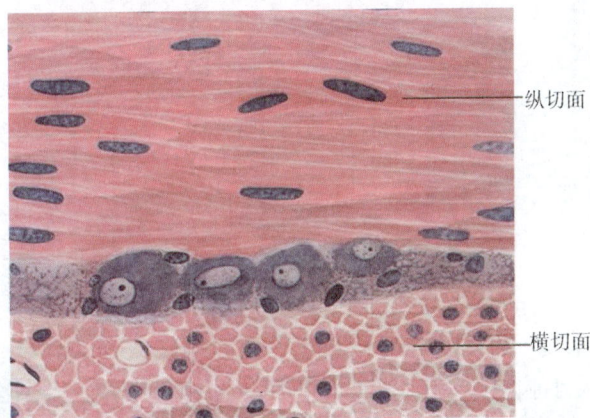

纵切面

横切面

图 2-44　平滑肌纤维

（二）平滑肌的超微结构特点

平滑肌纤维内有粗、细肌丝，无肌原纤维，无横纹结构。平滑肌纤维的肌膜内陷，不形成横小管，相邻平滑肌之间有缝隙连接。平滑肌兴奋时，神经冲动迅速从一个细胞扩散到其他细胞，完成平滑肌纤维的同步收缩。

第四节　神经组织

神经组织 nervous tissue 由神经细胞和神经胶质细胞构成。神经细胞又称神经元，约有 10^{12} 个，是神经系统结构和功能的基本单位，具有接受内、外环境刺激和传导冲动的功能，有些神经细胞（如下丘脑神经元）还具有内分泌功能。神经胶质细胞简称神经胶质，数量多于神经元，不能感受刺激、传导冲动，对神经元起支持、营养、保护和绝缘作用。

一、神经元

神经元是一种具有突起的细胞，形式多样、体积大小不等，但一般都可分为胞体和突起两部分，突起又分为树突和轴突两种（图2-45）。突起相互接触构成神经网络，广泛分布于体内各组织及器官内。

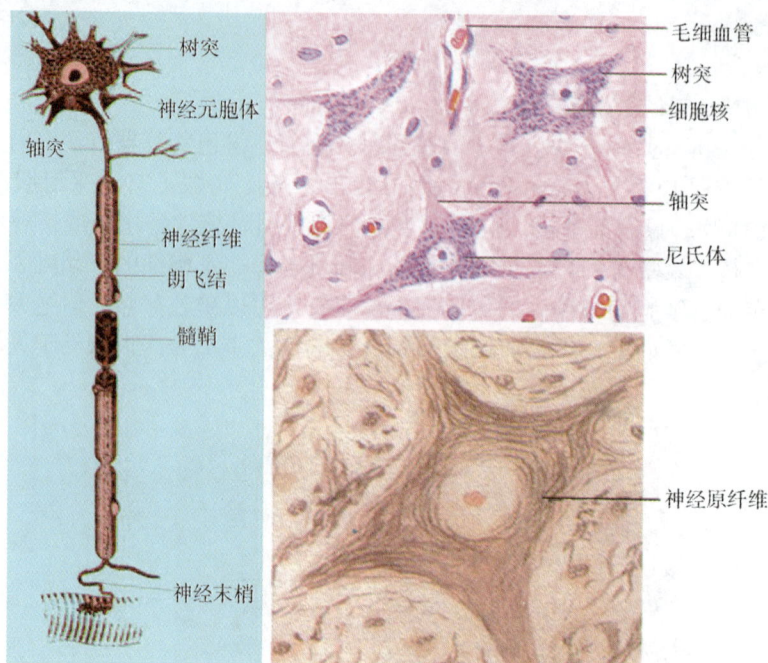

图 2-45　神经元结构

（一）神经元的结构

1. 胞体　位于大小脑皮质、脑干、脊髓灰质和神经节内，是神经元功能活动的中心。胞体大小不一，体态多样，有圆形、星形、锥体形及梭形等。

（1）细胞膜：为单位膜，具有接受刺激、传导神经冲动和信息处理的作用。

（2）细胞核：位于胞体中央，核大而圆，以常染色质为主，着色较浅，核内核仁明显。

（3）细胞质：胞体内的细胞质又称核周质，其内除含线粒体、高尔基复合体、中心体、微丝、微管及溶酶体等一般细胞器外，还含有两种神经元特有的细胞器：①尼氏体：又称嗜染质，光镜下为嗜碱性颗粒状或小块状，HE染色呈紫蓝色，分散在核周质及树突内（图2-45）。电镜观察，尼氏体是由发达的粗面内质网和游离核糖体构成，是神经元内神经递质、酶及一些分泌性蛋白质合成的场所。当神经元受损时，尼氏体减少或消失；当神经元功能恢复时，尼氏体重新出现或增多，因此，尼氏体可作为判断神经无功能状态的一种标志。②神经原纤维：在HE染色切片上，不能分辨，在银染色切片中，被染成棕黑色，呈细丝状，相互交织成网，分布于胞体、树突和轴突内（图2-45）。电镜下，神经原纤维实际由神经丝和微管聚集而成。它除有支持神经元的作用外，还参与营养物质、神经递质及离子等的运输。

2. 突起　由神经元胞体局部胞膜和胞质突出形成，分树突和轴突两种。

（1）树突：一个或多个，较短，呈树枝状分支。树突内细胞质的结构与核周质基本一致，有尼氏体和神经原纤维。在树突的分支上有许多短小的棘状突起，称树突棘。树突的较多分支及树突棘的出现，极大地增加了神经元之间的接触面。树突的主要功能是接受刺激，产生神经冲动，并将神经冲动传向胞体。

（2）轴突：只有一个，从胞体发出，细长均匀，长短不一，短的仅数微米，长的可达1米以上。主干分支少，常由主干呈直角发出，称侧支。轴突末端分支较多，形成轴突终末。轴突的起始部呈圆锥状，称轴丘。轴丘和轴突内均无尼氏体，但有神经原纤维。轴突的主要功能是将神经冲动传导至其他神经元或效应器。

（二）神经元的分类

神经元数量众多，形态功能各不相同，分类方法有多种。

（1）按神经元突起数目：可分为三类（图2-46）：①假单极神经元：此类神经元只从胞体发出一个突起，该突起离胞体不远处即分为两支，一支伸向中枢神经系统，称中枢突，另一支分布于周围组织和器官，称周围突，如脊神经节和脑神经节内的感觉神经元属于此类神经元；②双极神经元：由胞体发出一个轴突，一个突树，如视网膜内的双极神经元；③多极神经元：有一个轴突，多个树突，如脊髓灰质前角的运动神经元。

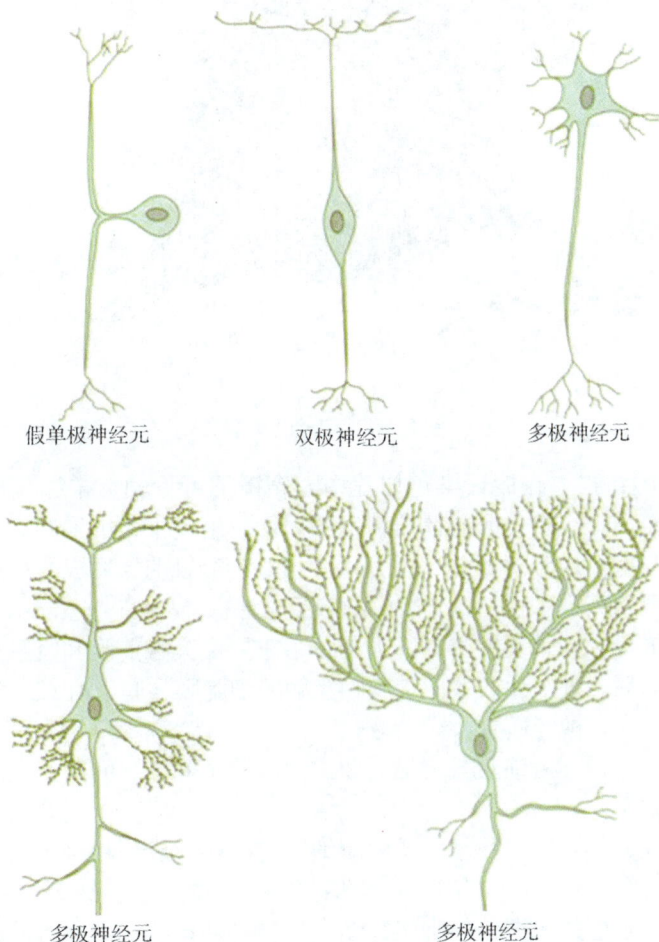

假单极神经元　　双极神经元　　多极神经元

多极神经元　　多极神经元

图2-46　各种神经元

（2）按神经元的功能：可分为三类：①感觉神经元：又称为传入神经元，胞体位于脑神经节与脊神经节内，其周围突分布于皮肤、肌肉等处，能感受各种刺激，并将刺激转化为神经冲动经中枢突传向中枢；②运动神经元：又称传出神经元，胞体位于脑、脊髓及内脏神经节内，支配肌的运动和腺体的分泌；③联络神经元：又称中间神经元，介于前两类神经元之间，数量最多，约占神经元总数的99%。

（三）神经元之间的连接——突触

突触是神经元与神经元之间、或神经元与非神经元之间的连接部位。是神经元传递信息的重要结构。

1. 突触的类型 最常见的的突触类型是轴－树突触、轴－体突触与轴－棘突触，即一个神经元轴突的终末与另一个神经元的树突、胞体与树突棘形成的连接。此外还有轴－轴突触、树－树突触等。一个神经元形成的突触少则数个，多则数万个。

按传递信息的方式不同，突触可分两类：①电突触：是缝隙连接，把电信息直接传导到另一个细胞；电突触在人和哺乳动物中较少。②化学突触：以媒介物质神经递质传递信息，一般提到的突触主要指的是化学突触（图2-47）。

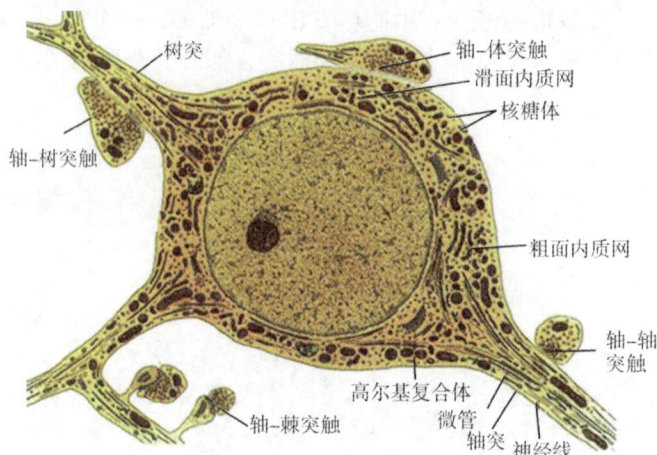

图 2-47　突触的类型

2. 化学突触的结构 在镀银染色切片中，光镜下可见轴突末端呈球状膨大，被染成棕黑色，附着于另一个神经元胞体或树突的表面。电镜下，突触结构可分为突触前成分、突触间隙、突触后成分三部分（图2-48,2-49）。突触前、后成分彼此相对的细胞膜分别称为突触前膜和突触后膜，比一般的细胞膜略厚。

（1）突触前成分：即轴突终末的膨大部分，主要由突触前膜和突触小泡组成，突触前膜为轴突终末与后一神经元或效应细胞相接触的细胞膜，膜上有 Ca^{2+} 通道。突触小泡呈圆形或椭圆形，内含神经递质。

（2）突触间隙：是突触前膜与突触后膜之间的狭窄间隙，间距为 15~30nm，含有糖蛋白和一些丝状物质。

（3）突触后成分：是后一神经元或效应细胞与突触前成分相对应的局部区域，该处的细胞膜增厚，为突触后膜，含有能与神经递质特异性结合的受体。

化学性突触的功能是单向传导神经冲动。当神经冲动传导到突触前膜时，Ca^{2+} 进入突触前成分，使突触小泡贴在突触前膜上，并形成小孔，通过胞吐作用将神经递质释放入突触间隙，神经递质与突触后膜上的相应受体结合，改变了突触后膜对离子的通透性，引起后一神经元膜电位的变化，形成新的神经冲动。如果突触传递的结果使后一神经元兴奋，则该突触称兴奋性突触，如使后一神经元抑制，则称抑制性突触。随后神经递质被相应的酶（如乙酰胆碱酯酶）水解而失去活性，从而保证突触传递冲动的敏感性。

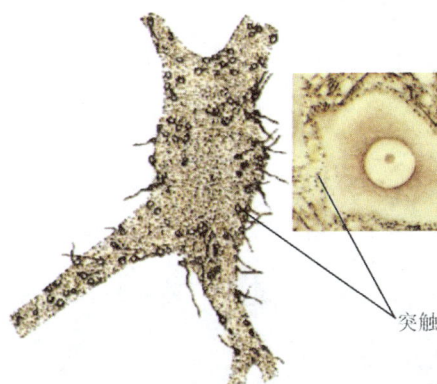

图 2-48　突触的结果（镀银染色）

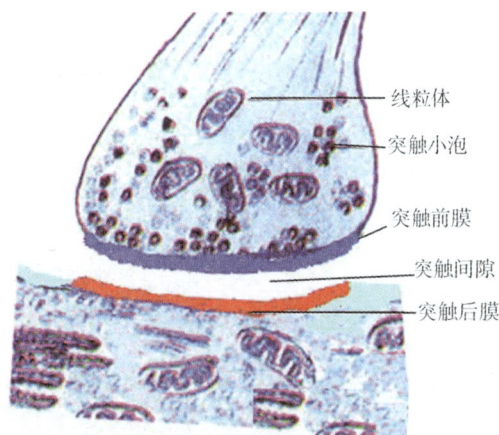

线粒体
突触小泡
突触前膜
突触间隙
突触后膜

图 2-49　化学突触超微结构模式图

二、神经胶质细胞

神经胶质细胞简称神经胶质，广泛分布于中枢和周围神经系统，数量为神经元的10~50 倍。神经胶质也是一种具有突起的细胞（图 2-50a,b），但无树突和轴突之分，不具有产生和传导神经冲动的功能，起支持、保护、营养和绝缘的作用。

（一）中枢神经系统的神经胶质细胞

1. **星形胶质细胞**　体积大，突起多。分为两种：①纤维性星形胶质细胞（多分布于白质），突起细长，分支较少；②原浆性星形胶质细胞（多分布于灰质），突起粗短，分支较多。星形胶质细胞的突起填充于神经元的胞体及突起之间，起支持和分隔神经元的作用。有些突起末端形成脚板贴附于毛细血管壁上，摄取营养并参与血脑屏障的构成。

血脑屏障：是介于血液与脑组织间所构成的具有可限制血液中某些物质进入脑组织的屏障保护结构。由连续毛细血管内皮（紧密连接）、基膜和神经胶质膜（星形胶质细胞的突起形成脚板）构成。具有阻止血液中某些物质进入脑组织，维持脑组织内环境的相对稳定和神经元的正常功能。

2. **少突胶质细胞**　胞体较小，细胞核圆，染色较深。突起末端呈叶片状，包绕轴突形成中枢神经系统有髓神经纤维的髓鞘。

3. **小胶质细胞**　胶质细胞中体积最小。属单核吞噬细胞系统，具有吞噬能力。

4. **室管膜细胞**　呈单层分布于脑室及脊髓中央管的腔面，形成单层上皮，称室管膜。室管膜细胞可产生脑脊液。

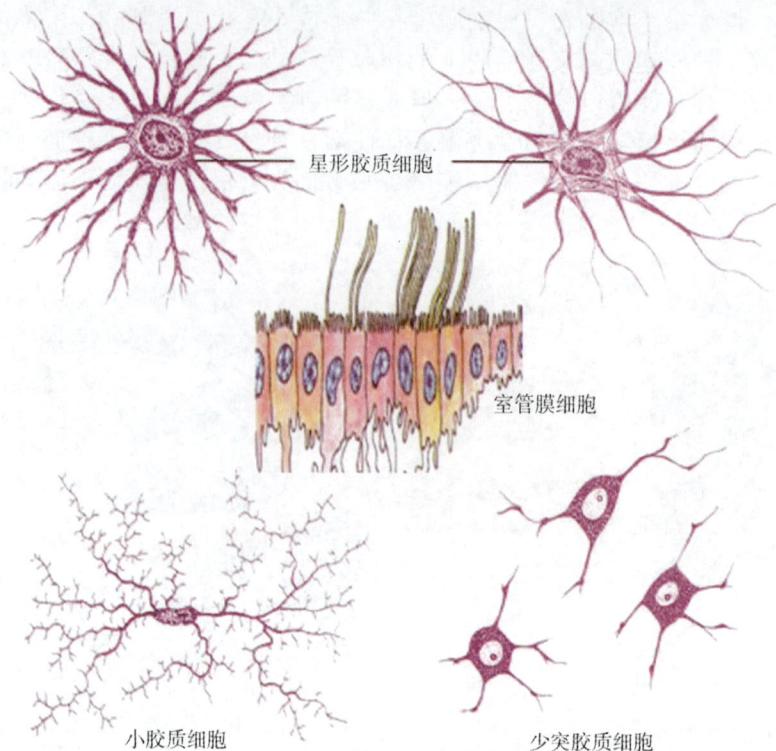

星形胶质细胞

室管膜细胞

小胶质细胞

少突胶质细胞

图 2-50a　神经胶质细胞（中枢神经系统）

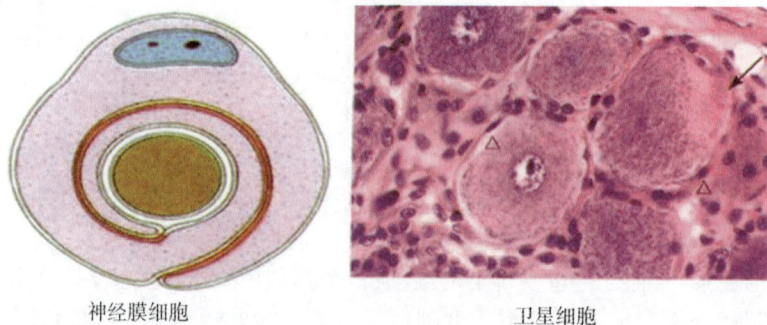

神经膜细胞

卫星细胞

图 2-50b　神经胶质细胞（周围神经系统）

（二）周围神经系统的神经胶质细胞

1.施万细胞　又称神经膜细胞（Schwann cell）。包裹于神经元所发出的长突起周围，形成有髓神经纤维的髓鞘。

2.卫星细胞　又称被囊细胞，是神经节内包裹神经元胞体的一层扁平细胞。

三、神经纤维

神经纤维是神经元的长突起（主要是轴突）和包裹在其外面的神经胶质细胞共同构成。包裹中枢神经纤维轴突的胶质细胞是少突胶质细胞，包裹周围神经纤维轴突的胶质细胞是施万细胞。根据胶质细胞是否形成髓鞘，神经纤维分为有髓神经纤维和无髓神经纤维。

（一）有髓神经纤维

（1）周围神经系统中，有髓神经纤维由中央的轴索和周围髓鞘及神经膜构成，轴索是神经元所发出的长突起，髓鞘及神经膜由施万细胞形成。髓鞘呈节段性，相邻节段间无髓鞘的狭窄处，称朗飞结。相邻两个郎飞结之间的一段纤维称结间体。一个施万细胞形成一个节间体的髓鞘和神经膜（图 2-51，2-52，2-53）。电镜下，髓鞘呈明暗相间的板层结构，是由施万细胞的细胞膜反复呈同心圆包绕轴索周围融合而成，在此过程中，施万细胞的细胞核和胞质被挤至髓鞘边缘与其外的基膜共同形成神经膜（图 2-51）。髓鞘的化学成分主要是髓磷脂和蛋白质，有绝缘作用，可防止神经冲动在传导中向外扩散。在 HE 染色中，髓磷脂中的类脂被溶解，仅见残留的网状蛋白质。

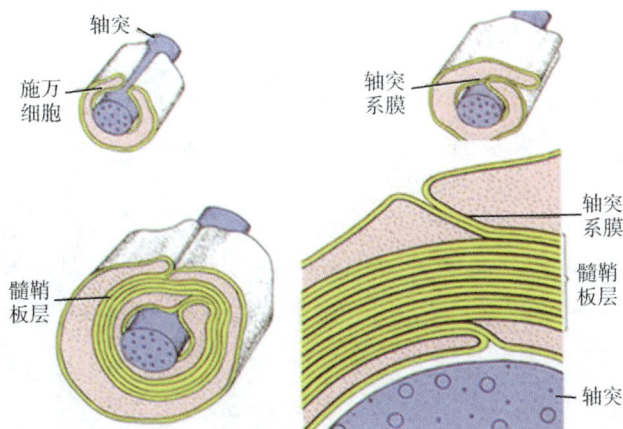

图 2-51　有髓神经纤维（周围神经系）形成模式图

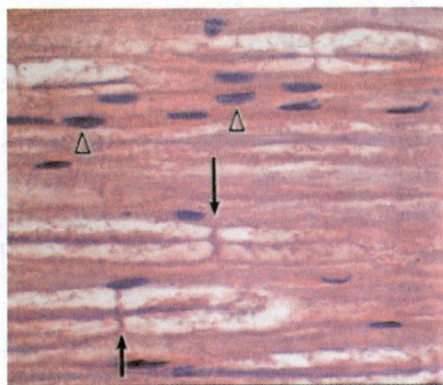

△ 施万细胞　↓ 郎飞结

图 2-52　有髓神经纤维（纵切）光镜图

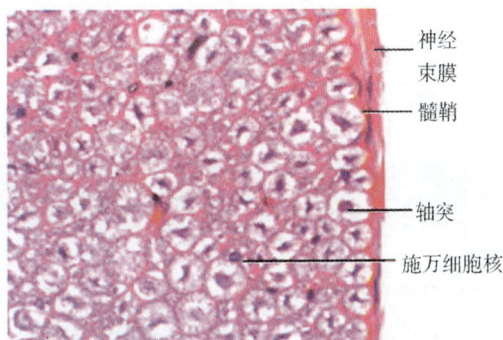

图 2-53　有髓神经纤维（横切）光镜图

（2）中枢神经系统中，有髓神经纤维是由少突胶质细胞突起的末端扩展成扁平状包绕轴突而形成（图 2-54）。一个少突胶质细胞有多个突起，可分别包绕多个轴突，其胞体位于神经纤维之间。中枢有髓神经纤维无神经膜。

神经纤维对神经冲动的传导是在轴膜上进行的，有髓神经纤维由于有髓鞘的绝缘作用，轴膜上的兴奋只能在郎飞结处呈跳跃式传导，故神经冲动传导速度快。

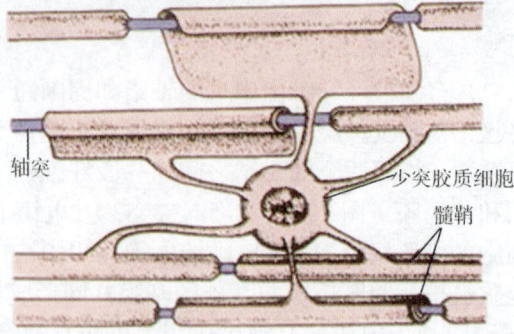

图 2-54 有髓神经纤维（中枢神经系统）形成模式图

（二）无髓神经纤维

（1）周围神经系中，无髓神经纤维是由较细的轴突和包在其外的施万细胞构成（图 2-55）。没有髓鞘和郎飞结。电镜下可见，单个轴突埋入施万细胞的胞膜和胞质凹陷形成的小沟内，一个施万细胞可包裹多个轴突。

（2）中枢神经系中，无髓神经纤维裸露，无任何鞘膜，有神经胶质细胞分隔，与有髓神经纤维混杂在一起。

无髓神经纤维无髓鞘和郎飞结，神经冲动沿轴膜连续传导，故其传导速度比有髓神经纤维慢。

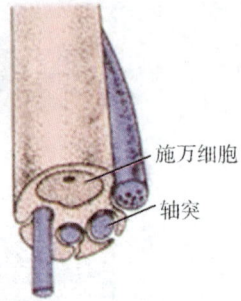

图 2-55 无髓神经纤维结构图

四、神经末梢

周围神经纤维的终末部分终于全身各组织、各器官形成神经末梢。按功能可分为感觉神经末梢和运动神经末梢。

（一）感觉神经末梢

感觉神经末梢是感觉神经元周围突的终末部分，该末梢与其他结构共同形成感受器。感受器能感受内、外环境的各种刺激，并将刺激转化为神经冲动，传向中枢，形成感觉。感觉神经末梢可分为游离神经末梢和有被囊神经末梢两类。

1. 游离神经末梢 有髓或无髓的神经纤维终末部分失去髓鞘，裸露的末段分成细支，分布于表皮、角膜、黏膜上皮及某些结缔组织内，感受痛觉和温度觉的刺激（图 2-56）。

2. 有被囊的神经末梢 末梢外面包裹有结缔被囊，常见有以下三种。

（1）触觉小体：分布于真皮乳头层内，以手指、足趾掌侧皮肤内居多。呈卵圆形，小体内有多层横行排列的扁平细胞，外包结缔组织被囊，有髓神经纤维进入小体时失去髓鞘，裸露的终末部分分支盘绕于扁平细胞之间，感受触觉（图 2-56）。

（2）环层小体：广泛分布于真皮网状层、皮下组织、胸膜和腹膜等处。体积较大，呈卵圆形或球形，外为结缔组织被囊，中央为一均质状的圆柱体，有髓神经纤维进入小体时失去髓鞘，裸露部分伸入圆柱体内，圆柱体周围是数层呈同心圆排列的扁平细胞，感受压觉和振动觉（图 2-56）。

（3）肌梭：是分布于骨骼肌内的梭形小体，外为结缔组织被囊，囊内有几条细小的骨骼肌纤维称梭内肌（图 2-56）。感觉神经纤维终末部分失去髓鞘进入肌梭，缠绕于梭内肌纤维。肌梭是一种本体感觉器，感觉肌纤维伸缩时的变化，在调节骨骼肌的活动时起重要作用。

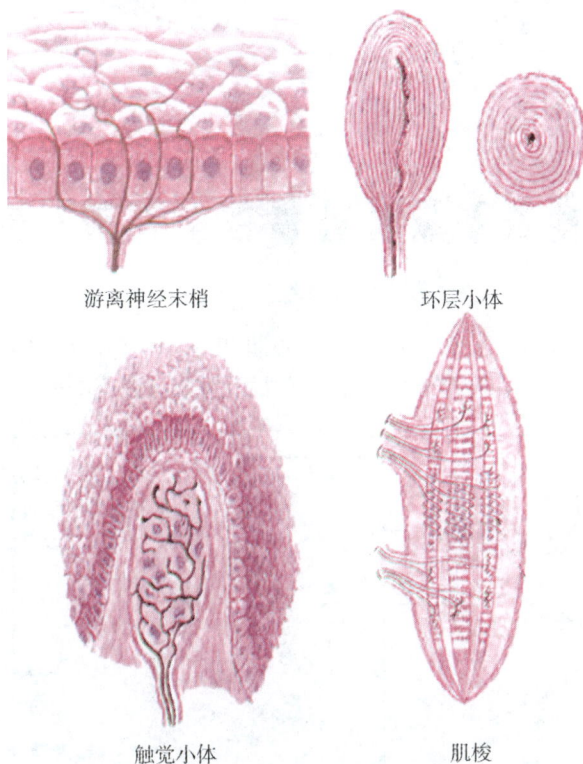

游离神经末梢　　　　　　　　　环层小体

触觉小体　　　　　　　　　　肌梭

图 2-56　感觉神经末梢

（二）运动神经末梢

运动神经末梢是运动神经元轴突的终末部分，分布于肌组织和腺体，支配肌的收缩和腺体的分泌。与其分布的组织共同构成效应器。按其分布和功能分为躯体运动、内脏运动神经末梢两种。

1. 躯体运动神经末梢　分布于骨骼肌。运动神经元轴突的末段失去髓鞘，裸露部分在骨骼肌纤维表面形成爪状分支，爪状分支末端再形成扣状膨大附着于肌膜上，称运动终板或神经肌连接，属于突触的一种（图 2-57，2-58）。

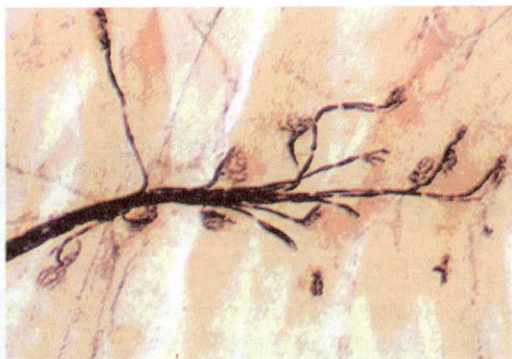

图 2-57　运动终版（氯化金染色）

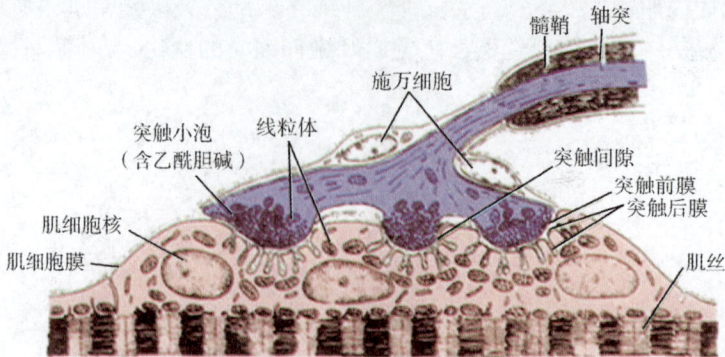

图 2-58 运动终版超微结构模式图

2. 内脏运动神经末梢 分布于平滑肌、心肌和腺体。神经纤维较细，无髓鞘，轴突末端分支常呈串珠样膨大，附着于平滑肌、心肌及腺上皮细胞的表面（图 2-59）。

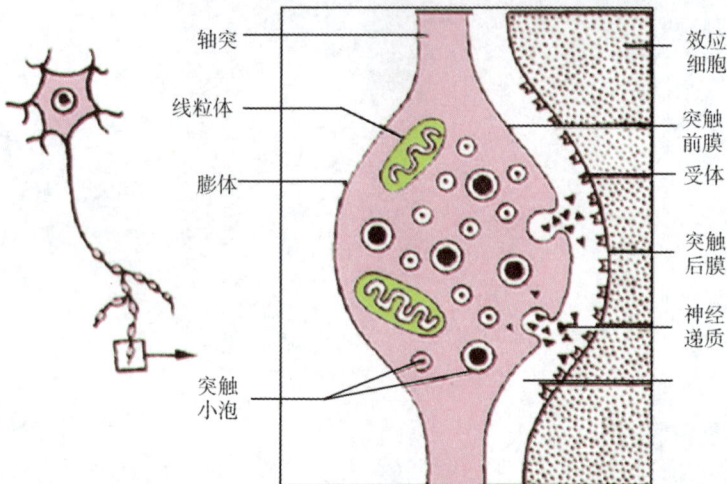

图 2-59 内脏运动神经末梢超微结构

练习题

一、A1 型题

1. 间皮分布于

  A. 肺泡上皮   B. 胸、腹腔浆膜   C. 血管外表面

  D. 心血管的内表面   E. 肾小囊壁层

2. 气管的上皮为

  A. 单层柱状上皮   B. 末角化的复层扁平上皮

  C. 角化的复层扁平上皮   D. 假复层纤毛柱状上皮

  E. 变移上皮

3. 可产生纤维和基质的细胞是

  A. 浆细胞   B. 肥大细胞   C. 成纤维细胞

D. 巨噬细胞　　　　　　　　E. 脂肪细胞

4. 巨噬细胞来源于
　A. 中性粒细胞　　　　　　B. 嗜酸性粒细胞　　　　　C. 淋巴细胞
　D. 巨核细胞　　　　　　　E. 单核细胞

5. 胞质中含有异染性颗粒的细胞是
　A. 浆细胞　　　　　　　　B. 肥大细胞　　　　　　　C. 成纤维细胞
　D. 巨噬细胞　　　　　　　E. 脂肪细胞

6. 蜂窝组织是指
　A. 脂肪组织　　　　　　　B. 网状组织　　　　　　　C. 疏松结缔组织
　D. 致密结缔组织　　　　　E. 血液

7. 血浆中相当于结缔组织纤维成分的是
　A. 胶原纤维　　　　　　　B. 胶原原纤维　　　　　　C. 网状纤维
　D. 纤维蛋白原　　　　　　E. 纤维蛋白

8. 骨细胞突起间有何种细胞连接方式
　A. 缝管连接　　　　　　　B. 桥粒　　　　　　　　　C. 紧密连接
　D. 中间连接　　　　　　　E. 连接复合体

9. 在心肌闰盘的横位部分有
　A. 紧密连接　　　　　　　B. 中间连接　　　　　　　C. 桥粒
　D. 缝管连接和中间连接　　E. 桥粒和中间连接

10. 周围神经系统有髓神经纤维的髓鞘形成细胞是
　A. 少突胶质细胞　　　　　B. 小胶质细胞　　　　　　C. 星形胶质细胞
　D. 施万细胞　　　　　　　E. 卫星细胞

二、A2 型题

1. 下列哪一种不属于细胞侧面的连接
　A. 紧密连接　　　　　　　B. 中间连接　　　　　　　C. 桥粒
　D. 半桥粒　　　　　　　　E. 缝管连接

2. 下列哪项不是血清的成分
　A. 白蛋白　　　　　　　　B. 球蛋白　　　　　　　　C. 纤维蛋白原
　D. 葡萄糖　　　　　　　　E. 代谢产物

3. 在周围血涂片中，最不易找到的白细胞是
　A. 中性粒细胞　　　　　　B. 嗜酸性粒细胞　　　　　C. 嗜碱性粒细胞
　D. 淋巴细胞　　　　　　　E. 单核细胞

4. 光镜下心肌纤维与骨骼肌纤维的区别，哪项是错误的
　A. 2 种肌纤维的大小和粗细不同
　B. 骨骼肌纤维有横纹，心肌纤维无横纹
　C. 骨骼肌纤维无闰盘，心肌纤维有闰盘
　D. 骨骼肌含有多个核，心肌纤维只有 1~2 个核
　E. 骨骼肌纤维无分支，心肌纤维有分支

5. 关于肌原纤维形态结构的叙述，下列哪项是错误的
　A. 呈细丝状，有明暗交替的横纹　　B. 明带中有 Z 线

C. 暗带中有 H 带　　　　　　　　D.H 带中有 M 线

E. 相邻的两条 M 线之间的一段肌原纤维称一个肌节

6. 下列哪项不属于神经元的功能

A. 接受刺激　　　　　　　B. 传导冲动　　　　　　　C. 整合信息

D. 内分泌功能　　　　　　E. 清除抗原

7. 关于运动终板的叙述哪项是错误的

A. 是一种化学性突触

B. 感觉神经纤维轴突末端抵达骨骼肌时失去髓鞘

C. 轴突反复分支并与肌纤维形成神经肌连接

D. 轴突终末富含突触小泡

E. 肌膜即突触后膜上有受体

三、A3 型题

（1~2 题共用题干）

复层扁平上皮由多层细胞组成，在垂直切面上，细胞形状不一。紧靠基膜的 1 层基底细胞为矮柱状；中间是数层多边形细胞；表面为几层梭形或扁平细胞。可分为角化和未角化两种。

1. 人体哪个部位的复层扁平上皮有角化

A. 食管　　　　　　　　　B. 头皮　　　　　　　　　C. 角膜

D. 舌　　　　　　　　　　E. 阴道

2. 关于复层扁平上皮的描述，错误的是

A. 基底细胞较幼稚，具有旺盛的分裂能力

B. 最表层的扁平细胞已退化，逐渐脱落

C. 上皮与深部结缔组织的连接凹凸不平

D. 具有耐摩擦和阻止异物侵入等作用

E. 可分泌黏液，有润滑作用

（3~4 题共用题干）

白细胞分为有粒白细胞与无粒白细胞，前者包括中性粒细胞、嗜酸性粒细胞、嗜碱性粒细胞，后者包括淋巴细胞和单核细胞，具有各自的形态结构特点。

3. 区分有粒白细胞与无粒白细胞的主要依据是

A. 细胞大小不同　　　　　　　　B. 细胞有无吞噬功能

C. 细胞核有无分叶　　　　　　　D. 细胞内有无特殊颗粒

E. 细胞内有无嗜天青颗粒

4. 以下对中性粒细胞的描述中，哪一项是错误的

A. 白细胞中最多的一种　　　　　B. 占白细胞总数的 50%~70%

C. 细胞核分杆状核和分叶核　　　D. 杆状核的比例显著增高，临床上称核右移

E. 能作变形运动，具有活跃的吞噬能力

（5~7 题共用题干）

横小管是肌膜向肌质内凹陷形成的，可将肌膜的兴奋迅速传到每个肌节。肌质网纵行包绕在每条肌原纤维周围，形成纵小管，并在横小管的两侧膨大成为终池。横小管与其两侧的终池组成三联体，可将肌膜的兴奋传递到肌质网膜。

5. 下列哪项构成终池

A. 肌膜   B. 粗面内质网   C. 滑面内质网

D. 高尔基复合体   E. 线粒体

6. 三联体

A. 由一条横小管与两侧的终池构成

B. 由两条横小管及其中间的终池构成

C. 由两条纵小管及其中间的终池构成

D. 由一条横小管和一个终池构成

E. 以上都不对

7. 下列哪项构成骨骼肌的横小管

A. 滑面内质网   B. 粗面内质网   C. 高尔基复合体

D. 肌质网   E. 肌膜

（8~9题共用题干）

神经元细长的轴突外包卷神经胶质细胞形成有髓神经纤维。包卷轴突外的神经胶质细胞有施万细胞和少突胶质细胞，对神经元起绝缘作用。有髓神经纤维的无髓鞘处，轴膜裸露，称郎飞结。

8. 周围神经系统中包卷神经元轴突形成髓鞘的细胞是

A. 星形胶质细胞   B. 小胶质细胞   C. 施万细胞

D. 少突胶质细胞   E. 室管膜细胞

9. 神经胶质细胞的结构描述中，哪一项错误

A. 神经胶质细胞数量多于神经元

B. 神经胶质细胞是由突起的细胞，不分轴突和树突

C. 无传导神经冲动的功能

D. 周围神经系统一个神经胶质细胞包卷多个轴突，形成无髓神经纤维

E. 中枢神经系统一个神经胶质细胞包卷一个轴突，形成有髓神经纤维

（魏启玉）

第二部分

器官及系统结构 >>>

运动系统

要点导航

学习要点

掌握：运动系统的组成，骨的形态和构造；全身重要的骨性标志及临床意义。关节的基本结构；肩、肘、髋、膝关节的组成、特点和功能；骨盆的组成、女性骨盆的特点。全身常用的肌性标志及临床意义。

熟悉：全身骨的名称、位置和重要的形态结构；颅的整体观。骨连结的概念；椎骨间的连结、脊柱的整体观。全身重要骨骼肌的名称、位置、形态结构、起止和作用。

了解：骨的化学成分和物理特性。骨连结的分类及关节的运动形式；关节的辅助结构；肋的连结和胸廓的整体观；手和足的关节；颞下颌关节。骨骼肌的形态、构造；骨骼肌的辅助结构；腹直肌鞘和白线的构成；腹股沟管的位置、构成及内容；四肢肌肌群的名称。

技能要点

标本确认：骨的形态和构造；各部的椎骨、肋骨、胸骨；上、下肢各骨的位置和名称、形态和主要结构；肩、肘、髋、膝关节的组成、结构特点；胸锁乳突肌、腹前外侧壁三层扁肌、膈、三角肌、肱二头肌、肱三头肌、臀大肌、梨状肌、股四头肌、长收肌、小腿三头肌。

活体指出：隆椎棘突、胸骨角、肋弓、骶角；肩胛下角、肱骨内上髁、尺神经沟、桡骨茎突、髂嵴、髂前上棘、髂结节、耻骨结节、坐骨结节、股骨大转子、胫骨粗隆、内踝、外踝、跟骨结节、枕外隆突、乳突、下颌角。三角肌和臀大肌在体表的位置及肌肉注射部位。

运动系统 locomotor system 由骨、骨连结和骨骼肌组成。骨借骨连结构成人体的支架，称骨骼 skeleton。骨骼肌附着在骨上，收缩时牵拉骨产生运动。在运动过程中，骨起杠杆作用，骨连结是运动的枢纽，骨骼肌是运动的动力。

在人体表面可以看到或摸到骨的隆起、凹陷和肌的轮廓，称为体表标志。体表标志能作为确定器官的位置，临床手术、穿刺及注射等定位的依据。

第一节　骨

一、概述

成年人有骨约 206 块，每块骨都是一个器官。全身的骨按其所在部位分为颅骨、躯干骨和四肢骨（图 3-1）。

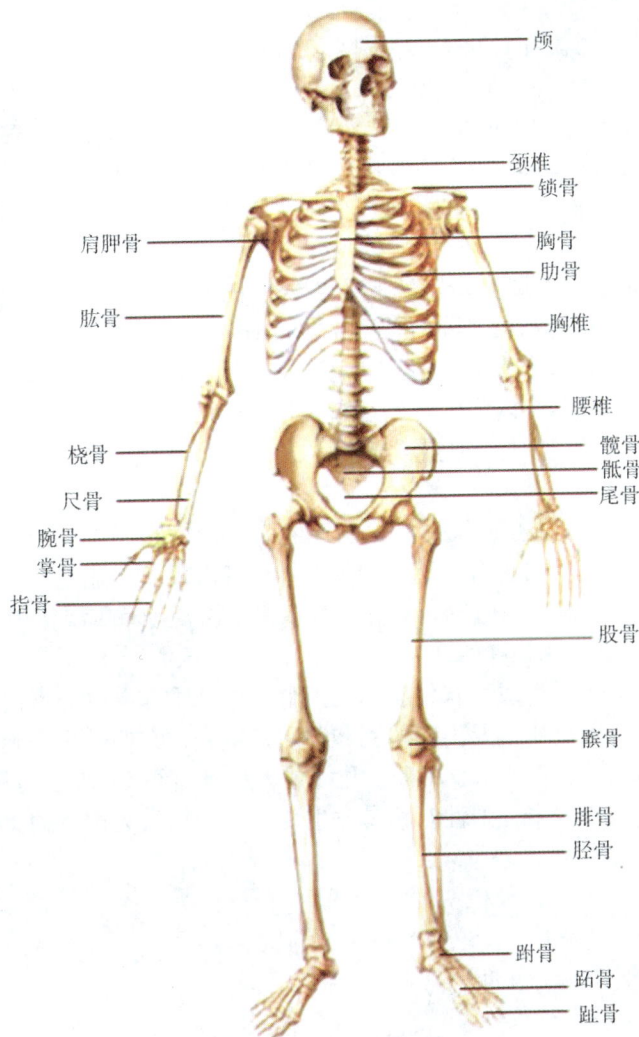

图 3-1　全身骨骼

(一) 骨的分类

根据形态，可将骨分为长骨、短骨、扁骨和不规则骨四种。

1. 长骨 long bone　呈管状，多分布于四肢。长骨的两端膨大称骺，其表面具有光滑的关节面，在活体上有关节软骨覆盖。中部细长称骨干，其内的腔称骨髓腔，容纳有骨髓。

2. 短骨 short bone　形似立方体，成群分布于承受压力较大而运动较复杂的部位。如腕骨和跗骨。

3. 扁骨 flat bone　呈板状，主要构成体腔的壁，以保护腔内的器官。如颅骨、胸骨、肋骨等。

4. 不规则骨 irregular bone　形状不规则。如椎骨、颞骨和上颌骨等。有些不规则骨内有含气的空腔，又称含气骨，如上颌骨和额骨等。

位于肌腱内的小骨称籽骨，如髌骨。

（二）骨的构造

骨主要由骨质、骨髓和骨膜构成（图 3-2）。

1. 骨质 bone substance 是构成骨的主要成分，分为骨密质和骨松质。骨密质 compact bone 致密而坚硬，抗压性强。分布于骨的表面。骨松质 spongy bone 呈海绵状，由相互交织的骨小梁构成，分布在骨的内部。骨小梁的排列与骨的受力方向一致，因而能承受较大的重量。

2. 骨髓 bone marrow 填充于骨髓腔和骨松质的间隙内。分为红骨髓 red bone marrow 和黄骨髓 yellow bone marrow。红骨髓有造血功能，胎儿和婴幼儿的骨髓全是红骨髓。随着年龄的增长，约在 5 岁以后，长骨骨髓腔内的红骨髓逐渐转化成脂肪组织，成为黄骨髓，失去造血功能。但当大量失血时，黄骨髓可转化为红骨髓恢复造血。

3. 骨膜 periostium 覆盖于除关节面以外的骨表面，是一层致密的结缔组织膜，骨膜内含有丰富的血管、神经和淋巴管，还含有成骨细胞和破骨细胞，对骨的营养、生长和再生修复等有重要作用。

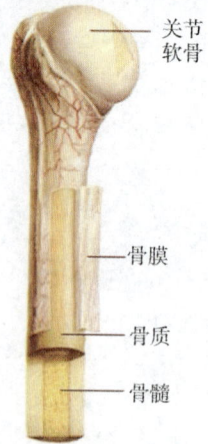

图 3-2 长骨的结构

（三）骨的化学成分和物理特性

骨由有机质和无机质组成。有机质主要由骨胶原纤维和黏多糖蛋白组成，它使骨具有一定弹性和韧性；无机质主要由磷酸钙和碳酸钙组成，它使骨具有硬度和脆性。骨的无机质和有机质的比例随年龄增长不断变化。成人有机质约占 1/3；无机质约占 2/3。幼年时期有机质比例较成人多，弹性好，易发生变形。老年人无机质的比例较大，骨的脆性增加，易发生骨折。

二、躯干骨

躯干骨包括椎骨、胸骨和肋。

（一）椎骨

椎骨 vertebra 未成年时为 32~33 块，即颈椎 7 块、胸椎 12 块、腰椎 5 块、骶椎 5 块和尾椎 3~4 块。成年后 5 块骶椎融合成 1 块骶骨，所有尾椎融合为 1 块尾骨。

1. 椎骨的一般形态 椎骨为不规则骨，由椎体和椎弓构成（图 3-3）。

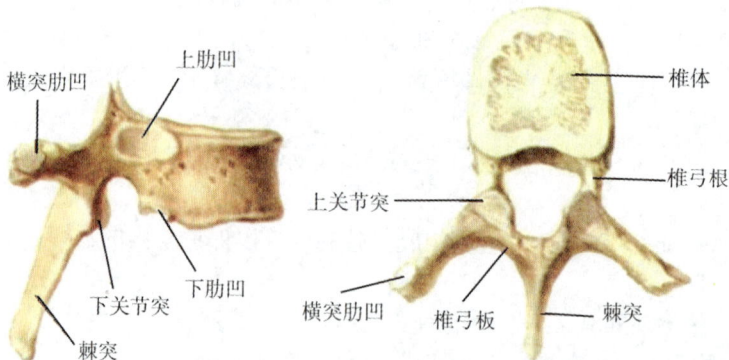

图 3-3 椎骨一般形态

（1）椎体 vertebral body：位于椎骨的前部，呈短圆柱状。

（2）椎弓 vertebral arch：为椎体后方的弓状骨板，包括与椎体相连的椎弓根和后方较宽的椎弓板两部分。椎体和椎弓围成的孔称椎孔。各椎骨的椎孔相连形成椎管 vertebral canal，容纳脊髓。椎弓根上方有较浅的椎上切迹，下方有较深的椎下切迹，相邻椎骨重叠时，上位椎骨的椎下切迹和下位椎骨的椎上切迹围成椎间孔，有脊神经和血管通过。每个椎弓上有 7 个突起：其中向后伸出的 1 个称棘突，向两侧伸出的 1 对称横突，向上方伸出的 1 对称上关节突，向下方伸出的 1 对称下关节突。

2. 各部椎骨的主要形态特征

（1）颈椎 cervical vertebrae：椎体较小，椎孔较大，呈三角形。横突根部有横突孔，有椎动脉和椎静脉穿过。第 2~6 颈椎棘突末端分叉。第 1 颈椎又称寰椎，呈环状，无椎体和棘突。第 2 颈椎又称枢椎，椎体向上伸出齿突。第 7 颈椎又称隆椎，棘突长，不分叉。稍低头时，体表易看到和摸到，常作为计数椎骨序数的体表标志（图 3-4）。

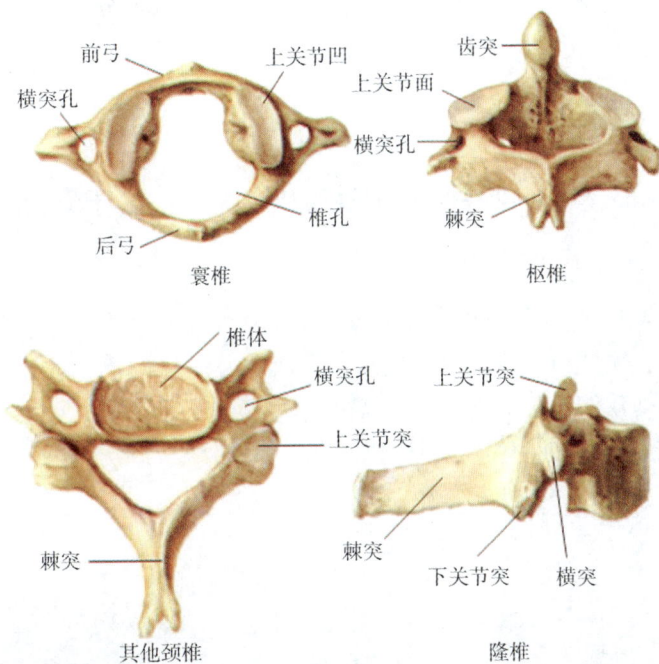

图 3-4　颈椎

（2）胸椎 thoracic vertebrae：椎体两侧后部的上、下缘各有一个半圆形的小关节面，分别称上肋凹、下肋凹（图 3-3）。横突末端前面有横突肋凹。胸椎棘突细长向后下倾斜，依次重叠呈叠瓦状。

（3）腰椎 lumbar vertebrae：椎体大。棘突宽短呈板状，水平后伸，棘突间的间隙较宽（图 3-5）。临床常选择第 3、4 腰椎间隙或第 4、5 腰椎间隙穿刺。

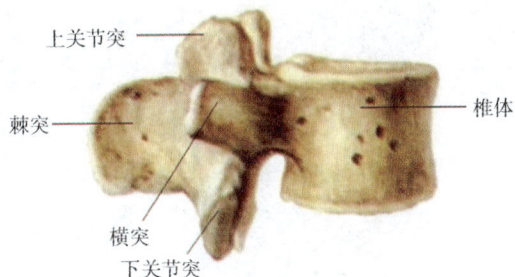

图 3-5　腰椎

（4）骶骨 sacrum：呈倒三角形，底部前缘向前突出，称岬，是女性骨盆径线测量的重要标志。侧面有耳状面，骶骨中央有纵贯全长的骶管，下端有三角形开口，称骶管裂孔，此孔两侧有向下的突起，称骶角，可在体表触及。骶骨前面光滑微凹，后面粗糙凸隆，前、后面各有4对孔，分别称为骶前孔和骶后孔。（图3-6）。

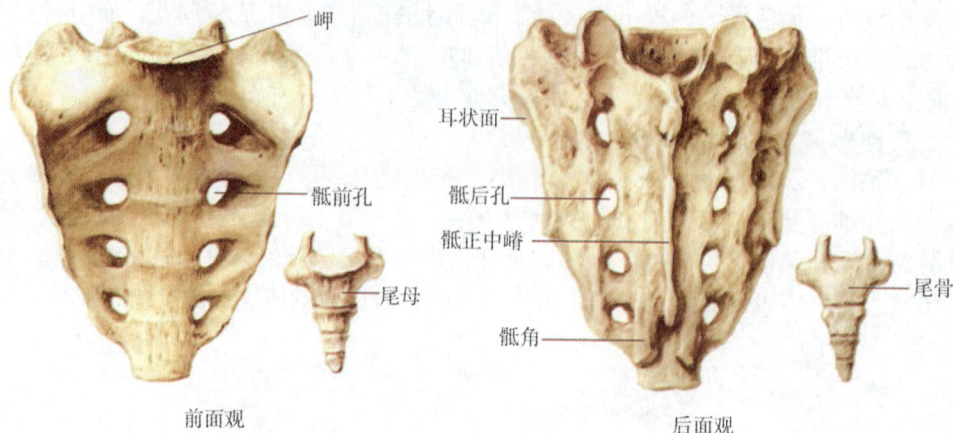

图 3-6　骶骨和尾骨

（5）尾骨 sacrum：由3~4块退化的尾椎融合而成，上端与骶骨相连，下端游离为尾骨尖。

（二）肋

肋 ribs 共12对，由肋骨和肋软骨组成。第1~7对肋前端直接与胸骨连接；第8~10对肋前端分别借肋软骨与上位肋软骨连接，形成肋弓；第11、12对肋前端游离于腹壁肌层内。肋骨为细长的弓形扁骨，后端膨大，称肋头（图3-7）。肋头外侧稍细称为肋颈，肋颈外侧稍隆起部为肋结节。肋体内面近下缘处有肋沟，沟内有肋间血管和神经通过。

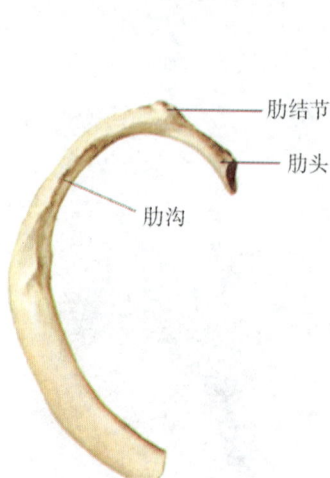

图 3-7　肋骨

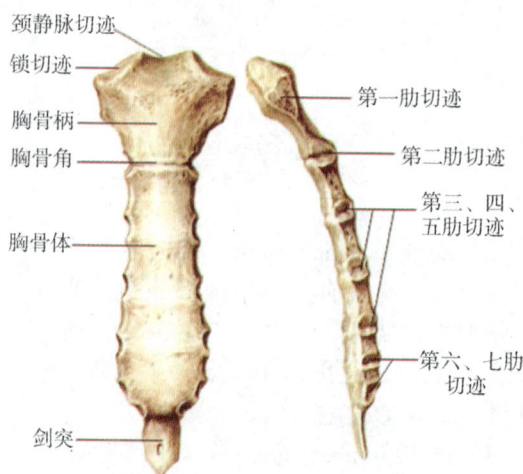

图 3-8　胸骨前面观和侧面观

（三）胸骨

胸骨 sternum 属扁骨，位于胸前壁正中，自上而下分为胸骨柄、胸骨体和剑突3部分

（图 3-8）。胸骨柄上缘正中凹陷，称颈静脉切迹，两侧有锁切迹和第一肋切迹。胸骨体两侧的肋切迹与第 2~7 肋相连结；柄、体连接处形成向前突出的横嵴，称胸骨角，在体表可以触及，两侧平对第 2 肋，是计数肋的骨性标志。剑突为一薄骨片，下端游离。

三、上肢骨

（一）锁骨

锁骨 clavicle（图 3-9）位于胸廓前上部两侧，呈 "~" 形，全长能触及。锁骨内侧端粗大，称胸骨端，与胸骨柄相关节；外侧端扁平，称肩峰端，与肩胛骨的肩峰相关节。

图 3-9　锁骨上面观

（二）肩胛骨

肩胛骨 scapula（图 3-10）为三角形扁骨，位于胸廓后外侧上方，有两面、三缘和三角。前面微凹称肩胛下窝；后面有横行隆起称肩胛冈，它将后面分隔为上部的冈上窝和下部的冈下窝。肩胛冈外侧端扁平，称肩峰，是肩部最高点。上缘最短，外侧有向前突出的喙突；内侧缘邻近脊柱；外侧缘较厚，邻近腋窝。上角平对第 2 肋，下角平对第 7 肋，易于触及，是计数肋的骨性标志；外侧角形成的关节面称关节盂，与肱骨头相关节。

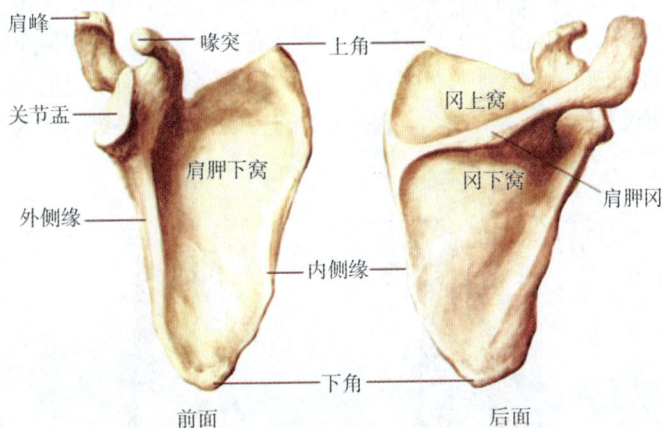

图 3-10　肩胛骨

（三）肱骨

肱骨 humerus（图 3-11）位于臂，是典型的长骨，分一体两端。上端膨大，有朝向内后上的呈半球形的肱骨头，与肩胛骨的关节盂构成肩关节。肱骨上端外侧的突起称大结节，前方的突起，称小结节，两结节间的纵沟称结节间沟，有肱二头肌长头腱通过。上端与体交界处较细，称外科颈，是骨折的好发部位。肱骨体中部外侧面有粗糙的三角肌粗隆，是三角肌的附着处。其后内侧有一条由内上方斜向外下方的浅沟，称桡神经沟，沟内有桡神经走行，肱骨中段骨折易损伤此神经。下端前面外侧部有半球状的肱骨小头，与桡骨相关节；内侧部有与尺骨相关节的肱骨滑车；下端的内、外侧各有一突

起，分别称为内上髁和外上髁，内上髁后方的浅沟称尺神经沟，有尺神经经过。

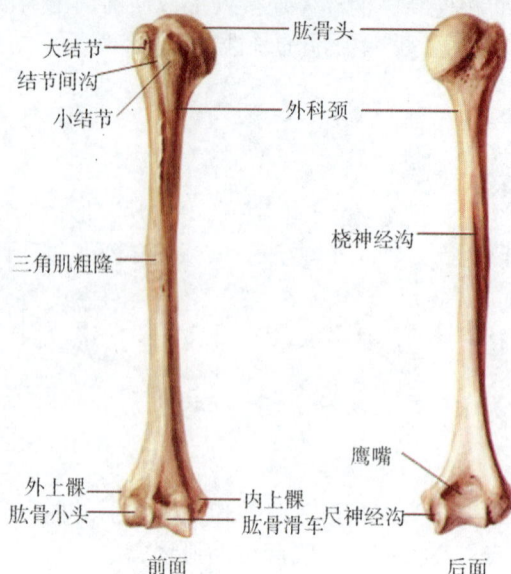

图 3-11　肱骨

（四）尺骨

尺骨 ulna（图 3-12）位于前臂内侧部，分一体两端。上端粗大，前方呈半月形的关节面称滑车切迹，与肱骨滑车相关节。切迹上、下部各有一突起，分别称鹰嘴和冠突。冠突外侧面的浅凹称桡切迹，与桡骨头环状关节面相关节。下端细小，有呈球形膨大的尺骨头，与桡骨的尺切迹相关节。尺骨头后内侧向下的突起称尺骨茎突，是重要的体表标志。

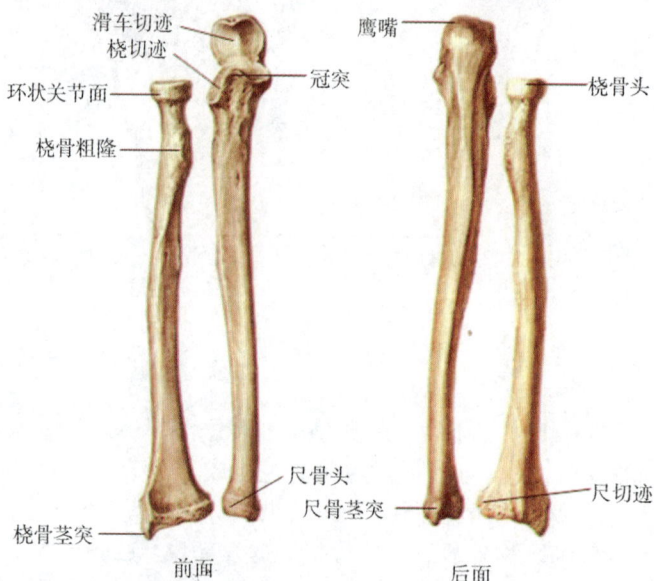

图 3-12　尺骨与桡骨

（五）桡骨

桡骨 radius（图 3-12）位于前臂外侧部，上端细小，有呈短圆柱状的桡骨头，头的上面微凹与肱骨小头相关节。头周缘有环状关节面与尺骨相关节，头下稍细部分称桡骨颈，颈下内侧有粗糙的突起，称桡骨粗隆。桡骨下端膨大，其外侧部向下的突起称桡骨茎突，在体表可触及，是重要的体表标志；下端内侧面的关节面称尺切迹，与尺骨头相关节；下端下面有腕关节面与腕骨相关节。

（六）手骨

手骨 分为腕骨、掌骨和指骨（图 3-13）。

1. **腕骨** carpal bones　8 块，排成近侧、远侧两排。近侧排由桡侧至尺侧依次为手舟骨、月骨、三角骨和豌豆骨；远侧排依次为大多角骨、小多角骨、头状骨和钩骨。

2. **掌骨** metacarpal bones　5 块，由外侧向内侧依次为第 1~5 掌骨。

3. **指骨** phalanges　共 14 块，除拇指为两节外，其余各指均为 3 节，由近侧向远侧分别为近节指骨、中节指骨和远节指骨。

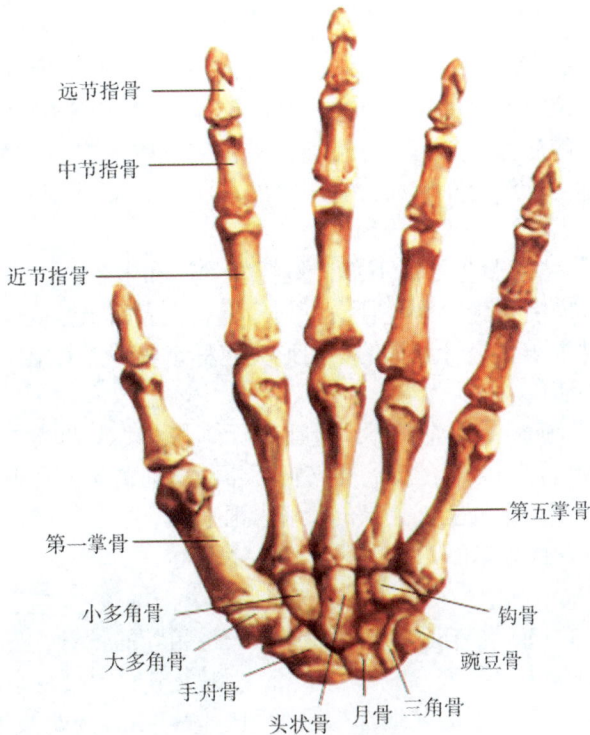

图 3-13　手骨前面观

四、下肢骨

（一）髋骨

髋骨 hip bone（图 3-14）由髂骨、耻骨和坐骨构成。幼年时期三骨借软骨相连，到 15 岁后软骨逐渐骨化融合为一骨。其融合之处的外侧面有一深窝，称髋臼。髋臼的下部有一大孔，称闭孔。

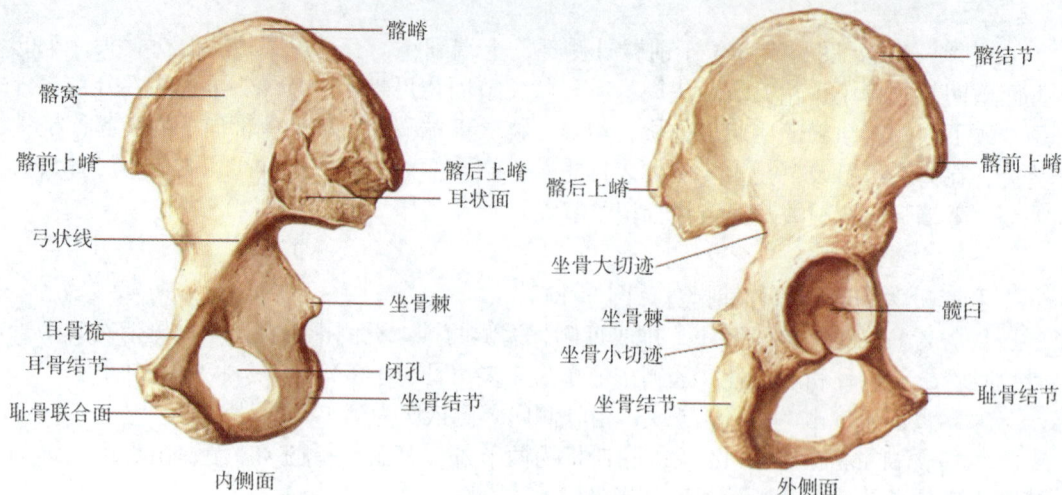

髂嵴
髂窝
髂前上棘
弓状线
耻骨梳
耻骨结节
耻骨联合面
内侧面

髂后上棘
耳状面
坐骨棘
闭孔
坐骨结节

髂结节
髂前上棘
髂后上棘
坐骨大切迹
坐骨棘
坐骨小切迹
坐骨结节
外侧面

髋臼
耻骨结节

图 3-14 髋骨

1.髂骨 ilium 位于髋骨的后上部，上缘肥厚称髂嵴。两侧髂嵴最高点的连线平对第 4 腰椎棘突，是临床上腰穿的定位标志。髂嵴前端的突起称髂前上棘，后端的突起称髂后上棘。距髂前上棘后方 5~7cm 处，髂嵴向外侧突起称髂结节。髂骨内侧面平滑微凹称髂窝，窝的下界称弓状线。髂窝后方有粗糙的耳状关节面，与骶骨的耳状关节面相关节。

2.坐骨 ischium 位于髋骨的后下部，包括坐骨体和坐骨支。坐骨体构成髋臼的后下部，肥厚粗壮，体向后下延续为坐骨支。其后下有肥大而粗糙的坐骨结节，在体表可触及，是重要的骨性标志。坐骨后缘的三角形突起称坐骨棘，其上、下方的凹陷分别称坐骨大切迹和坐骨小切迹。

3.耻骨 pubis 位于髋骨的前下部，包括耻骨体和上、下两支。耻骨体构成髋臼的前下部，体向前内侧延伸为耻骨上支，再转向后下续为耻骨下支。耻骨上、下支移行处的内侧面称耻骨联合面。耻骨上支上缘的骨嵴称耻骨梳，耻骨上支的前端有一突起，称耻骨结节，是重要的骨性标志。

（二）股骨

股骨 femur（图 3-15）位于股部，是人体最长最粗壮的长骨，分一体两端。上端有向内上方呈球状的股骨头，与髋臼相 关节，股骨头关节面中央有小的股骨头凹，是股骨头韧带附着处。股骨头外下的狭细部为股骨颈。体与颈交接处外侧的隆起称大转子，后内侧的隆起称小转子。股骨体呈圆柱形，稍向前凸。下端有两个向后的突起，分别称内侧髁和外侧髁，两髁之间的深窝称髁间窝，两髁侧面上方分别有突出的内上髁与外上髁。

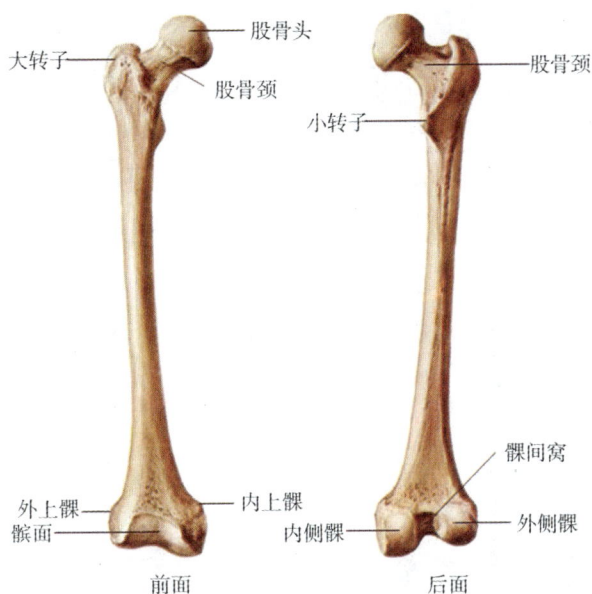

图 3-15　股骨

（三）髌骨

髌骨 patella 是全身最大的籽骨，位于股四头肌腱内，上宽下尖，前面粗糙，后面为光滑的关节面，与股骨内、外侧髁的髌面相关节（图 3-16）。

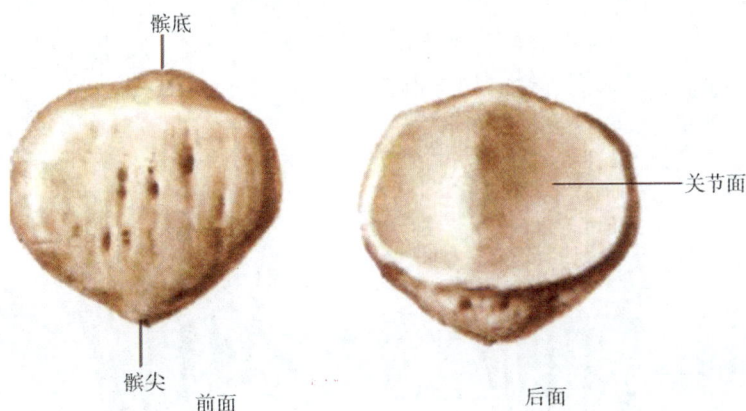

图 3-16　髌骨

（四）胫骨

胫骨 tibia（图 3-17）位于小腿内侧，上端膨大，向两侧突出，形成内侧髁和外侧髁，两髁之间有髁间隆起。上端前面的粗糙隆起称胫骨粗隆，是髌韧带的附着处。胫骨体呈三棱柱形，前缘锐利。下端内侧向下的突出称内踝，在体表可触及，是重要的骨性标志；外侧面有三角形的腓切迹，与腓骨相接；下端下面有凹陷的关节面，与距骨相关节。

（五）腓骨

腓骨 nbula（图 3-17）位于小腿外侧，细长。上端称腓骨头，与胫骨相关节。下端膨大称外踝，在体表可触及，是重要的骨性标志。

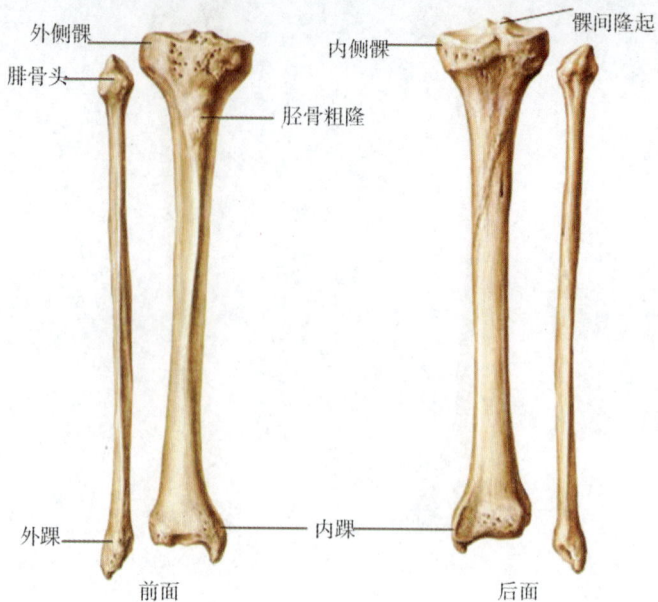

图 3-17 胫骨与腓骨

（六）足骨

足骨 bones of foot（图 3-18）分为跗骨、距骨和趾骨。

1. 跗骨　7块，分别为跟骨、距骨、足舟骨、内侧楔骨、中间楔骨、外侧楔骨和骰骨。

2. 跖骨　5块，由内侧向外侧分别为第 1~5 跖骨，其形态与掌骨相似。

3. 趾骨　14块，其形态、命名均与指骨相同。

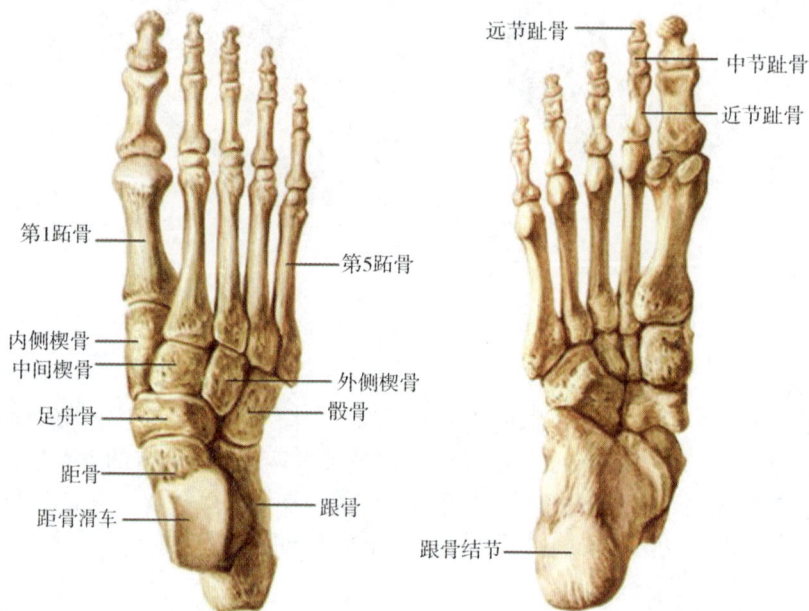

图 3-18　足骨

五、颅骨

（一）颅的组成

颅 skull 位于脊柱的上方，由 23 块颅骨组成（中耳的 3 对听小骨除外）。按颅骨的位置将其分为脑颅骨和面颅骨（图 3-19、图 3-20）。

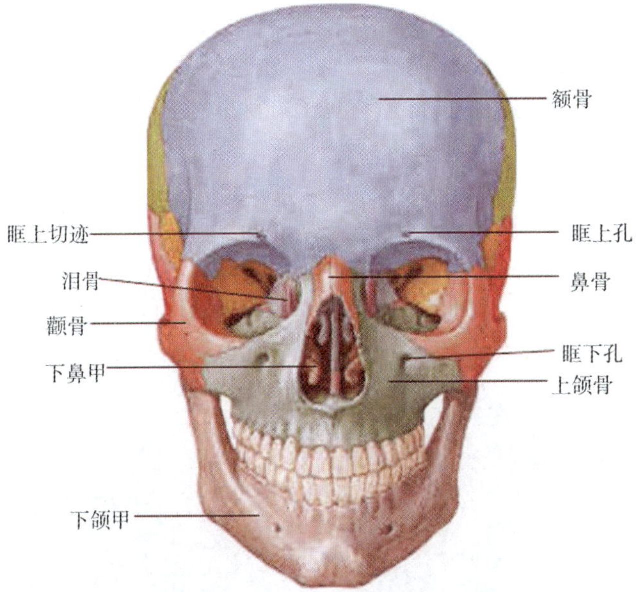
额骨
眶上切迹
眶上孔
泪骨
鼻骨
颧骨
眶下孔
下鼻甲
上颌骨
下颌甲

图 3-19 颅前面观

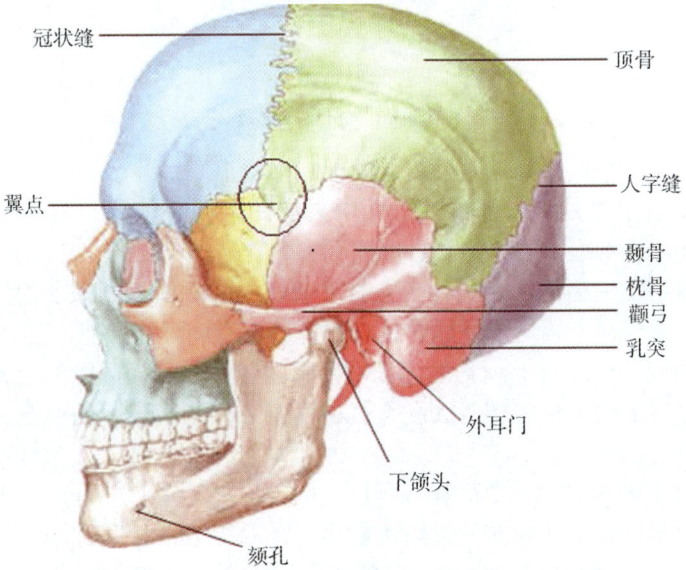
冠状缝
顶骨
人字缝
翼点
颞骨
枕骨
颧弓
乳突
外耳门
下颌头
颏孔

图 3-20 颅侧面观

1. 脑颅骨　有 8 块，包括成对的顶骨和颞骨，不成对的额骨、筛骨、蝶骨和枕骨。它们共同围成颅腔，容纳脑。颅腔的顶称颅盖，底称颅底，颅底中央有蝶骨，蝶骨中部的前方有筛骨。构成颅盖的骨，自前向后依次是额骨、左右顶骨、枕骨，以及顶骨外下方的颞骨。其中额骨、枕骨和颞骨还参与颅底的构成。

2.**面颅骨** 有 15 块，包括成对的上颌骨、下鼻甲、鼻骨、泪骨、颧骨和腭骨，不成对的犁骨、下颌骨和舌骨。它们构成面部的轮廓，参与构成眶、骨性鼻腔和骨性口腔。

（二）颅的整体观

1.**颅顶面观** 有三条缝。位于额骨与顶骨之间的称冠状缝，位于两顶骨之间的称矢状缝；位于两顶骨与枕骨之间的称人字缝。

2.**颅底内面观** 颅底内面由前向后有逐渐加深的三个窝，分别称为颅前窝、颅中窝和颅后窝（图 3-21）。

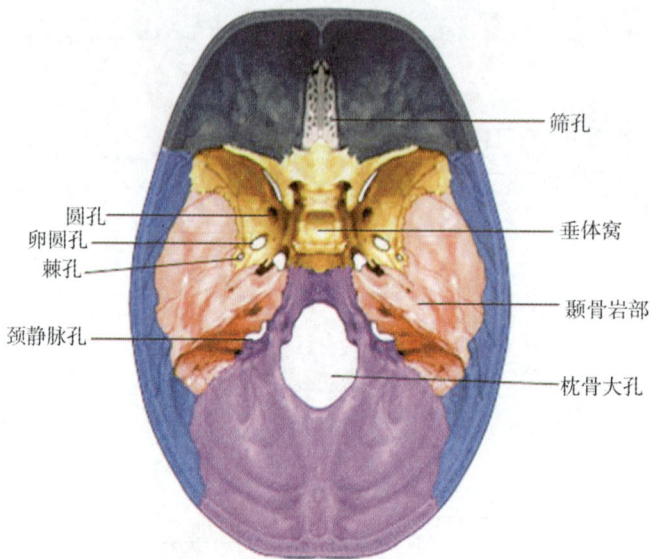

图 3-21 颅底内面观

（1）颅前窝：中央低凹部位是筛骨的筛板。筛板上有筛孔。

（2）颅中窝：中央是蝶骨体，其上面中央的凹陷称垂体窝，容纳垂体。蝶骨体两侧，从前向后外依次有眶上裂、圆孔、卵圆孔和棘孔。

（3）颅后窝：中央最低处有枕骨大孔。后壁有向两侧横行的横窦沟，继转向前下内走行易名为乙状窦沟，末端终于颈静脉孔。颞骨后面有内耳门，通内耳道。

3.**颅底外面观** 前部有上颌骨的牙槽和硬腭的骨板，骨板后缘的上方有被犁骨分开的两个鼻后孔。后部的中央有枕骨大孔，孔的两侧有椭圆形隆起的枕髁，枕髁的前外侧有颈静脉孔（图 3-22）。

4.**颅侧面观（图 3-20）** 中部有外耳门，向内通外耳道，外耳门后下方的突起称乳突。在外耳门的前方有一伸向前的骨峭称颧弓。颧弓上方的凹陷称颞窝，颞窝的内侧壁有由额骨、顶骨、颞骨和蝶骨四骨汇合呈"H"形的骨缝称翼点，此处骨质薄弱，其内侧面有脑膜中动脉前支通过，骨折时易损伤该血管引起颅内出血。

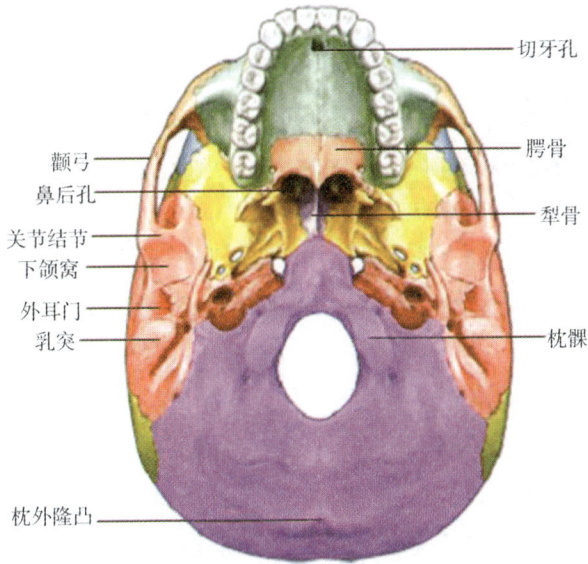

图 3-22　颅底外面观

5. 颅前面观（图 3-19）　由大部分面颅骨和部分脑颅骨共同围成眶、骨性鼻腔和骨性口腔。

（1）眶（图 3-23）：呈四面锥体形，尖向后内方，底向前外方。眶底的上、下缘分别称眶上缘和眶下缘，眶上缘的内、中 1／3 交界处有眶上切迹或眶上孔。眶下缘中点的下方有眶下孔。眶上壁前外侧有泪腺窝；眶内侧壁前下部有泪囊窝，向下延伸为鼻泪管。眶上壁与外侧壁之间有眶上裂，眶下壁与外侧壁之间有眶下裂。

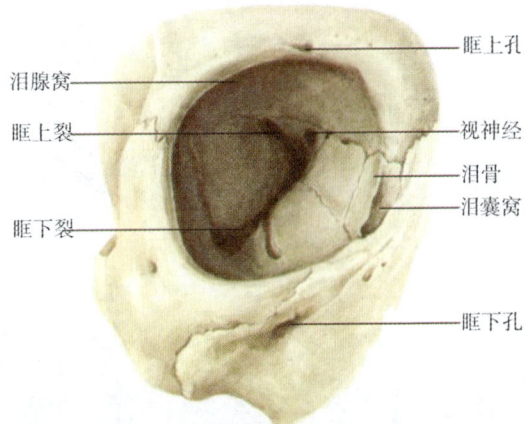

图 3-23　眶

（2）骨性鼻腔：位于面颅中央，被骨性鼻中隔分为左右两部分。骨性鼻中隔由筛骨垂直板和犁骨构成。鼻腔的外侧壁（图 3-24）有三个向下卷曲的骨片，从上向下依次为上鼻甲、中鼻甲和下鼻甲。各鼻甲下方有相应的鼻道，分别称上鼻道、中鼻道和下鼻道，上鼻甲的后上方与蝶骨体之间有蝶筛隐窝。

鼻旁窦又称副鼻窦，是鼻腔周围的含气空腔，与鼻腔相通（图 3-25）。共 4 对，包括额窦、上颌窦、筛窦和蝶窦，分别位于同名骨内。额窦、上颌窦和筛窦前、中群开口于中鼻道；筛窦后群开口于上鼻道；蝶窦开口于蝶筛隐窝。

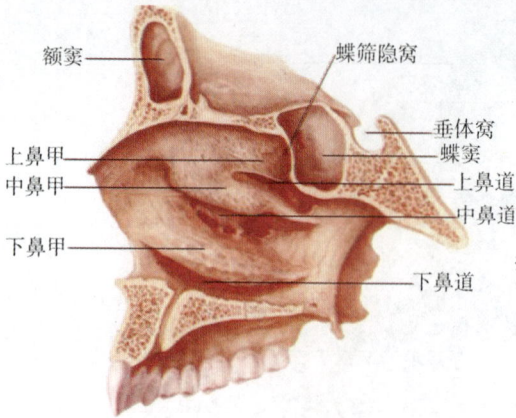

图 3-24 鼻腔外侧壁

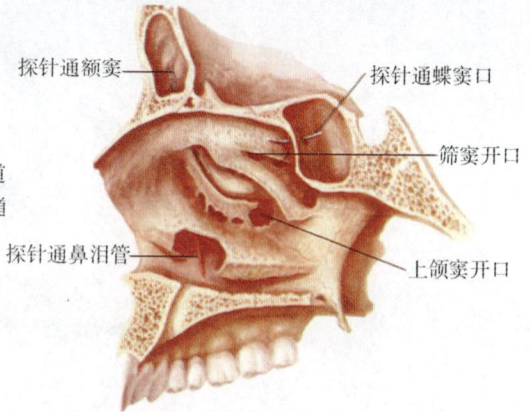

图 3-25 鼻腔外侧壁（切除部分鼻甲）

（三）新生儿颅骨的特征

新生儿颅骨（图 3-26）尚未完全发育，骨与骨之间的间隙大，有些部位由结缔组织膜封闭，称颅囟。前囟呈菱形，位于矢状缝与冠状缝相汇合处，一般在生后 2 岁左右闭合。后囟呈三角形，位于矢状缝与人字缝汇合处，生后很快闭合。

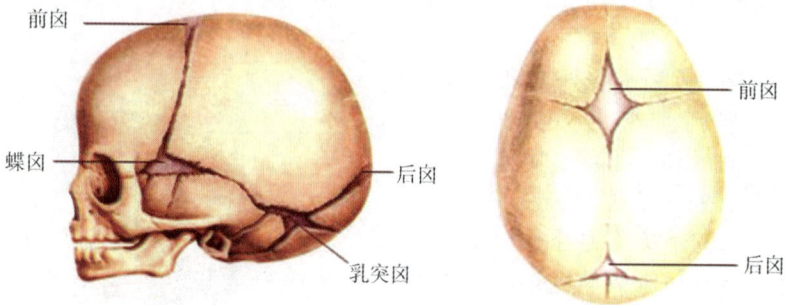

图 3-26 新生儿颅骨

第二节 骨连结

一、概述

骨与骨之间借纤维结缔组织、软骨或骨相连，称骨连结。按骨连结的方式不同分为直接连结和间接连结两类。

（一）直接连结

骨与骨之间借致密结缔组织、软骨或骨直接相连，称直接连结。连结牢固，其间无间隙，不活动或少许活动；直接连结有纤维连结、软骨连结和骨性结合三种形式。

（二）间接连结

间接连结又称滑膜关节，简称关节 articulation。骨与骨之间借其周围的结缔组织囊相连，相连骨之间有腔隙，有较大的活动性。

1. 关节的基本结构 关节的基本结构包括关节面、关节囊和关节腔（图3-27）。

（1）关节面 articular surface：为一凸一凹，是构成关节的各骨相对面。关节面有关节软骨覆盖，关节软骨表面光滑，有减少摩擦和缓冲外力冲击的作用。

（2）关节囊 articular capsule：为附着于关节面周缘及附近骨面的致密结缔组织囊。可分为内外两层。外层为纤维膜，厚而坚韧；内层为滑膜，光滑，薄而柔软，衬贴于纤维层内面，能产生少量滑液，润滑关节腔和营养关节软骨。

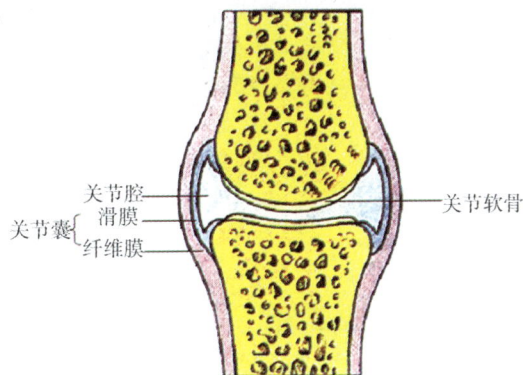

图3-27 关节的基本结构

（3）关节腔 articular cavity：是关节囊滑膜与关节软骨围成的密闭腔隙，腔内呈负压，含少量滑液。

2. 关节的辅助结构 除关节的基本结构外，有些关节为了增加稳固性或灵活性，还具有韧带、关节盘、关节唇等辅助结构。

3. 关节的运动 关节的运动形式有以下几种。

（1）屈和伸：是关节沿冠状轴进行的运动，膝关节以上的上半身，是两骨前面之间的角度减小为屈，增大为伸；而膝关节及以下的下半身，是两骨后面之间的角度减小为屈，增大为伸。

（2）内收和外展：是关节沿矢状轴进行的运动，骨向正中矢状面靠拢称内收，远离正中矢状面称外展。而手指和足趾的收、展，则分别以中指和第二趾为中轴。

（3）旋内和旋外：是关节沿垂直轴进行的运动，骨的前面转向内侧为旋内，转向外侧为旋外。在前臂，将手掌向内旋转的运动为旋前，向外旋转则为旋后。

（4）环转：是屈、外展、伸和内收依次连续的运动。

二、躯干骨的连结

躯干骨借骨连结分别构成脊柱和胸廓。

（一）脊柱

1. 脊柱的连结 其连结形式有椎间盘、韧带和关节。

（1）椎间盘 intervertebral disc：是连结于相邻两椎体之间的纤维软骨盘，由周围的纤维环和中央的髓核组成（图3-28）。纤维环由呈同心圆排列的纤维软骨环构成，髓核是具有弹性的胶状物质。椎间盘坚韧而有弹性，除牢固连结相邻椎体外，还可缓冲震荡，并容许椎体之间有少许运动。其中颈、腰部椎间盘较厚，活动度也较大。

应用链接

腰椎纤维环的后部较薄弱，当猛力弯腰或劳损引起纤维环破裂时，髓核易从后外侧脱出，突向椎管或椎间孔，压迫脊髓或脊神经根，出现相应的症状，临床上称腰椎间盘突出症。

（2）韧带：长韧带有3条：前纵韧带和后纵韧带分别位于各椎体及椎间盘的前面和后面，有连结椎体、固定椎间盘的作用；棘上韧带为连结各椎骨棘突尖端的韧带，细长而坚韧。短韧带有2种：黄韧带连于相邻两椎弓之间；棘间韧带连于相邻两棘突之间（图3-29）。

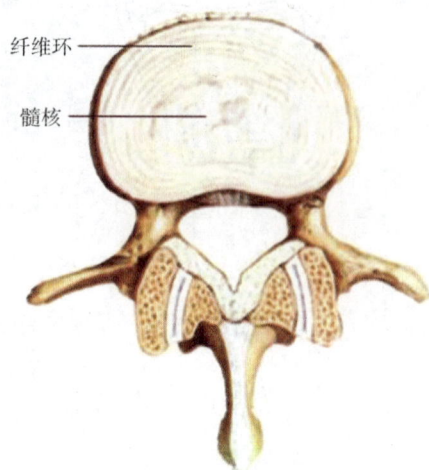

图 3-28 椎间盘

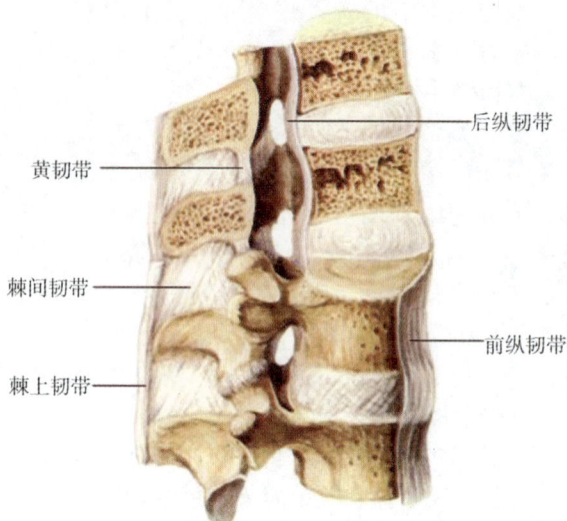

图 3-29 椎骨间的连结

（3）关节：相邻两椎骨的上、下关节突构成关节突关节。寰椎的上关节凹与枕髁构成寰枕关节，寰椎和枢椎构成寰枢关节。寰枕关节和寰枢关节联合运动，能使头前俯后仰、侧屈和旋转运动。

2. 脊柱的整体观（图3-30）

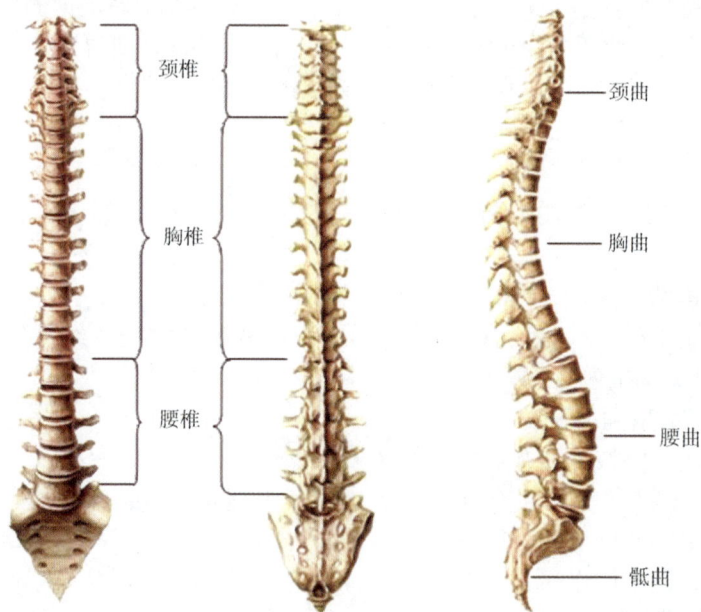

图 3-30 脊柱整体观

（1）脊柱前面观：椎体自上而下逐渐增大，但从骶骨开始又逐渐变小。

（2）脊柱后面观：棘突在背部正中排列成一纵嵴。颈椎棘突短而分叉；胸椎棘突细长斜向后下方，呈叠瓦状；腰椎棘突呈板状，水平后伸，棘突间隙较宽。

（3）脊柱侧面观：脊柱有 4 个生理性弯曲：颈曲、胸曲、腰曲、骶曲。其中颈曲和腰曲凸向前，胸曲和骶曲凸向后。

（二）胸廓

1.胸廓连结

（1）肋椎关节：为肋的后端与胸椎之间构成的关节。包括肋头与相应胸椎上、下肋凹构成的肋头关节和肋结节与相应胸椎的横突肋凹构成的肋横突关节（图3-31）。

（2）胸肋关节（图3-32）：由第 2~7 肋的肋软骨与胸骨相应的肋切迹构成。第 1 肋借肋软骨与胸骨柄之间成为软骨连结。

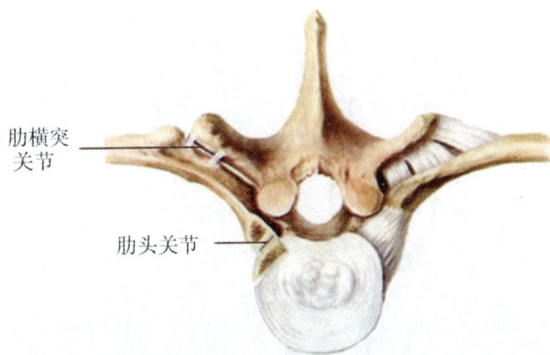

图 3-31 肋椎关节

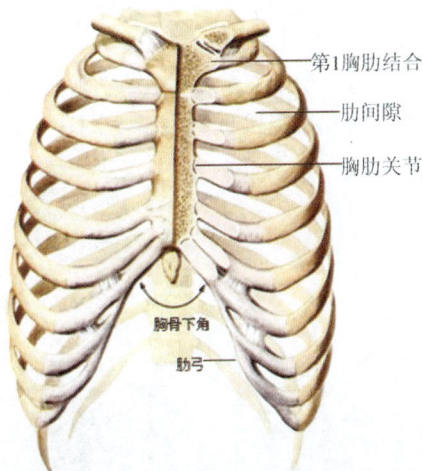

图 3-32 胸廓

2.胸廓的整体观及其运动

成人胸廓呈上窄下宽、前后略扁的圆锥形（图3-32）。胸廓有上、下两口。胸廓上口较小，由第 1 胸椎、第 1 肋和胸骨柄上缘围成；胸廓下口较大，由第 12 胸椎、第 12 肋、第 11 肋、肋弓及剑突围成。肋与下一肋之间的间隙为同序肋间隙。

胸廓主要参与呼吸运动。吸气时，在呼吸肌的作用下，肋前端上提，胸骨上升并前移，肋体向外扩展，从而加大了胸廓的前后径和横径，胸腔容积增大，肺被动扩张，气体吸入；呼气时则反之。

三、上肢骨的连结

（一）肩关节

肩关节 shoulder joint 由肱骨头和肩胛骨的关节盂构成（图 3-33）。肱骨头大而圆，关节盂小而浅。肩关节囊薄而松弛，关节囊内有肱二头肌长头腱穿过；肩关节前壁、后壁、上壁有韧带和肌加强，下壁薄弱，故肩关节易向前下方脱位。肩关节是全身最灵活的关节，可作屈、伸、内收、外展、旋内、旋外及环转运动。

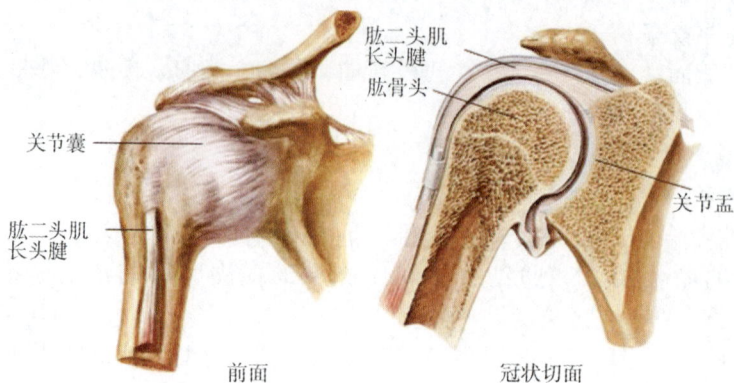

图 3-33　肩关节

（二）肘关节

肘关节 elbow joint 由肱骨下端和桡、尺骨上端构成，包括 3 个关节，即肱尺关节、肱桡关节和桡尺近侧关节（图 3-34）。

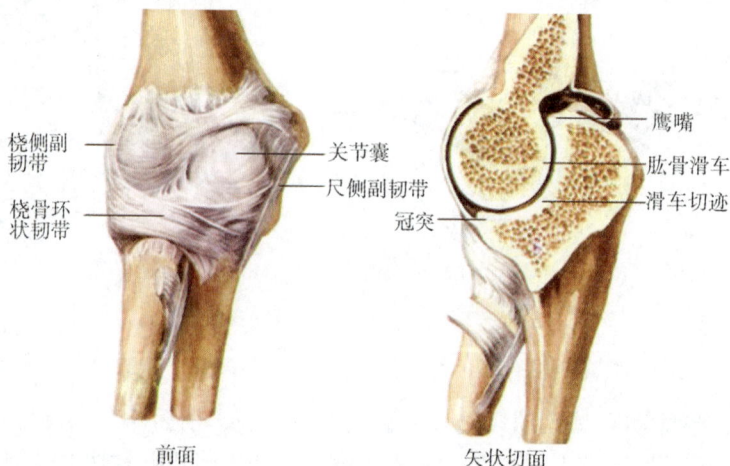

图 3-34　肘关节

1.肱尺关节　由肱骨滑车和尺骨的滑车切迹构成。

2.肱桡关节　由肱骨小头和桡骨头关节凹构成。

3.桡尺近侧关节　由桡骨头的环状关节面和尺骨的桡切迹构成。上述 3 个关节包在一个关节囊内。关节囊的前、后壁薄而松弛，两侧紧张，并有尺侧副韧带和桡侧副韧带加强；桡骨环状关节面的周围有桡骨环状韧带，包绕桡骨头，防止桡骨头脱位。肘关节的运动以肱尺关节为主，作屈、伸运动。

（三）手的关节

手的关节包括腕关节、腕骨间关节、腕掌关节、掌骨间关节、掌指关节、指骨间关节。

1.**桡腕关节（又称桡腕关节）** 由桡骨的腕关节面和尺骨头下端的关节盘构成关节窝，手舟骨、月骨和三角骨的近侧关节面作为关节头而构成（图3-35）。关节囊松弛，前、后和两侧都有韧带加强。腕关节可作屈、伸、内收、外展和环转运动。

2.**腕掌关节** 分别由远侧排腕骨与5个掌骨底构成。由于第1掌骨转向内侧约90°，故拇指腕掌关节的屈、伸、内收、外展运动，与其余腕掌关节不在同一平面，使得拇指可与其余四指的掌面相接触，即对掌运动。

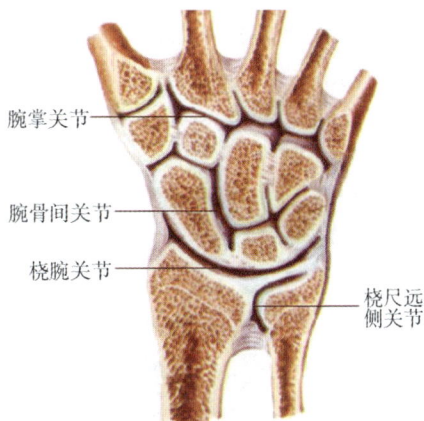

图 3-35 手骨的结构

四、下肢骨的连结

（一）骨盆

1.**骨盆的构成及功能** 骨盆 pelvis 由骶骨、尾骨与左、右髋骨及其骨连结构成。具有支持体重、保护盆腔脏器的功能。女性骨盆还是胎儿娩出的通道。

2.**骨盆的连结（图3-36）** 各骨间借关节和韧带连结。

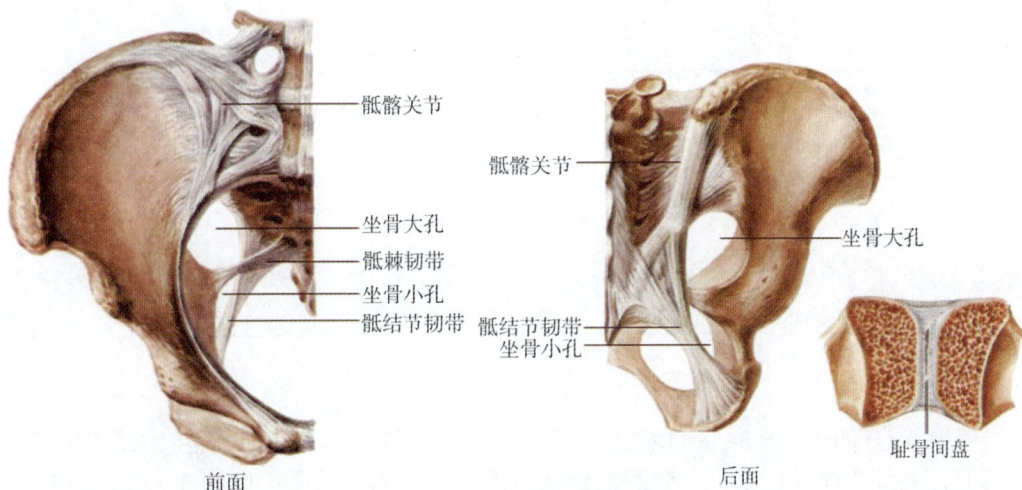

前面　　　　　　　　　后面

图 3-36 骨盆的连结

（1）骶髂关节 sacroiliac joint：由骶骨的耳状面与髂骨的耳状面构成。关节面对合紧密，关节囊紧张且周围有韧带加强，连结牢固，活动性很小。

（2）耻骨联合 pubic symphysis：由两侧耻骨的耻骨联合面借耻骨间盘连结而成。耻骨间盘内有一矢状裂隙，女性在分娩时可有轻度分离。

（3）髋骨与骶骨的韧带连结：在骶骨与坐骨之间有两条韧带，一条称骶结节韧带，从骶、尾骨侧缘连至坐骨结节；另一条称骶棘韧带，位于骶结节韧带的前方，从骶、尾骨的侧缘连至坐骨棘。此两条韧带分别将坐骨大切迹、坐骨小切迹围成坐骨大孔和坐骨小孔。

3. 骨盆的分部 由骶骨岬、两侧弓状线、耻骨梳、耻骨结节和耻骨联合上缘依次相连而成的环形线称界线（图3-37）。骨盆以界线为界分为上部的大骨盆和下部的小骨盆。大骨盆参与腹腔的围成，小骨盆构成盆腔。小骨盆有上、下两口：上口即界线；下口由尾骨尖、两侧骶结节韧带、坐骨结节、坐骨支、耻骨下支和耻骨联合下缘围成。两侧坐骨支和耻骨下支连成耻骨弓，耻骨弓所形成的夹角称耻骨下角。

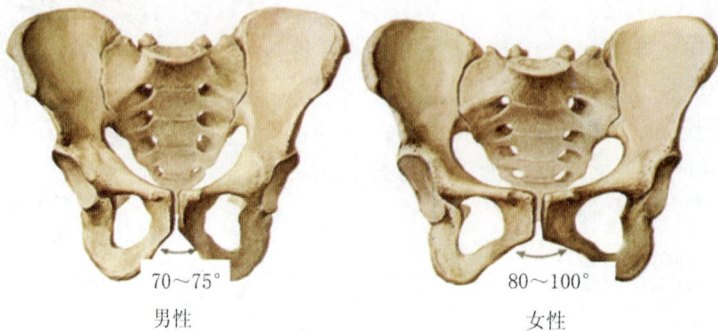

男性 70～75°　　女性 80～100°

图 3-37　骨盆性别差异

4. 骨盆的性别差异 从青春期开始，骨盆的形状出现性别差异，女性骨盆的形态有利于妊娠和分娩（表3-1）。

表3-1　骨盆的性别差异

结构特点	男性	女性
骨盆外形	窄而长	宽而短
骨盆上口	心形	椭圆形
骨盆下口	窄小	宽大
骨盆腔	漏斗形	圆桶形
耻骨下角	70°~75°	90°~100°

（二）髋关节

髋关节 hipjoint（图3-38）由髋臼与股骨头构成。股骨头大而圆，髋臼深，周缘附有髋臼唇；关节囊厚而坚韧，股骨颈的前面全部包在囊内，后面仅内侧2／3包在囊内，外侧1/3露于囊外；关节囊周围有韧带加强，其中以前方的髂股韧带最为强厚；关节囊内有股骨头韧带。髋关节可作屈、伸、收、展、旋内、旋外和环转运动，其运动幅度较肩关节为小。

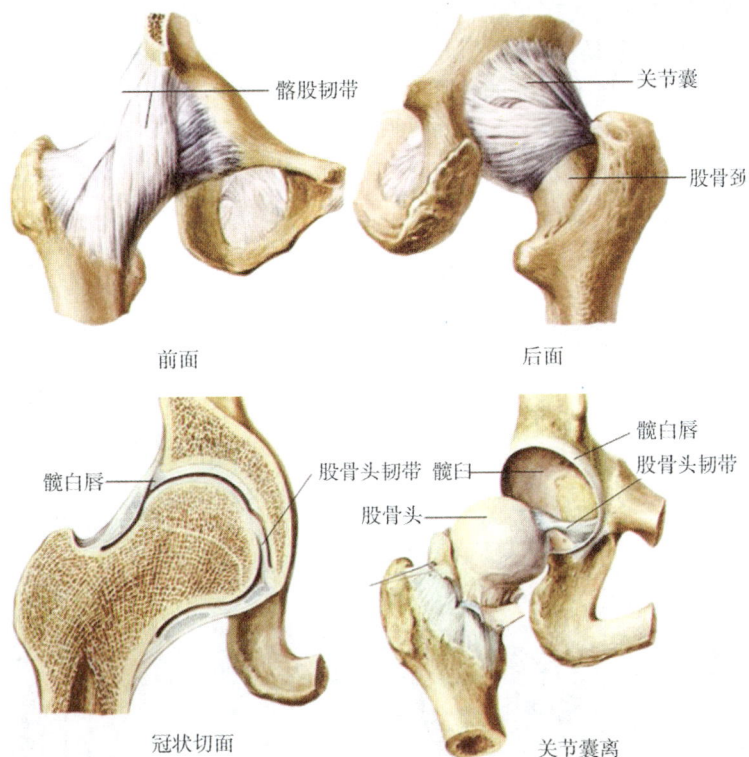

图 3-38　髋关节

（三）膝关节

膝关节 knee joint 由股骨下端，胫骨上端和髌骨构成（图 3-39）。

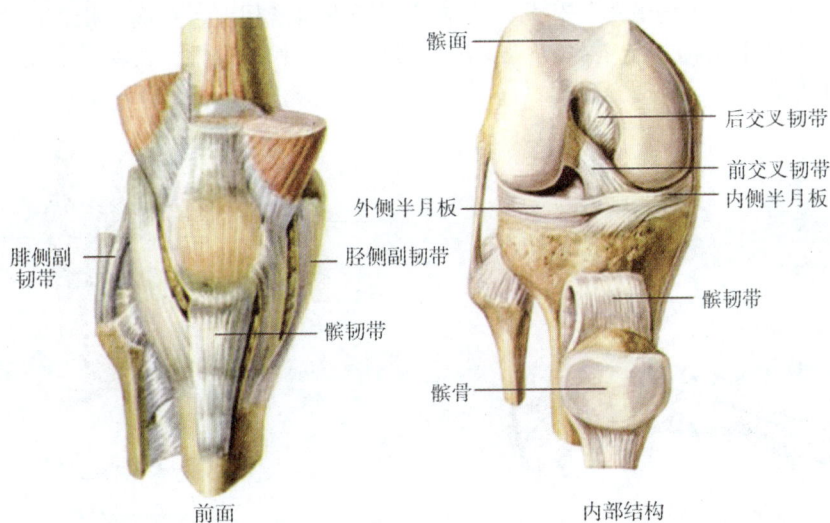

图 3-39　膝关节

关节囊前、后薄而松弛，两侧紧张；周围有韧带加强，其前方有髌韧带，两侧分别有腓侧副韧带和胫侧副韧带加强；关节囊内有前、后交叉韧带，防止胫骨向前、后移位；在股骨与胫骨的关节面之间垫有内侧半月板和外侧半月板（图3-40）。内侧半月板呈"C"形，外侧半月板似"O"形。半月板上面凹陷，下面平坦，外缘厚，内缘薄，使关节面更加相适应，增强了关节的稳固性，还可起缓冲压力的作用。膝关节主要作屈、伸运动，在半屈位时还可作轻度的旋内和旋外运动。

（四）足的关节（图3-41）

足的关节包括踝关节、跗骨间关节、跗跖关节、跖骨间关节、跖趾关节、趾骨间关节。

踝关节（又称距小腿关节）由胫、腓两骨的下端和距骨构成。关节囊前、后部松弛，两侧有韧带加强，其内侧韧带强厚，外侧韧带较薄弱。距小腿关节可作背屈（伸）和跖屈（屈）运动。它与跗骨间关节协同作用时，可使足内翻和外翻。

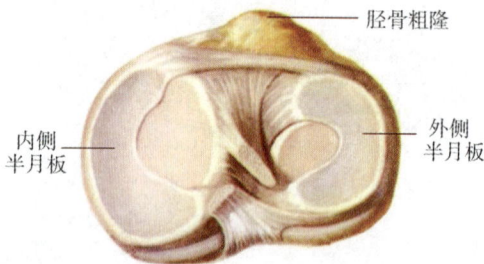

图3-40 膝关节关节窝

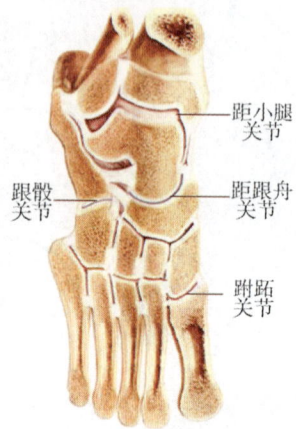

图3-41 足骨的连结

（五）足弓

足弓 arches of foot 是由跗骨和跖骨借关节和韧带紧密相连，在纵、横方向上都形成一个凸向上的弓形结构（图3-42）。足弓使足具有弹性和稳定性，可缓冲震荡，同时还可保护足底血管、神经免受压迫。

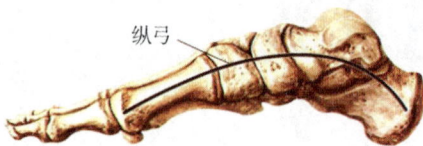

图3-42 足弓

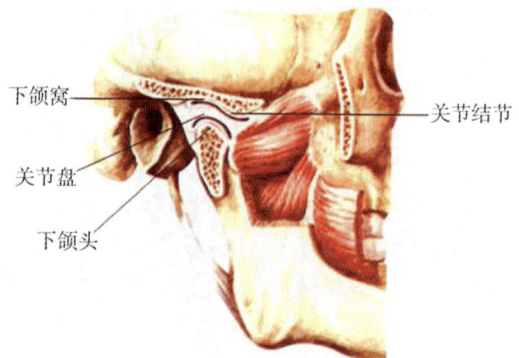

图3-43 颞下颌关节

五、颅骨的连结

颅骨之间多借骨缝、软骨或骨性结合相连结。唯一的关节是颞下颌关节 temporomandibular

joint（图 3-43），又称下颌关节，是由颞骨的下颌窝和关节结节与下颌骨的下颌头构成。关节囊松弛，关节囊外有韧带加强；囊内有关节盘，将关节腔分为上、下两部分。关节囊的前部较薄弱，故下颌关节易向前脱位。

第三节　骨骼肌

一、概述

人体的骨骼肌 skeletal muscle 有 600 多块，每块骨骼肌都是一个器官。由于骨骼肌受人的意识支配，又称随意肌。

（一）肌的形态和构造

根据肌的外形，可分为长肌、短肌、扁肌和轮匝肌（图 3-44）。长肌呈梭形，多分布于四肢；短肌多分布于躯干深层；扁肌宽阔，多分布于胸、腹壁浅层，构成体腔的壁，除运动功能外，还具有保护内脏的作用；轮匝肌多位于孔裂周围，收缩时可关闭孔裂。

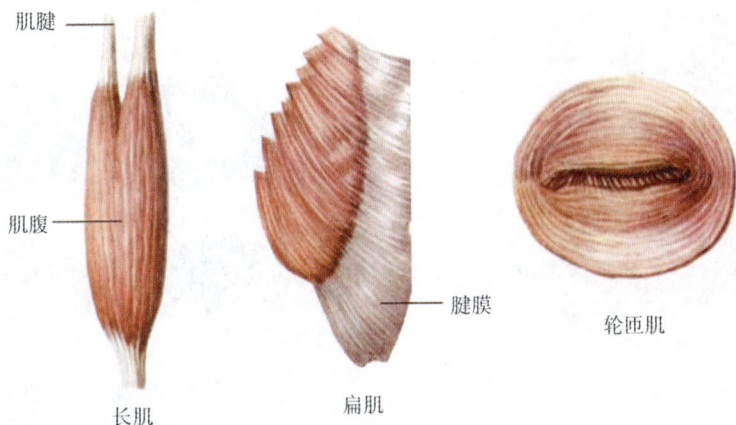

图 3-44　肌的形态和构造

每块肌由肌腹 muscle belly 和肌腱 tendon 构成（图 3-44）。肌腹一般位于中部，主要由肌纤维构成，具有收缩功能。肌腱一般位于肌的两端，由致密的结缔组织构成，无收缩能力。肌借肌腱附着在骨上，长肌的肌腱多呈条索状，扁肌的肌腱扁宽呈膜状，称为腱膜 aponeurosis。

（二）肌的起止、配布与作用

肌两端借肌腱附着于两块或两块以上的骨，中间跨过一个或多个关节，肌收缩时，一骨的位置相对固定，另一骨相对地移动。肌在固定骨上的附着点，称起点或定点；在移动骨上的附着点，称为止点或动点。通常情况下，靠近人体的正中线或肢体近端的附着点作为起点，反之为止点。肌的定点和动点是相对的，在一定的条件下可以互换。

肌的配布与关节运动轴密切相关，通常在一个关节相对的两侧配布有使关节运动方向相反的两组肌，这些在作用上互相对抗的肌，称拮抗肌，而在关节的同侧，作用相同的肌，称协同肌。

（三）肌的辅助结构

肌的辅助结构主要有筋膜、滑膜囊和腱鞘。

1. 筋膜 fascia　分为浅筋膜和深筋膜两种（图3-45）

（1）浅筋膜 superficial fascia：又称皮下组织，由疏松结缔组织构成，内含脂肪组织、血管、神经、淋巴管等。

（2）深筋膜 deep fascia：又称固有筋膜。位于浅筋膜的深面，由致密结缔组织构成，它包裹每块肌或肌群形成肌筋膜鞘；包裹神经和血管等形成血管神经鞘。在四肢，深筋膜插入肌群之间，并附于骨上，形成肌间隔。

2. 滑膜囊 synovial hursa　为密闭的小囊，内含滑液，多位于肌腱与骨面相接触处，有减少摩擦的作用。

3. 腱鞘 tendinous sheath　为包裹在长肌肌腱外面的结缔组织鞘，多位于手、足等活动性较大的部位（图3-46）。腱鞘可分内、外两层，外层为纤维层，内层为滑膜层。滑膜层又分为内、外层，内层包绕在腱的表面，外层紧贴于纤维层的内面，两层相互移行，形成密闭的滑膜腔，含少量滑液。

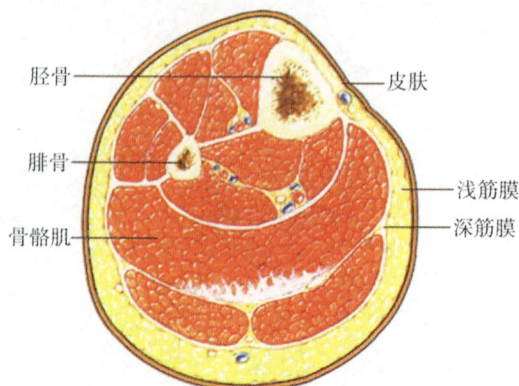

图 3-45　小腿中部横切面（示筋膜）

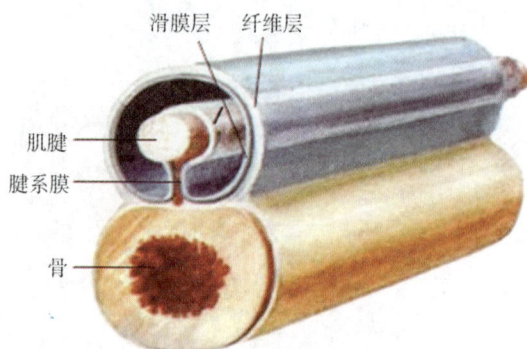

图 3-46　腱鞘示意图

二、头颈肌

头颈肌分为头肌、颈肌。

（一）头肌

头肌分为面肌和咀嚼肌两部分。

1. 面肌　也称表情肌（图3-47），属于扁而薄的皮肌。起于颅骨，止于面部皮肤。收缩时牵拉面部皮肤，显示各种表情。颅顶有枕额肌，有两个肌腹，位于额部和枕部皮下，两个肌腹之间以帽状腱膜相连。收缩时可提眉，并可使额部的皮肤出现皱纹。眼轮匝肌和口轮匝肌收缩时分别闭合眼裂和口裂。

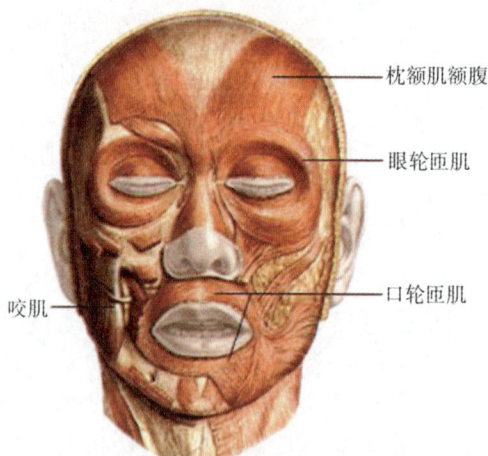

图 3-47　面肌

2. 咀嚼肌（图3-48） 主要有咬肌和颞肌。咬肌位于下颌支外面；颞肌位于颞窝内。它们收缩时上提下颌骨，参与咀嚼运动。

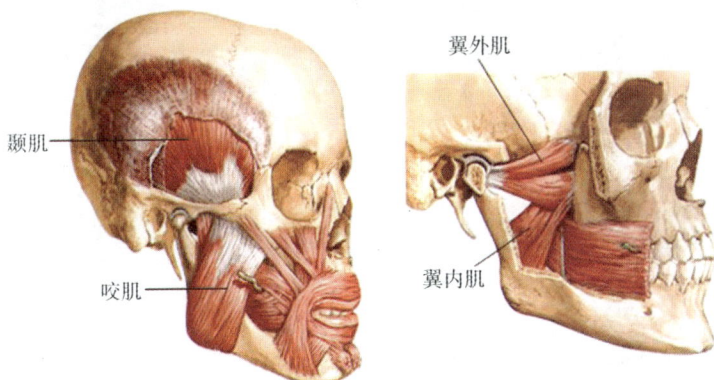

图3-48 咀嚼肌

（二）颈肌

1. 胸锁乳突肌 sternocleidomastoid 起于胸骨柄和锁骨的胸骨端，止于乳突。一侧收缩使头向同侧倾斜，脸转向对侧；两侧同时收缩可使头后仰（图3-49）。

2. 舌骨上肌群 位于舌骨与下颌骨及颅底之间，包括二腹肌、下颌舌骨肌、颏舌骨肌和茎突舌骨肌（图3-49）。

3. 舌骨下肌群 位于颈前正中线两侧，覆盖在喉、气管和甲状腺的前方，依其起止分别称为胸骨舌骨肌、肩胛舌骨肌、胸骨甲状肌和甲状舌骨肌（图3-49）。

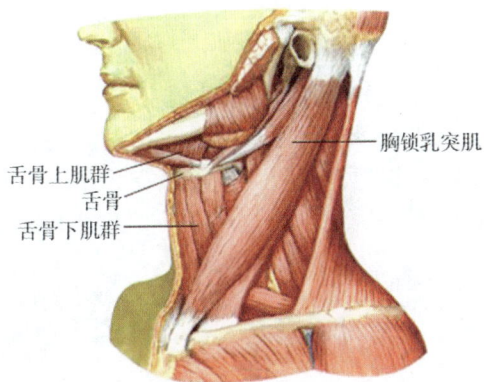

图3-49 颈肌

三、躯干肌

躯干肌按位置分为背肌、胸肌、膈、腹肌和会阴肌。

（一）背肌

背肌位于躯干后面，分浅、深两群。浅群主要有斜方肌、背阔肌；深层主要有竖脊肌。

1. 斜方肌 traperius 位于项、背上部的浅层（图3-50），为三角形扁肌，两侧合在一起呈斜方形。收缩时可使肩胛骨向脊柱靠拢并仰头。

2. 背阔肌 latissimu dorsi 为全身最大的阔肌（图3-50），位于背下部，起于下6位胸椎及全部腰椎棘突、骶骨背面和髂嵴后部，止于肱骨小结节下方。收缩时使臂后伸、内收和旋内。

3. 竖脊肌 erector spinae 又称骶棘肌（图3-51），起于骶骨背面和髂嵴后部，向上止于乳突。沿途分出多个肌齿止于椎骨、肋骨。收缩时使脊柱后伸和仰头。

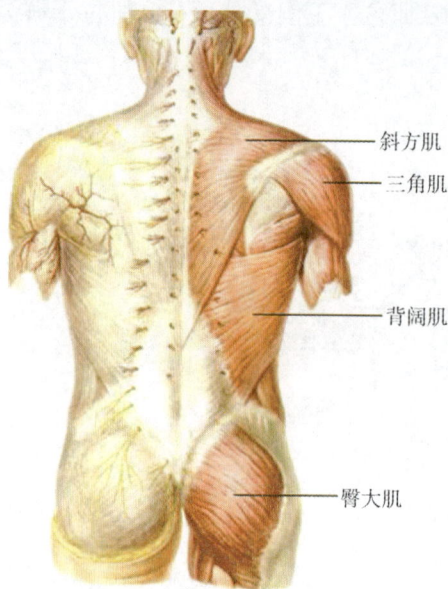

图 3-50 背肌（浅层）

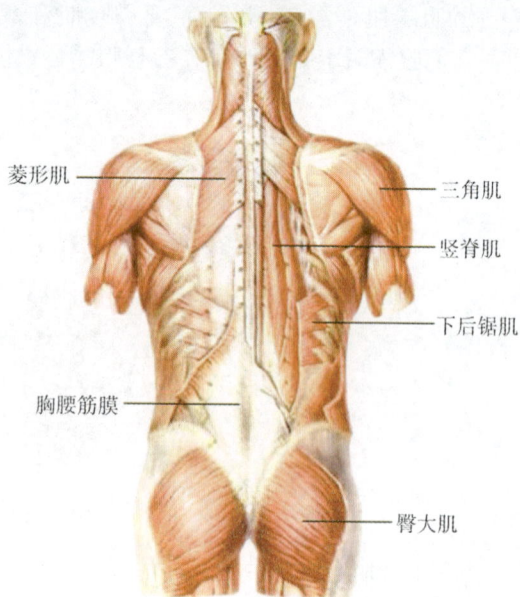

图 3-51 背肌（深层）

（二）胸肌

1. 胸大肌 pectoralis major　位于胸前壁的上部，呈扇形，起于锁骨内侧半、胸骨和1~6肋软骨，止于肱骨大结节下方。作用：使肩关节内收、旋内和前屈，如上肢固定可上提躯干，还可提肋，助吸气（图3-52）。

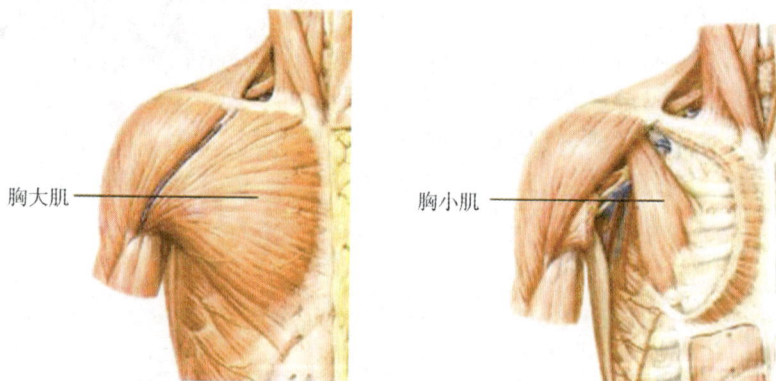

图 3-52 胸肌

2. 胸小肌 pectoralis minor　位于胸大肌深面。牵拉肩胛骨向前下方。

3. 前锯肌 serratns anterior　位于胸廓侧壁。收缩时拉肩胛骨向前使肩胛骨紧贴胸廓（图3-53）。

4. 肋间肌　位于助间隙，包括肋间外肌和肋间内肌（图3-53）。

（1）肋间外肌 external intercostalsm：肋间外肌位于助间隙的浅层，起自上位肋骨下缘，肌纤维斜向前下，止于下位肋骨上缘。收缩时，提肋，助吸气。

（2）肋间内肌 internal intercostalsm：位于肋间外肌的深面，起自下位肋骨上缘，肌纤维斜向前上，止于上位肋骨下缘。收缩时，降肋，助呼气。

（三）膈

膈 diaphragm（图 3-54）位于胸腔和腹腔之间，是向上膨隆呈穹隆状的扁肌。膈的周围部分为肌性部，附着于胸廓的下口，中央为腱性结构，称为中心腱。膈上有 3 个裂孔：主动脉裂孔位于第 12 胸椎前方，有降主动脉和胸导管通过；食管裂孔位于主动脉裂孔的左前方，约平第 10 胸椎，有食管和迷走神经通过；腔静脉孔在食管裂孔的右前方，约平第 8 胸椎，有下腔静脉通过。

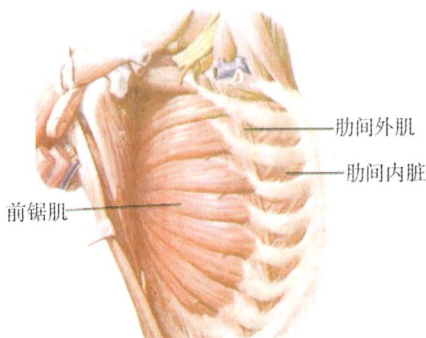

图 3-53　前锯肌、肋间肌

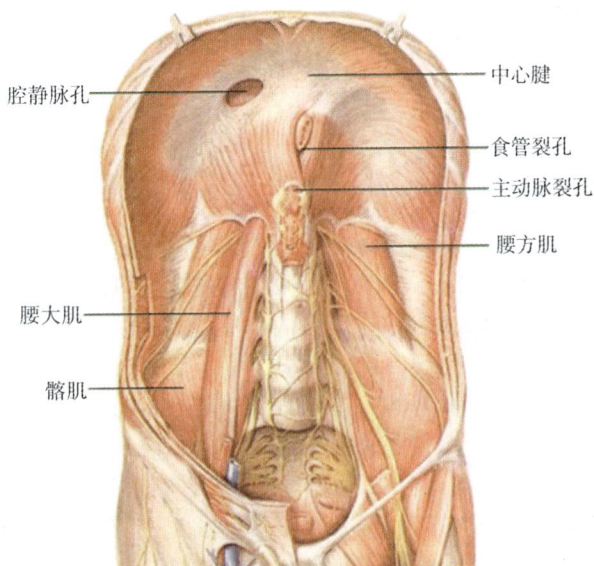

图 3-54　膈与腹后壁肌

膈是重要的呼吸肌，收缩时膈的膨隆部下降，胸腔容积扩大助吸气；舒张时膨隆部上升恢复原位，胸腔容积减小以助呼气。膈与腹肌同时收缩，可增加腹压，以协助排便、分娩及呕吐。

（四）腹肌

腹肌 musculi abdominis 参与组成腹腔的前壁、侧壁和后壁，可分为前外侧群和后群。腹前外侧群包括腹直肌、腹外斜肌、腹内斜肌和腹横肌（图 3-55），形成腹腔的前外侧壁。后群有腰方肌。

1. 腹直肌 rectus abdominis　位于腹前正中线两侧，为上宽下窄的带状肌，全长被腹直肌鞘包裹，腹直肌纤维被 3~4 条横行的腱划分隔，腱划与腹直肌鞘的前层结合紧密。

2. 腹外斜肌 obliquus externus abdominis　位于腹前外侧壁的最浅层。肌束斜向前内下方至腹直肌外侧缘移行为腹外斜肌腱膜，经腹直肌前方，参与形成腹直肌鞘前层，至中线处与对侧者共同交织并参与形成白线。

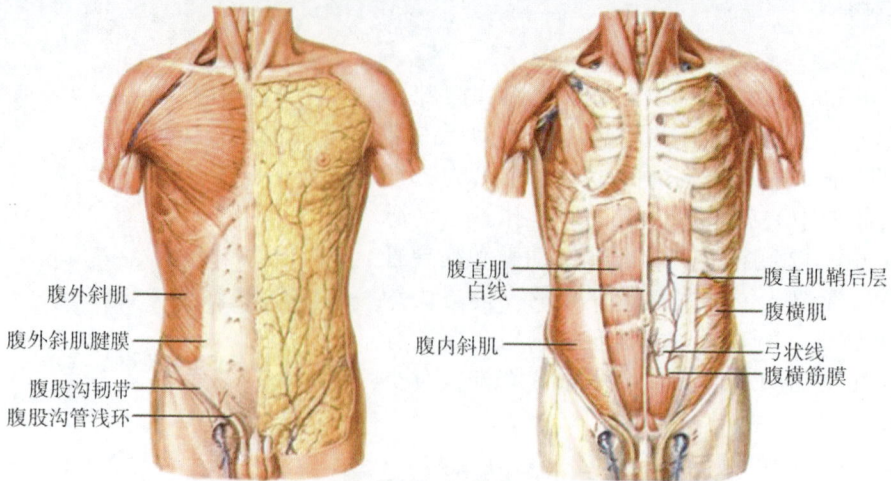

图 3-55　腹前壁肌

　　腹外斜肌腱膜的下缘卷曲增厚，附着于髂前上棘和耻骨结节之间，形成腹股沟韧带 inguinal ligament。腹外斜肌腱膜在耻骨结节的外上方，有一个三角形的裂隙，称腹股沟管浅环（皮下环）。

　　3. 腹内斜肌 obliquus internus abdominis　在腹外斜肌深面，肌束呈扇形展开，在腹直肌的外侧缘移行为腱膜，腱膜分为前、后两层包裹腹直肌，终于白线。

　　4. 腹横肌 ransversus abdominis　位于腹内斜肌的深面，肌束横行向前移行为腱膜，经腹直肌后方参与组成腹直肌鞘的后层，止于白线。

　　5. 腰方肌　位于腹后壁腰椎两侧，呈长方形（图 3-54）。

　　6. 腹肌形成的局部结构　包括腹直肌鞘、白线和腹股沟管等。

　　（1）腹直肌鞘 rectus sheath（图 3-55）：是包裹腹直肌的纤维性鞘，由腹前外侧壁三层扁肌的腱膜构成。鞘分为前、后两层，在脐下 4~5cm 处，腹直肌鞘的后层缺如，其下缘游离呈弧形，称弓状线（半环线）。

　　（2）白线 linea alba：由三对扁肌的腱膜，在腹前壁正中线上交织而成。白线坚韧而缺乏血管。

　　（3）腹股沟管 inguinal canal（图 3-56）：位于腹股沟韧带内侧半的上方，为腹前壁三层扁肌之间的一条斜行的裂隙，长 4~5cm。腹股沟管在男性有精索通过，女性有子宫圆韧带通过。腹股沟管有两个口，外口为腹股沟管浅环（皮下环）；内口即腹股沟管深环（腹环），位于腹股沟韧带中点上方约 1.5cm 处。

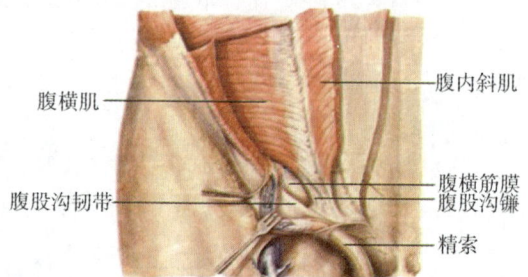

图 3-56　腹股沟管

（五）会阴肌

会阴肌是封闭小骨盆下口所有肌的总称，主要有肛提肌、会阴深横肌和尿道括约肌等。由会阴深横肌、尿道括约肌及表面覆盖的深筋膜共同构成尿生殖膈，封闭小骨盆下口的前部，男性有尿道通过，女性有尿道和阴道通过。由肛提肌及表面覆盖的深筋膜共同构成盆膈，封闭小骨盆下口的后部，中央有肛管通过。

四、四肢肌

（一）上肢肌

上肢肌按其所在部位可分肩肌、臂肌、前臂肌和手肌。

1. 肩肌（图 3-57） 位于肩关节周围，能增强肩关节的稳定性。主要有三角肌 deltoid，呈三角形，起于锁骨外侧段、肩峰和肩胛冈，肌束从前、外、后三个方向包裹肩关节，止于肱骨的三角肌粗隆。主要作用可使肩关节外展。该肌在临床上为肌内注射常选部位。

2. 臂肌（图 3-57） 位于肱骨周围，分为前、后两群。前群有肱二头肌，后群有肱三头肌。

（1）肱二头肌 biceps brachii：位于臂前面，有两个头，长头起自肩胛骨关节盂上结节，短头起自喙突，二头合为一个肌腹，止于桡骨粗隆。收缩时屈肘关节。

（2）肱三头肌 triceps brachii：位于臂后面，长头起自肩胛骨的盂下结节，内侧头和外侧头分别起自桡神经沟内下方和外上方的骨面，三头向下合成肌腹，以一扁腱止于尺骨鹰嘴。收缩时，伸肘关节（图 3-58）。

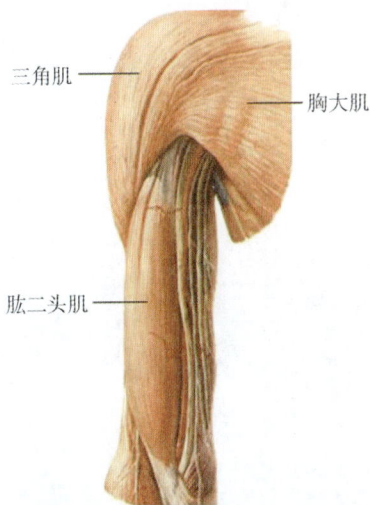

图 3-57 肩肌和臂肌（前群）　　图 3-58 肩肌和臂肌（后群）

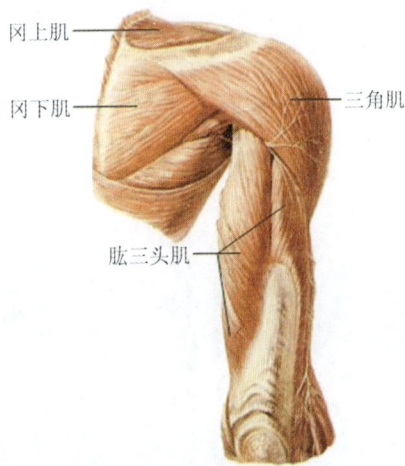

3. 前臂肌 位于桡、尺骨周围，分为前、后两群。

（1）前群：位于桡、尺骨的前面，共9块，浅层6块，深层3块。浅层由桡侧向尺侧依次为肱桡肌、旋前圆肌、桡侧腕屈肌、掌长肌、指浅屈肌和尺侧腕屈肌。深层为拇长屈肌、指深屈肌和旋前方肌（图 3-59）。

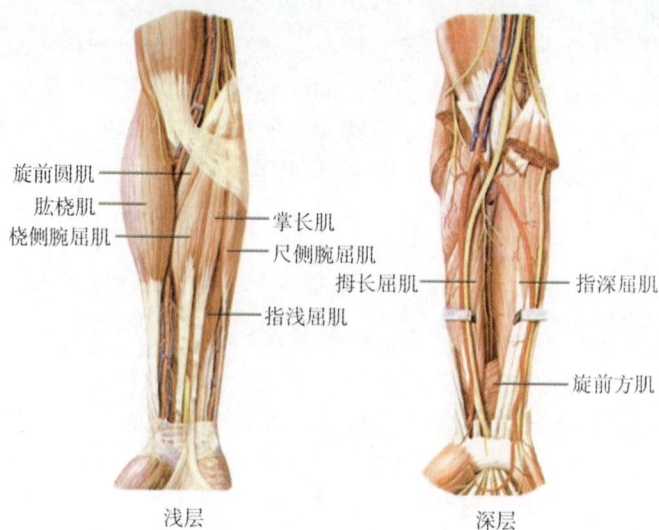

旋前圆肌
肱桡肌
桡侧腕屈肌

掌长肌
尺侧腕屈肌
拇长屈肌
指浅屈肌

指深屈肌

旋前方肌

浅层   深层

图 3-59　前臂肌（前群）

（2）后群：位于桡、尺骨的后面，共有 10 块，浅层 5 块，深层 5 块。浅层由桡侧向尺侧依次为桡侧腕长伸肌、桡侧腕短伸肌、指伸肌、小指伸肌和尺侧腕伸肌。深层由上外向下内依次为旋后肌、拇长展肌、拇短伸肌、拇长伸肌和示指伸肌（图 3-60）。

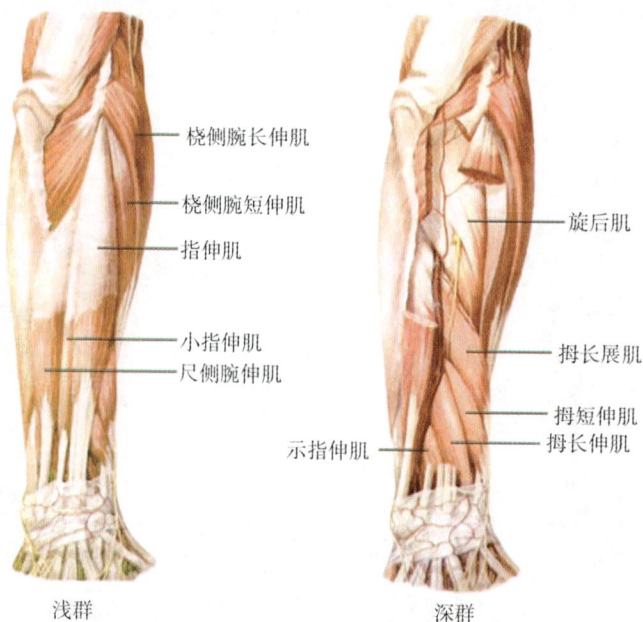

桡侧腕长伸肌

桡侧腕短伸肌

指伸肌

旋后肌

拇长展肌

小指伸肌
尺侧腕伸肌

拇短伸肌
拇长伸肌

示指伸肌

浅群   深群

图 3-60　前臂肌（后群）

4. 手肌　分为内侧群、外侧群和中间群（图 3-61）。外侧群又称大鱼际。包括拇短展肌、拇短屈肌、拇对掌肌和拇收肌。内侧群又称小鱼际。包括小指短屈肌、小指展肌和小指对掌肌。中间群包括 4 块蚓状肌、3 块骨间掌侧肌、4 块骨间背侧肌。

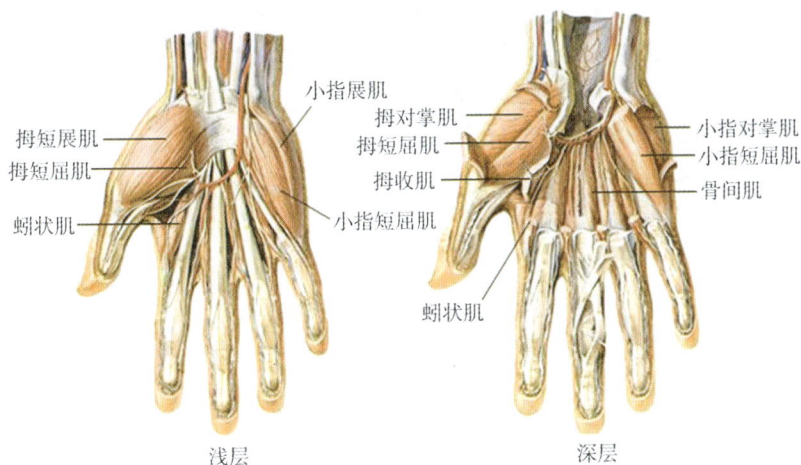

拇短展肌
拇短屈肌
蚓状肌

小指展肌

拇对掌肌
拇短屈肌
拇收肌

小指短屈肌

浅层

小指对掌肌
小指短屈肌
骨间肌

蚓状肌

深层

图 3-61　手肌

（二）下肢肌

下肢肌粗大有力，筋膜厚实而坚韧，按部位可分为髋肌、大腿肌、小腿肌和足肌四部分。

1. 髋肌　位于髋关节周围，起自骨盆，止于股骨，主要运动髋关节。

（1）髂腰肌 iliopsoas：由髂肌和腰大肌组成。收缩时，使髋关节前屈和旋外。

（2）臀大肌 gluteus maximus（图 3-62）：为臀部最大的一块肌，位于臀部，收缩时，伸髋关节。

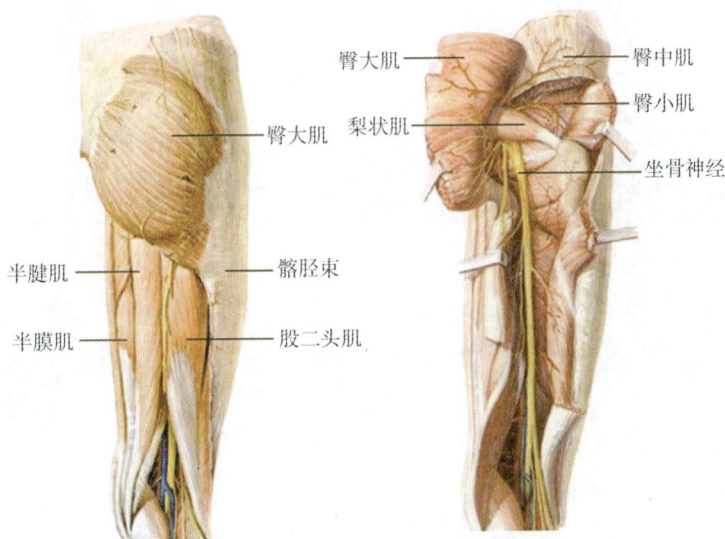

臀大肌
梨状肌

臀大肌

半腱肌
半膜肌

臀中肌
臀小肌
坐骨神经

髂胫束
股二头肌

图 3-62　臀肌和大腿肌后群

（3）臀中肌 gluteus medius 和臀小肌 gluteus minumus：臀中肌位于臀大肌的深面，臀小肌位于臀中肌的深面。

（4）梨状肌 piriformis（图3-62）：起于骶骨的前面，穿坐骨大孔出骨盆至臀部，止于股骨大转子。收缩时使髋关节旋外。坐骨大孔被梨状肌分隔成梨状肌上孔和梨状肌下孔，孔内有神经、血管通过。

2. 大腿肌 位于股骨周围，分前、后群和内侧群。

（1）前群：位于大腿前面，有缝匠肌和股四头肌（图3-63）。缝匠肌 sartorius：是全身最长的肌。股四头肌 quadriceps fermoris：有四个头，分别称为股直肌、股内侧肌、股外侧肌和股中间肌。四头合并向下移行为肌腱，包绕髌骨，延续为髌韧带止于胫骨粗隆。收缩时伸膝关节，股直肌还可屈髋关节。

（2）内侧群：位于大腿内侧，有耻骨肌、长收肌、短收肌和大收肌，主要作用是内收髋关节（图3-63）。

（3）后群：位于股骨后方，由外向内有股二头肌、半腱肌和半膜肌（图3-62）。

（4）股三角 femoral triangle：位于大腿前面的上部，呈倒置三角形。上界为腹股沟韧带，内侧界为长收肌的外侧缘，外侧界为缝匠肌的内侧缘。股三角内由内向外主要有股管、股静脉、股动脉和股神经等。

3. 小腿肌（图3-64） 分前群、后群和外侧群。

（1）前群：位于小腿前面，由内向外有胫骨前肌、拇长伸肌和趾长伸肌，胫骨前肌可使足内翻。

（2）外侧群：由浅入深有腓骨长肌、腓骨短肌，主要作用是踝关节和使足外翻。

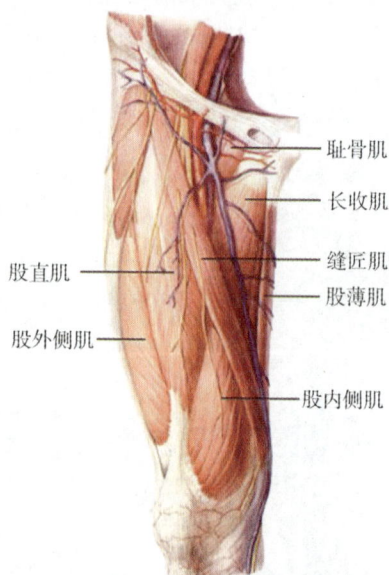

图 3-63 大腿肌前群和内侧肌

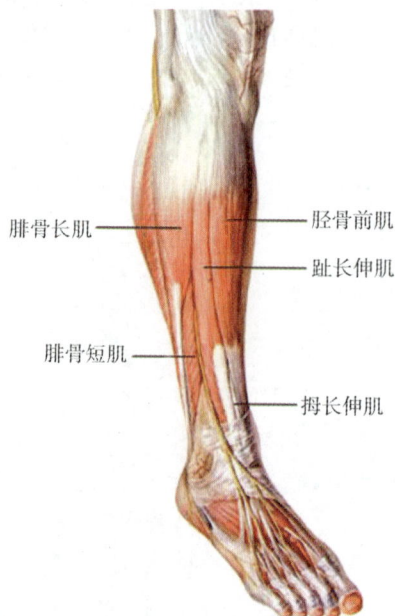

图 3-64 小腿肌前群和外侧肌

（3）后群：位于小腿的后面，分浅、深两层（图3-65）。

浅层有小腿三头肌，由浅表的腓肠肌和深面的比目鱼肌组成。腓肠肌内、外侧头分别起于股骨的内、外侧髁，与比目鱼肌合成一粗大的跟腱止于跟骨。收缩时有屈膝、屈踝，还可维持身体直立。

深层由内向外有趾长屈肌、胫骨后肌和拇长屈肌，胫骨后肌可使足内翻。

4.**足肌** 分为足背肌和足底肌。有运动足趾和支持足弓的作用。

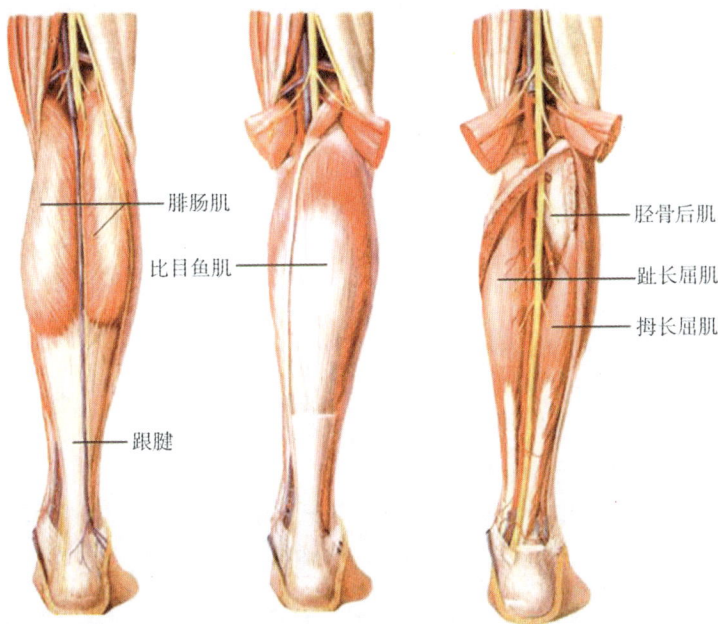

图 3-65 小腿肌后群

练习题

一、A1（单句型最佳选择题）

1. 关于骨的构造，正确的是：
   A. 长骨的骨干由骨松质构成
   B. 骨膜位于骨的表面
   C. 骨髓在胎儿期造血，成年期不造血
   D. 髋骨、胸骨、椎骨内终生保存红骨髓
   E. 短骨无骨松质

2. 关于椎骨的叙述，错误的是：
   A. 椎骨前方呈短圆柱状的是椎体
   B. 椎体和椎弓围成椎管
   C. 上一椎骨下切迹和下一椎骨上切迹围成椎间孔
   D. 椎弓有 7 个突起
   E. 第 1 颈椎无椎体

3. 关于颈椎，错误的是：
   A. 都有横突孔
   B. 都有椎体及椎弓
   C. 第 2~6 颈椎棘突末端分叉
   D. 第 7 颈椎是计数椎骨序数的标志
   E. 第 2 颈椎有齿突

4. 脊柱的以下说法，错误的是：
   A. 颈曲、腰曲凸向前
   B. 胸曲、骶曲凸向前
   C. 腰椎棘突水平向后，棘突间距大
   D. 胸椎棘突斜向后下，呈叠瓦状
   E. 第 2~6 颈椎棘突短

5. 桡神经沟位于
   A. 大结节和小结节之间
   B. 肱骨内上髁后方
   C. 肱骨体中部后面

D. 桡骨体中部后面　　　　　　　E. 尺骨上

6. 颅中窝蝶骨体两侧由前往后排列的孔是：

　　A. 圆孔、棘孔、卵圆孔　　　　　B. 圆孔、卵圆孔、棘孔　　　C. 棘孔、卵圆孔、圆孔

　　D. 卵圆孔、圆孔、棘孔　　　　　E. 棘孔、圆孔、卵园孔

7. 开口于中鼻道的鼻旁窦有：

　　A. 上颌窦、额窦、蝶窦　　　　　　　B. 筛窦后群、上颌窦、额窦

　　C. 筛窦前群和中群、上颌窦、蝶窦　　D. 筛窦前群和中群、额窦、上颌窦

　　E. 筛窦和蝶窦

8. 关节的基本结构是：

　　A. 关节面、关节囊、关节软骨　　　　B. 关节面、关节囊、关节盘

　　C. 韧带、关节盘、关节唇　　　　　　D. 关节面、关节囊、关节腔

　　E. 关节面、关节盘、关节唇

9. 关于椎间盘的叙述，以下错误的是：

　　A. 连于相邻两椎体之间　　　　B. 由纤维环和髓核构成　　　C. 颈部椎间盘最厚

　　D. 髓核易向后外侧脱出　　　　E. 坚韧有弹性

10. 肩关节的结构特点，正确的是：

　　A. 关节囊厚而紧张，有韧带增强　　　B. 关节囊下壁较薄弱，肩关节易向前下方脱位

　　C. 只能做屈伸运动　　　　　　　　　D. 肱骨头小，关节盂大而深

　　E. 不能做旋转运动

11. 髋关节的结构特点，错误的是：

　　A. 关节囊内有股骨头韧带　　　　　　B. 股骨头大而圆，髋臼窝深

　　C. 运动幅度没有肩关节大　　　　　　D. 关节囊厚，包裹股骨颈全部

　　E. 关节囊外有髂股韧带

12. 关于骨盆的描述，不正确的是：

　　A. 骨盆具有性别差异　　　　B. 通常所说的盆腔指大骨盆　　　C. 小骨盆的上口即界线

　　D. 大骨盆是腹腔的一部分　　E. 女性骨盆耻骨下角较男性大

13. 关于膈，错误的是：

　　A. 位于胸腹腔之间的扁肌　　　　B. 收缩时膈顶部下降，胸腔扩大，助吸气

　　C. 有三个裂孔，位于中心腱内的是食管裂孔

　　D. 是重要的呼吸肌　　　　　　　E. 主动脉裂孔位置最低

14. 关于三角肌的描述，正确的是：

　　A. 位于臂　　　　　　　　　　B. 起于肩胛冈，止于三角肌粗隆

　　C. 是临床上肌内注射的常选部位　　D. 主要作用使肩关节屈伸

　　E. 位于肩关节下方

15. 股三角内的血管和神经由内向外是：

　　A. 股静脉、股动脉和股神经　　　　B. 股神经、股动脉和股静脉

　　C. 股静脉、股神经和股动脉　　　　D. 股动脉、股静脉和股神经

　　E. 股神经、股静脉和股动脉

二、名词解释

1. 胸骨角　　2. 翼点　　3. 关节腔　　4. 椎间盘　　5. 肋弓　　6. 股三角　　7. 腹股沟管

（刘启蒙　王卒平）

消化系统 ◄●●

要点导航

知识要点

掌握：消化系统的组成、主要功能；上、下消化道的概念；消化管的一般结构；口腔的构造和分部；咽的位置、分部和结构；食管的位置、分部和狭窄；胃的形态、位置和胃壁的微细结构；小肠的分部；小肠壁的微细结构；大肠的分部及形态特点；盲肠、阑尾的位置和阑尾根部的体表投影；直肠的位置；大唾液腺的名称及其位置；肝的形态、位置、体表投影和微细结构；胆囊的位置、形态和胆囊底的体表投影；输胆管道的组成和胆汁的排出途径；胰的位置、形态和微细结构；腹膜和腹膜腔的概念。

熟悉：胸腹部标志线和腹部分区；舌、牙的形态和构造；十二指肠的位置和分部；直肠的弯曲；肛管的形态；腹膜与腹盆腔器官的关系；腹膜形成的主要结构。

了解：牙周组织；胃的毗邻；腹膜的功能。

技能要点

标本确认：咽、食管、胃、小肠和大肠的位置、形态和分部，肝、胆囊、胰的位置及形态结构。

活体指出：胸、腹部的标志线和腹部的分区，舌乳头、咽峡的位置及组成，腭扁桃体的位置。

显微镜观察：食管、胃、小肠、大肠及肝、胰的微细结构。

第一节　概　述

一、消化系统的组成和功能

消化系统 digestive system 由消化管和消化腺组成（图 4-1）。其功能主要是摄取和消化食物、吸收营养、排出食物残渣。此外，口腔、咽等还与呼吸、发音和语言等活动有关。舌尚有味觉功能。

消化管 digestive canal 包括口腔、咽、食管、胃、小肠（十二指肠、空肠和回肠）和大肠（盲肠、阑尾、结肠、直肠和肛管）。在临床工作中，通常把口腔至十二指肠这一段消化管称为上消化道，空肠及以下的消化管称为下消化道。

消化腺 alimentary gland 包括大消化腺和小消化腺两种。大消化腺是肉眼可见、独立存在的器官，如大唾液腺（腮腺、舌下腺和下颌下腺）、肝和胰；小消化腺是位于消化管壁内的许多小腺体，如唇腺、食管腺、胃腺和肠腺等。

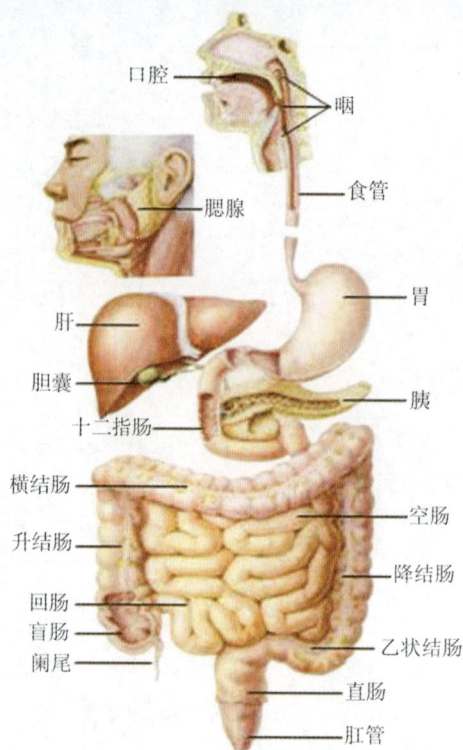

图 4-1　消化系统模式图

二、消化系统器官的基本结构

消化系统各器官按其基本形态结构可分为中空性器官和实质性器官两大类。

（一）消化管

消化管属中空性器官，除口腔与咽外，其管壁结构一般均可分为四层，由内到外为黏膜、黏膜下层、肌层和外膜（图 4-2）。

1. 黏膜 mucosa　是消化管壁的最内层，表面润滑，便于食物的运动和消化吸收。黏膜自内向外由上皮、固有层和黏膜肌层组成。

（1）上皮：衬在消化管腔的内表面。口腔、咽、食管及肛管的上皮为复层扁平上皮，适应摩擦，具有保护功能；胃肠道的上皮均为单层柱状上皮，以消化吸收功能为主。

（2）固有层：由疏松结缔组织构成，内有小腺体、血管、神经、淋巴管和淋巴组织。

（3）黏膜肌层：由薄层平滑肌构成，黏膜肌层收缩时，使黏膜微弱地运动，有助于血液运行、腺体分泌物的排出和营养物质的吸收。

2. 黏膜下层 submucosa　由疏松结缔组织构成，内含小血管、淋巴管和黏膜下神经丛。

黏膜和黏膜下层共同向管腔内突起，形成皱襞 plica，借以扩大黏膜的表面积。

3. 肌层 muscularis 在口腔、咽、食管上端和肛门外括约肌为骨骼肌，其余各段均为平滑肌。平滑肌的肌层一般分内环行、外纵行两层，其间有肌间神经丛，结构与黏膜下神经丛相似，可调节肌层的运动。

4. 外膜 adventitia 有为纤维膜和浆膜之分。咽、食管、直肠下段的外膜由薄层结缔组织构成，称纤维膜 fibrosa。胃、小肠和部分大肠的外膜由薄层结缔组织和间皮共同构成，称浆膜 serosa。浆膜表面光滑，可减少器官运动时相互之间的摩擦。

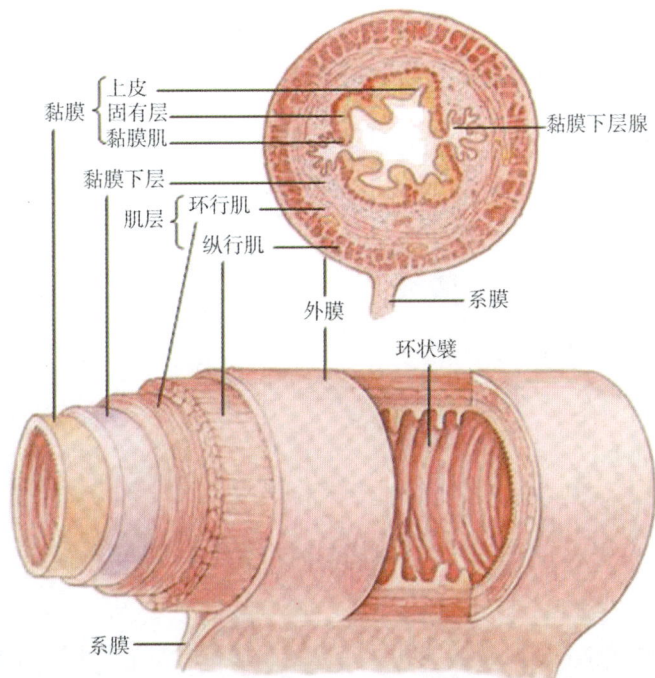

图 4-2　消化管壁一般结构模式图

（二）消化腺

消化腺是实质性器官，包括腺细胞组成的分泌部以及导管，大消化腺表面包以结缔组织的被膜或浆膜，小消化腺分布在消化管壁内，主要由腺上皮构成。

三、胸、腹部的标志线和腹部的分区

在解剖学上通常把消化、呼吸、泌尿、生殖四个系统的器官合称为内脏 viscera。内脏器官大部分位于胸腔、腹腔和盆腔内，其位置在正常情况下相对较固定。但因体型、性别、体位、呼吸运动和器官的功能状态不同等原因，器官的位置和形态有一定的变化幅度。为了描述和学习的方便，通常在胸、腹部的体表确定若干标志线和分区（图4-3）。

（一）胸部的标志线

1. 前正中线 沿身体前面正中所作的垂线。

2. 胸骨线 沿胸骨外侧缘最宽处所作的垂线。

3. 锁骨中线 经锁骨中点所作的垂线。大致与经乳头所作的垂线相当。

4. 胸骨旁线 在胸骨线与锁骨中线之间的中点所作的垂线。

5. **腋前线** 经腋前襞所作的垂线。

6. **腋后线** 经腋后襞所作的垂线。

7. **腋中线** 经腋前、后线之间中点所作的垂线。

8. **肩胛线** 经肩胛骨下角所作的垂线。

9. **后正中线** 沿身体后面正中所作的垂线。

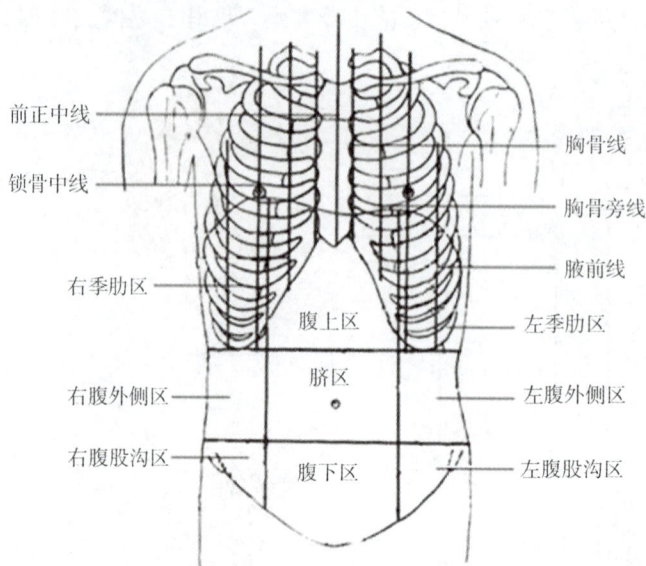

图 4-3 胸、腹部的标志线和腹部分区

（二）腹部的标志线和分区

在腹部的前面通常采用两条横线和两条纵线将腹部分成九个区。上横线是左、右两侧肋弓最低点之间的连线，下横线是左、右两侧髂结节之间的连线；两纵线分别是通过左、右两侧腹股沟韧带中点所作的垂线。两横线与两纵线将腹部分为九个区，分别是左季肋区、腹上区、右季肋区、左腹外侧区（左腰区）、脐区、右腹外侧区（右腰区）、左腹股沟区（左髂区）、腹下区（耻区）、右腹股沟区（右髂区）。

在临床工作中，亦可通过脐的水平线和垂线，将腹部分为左上腹、右上腹、左下腹和右下腹四个区。

第二节 消化管

一、口腔

口腔 oral cavity（图 4-4）是消化管的起始部，其前壁为上、下唇，侧壁为颊，上壁为腭，下壁为口腔底。口腔向前借口裂通外界，向后经咽峡与咽相续。

口腔以上、下牙弓及牙槽突、牙龈分为前外侧部的口腔前庭 oravl vestibule 和后内侧部的固有口腔 oval cavity proper。当上、下颌的牙咬合时，口腔前庭与固有口腔之间可借最后磨牙后方的间隙相通。故当牙关紧闭时，可借此间隙插管或注入药物和营养物质。

（一）口唇

口唇 oval lips 由皮肤、皮下组织、肌（口轮匝肌）和黏膜构成。口唇构成口腔的前壁，分为上、下唇。两唇之间的裂隙称口裂，其两侧结合处称口角。上唇的外面正中线上有一纵行浅沟，称为人中，是人类特有的结构，昏迷患者急救时常在此处进行针刺或指压。上唇两侧与颊之间的浅沟称为鼻唇沟。

（二）颊

颊 cheek 构成口腔的侧壁，由皮肤、皮下组织、肌（颊肌）和黏膜构成。在上颌第二磨牙相对的颊黏膜上有腮腺管的开口。

（三）腭

腭 palate 构成口腔的上壁，分隔鼻腔与口腔。腭分为硬腭和软腭两部分。

1. **硬腭** hard palate 位于腭的前 2/3，主要由骨腭（上颌骨的腭突和腭骨水平板构成）表面覆盖黏膜而成。

2. **软腭** soft palate 位于腭的后 1/3，主要由骨骼肌被覆黏膜构成。软腭前份呈水平位，后份斜向后下称腭帆 palatine velum。腭帆后缘游离，中央有一向下的突起称腭垂 uvula。自腭帆的两侧各向下分出两条弓形的黏膜皱襞，前方的一对称腭舌弓 palatoglossal arch，延续于舌根的外侧，后方的一对称腭咽弓 palatopharyngeal arch，向下延至咽侧壁。两弓之间的窝称扁桃体窝，容纳腭扁桃体。腭垂、两侧的腭舌弓与舌根共同围成咽峡 isthmus of fauces，是口腔与咽的分界（图 4-4）。

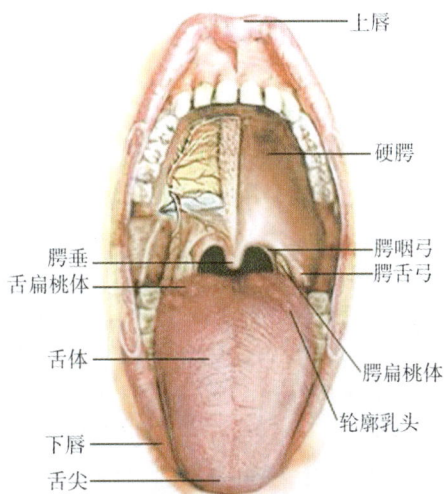

图 4-4　口腔与咽峡

（四）舌

舌 tongue 位于口腔底（图 4-5），为表面被覆黏膜的肌性器官，具有协助咀嚼、吞咽、感受味觉及辅助发音的功能。

1. **舌的形态**　舌分为上、下两面。舌的上面称舌背，其后部有呈"八"字形的界沟 terminal sulcus 将舌分为舌体 body of tongue 和舌根 root of tongue 两部分。舌体占舌的前 2/3，其前端为舌尖 apex of tongue。舌根占舌的后 1/3，以舌肌固定于舌骨和下颌骨等处（图 4-6）。舌的下面光滑，在其正中线上有一连于口腔底前部的黏膜皱襞，称舌系带 lingual frenulum，其根部的两侧各有一小黏膜隆起，称舌下阜 sublingual caruncle，其上有下颌下腺管和舌下腺大管

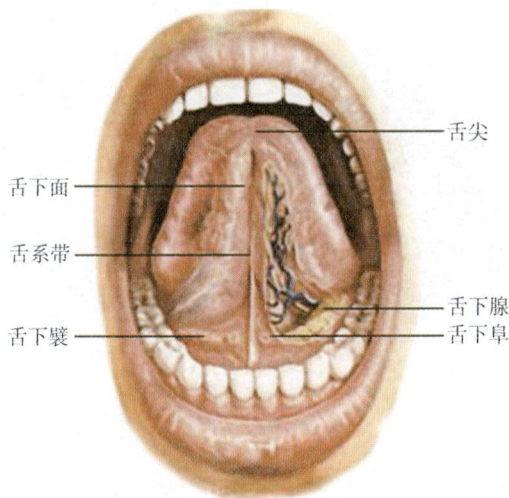

图 4-5　口腔底与舌下面

的开口。舌下阜后外侧的带状黏膜隆起称舌下襞 sublingual fold，其深面藏有舌下腺（图4-5）。

2. 舌的构造

（1）舌黏膜：舌的黏膜呈淡红色，舌背和舌两侧的黏膜上有许多小突起，称舌乳头 lingual papillac。根据形态与功能的不同分为4种：①丝状乳头 filiform papillac，数量最多，体积最小，呈白色，具有一般感觉功能；②菌状乳头 fungiform papillac，稍大于丝状乳头，数量较少，呈红色钝圆形；③轮廓乳头 vallate papillac，体形最大，有7~11

个，排在界沟前方；④叶状乳头 foliate papillac，在人类不发达。菌状乳头、轮廓乳头和叶状乳头均含有味蕾，为味觉感受器，具有感受酸、甜、苦、咸等味觉功能。在舌根背面黏膜表面有许多由淋巴组织构成的大小不等的丘状隆起称舌扁桃体 lingual tonsil（见图4-6）。

（2）舌肌：舌肌为骨骼肌，分舌内肌和舌外肌两种（图4-7）。舌内肌的起、止均在舌内，有纵肌、横肌和垂直肌，收缩时改变舌的形态。舌外肌起于舌外止于舌内，收缩时改变舌的位置。舌外肌中在临床上较重要的是一对颏舌肌 genioglossus muscle，起自下颌体内面，肌纤维呈扇形进入舌内，止于舌中线两侧。双侧颏舌肌同时收缩拉舌向前下方（伸舌）；一侧收缩时可使舌伸向对侧。如一侧颏舌肌瘫痪时，伸舌时舌尖偏向瘫痪侧。

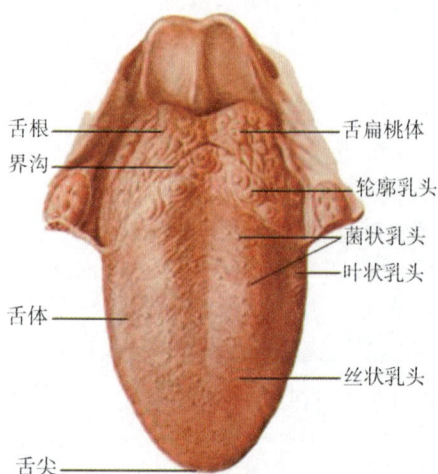

图4-6 舌上面

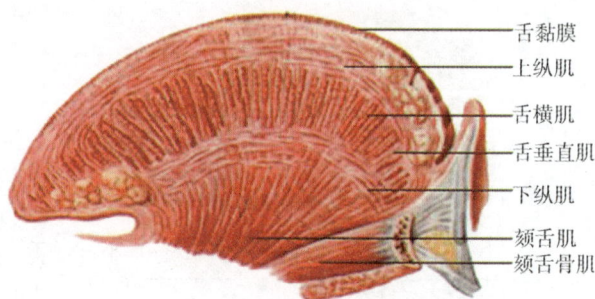

图4-7 舌肌

（四）牙

牙 teeth 嵌于上、下颌骨的牙槽内，是人体最坚硬的器官，具有咀嚼食物和辅助发音等功能。

1. 牙的形态 牙在外形上分为牙冠、牙颈、牙根三部分（图4-8）。暴露于口腔内的称牙冠 crown of teeth，色白而光泽。嵌于牙槽内的称牙根 root of teeth。介于牙冠与牙根之间被牙龈包绕的部分，称为牙颈 dental neck。

牙的内腔称牙腔 dental cavity 或髓腔 pulp cavity，包括在牙冠内的牙冠腔 pulp chamber 和在牙根内的牙根管 root canal of tooth，其内容纳牙髓。牙根尖端有根尖孔，牙的血管、淋巴管和神经由此出入牙腔。

2. 牙的构造 牙由牙质、釉质、牙骨质和牙髓构成（图4-8）。牙质 dentine 构成牙的主体。釉质 enamel 覆盖在牙冠部的牙质外面，是人体内最坚硬的组织。牙骨质 cement 包在牙根和牙颈部牙质外面，其结构与骨组织类似。牙髓 dental pulp 位于牙腔内，是神经、血管和结缔组织共同组成。由于牙髓周围是坚硬的牙质，当牙髓发炎时，牙腔内压力增高而压迫其神经，可产生剧烈的疼痛。

3. 牙周组织 位于牙根周围，包括牙槽骨、牙周膜、牙龈三部分（图4-8），对牙有保护、支持和固定作用。牙槽骨属于上、下颌骨的牙槽突。牙周膜是连于牙根与牙槽骨之间的致密结缔组织，使牙根固定于牙槽内。牙龈是富含血管的口腔黏膜，包被牙颈和牙槽骨。

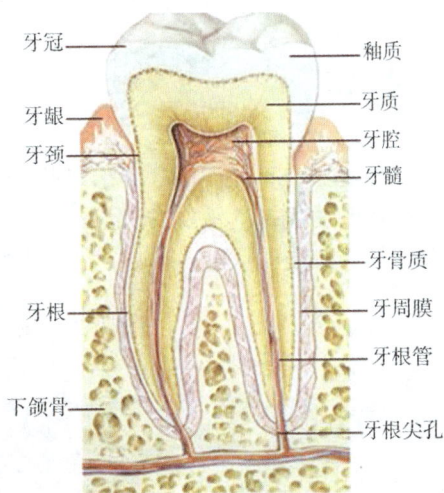
图4-8 牙的形态及构造

4. 牙的分类 人的一生中先后有两组牙发生，第一组称乳牙 deciduous teeth，第二组称恒牙 permanent。一般在生后6个月左右开始萌出乳牙，到3岁左右出齐，共20个。6岁左右乳牙开始脱落，逐渐更换成恒牙，在12~14岁出齐，第3磨牙萌出较晚，有些人到成年后才萌出，称为迟牙 wisdom tooth，甚至终生不萌出，成人恒牙有28~32个。

根据牙的形态和功能，乳牙分乳切牙、乳尖牙和乳磨牙，恒牙分为切牙、尖牙、前磨牙和磨牙（图4-9、4-10）。

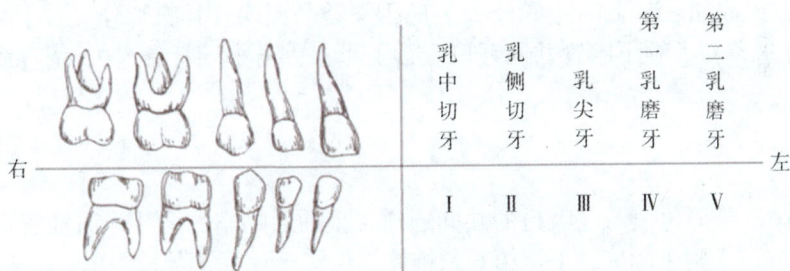
图4-9 乳牙的形态、名称及排列

5. 牙的排列与牙式 牙呈对称性排列。临床上为了记录牙的位置，常以被检查的解剖方位为准，用"┼"记号划分4区记录牙的排列形式，即牙式，用罗马数字Ⅰ~Ⅴ表示乳牙（图4-9），用阿拉伯数字1~8表示恒牙（图4-10）。

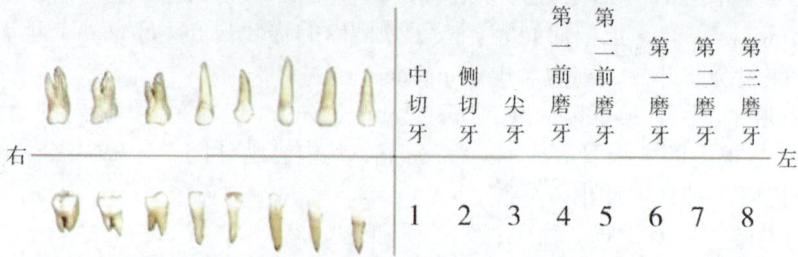

图 4-10 恒牙的形态、名称及排列

（五）唾液腺

唾液腺 salivary gland 又称口腔腺，位于口腔周围，分泌唾液，有清洁口腔和帮助消化食物的功能。唾液腺分大、小两种。小唾液腺位于口腔各部黏膜内，如唇腺、颊腺、腭腺等。大唾液腺包括腮腺、下颌下腺和舌下腺 3 对（图 4-11）。

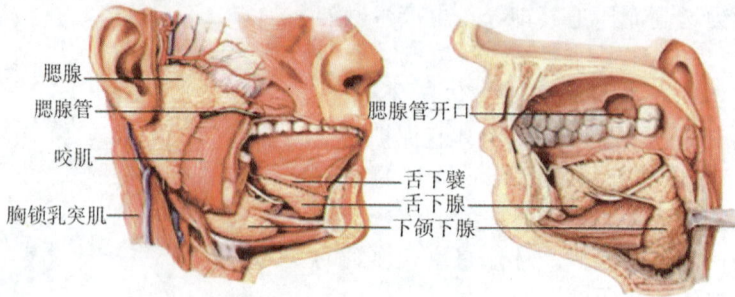

图 4-11 大唾液腺

1. **腮腺 parotid gland** 唾液腺中最大的一对，整体略呈三角楔形，居外耳道的前下方、咬肌后缘与下颌后窝内。腮腺管 parotid duct 发自腮腺的前缘，在颧弓下方一横指处向前越过咬肌表面，穿颊肌，开口于上颌第 2 磨牙相对的颊黏膜上。

2. **下颌下腺 submandibular gland** 呈卵圆形，位于下颌骨下缘与二腹肌前、后腹围成的下颌下三角内，其腺管开口于舌下阜。

3. **舌下腺 sublingual gland** 位于口腔底舌下襞的深面。其腺管分大、小两种，舌下大导管只有一条与下颌下腺管共同开口于舌下阜；舌下小导管有 5~15 条直接开口于舌下襞表面。

二、咽

咽 pharynx 是消化道与呼吸道的共同通道，呈前后略扁的漏斗形肌性管道，位于第 1~6 颈椎前方，上附于颅底，下至第 6 颈椎体下缘续于食管，全长约 12cm。咽的前壁不完整，自上而下分别与鼻腔、口腔和喉腔相通，因此，咽以软腭后缘和会厌上缘为界，自上而下分为鼻咽、口咽和喉咽三部分（图 4-12）。

（一）鼻咽

鼻咽 nasopharynx 位于鼻腔的后方、颅底与软腭之间，向前经鼻后孔通鼻腔。在其两侧壁上，相当于下鼻甲的后方约 1cm 处，各有一咽鼓管咽口 pharyngeal opening of auditory tube，经咽鼓管通中耳鼓室。咽鼓管咽口的前、上和后方有一弧形的隆起，称为咽鼓管圆枕 tubal torus，是寻找咽鼓管咽口的标志。咽鼓管圆枕的后方与咽后壁之间的纵行深窝，称为咽隐窝 pharyngeal recess，是鼻咽癌好发的部位。在鼻咽部上壁后部的黏膜内，有丰富的淋巴组织，称咽扁桃体 pharyngeal tonsil，幼儿时期较发达，6~7 岁时开始萎缩，10 岁以后则完全退化。

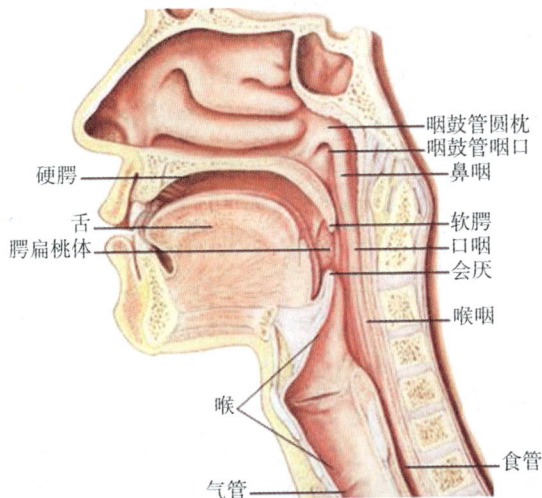

图 4-12 头颈部的正中矢状切面

（二）口咽

口咽 oropharynx 位于软腭与会厌上缘之间，向前经咽峡通口腔。在口咽的外侧壁上，腭舌弓与腭咽之间的凹陷称腭扁桃体窝，窝内容纳腭扁桃体。

腭扁桃体 palatine tonsil 是咽部最大的淋巴组织，呈扁卵圆形，除内侧面外，均包有扁桃体囊。内侧面被有被覆上皮，并陷入扁桃体实质内，形成深浅不一的扁桃体隐小窝 tonsilar crypts，窝内易存留和繁殖细菌，使其成为感染灶。

腭扁桃体、咽扁桃体、舌扁桃体在鼻腔和口腔通咽处，共同形成一个淋巴环，称咽淋巴环 lymphatics of pharynx，具有重要的防御功能。

（三）喉咽

喉咽 laryngopharynx 位于喉的后方，介于会厌上缘与环状软骨下缘平面之间，向下续于食管，向前经喉口通喉腔。在喉口的两侧各有一深窝，称梨状隐窝 piriform recess 是异物易滞留之处（图 4-13）。

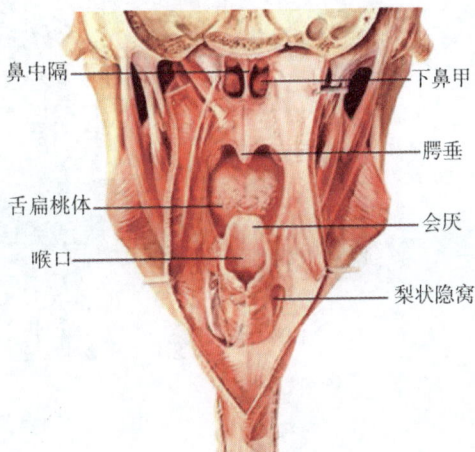

图 4-13 咽腔后面观

103

三、食管

（一）食管的位置与分部

食管 esophagus 为一前后略扁的肌性管道，上端在第 6 颈椎体下缘水平续咽，下行穿膈的食管裂孔，下端在第 11 胸椎体左侧与胃的贲门相连，全长约 25cm。

食管按其行程可分为颈部、胸部和腹部三部（图 4-14）。颈部长约 5 cm，上自第 6 颈椎体下缘接咽，下至胸骨颈静脉切迹水平。胸部最长，为 18~20cm，自颈静脉切迹至膈的食管裂孔处。腹部最短，仅 1~2cm，自膈食管裂孔处至胃的贲门处（图 4-14）。

（二）食管的狭窄

食管由于本身的结构特点和邻近器官的影响，全长有三个生理性狭窄。第一狭窄（又称颈狭窄）为食管的起始处，相当于第 6 颈椎体下缘水平，距中切牙约 15cm；第二狭窄（又称支气管狭窄）为食管在左主支气管后方与之交叉处，相当于第 4、5 胸椎之间水平，距中切牙约 25cm；第三狭窄（又称膈狭窄）为食管通过膈的食管裂孔处，相当于第 10 胸椎水平，距中切牙约 40cm。食管的三个狭窄是异物易滞留和肿瘤的好发部位。临床上进行食管内插管时要注意其狭窄，根据食管镜插入的距离可推知器械已到达的部位并防止损伤食管壁。

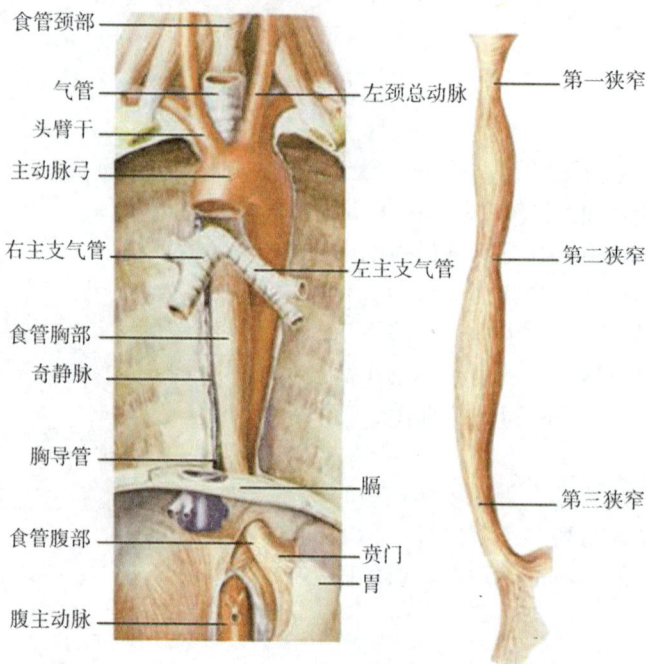

图 4-14 食管位置及三个狭窄

（三）食管壁的结构

食管腔面有 7~10 条纵行皱襞，食物通过时皱襞消失。食管壁由黏膜、黏膜下层、肌层和外膜构成（图 4-15）。

1. 黏膜

（1）上皮：为较厚的未角化的复层扁平上皮，耐摩擦，有保护作用。在食管与胃贲门交界处，复层扁平上皮骤然变成单层柱状，故此处是食管癌的好发部位。

（2）固有层：为细密结缔组织，含有血管、淋巴管、神经和食管腺导管，淋巴组织常围绕于导管周围。食管下段近贲门处有食管贲门腺，为黏液腺，分泌黏液。

（3）黏膜肌层：由纵行平滑肌组成。

2. 黏膜下层 为疏松结缔组织，内含血管、淋巴管、神经和食管腺。食管腺为黏液腺，分泌的黏液经导管排入食管。

3. 肌层 食管上 1/3 段为骨骼肌，下 1/3 段为平滑肌，中段由骨骼肌与平滑肌混合组成。肌纤维的排列为内环行和外纵行两层。

4. 外膜 为纤维膜，含有较大的血管、淋巴管和神经。

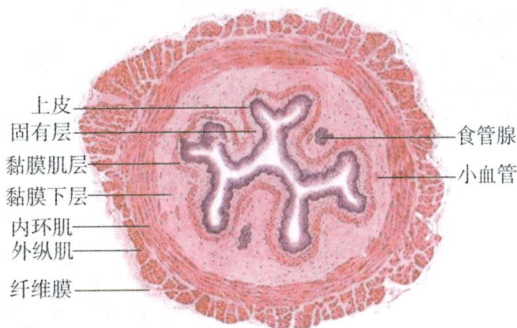

图 4-15 食管壁的微细结构

四、胃

胃 stomach 是消化管最膨大的部分，上接食管，下续十二指肠。具有受纳食物、初步消化食物和吸收水分及小分子物质等功能。成人的胃一般容量约 1500ml，新生儿约 50ml 左右。

（一）胃的形态与分部

胃的形状可随胃内容物的多少、体位、体型、性别和年龄等情况不同而有差异。

1. 胃的形态 胃有两壁、两口和两缘。两壁即前壁和后壁，胃前壁朝向前上方；胃后壁朝向后下方。两口为入口和出口，胃的入口称贲门 cardia，接食管；出口称幽门 pylorus，通十二指肠。两缘为上、下缘，上缘凹而短，朝向右上方，称胃小弯 lesser curvature of stomach，其最低点形成一切迹，称角切迹 angular incisure，是胃体部与幽门部在胃小弯的分界标志；下缘凸而长，朝向左下方，称胃大弯 greater curvature of stomach（图 4-16）。

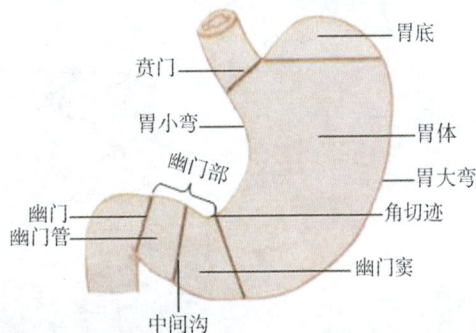

图 4-16 胃的形态和分部

2. 胃的分部 胃可分为贲门部 cardiac part、胃底 fundus of stomach、胃体 body of stomach 和幽门部 pyloric part 四部分。贲门部是指贲门附近的部分，它与胃体和胃底的分界不明显；胃底是位于贲门平面左侧以上膨出的部分；胃体位于胃的中间部，是指胃底与角切迹之间的部分；幽门部是位于角切迹至幽门的部分（临床上又称为胃窦）。幽门部在胃大弯侧有一称为中间沟的浅沟，此沟为将幽门部分为右侧的幽门管 pyloric canal 和左侧的幽门窦 pyloric antrum 两部分（图 4-16）。

胃小弯和幽门部是胃溃疡和胃癌的好发部位。

（二）胃的位置与毗邻

胃的位置常因体位、体型和胃的紧张度及充盈度不同而有较大的变化。

胃在中等充盈程度时，大部分位于左季肋区，小部分位于腹上区。胃的贲门位于第

11 胸椎体的左侧，幽门位于第 1 腰椎体的右侧。

胃前壁的右侧部被肝左叶掩盖，左侧部与膈相邻，并为左肋弓所遮掩。剑突下与腹前壁相贴，是临床上触诊胃的部位。胃后壁与左肾、左肾上腺、胰、脾等器官相邻。胃底部靠近膈的左穹和脾（图 4-17）。

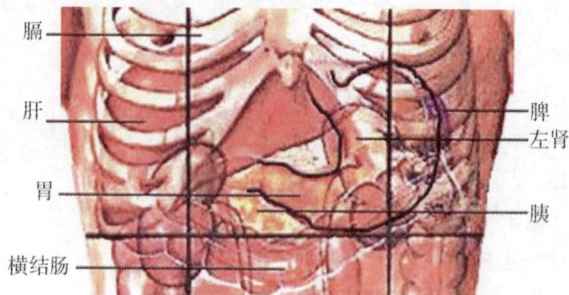

图 4-17 胃的位置及毗邻

（三）胃壁的结构

胃壁有四层结构，胃黏膜在活体呈橘红色，柔软，血供丰富，胃空虚时形成众多的黏膜皱襞，在胃小弯处常见有 4~5 条较恒定的纵行皱襞，在幽门处，胃黏膜突入管腔内形成环形皱襞，称幽门瓣 pyloric valve。胃的肌层发达，由内斜行、中环形和外纵行三层平滑肌组成。在幽门处环形肌增厚，形成幽门括约肌 pyloric sphineter（图 4-18），有控制胃内容物的排空和防止肠内容物逆流入胃的作用。在婴幼儿，若幽门括约肌肥厚，则可造成先天性幽门梗阻。

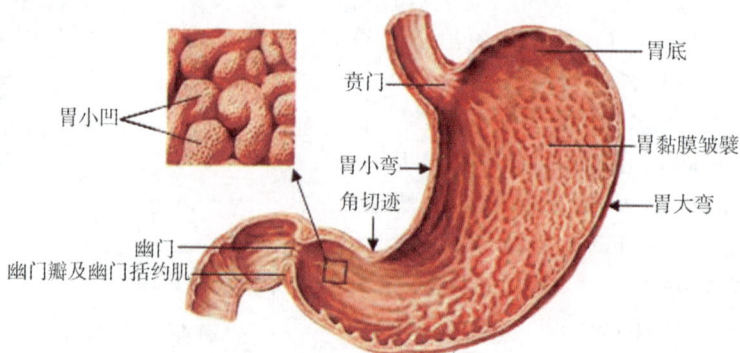

图 4-18 胃的黏膜

胃壁的微细结构特征主要表现在黏膜和肌层（图 4-19）。

1.黏膜 胃黏膜有许多皱襞，当胃充盈时皱襞变低或消失。黏膜表面有许多针孔样小凹，称胃小凹，由上皮深陷而成，小凹的底部有 3~5 个胃腺开口。黏膜上皮与胃小凹及胃腺的上皮相连续。

（1）上皮：为单层柱状上皮，主要由表面黏液细胞组成。细胞顶部胞质内充满黏原颗粒，在 HE 染色时，由于黏原颗粒不易着色，而呈现透明区。核位于基部，核仁明显。上皮细胞分泌黏液，覆盖于细胞表面。上皮细胞不断更新，每 4~5 天更新一次，细胞脱落后，由胃腺颈部的未分化细胞增殖补充。胃上皮细胞之间的紧密连接及细胞表面的黏液组成胃黏膜屏障，能阻止离子通透，如阻止 H^+ 从胃腔进入黏膜及 Na^+ 从黏膜透向胃腔；并可缓冲胃酸和吸附胃蛋白酶，防止酸与胃蛋白酶对黏膜自身的消化。

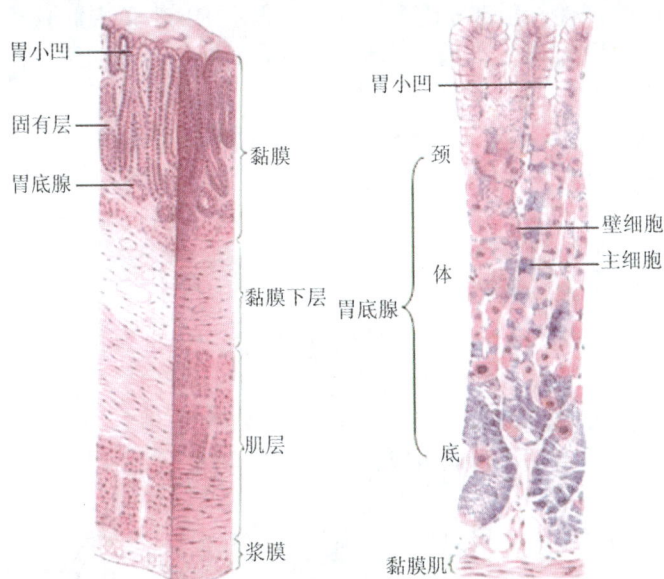

图 4-19　胃壁的微细结构

（2）固有层：内有紧密排列的大量管状腺即胃腺，根据分布部位和结构的不同，胃腺分为贲门腺、胃底腺与幽门腺三种。腺之间及胃小凹之间有少量结缔组织，其细胞成分除成纤维细胞外，还有淋巴细胞、浆细胞、肥大细胞、嗜酸性粒细胞，以及分散的平滑肌细胞，其纤维成分以网状纤维为主。

1）胃底腺 fundic gland：分布于胃底与胃体部的固有层内，腺体直接开口于胃小凹底部。每个腺体可分为三部分：上段颈部最短，与胃小凹底部相连；中段体部较长；下段底部靠近黏膜肌层，略有弯曲。胃底腺由壁细胞、主细胞、颈黏液细胞、干细胞和内分泌细胞等到组成（图 4-20）。

①壁细胞 parietal cell：又称泌酸细胞，分布在腺体各段，以颈部与体部较多。细胞较大，呈圆形或锥体形。胞核圆形居于细胞中央，少数有双核，胞质呈均质而明显的嗜酸性。壁细胞的功能是合成和分泌盐酸。盐酸是胃液的重要组成部分，具有杀菌作用，并能激活胃蛋白酶原变成胃蛋白酶。盐酸还能刺激胃肠内分泌细胞的分泌和促进胰液的分泌。人的壁细胞尚分泌一种糖蛋白，称内因子，它能与维生素 B_{12} 结合成一种复合物，后者与回肠上皮细胞的特殊受体结合，促使回肠吸收 B_{12}。倘若内因子缺乏，维生素 B_{12} 的吸收障碍，红细胞生成受阻，可出现恶性贫血。

②主细胞 chief cell：又称胃酶细

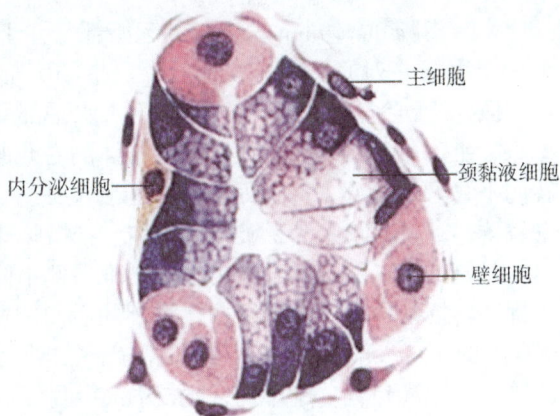

图 4-20　胃底腺的细胞

胞，数量最多，主要分布于腺体的体部与底部。细胞呈柱状，核圆形，位于细胞的基部。胞质基部呈强嗜碱性，顶部充满酶原颗粒，但在 HE 染色中此颗粒多溶解而呈空泡状。主细胞分泌胃蛋白酶原，经胃酸激活转变成有活性的胃蛋白酶，在酸性环境下参与蛋白质的分解。

③颈黏液细胞 mucous neck cell：位于腺体的颈部，数量较少，常夹在其他细胞之间。细胞呈柱形或烧瓶形，胞核扁圆，位于细胞基底部。颈黏液细胞分泌黏液。

④干细胞 stem cell：位于腺体的颈部和胃小凹深部。干细胞能不断分裂、分化胃上皮细胞及胃底腺的各类细胞。

⑤内分泌细胞：主要是调节壁细胞的分泌活动。

2）贲门腺 cardiac gland：分布于贲门附近的固有层内，为黏液性腺。

3）幽门腺 pyloric gland：位于幽门部固有层内，亦为黏液性腺，也较多内分泌细胞。幽门腺除分泌黏液和电解质外，还分泌溶菌酶和微量的蛋白分解酶。

（3）黏膜肌层：由薄层平滑肌组成，分内环行与外纵行两层。平滑肌的收缩有助于胃腺分泌物的排出。

2. 黏膜下层 为疏松结缔组织，内含血管、淋巴管与黏膜下神经丛。

3. 肌层 较厚，由内斜行、中环行和外纵行三层平滑肌构成（图 4-21）。内斜行肌很薄，与食管的环形肌相续。中环行肌较发达，有幽门处增厚，形成幽门括约肌，贲门处也有环行肌，但不及幽门括约肌明显。外纵行肌是食管纵行肌的延续。

4. 浆膜 为胃壁的外膜。

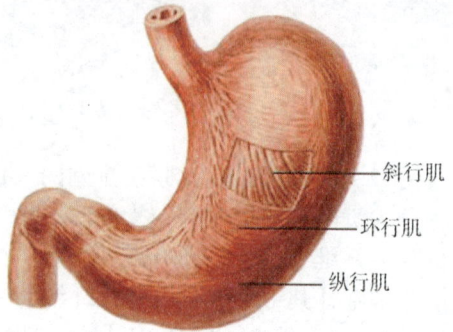

斜行肌
环行肌
纵行肌

图 4-21　胃壁的肌层

五、小肠

小肠 small intestine 是消化管最长的一段，也是消化和吸收的主要场所。上起幽门下接盲肠，成人的小肠全长 5~7m，分为十二指肠、空肠和回肠三部分。

（一）十二指肠

十二指肠 duodenum 为小肠的起始部，介于胃与空肠之间，全长约 25cm，约相当于十二个手指并列的长度，故称。十二指肠大部分紧贴腹后壁，位置较深，呈"C"形，从右侧包绕胰头，可分为上部、降部、水平部和升部四部分（图 4-22）。

1. 上部 长约 5cm，在第一腰椎体的右侧起自胃的幽门，走向右后方至肝门下方急转向下移行为降部。转折处称十二指肠上曲。上部与幽门相接约 2.5cm 的一段肠管，管壁较薄，黏膜面较光滑无皱襞，又称十二指肠球，是十二指肠溃疡的好发部位。

2. 降部 长 7~8cm，沿第 1~3 腰椎右侧下降，至第 3 腰椎体水平转向左侧移行为水平部，转折处称十二指肠下曲。降部的后内侧壁上有一纵形黏膜皱襞，称十二指肠纵襞 longitudinal fold of duodenum，其下端有十二指肠大乳头 major duodenal papilla，是胆总管和胰管的共同开口处，距中切牙约 75cm，可作为临床插放十二指肠引流管深度的参考值。在十二指肠大乳头的上方 1~2cm 处，有时可见十二指肠小乳头，是副胰管的开口处。

3. 水平部 horizontal part　又称下部，长约 10cm，在第 3 腰椎水平横行向左，越过下腔静脉和腹主动脉的前面，至第3腰椎左侧移行为升部。水平部的前方有肠系膜上动、静脉跨过。由于此部介于肠系膜与腹主动脉的夹角处，当肠系膜上动脉起点过低时，可压迫其水平部而引起十二指肠腔淤滞、扩大，甚至梗阻，称十二指肠上动脉压迫综合征（Wilkie综合征）。

4. 升部 ascending part　最短，长2~3cm，自第3腰椎左侧斜向左上至第2腰椎左侧急转向前下方，形成十二指肠空肠曲 duodenojejunal flexure，移行为空肠。十二指肠空肠曲的后上壁被十二指肠悬肌 suspensory muscle of duodenum 固定于腹后壁。十二指肠悬肌由肌纤维和结缔组织构成，表面被有腹膜，临床上又称Treitz韧带，是手术中确认空肠起始部的重要标志。

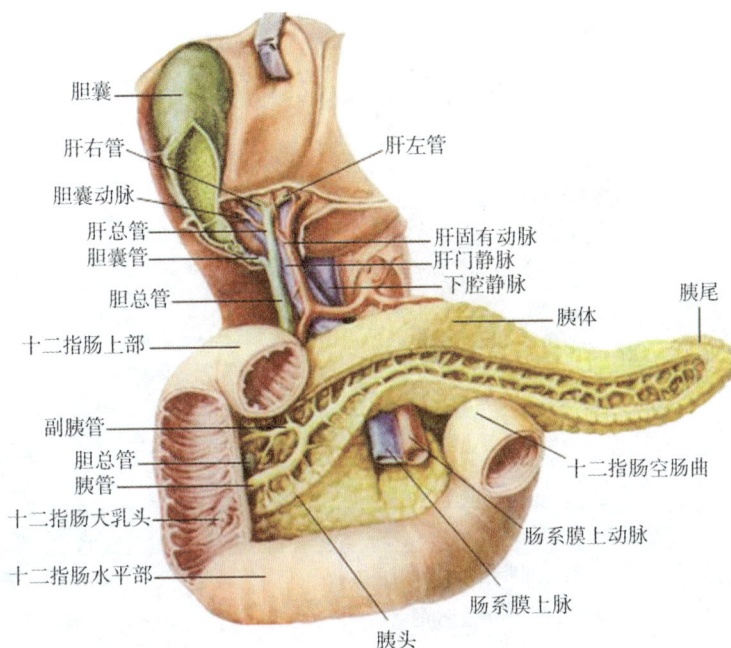

图4-22　十二指肠、胰、胆囊及肝外胆道

应用链接

胃和十二指肠插管术的应用解剖学知识

胃和十二指肠插管术是经口腔或鼻腔入路，将导管经咽、食管插入胃或十二指肠内，主要用于洗胃、鼻饲、抽取胃液及胃肠减压等，也可用于对胃、十二指肠进行内镜检查和组织活检。

根据患者情况选择经口腔或鼻腔插管。插管依次经口（或鼻）、咽、食管进入胃和十二指肠。插管长度：成人胃管一般45~55cm，十二指肠插管一般达70~75cm。临床上一般以自中切牙至食管狭窄处的长度来估算胃插管的长度。

经口腔插管时，若患者牙关紧闭，应从最后磨牙后方的间隙插入。经鼻插管时通过鼻中隔与鼻甲之间插入，喉口是插管误入气管的入口，当胃管进入咽部时，嘱病人做吞咽动作，及时关闭喉口。

（二）空肠和回肠

空肠 jejunum 上端起自十二指肠空肠曲，回肠 ileum 下端接续盲肠。空、回肠全长为腹膜包被，并由腹膜形成的小肠系膜固定于腹后壁，其活动度较大。肠管与系膜相连的缘称系膜缘，系膜缘处的肠壁与两层腹膜围成系膜三角，此处肠壁无浆膜，不易愈合，小肠切除吻合时应妥善缝合，以免形成肠瘘和感染扩散。

空肠和回肠迂回蟠曲成肠袢，位于结肠形成的方框内（图 4-29）。空肠和回肠的形态结构不完全一致（图 4-23），但变化也是逐渐移行的，故两者之间无明显的界线。空、回肠的比较详见表 4-1。

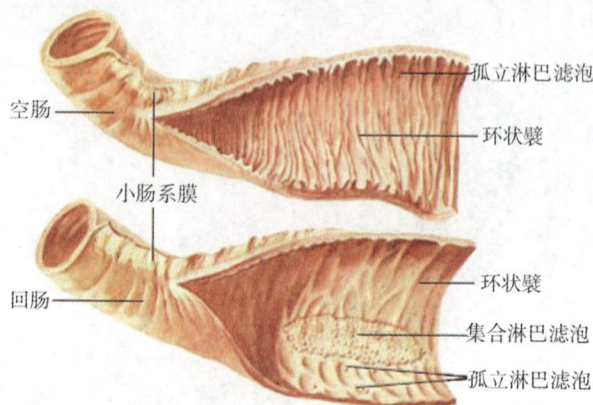

图 4-23 空肠与回肠的比较

表4-1 空肠与回肠的比较

项目	空 肠	回 肠
位置	腹腔的左上部	腹腔的右下部
长度	占空、回肠近端的 2/5	占空、回肠远端的 3/5
管壁	较厚	较薄
管径	较大	较细小
环状皱襞	高而密	低而稀疏
淋巴小结	孤立淋巴小结	集合淋巴小结
血管	较多	较少
颜色	较红，呈粉红色	较浅，呈粉灰色

大约有 2% 的人在回肠末端距回盲瓣 0.3~1m 的范围内，肠壁上有一囊状突起，称回肠远端憩室，又称美克尔憩室（Meckel's diverticulum），是胚胎时期卵黄管未完全消失的遗迹，发炎时易误诊为阑尾炎。

（三）小肠壁的微细结构

小肠壁的结构分黏膜、黏膜下层、肌层和外膜四层（图 4-24）。

1. 黏膜　小肠腔面可见许多环行皱襞，它是黏膜和部分黏膜下层向腔内突出而成，在十二指肠末段与空肠头段极发达。黏膜表面又有许多细小的指状突起，称绒毛，它是由黏膜的上皮和固有层向肠腔内突出而成的。绒毛的中心为固有层，表面覆以上皮（图4-25）。小肠各部分的绒毛形状也不完全相同，十二指肠的绒毛较宽呈叶状，空肠绒毛呈长指状，回肠绒毛为较短的锥体状。环形皱襞和绒毛可使小肠的表面积扩大20~30倍，有利于小肠的吸收功能（图4-24）。

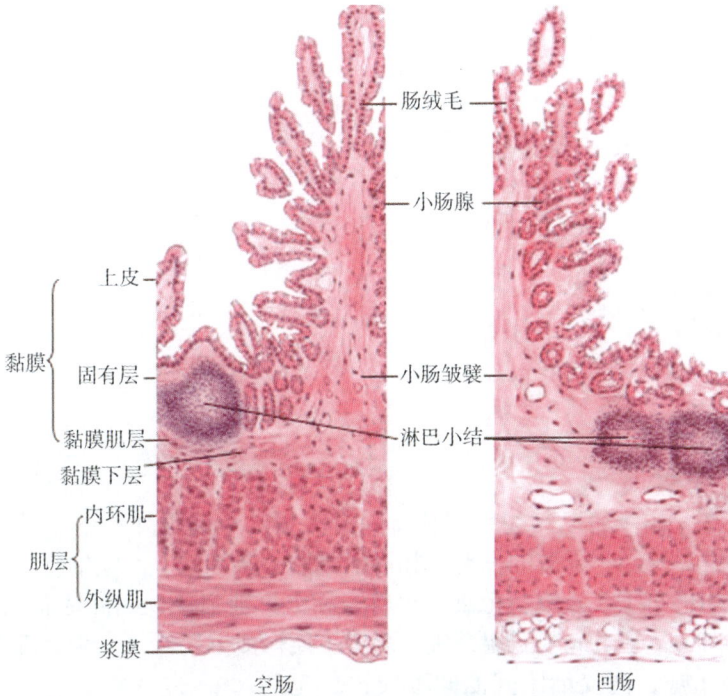

图 4-24　小肠壁的微细结构

相邻绒毛根部的上皮下陷至固有层内，形成管状的肠隐窝又称小肠腺 small intestinal gland，直接开口于肠腔（图4-25）。绒毛和肠腺的上皮相连续。

（1）上皮　为单层柱状上皮，由吸收细胞、杯状细胞和少量内分泌细胞组成；小肠腺上皮除上述细胞外，还有干细胞、潘氏细胞。

①吸收细胞 absorptive cell：数量最多，呈高柱状，核椭圆形，位于细胞基部。细胞游离面有明显的纹状缘，即电镜下许多排列整齐而紧密的微绒毛，每个吸收细胞有微绒毛2000~3000根，使细胞游离面面积扩大约30倍，有利于小肠的吸收功能。

②杯状细胞 goblet cell：散在分布于吸收细胞之间，分泌黏液，有润滑和保护作用。从十二指肠至回肠末端，杯状细胞逐渐增多。

③内分泌细胞：分布在上皮细胞之间，种类很多，主要是协调胃肠道自身的运动和分泌功能。

④潘氏细胞 Paneth cell：是小肠腺的特征性细胞，，常三五成群位于肠腺基底部。细胞呈锥体形，顶部胞质有粗大的嗜酸性分泌颗粒。其分泌颗粒含有溶菌酶，有一定的灭菌作用，故潘氏细胞是一种具有免疫功能的细胞。

⑤干细胞：位于小肠腺基底部。细胞较小，呈柱状，分散在其他细胞之间。细胞不断进行分裂、分化成吸收细胞、杯状细胞及潘氏细胞等。小肠上皮每3~6天更新一次。

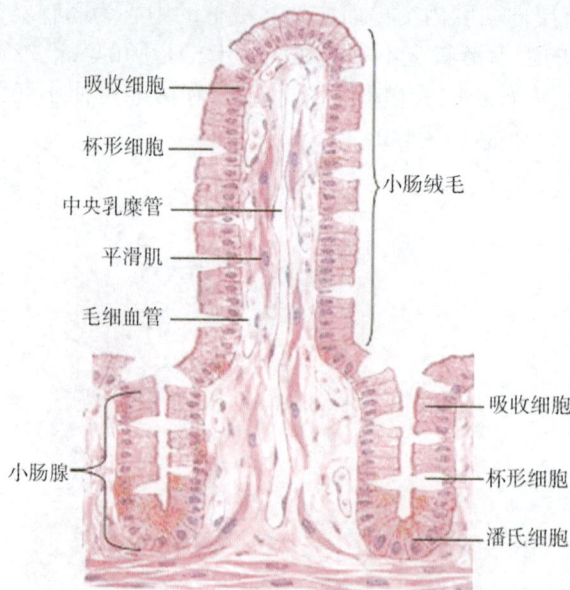

图 4-25 小肠绒毛和小肠腺

（2）固有层 由细密结缔组织组成，除有大量的小肠腺外，还有丰富的毛细血管网、毛细淋巴管、神经、分散的平滑肌和淋巴细胞、浆细胞、巨噬细胞等。绒毛中轴的固有层结缔组织内有 1~2 条纵行毛细淋巴管，称中央乳糜管 central lacteal，它以盲端起于绒毛顶端，向下端穿过黏膜肌层，进入黏膜下层形成淋巴管丛。中央乳糜管的管壁由一层内皮细胞组成，内皮细胞间的间隙较大，无基膜，通透性较大，乳糜微粒易于进入。绒毛中轴的固有层中还有丰富的有孔毛细血管，利于物质的通透。绒毛内有散在的平滑肌，它的收缩可使绒毛缩短，以推动淋巴与血液的运行。

固有层富有淋巴组织。在十二指肠和空肠多为孤立淋巴小结，在回肠（尤其下段）多为若干淋巴小结聚集形成的集合淋巴小结（图 4-23、4-24），可穿过黏膜肌抵达黏膜下层。

（3）黏膜肌层 由内环行、外纵行两薄层平滑肌组成。

2. 黏膜下层 由疏松结缔组织组成，内含较大的血管、淋巴管和神经。十二指肠黏膜下层内有十二指肠腺，其导管穿过黏膜肌层开口于肠腺的底部（图 4-26）。十二指肠腺为黏液性腺，分泌碱性黏液，保护十二指肠免受胃酸的侵蚀。

3. 肌层 由内环行、外纵行两层平滑肌组成。

4. 外膜 除十二指肠壁为纤维膜，余均为浆膜。

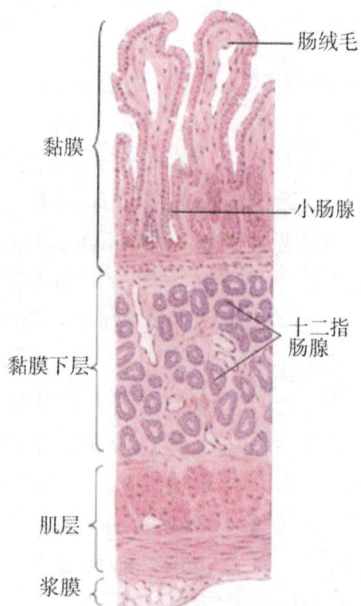

图 4-26 十二指肠壁的微细结构

六、大肠

大肠 large intestinej 是消化管的末段，长约 1.5m。大肠的主要功能是吸收水分、维生素和无机盐，分泌黏液，并将食物残渣形成粪便排出体外。大肠包括盲肠、阑尾、结肠、直肠和肛管五部分。

一般说来，大肠口径较粗，肠壁较薄，除阑尾、直肠和肛管外，在盲肠与结肠的表面具有三种特征性结构，即结肠带、结肠袋和肠脂垂。这些特征是肉眼区别盲肠、结肠与小肠的标志（图 4-27）。

图 4-27 结肠的特征

结肠带 colic bands 有三条，是由肠壁纵行肌增厚而形成，沿肠的纵轴排列，三条结肠带汇集于阑尾的根部。结肠袋 haustra colon 是由于结肠带较肠管短，致使肠管壁形成众多的由横沟间隔的向外膨出的囊袋状突起。肠脂垂 epiploic appendices 是沿结肠带两侧分布的浆膜下脂肪局部聚集，形成的许多大小不等的小突起。在结肠腔面，相当于结肠袋之间的横沟处，环行肌增厚使黏膜向腔内突起，形成许多横形皱襞，称结肠半月襞 semilunar folds of colon。

（一）盲肠

盲肠 caecum 是大肠的起始部，呈囊状居右髂窝内，长 6~8cm。其左侧连回肠，向上续为升结肠。回肠末端开口于盲肠内侧壁，在开口处形成上、下两片半月形的黏膜皱襞，称回盲瓣 ileocecal valve。此瓣可控制回肠内容物进入盲肠的速度，又可防止大肠内容物逆流入小肠。在回盲瓣下方约 2cm 处，有阑尾的开口（图 4-28）。

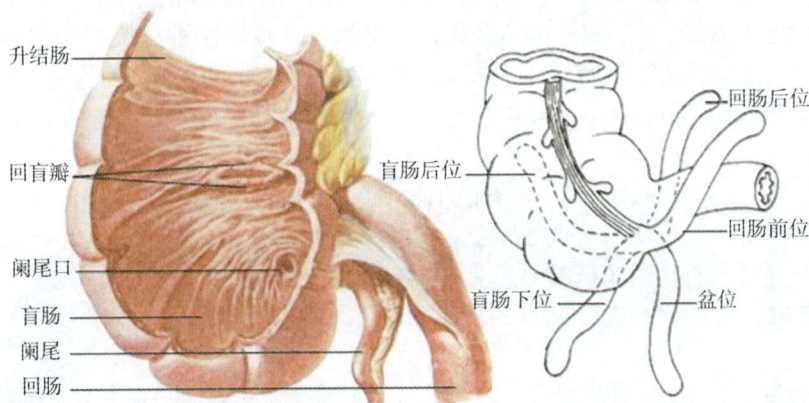

图 4-28 盲肠和阑尾

（二）阑尾

阑尾 vermiform appendix 是连于盲肠后内侧壁上的一蚓状盲管状结构，长 6~8cm。阑尾的末端游离，其位置变化较大，可有回肠前位、盆位、盲肠后位、回肠后位等（图 4-28）。阑尾根部的位置较恒定，在三条结肠带的汇合处（沿结肠带向下追踪是寻找阑尾的可靠方法），其根部的体表投影在右髂前上棘与脐连线的中、外 1/3 交点处，此处称麦氏点 McBurney。当急性阑尾炎时，此处有明显的压痛和反跳痛。

（三）结肠

结肠 colon 始于盲肠，终于直肠，整体呈方框状，包绕在空、回肠的周围，可分为升结肠、横结肠、降结肠和乙状结肠四部分（图 4-29）。

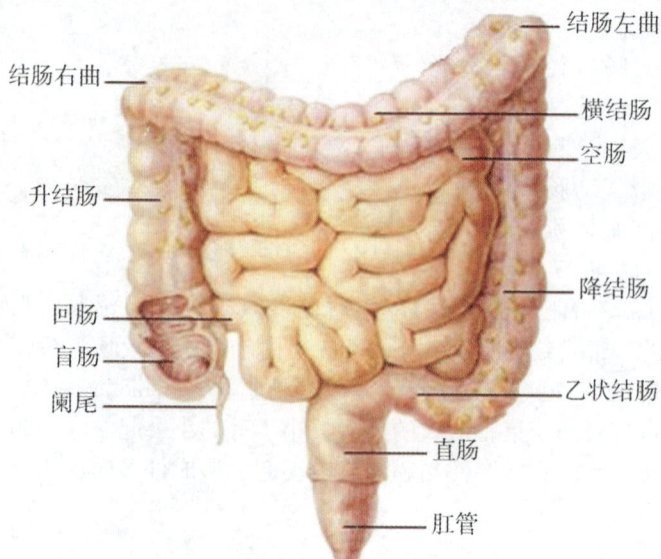

图 4-29　小肠和大肠

1. 升结肠 ascending colon　自右髂窝起于盲肠，沿右腹外侧区上升，至肝右叶下方转向左形成结肠右曲（肝曲）right colic flexure 移行为横结肠。

2. 横结肠 transverse colon　起自结肠右曲，自右向左横行至左季肋区，于脾的下方形成结肠左曲（脾曲）left colic flexure 移行为降结肠。横结肠被腹膜完全包被，并借其系膜连于腹后壁，活动度较大，常下垂成弓形，最低点有时可达脐平面。

3. 降结肠 decending colon　起自结肠左曲，沿左腹外侧区下降，至左髂嵴水平续于乙状结肠。

4. 乙状结肠 sigmoid colon　自左髂嵴水平续于降结肠，呈"乙"字形弯曲，至第三骶椎平面移行为直肠。乙状结肠借其系膜连于左髂窝和骨盆侧壁，活动度较大，老年人易引起肠扭转。

（四）直肠

直肠 rectum 长 10~14cm，位于盆腔内，骶骨的前方，上端平第三骶椎水平接乙状结肠，向下穿盆膈移行为肛管。直肠的实际行程是弯曲的，在矢状面上有两个弯曲，上部在骶、尾骨前面下降，凸向后，称骶曲 sacral flexure；下部绕过尾骨尖形成凸向前的弯曲，称会阴曲 perineal flexure（图 4-30）。临床上作直肠镜检查时，应注意其弯曲，以免损伤肠壁。

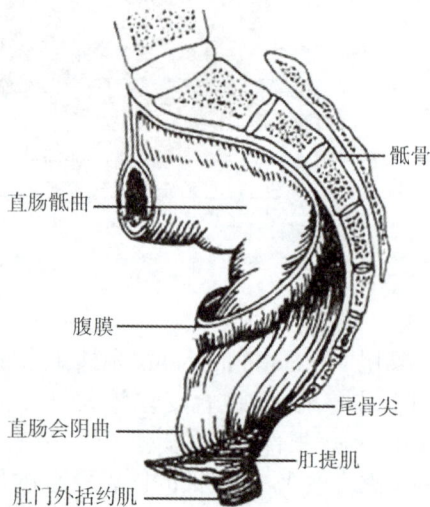

图 4-30　直肠的位置和形态

直肠下段肠腔膨大，称直肠壶腹 ampulla of rectum，其肠腔面有 3 个由环形肌和黏膜共同形成的半月形皱襞，称直肠横襞 transverse folds rectum，其中中间的直肠横襞最大而位置恒定，位于直肠壶腹稍上方的直肠右前壁上，距肛门约 7cm，可作为直肠镜检查的定位标志（图 4-31）。这些横襞有支持粪便的作用。

直肠的毗邻男女不同，男性直肠的前方有膀胱、前列腺和精囊；女性直肠的前方有子宫和阴道。直肠指诊可触及这些器官。

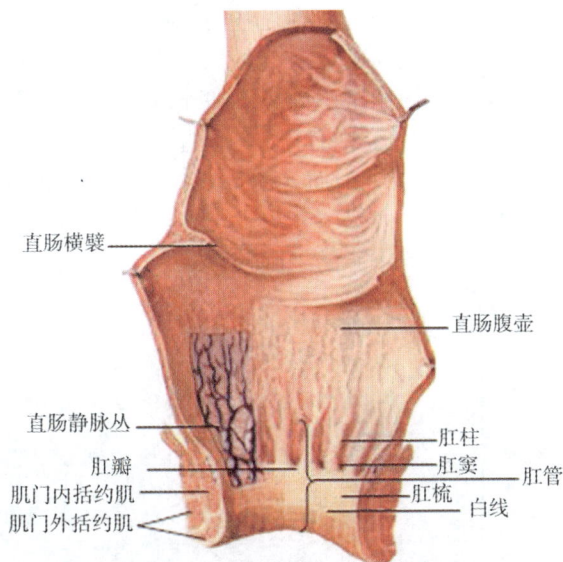

图 4-31 直肠和肛管的内面观

（五）肛管

肛管 anal canal 为盆膈以下的消化管，上接直肠，末端终于肛门 anus，长 3~4cm（图 4-31）。肛管上段黏膜形成 6~10 条纵行的黏膜皱襞，称肛柱 anal columns。在相邻肛柱的下端有半月形的黏膜皱襞，称肛瓣 anal valves。肛瓣与两个相邻肛柱下端围成的小隐窝，称肛窦 anal sinuses，此处易积存粪屑，发生感染而引起肛窦炎，甚至可进一步发展为肛管直肠周围脓肿或肛瘘等。

肛柱的下端与肛瓣的边缘连成锯齿状的环形线，称齿状线 dentate line 或肛皮线 linea anocutanea，是黏膜与皮肤的分界线。齿状线上、下方的上皮类型不同，动脉供应、静脉回流、淋巴引流以及神经分布等方面都是不同的，这具有重要的临床意义。

齿状线下方有一宽约 1cm 的环状带，表面光滑略有光泽，称肛梳 anal pecten 或痔环 anulus haemorrhoidalis。肛梳下缘距肛门约 1.5cm 处有一环状浅沟，称白线 white line 或（Hilton 线），此处恰为肛门内、外括约肌的分界处，肛门指检时可以触及。肛管的下口是肛门，是肛管下端连通外界的开口。

在肛柱的黏膜下层和肛梳的皮下组织中有丰富的静脉丛，若静脉丛曲张淤血而突起，则形成痔。在齿状线以下形成的痔为外痔，齿状线以上者称为内痔。

肛管周围有肛门内、外括约肌环绕。肛门内括约肌 sphincter ani internus 是肛管下部的环形平滑肌增厚而成，有协助排便的作用。肛门外括约肌 sphincter ani externus 是围绕肛门内括约肌周围的骨骼肌，可随意识括约肛门，控制排便。手术时注意防止其损伤，以免造成大便失禁。

（六）大肠壁的微细结构

大肠黏膜不形成环行皱襞和绒毛（图4-32）。

1. 盲肠和结肠

（1）黏膜：有半环形皱襞，无绒毛。上皮为单层柱状，但杯状细胞特别多，分泌黏液，润滑黏膜。因有层内有大量肠腺，为单管状腺，较小肠腺长1~2倍。腺上皮有柱状细胞和大量杯状细胞，以及少量未分化细胞和内分泌细胞。未分化细胞靠近大肠腺的基底部，它不断增生分化形成肠上皮细胞，补充脱落的上皮细胞。固有层内有较多的孤立淋巴小结，常突入黏膜下层。黏膜肌层由内环形和外纵行平滑肌组成。

（2）黏膜下层：为疏松结缔组织，内有较大的血管、淋巴管、神经和较多的脂肪细胞。

（3）肌层：为内环、外纵两层平滑肌，内环肌较厚，外纵肌集中形成三条结肠带，各带之间的纵行肌甚薄。

（4）浆膜：结肠带外面的浆膜中脂肪细胞较多。

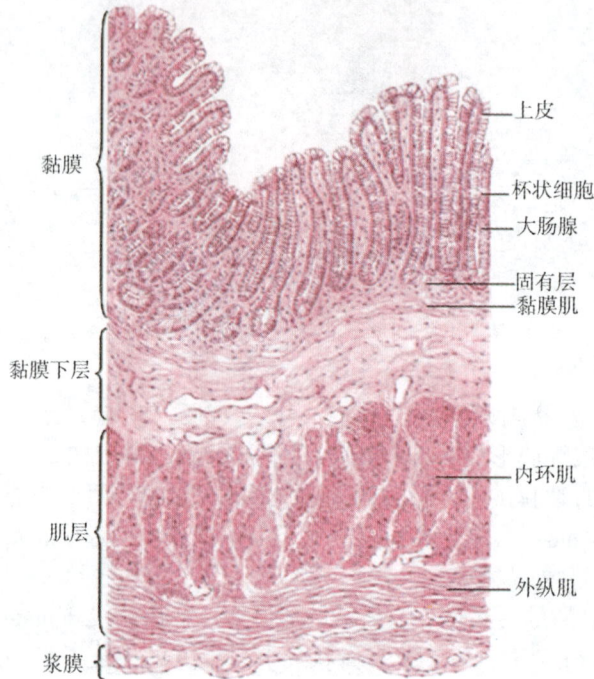

图4-32　结肠壁的微细结构

2. 阑尾　管壁结构与结肠相似，肠腔狭窄。

黏膜上皮内杯状细胞很多，固有层内肠腺短而少，淋巴小结与弥散淋巴组织特别丰富，并与黏膜下层的淋巴组织连成一片，以致黏膜肌层很不完整。肌层较薄，也分内环、外纵两层。最外层为浆膜。

3. 直肠

（1）黏膜：上皮为单层柱状，夹有大量杯状细胞。在齿状线以下，单层柱状上皮突然转变成未角化的复层扁平上皮，在痔环以下则为角化的复层扁平上皮。固有层内有很多肠腺，齿状线以下肠腺消失，近肛门处有环肛腺（顶泌汗腺）和孤立淋巴小结。直肠下部有丰富的静脉丛，容易发生淤血而静脉曲张，形成痔。黏膜肌层为内环、外纵两层平滑肌，齿状线附近黏膜肌层消失。

（2）黏膜下层：为疏松结缔组织，内含血管，富于静脉丛，还有淋巴管、神经和脂肪细胞等。

（3）肌层：为内环、外纵两层平滑肌。内环肌在肛管处形成内括约肌；近肛门处，外纵肌的外周有骨骼肌形成的外括约肌。

（4）外膜：直肠上部的前面与两侧为浆膜，其余部分为外膜。

应用链接

灌肠术和直肠镜检查术的解剖学知识

灌肠术是将一定量的液体经肛门逆行灌入大肠，根据目的分为保留或不保留灌肠。不保留灌肠用以解除便秘、促进排便、减轻腹胀及清洁肠道等。保留灌肠是向大肠内灌入药物，通过肠道黏膜的吸收作用，以治疗某些疾病。

直肠镜或乙状结肠镜检查是利用肠道内镜直接观察直肠或乙状结肠有无病变的有效检查方法。

插管时，患者侧卧位，插管应以脐的方向为准，插入 3~4cm 后转向后上方，以顺利进入直肠。插管要轻柔，沿直肠的弯曲缓慢插入，避免损伤肠黏膜，特别是直肠横襞。

第三节　消化腺

消化腺 alimentary gland 包括口腔腺、肝、胰及分布在消化管壁内的胃腺、肠腺等小腺体。其主要功能是分泌消化液，参与对食物的消化。口腔腺已前述，本节只讲述肝和胰。

一、肝

肝 hepar 是人体最大的腺体，也是最大的消化腺，肝具有分泌胆汁、参与代谢、贮存糖原、解毒和防御等功能，在胚胎时期尚有造血功能。我国成年男性肝平均重 1300g，女性肝平均重 1220g。

（一）肝的形态

肝在活体呈棕红色，质软而脆，遭受暴力打击时易破裂而引起大出血。肝外形呈不规则的楔形，可分为上、下两面，前、后两缘。

肝的上面隆凸，位于膈下，又称膈面 diaphragmatic surface，借呈矢状位的镰状韧带 falciform ligament of liver 将肝分为大而厚的肝右叶和小而薄的肝左叶（图 4-33）。膈面的后部无腹膜被覆的部分称为肝裸区

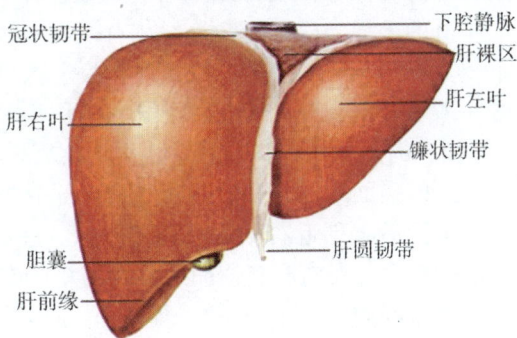

图 4-33　肝前面观

bare area of liver。

　　肝的下面凹凸不平，与腹腔器官相邻，又称脏面 visceral surface，朝向后下方。脏面有 H 形的沟，即左、右纵沟和横沟（图 4-24）。右纵沟的前部为胆囊窝 fossa for gall bladder 容纳胆囊，右纵沟的后部为腔静脉沟 sulcus for vena of liver 有下腔静脉通过。腔静脉沟的上部有肝左、右、中静脉离肝注入下腔静脉，此处称为第二肝门 secon dary porta of liver。左纵沟的前部有肝圆韧带 round ligament of liver，是胚胎时期脐静脉闭锁后的遗迹，后部有静脉韧带 venous，是胚胎时期静脉导管闭锁后的遗迹。连接左、右纵沟中份的是横沟，称肝门 hepatic porta，是肝固有动脉、肝门静脉和左、右肝管、淋巴管和神经等出入之处。出入肝门的结构被结缔组织包绕形成肝蒂 hepatic pedicle。肝的脏面借 H 形沟分为四叶，右纵沟右侧为肝右叶；左纵沟左侧为肝左叶；两纵沟之间在肝门前的为方叶；肝门后方为尾状叶。

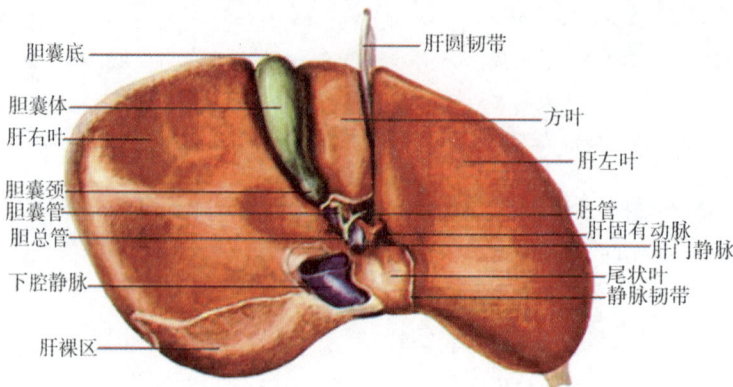

图 4-34　肝下面观

　　肝的前缘（又称下缘）薄而锐利，其左侧有肝圆韧带切迹，有肝圆韧带通过。右侧胆囊窝处有胆囊切迹，胆囊底常露出肝的前缘与腹前壁相接触。肝的后缘圆钝，朝向脊柱。

（二）肝的位置与毗邻

　　肝大部分位居右季肋区和腹上区，小部分居左季肋区。肝的绝大部分被胸廓所掩盖，仅在腹上区剑突下露出，直接与腹前壁接触。当右季肋区或腹上区遭受暴力打击或肋骨骨折时，可导致肝破裂。

　　肝的上界与膈穹隆一致，在右锁骨中线平第 5 肋，左锁骨中线平第 5 肋间隙。肝的下界其右侧与右肋弓大体一致，在腹上区可达剑突下方 3~4cm。正常成年人在右肋弓下缘一般触及不到肝。幼儿由于肝的体积相对较大，肝下界可低于右肋弓下缘 1~2cm，至 7 岁以上的儿童在右肋弓下缘已不能触及肝。

　　肝的膈面小部分贴近腹前壁，大部分被膈覆盖。肝左叶上面借膈邻近心包和心；肝右叶上面借膈邻近右侧胸膜腔和右肺。肝右叶脓肿时，炎症向上波及右侧胸膜腔和肺。在肝的脏面，肝右叶自前向后分别与结肠右曲、十二指肠、右肾相邻；肝左叶大部分与胃前壁相接触，左叶后部与食管的腹部相邻。

（三）肝的微细结构

　　肝的表面大部分有浆膜覆盖，浆膜深面为富含弹性纤维的致密结缔组织的被膜。肝门处的结缔组织随肝门静脉、肝固有动脉、肝管的分支伸入肝实质，将实质分隔成许多肝小叶。相邻的肝小叶之间有门管区（图 4-35）。

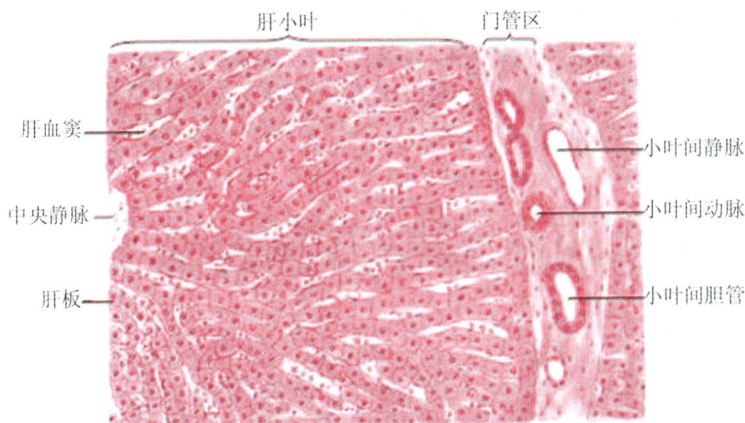

图 4-35 肝的微细结构

1. 肝小叶 hepatic lobule 肝小叶是肝的基本结构和功能单位，呈多面棱柱体，高约 2mm，宽约 1mm。成人有 50 万 ~100 万个肝小叶，肝小叶间结缔组织很少，故小叶分界不明显。每个肝小叶中央有一条沿其长轴走行的中央静脉，肝板、肝血窦、窦周间隙及胆小管以中央静脉为中心，放射状排列，共同组成肝小叶的复杂立体构型（图 4-36）。

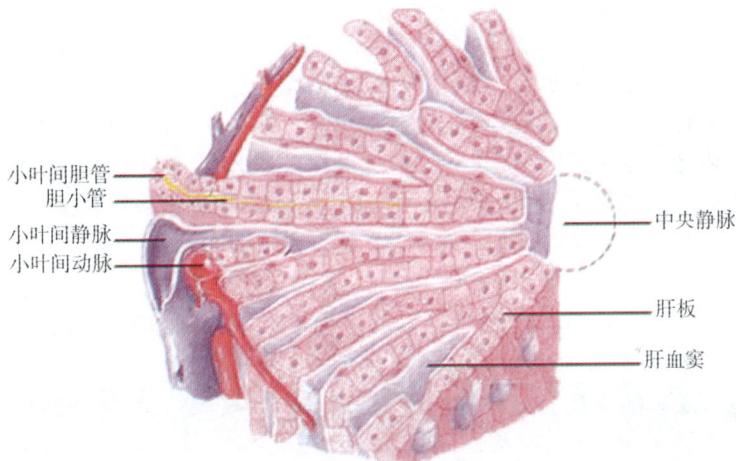

图 4-36 肝小叶模式图

（1）中央静脉 central vein：位于肝小叶中央，是许多肝血窦在肝小叶中轴汇成的一条静脉，管壁不完整。其管壁由内皮和少量结缔组织围成。

（2）肝板 hepatic plate：肝细胞以中央静脉为中心，向四周呈放射状排列成的板状结构。相邻肝板吻合连成网状。在肝切面中，肝板呈索状，又称肝细胞索（图 4-37）。

肝细胞 hepatocyte 是构成肝小叶的主要成分，约占肝小叶体积的 80%。肝细胞体积较大，直径 20~30μm，呈多面体形。肝细胞核圆，位于细胞中央，染色质着色较浅，核膜清楚，核仁一至数个（图 4-37）。部分肝细胞有双核，一般认为双核肝细胞的功能比较活跃。肝细胞胞质呈嗜酸性，当蛋白质合成旺盛时，胞质出现散在的嗜碱性物质。

肝细胞质内还有丰富的各种细胞器及内含物，如线粒体、内质网、高尔基复合体、溶酶体、糖原颗粒以及少量的脂滴和色素等，这些成分与肝功能的多样性有关。

肝细胞内的线粒体很多，为肝细胞的功能活动提供能量；粗面内质网合成多种血浆蛋白质，如白蛋白、纤维蛋白原和凝血酶原等；滑面内质网合成胆汁，参与糖类、脂类、激素代谢及生物转化、解毒等；高尔基复合体参与肝细胞的分泌活动；溶酶体能消化分解异物和退化的细胞器，还参与胆红素的代谢转运和铁的贮存过程。

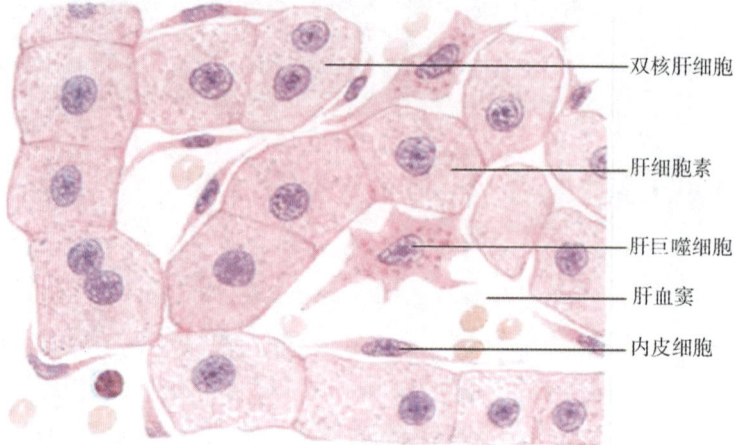

图 4-37 肝素与肝血窦

（3）肝血窦 hepatic sinusoid 是位于肝板之间的不规则腔隙，互相吻合成网状管道。血窦腔大而不规则，血液从肝小叶周边经血窦流向中央静脉。肝血窦壁由一层内皮细胞构成，内皮细胞有孔，细胞间连结松散，细胞外无基膜，有利于肝细胞和血液间的物质交换。肝血窦内还有多突起、形态不规则的肝巨噬细胞，又称 Kupffer 细胞，细胞体积较大，形状不规则，常以突起附于内皮细胞上，或者穿过内皮间隙或窗孔伸至窦周隙（图 4-37）。肝巨噬细胞可吞噬和清除病毒、细菌和异物、衰老的红细胞，处理抗原，参与免疫应答。

（4）窦周隙 perisinusoidal space 是肝血窦内皮细胞与肝细胞之间的狭小间隙，又称 Disse 隙（图 4-38）。光镜下难以辨认，电镜下可显示窦周隙，宽约 0.4 μm。窦周隙内充满从肝血窦内渗出的血浆，肝细胞的微绒毛伸入其中。窦周隙是肝细胞和血液之间进行物质交换的场所。

窦周隙内还有散在的网状纤维和贮脂细胞。贮脂细胞形状不规则，胞质内有大小不等的脂滴，其主要功能是贮存维生素 A，还有产生纤维的功能。在病理状况下，贮脂细胞可增多并转化为纤维细胞，合成纤维的功能增强，与肝纤维化的发生有关。

（5）胆小管 bile canaliculi 是位于相邻肝细胞之间局部胞膜凹陷形成的微细管道。胆小管在肝板内互相连接成网格状，在 HE 染色标本中不易看到，用银染法可清楚显示。胆小管从肝小叶中央向边缘汇合后进入小叶间胆管。肝细胞分泌的胆汁进入胆小管，胆小管周围的相邻肝细胞膜形成紧密连接，封闭胆小管腔，防止胆汁外溢入窦周隙（图 4-36，4-38，4-39）。

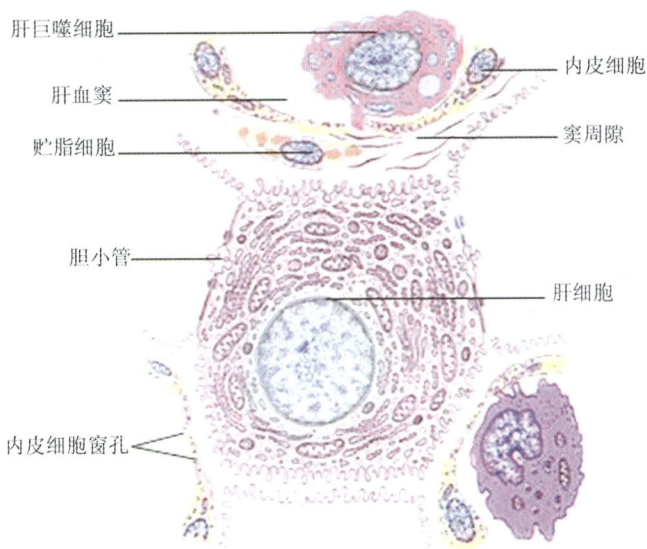

图 4-38　肝细胞、肝血窦、窦周隙、胆小管的超微结构

肝巨噬细胞
肝血窦
贮脂细胞
胆小管
内皮细胞窗孔
内皮细胞
窦周隙
肝细胞

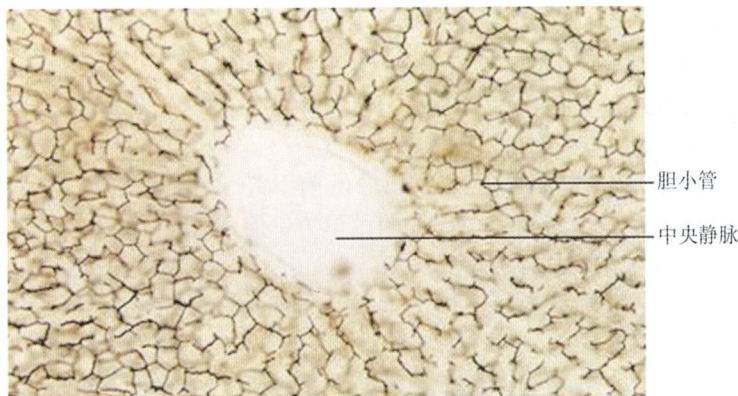

图 4-39　银染法示胆小管

胆小管
中央静脉

综上所述，每个肝细胞均具有三个不同的功能面：血窦面、连接面和胆小管面。肝细胞通过这些不同的功能面实现其多种多样的功能。

2.肝门管区　在相邻肝小叶之间的结缔组织较多，内有小叶间动脉、小叶间静脉和小叶间胆管，此区称肝门管区 portal area（图 4-35）。

小叶间动脉是肝固有动脉的分支，管径较细，管腔小，管壁较厚。小叶间静脉是肝门静脉的分支，管腔较大而不规则，壁薄。小叶间胆管是肝管的分支，管腔狭小，管壁由单层立方或低柱状上皮构成。

（四）肝的血液循环

进入肝的血管有肝门静脉和肝固有动脉。肝门静脉是肝的功能性血管，主要收集胃肠静脉和脾静脉的血液，将胃肠道吸收的营养物质和某些有毒物质输入肝内进行代谢和加工处理。肝动脉是肝的营养性血管，血液中含有丰富的氧气和营养物质。肝门静脉入肝后，反复分支，在小叶间结缔组织内形成小叶间静脉，其终末分支称为终末门微静脉，经小叶周边将血液输入血窦。肝固有动脉的分支与肝门静脉的分支伴行，小叶间动脉的终末分支称终末肝微动脉，将血导入血窦。因此，肝血窦内含有肝门静脉和肝固有动脉的混合血液。肝血窦中的血液从小叶周边流向中央静脉，许多中央静脉再汇合成小叶下静脉，小叶下静脉单独行走于小叶间结缔组织内，最后汇集成肝静脉出肝，汇入下腔静脉。

肝的血液循环（两个来源，一个去路）：

肝门静脉→小叶间静脉→肝血窦→中央静脉→小叶下静脉→肝静脉→下腔静脉

肝固有动脉→小叶间动脉↗

（四）胆囊和输胆管道

1. 胆囊

（1）胆囊的位置和形态

胆囊 gallbladde 位于肝右叶下面的胆囊窝内，其上面借结缔组织与肝相连，下面由腹膜覆盖，并与十二指肠上曲、结肠右曲相邻。胆囊呈梨形，其容量为40~60ml，有贮存、浓缩胆汁以及调节胆道压力的作用，故被胆汁染成绿色。胆囊可分为四部分（图4-34、4-40）：①胆囊底 fundus of gallbladder 是胆

> **应用链接**
>
> ### 黄疸是怎样形成的?
>
> 当患黄疸性肝炎或胆道阻塞等疾患时，肝细胞出现变性坏死或胆道阻力增高，破坏胆小管的正常结构，胆汁溢出，流经窦周隙进入血窦，经血液循环达全身，其中的胆红素将皮肤、巩膜等黄染，形成黄疸。

囊突向前下方的盲端，钝圆略膨大，多露出肝的前下缘，并与腹前壁相接触。胆囊底的体表投影点在右锁骨中线与右肋弓相交处的稍下方，胆囊病变时，此处有压痛，临床上称莫菲征（Murphy 征）阳性。②胆囊体 body of gallbladder 是胆囊的主体部分，与胆囊底之间无明显的界线。③胆囊颈 neek of gallbladder 是胆囊逐渐缩细的部分，向左侧弯转续于胆囊管。④胆囊管 cystic duct 长3~4cm，与其左侧的肝总管汇合成胆总管。胆囊内面衬有黏膜，胆囊底和体的黏膜呈蜂窝状，而胆囊颈与胆囊管的黏膜形成螺旋状的皱襞，称螺旋襞 spiral fold，可节制胆汁的进出，同时亦是胆囊结石易嵌顿之处。胆囊管、肝总管与肝的脏面围成的三角形区域，称胆囊三角 cystohepatic triangle，又称 Calot 三角，是胆囊手术寻找胆囊动脉的标志，胆囊动脉多经此三角到达胆囊（图4-22）。

（2）胆囊壁的微细结构

胆囊壁由黏膜、肌层和外膜三层组成。

1）黏膜：黏膜形成许多高而有分支的皱襞。上皮为单层柱状，固有层为薄层结缔组织，有较丰富的血管、淋巴管和弹性纤维。

2）肌层：为平滑肌，在胆囊各部厚薄不一，大致为内环、中斜、外纵三层。

3）外膜：较厚，在与肝相贴面为纤维膜，其余表面被覆浆膜。

胆囊能贮存和浓缩胆汁。脂肪性食物能促使小肠内分泌细胞（Ⅰ型细胞）分泌缩胆囊素，可刺激胆囊肌层收缩，促进胆汁排出。

2. 输胆管道 bile duct

是将肝细胞分泌的胆汁输送到十二指肠腔的管道。可分为肝内胆道和肝外胆道两部分。肝内胆道包括胆小管、小叶间胆管等。肝外胆管道包括左、右肝管，肝总管，胆囊和胆总管等（图4-40）。

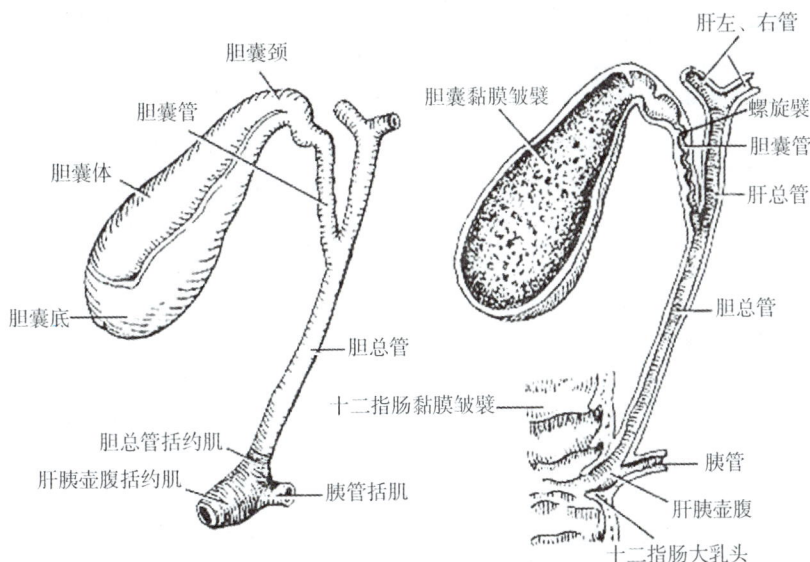

图 4-40 胆囊和肝外管道

肝内胆小管逐渐汇合成肝左管 left hepatic duct 和肝右管 right hepatic duct，两管在肝门附近汇合成肝总管 common hepatic duct。肝总管在肝十二指肠韧带内下行，并与胆囊管呈锐角或并行一段距离后汇合成胆总管 common bile duct。胆总管长 4~8cm，直径 0.3~0.6cm，位于肝固有动脉右侧和肝门静脉的前方，在肝十二指肠韧带内下行，经十二指肠上部的后方，至胰头与十二指肠降部间进入十二指肠降部中份的后内侧壁，在此处与胰管汇合，形成略膨大的总管称肝胰壶腹 hepatopancreatic ampulla（Vater 壶腹），开口于十二指肠大乳头（图 4-40）。在肝胰壶腹周围及胆总管和胰管末端周围，有环形平滑肌增厚形成的肝胰壶腹括约肌 sphincter of hepatopancreatic ampulla（Oddi 括约肌）。空腹时肝胰壶腹括约肌保持收缩状态。由肝细胞分泌的胆汁，经左、右肝管、胆总管、胆囊管进入胆囊贮存和浓缩。进食后，特别是进食高脂肪食物后，由于食物和消化液的刺激，在神经体液因素的作用下，胆囊收缩，肝胰壶腹括约肌舒张，胆囊内的胆汁经胆囊管、胆总管、肝胰壶腹、十二指肠大乳头排入十二指肠，参与对脂肪的消化和吸收。胆道可因结石、肿瘤或蛔虫等造成胆汁排出受阻而并发胆囊炎、胆管炎或阻塞性黄疸等疾病。

3. 胆汁的排出途径　肝细胞分泌的胆汁经胆小管从肝小叶的中央流向周边，出肝小叶进入小叶间胆管，继而向肝门方向汇集，流经左、右肝管出肝，汇入肝总管，再与胆囊管汇合进入胆总管，于十二指肠大乳头流入十二指肠。

胆汁排出途径：

肝细胞分泌胆汁→胆小管→小叶间胆管→左、右肝管→肝总管→胆总管→十二指肠
　　　　　　　　　　　　　　　　　　　　　　　　　　↘胆囊↗

二、胰

（一）胰的形态和位置

胰 pancreas 是人体的第二大消化腺，也是在消化过程中起主要作用的消化腺。质地

柔软，呈灰红色，略呈三棱柱状。胰位于胃的后方，在第1、2腰椎水平横位于腹后壁。可分为头、体、尾三部分，见（图4-22）。

胰头 head of pancreas 较膨大，位于第2腰椎的右侧，被十二指肠包绕，其下部有一向左后上的钩突 uncinate process。胰头后面与胆总管、肝门静脉和下腔静脉相邻。当胰头发生肿瘤或炎性肿大时，可压迫胆总管和肝门静脉而引起阻塞性黄疸或腹水。

胰体 body of pancreas 为胰的中间大部分，约位于第1腰椎体平面，自右向左横过下腔静脉、腹主动脉、左肾上腺与左肾的前方。胰体前面借网膜囊与胃后壁相邻。当胃后壁溃疡穿孔或癌肿时，常与胰粘连，给手术治疗增加了难度。

胰尾 tail of pancreas 较细，伸左上与脾门相邻。

胰管 pancrestic duct 在胰的实质内，起自胰尾，沿胰的长轴右行，沿途接受各小叶间导管的汇入，其末端与胆总管汇合成肝胰壶腹，开口于十二指肠大乳头。在胰头的上部胰管的上方，常存有副胰管 accessory pancreatic duct，开口于十二指肠小乳头。

（二）胰的微细结构

胰表面被有薄层结缔组织被膜，并伸入胰实质，将其分隔成许多小叶。胰实质由外分泌部和内分泌部两部分组成（图4-41）。外分泌部构成胰的大部分，是重要的消化吸收腺，分泌胰液，经导管排出进入十二指肠，在食物消化中起重要作用。内分泌部称胰岛，分泌的激素，进入血液或淋巴，主要参与调节糖代谢。

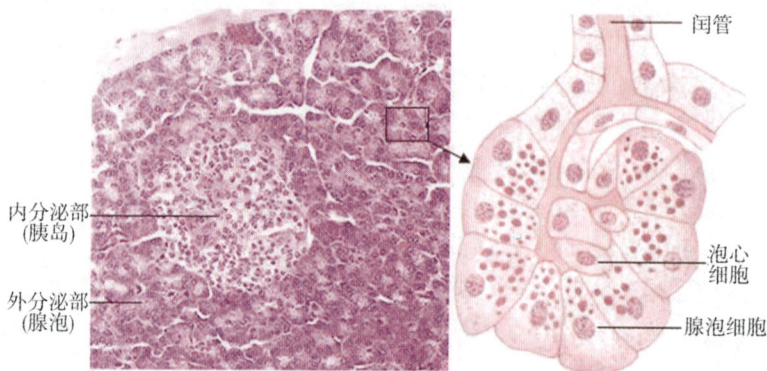

图 4-41 胰的微细结构

1. 外分泌部

胰腺的外分泌部属浆液性腺，由腺泡和导管组成。

（1）腺泡：是外分泌部的分泌单位。由一层锥体形腺细胞组成。细胞核圆形，位于基底部。顶部胞质内可见许多嗜酸性染色的酶原颗粒，为胰酶的前身，颗粒数量随细胞功能状态而异（如饥饿时增多，进食后减少）。腺泡的腔面有一些扁平或立方细胞，称泡心细胞（图4-41）。细胞较小，胞质染色浅，核圆形。泡心细胞是闰管上皮细胞延伸入腺泡腔内所形成。

（2）导管：与腺泡相连的一段细长腔小的导管称闰管，由单层扁平上皮构成。闰管直接汇合成小叶内导管，后者管径较粗，管壁为单层立方上皮。小叶内导管在小叶间结缔组织内汇合成小叶间导管，管径较粗，管壁为单层柱状上皮。许多小叶间导管汇合成一条较粗大的主导管，贯穿胰腺全长，在胰头部与总胆管汇合，开口于十二指肠乳头。

2. 内分泌部

是由内分泌细胞组成的细胞团，分布于腺泡之间，又称胰岛 pancreatic islet。成人胰腺有 17 万 ~200 万个胰岛，占胰腺体积的 1% 左右，胰尾部的胰岛较多。胰岛大小不等，小的由 10 多个细胞组成，大的有数百个细胞，偶见单个细胞散在于腺泡之间。胰岛内有丰富的毛细血管，胰岛细胞分泌的激素直接进入血液。胰岛细胞有多种类型，但在 HE 染色标本中不易区分，应用特殊染色法可显示下列各种细胞（图 4-42）：

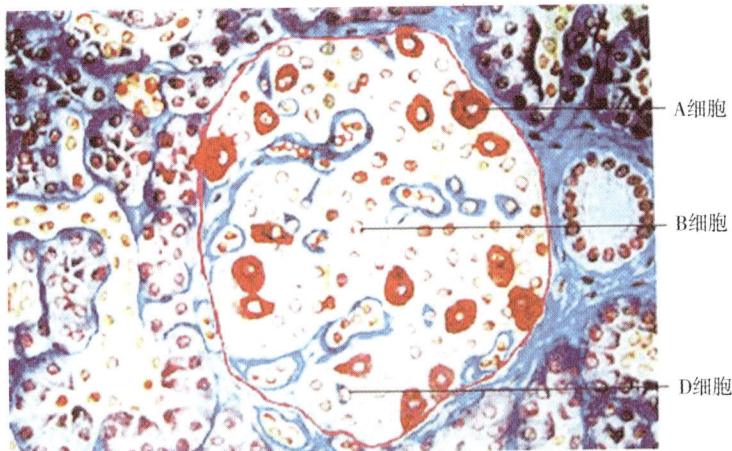

—— A 细胞

—— B 细胞

—— D 细胞

图 4-42　胰岛 A、B、D 三种细胞分布图

（1）A 细胞：约占胰岛细胞总数的 20%，细胞体积较大，多分布于胰岛外周部。A 细胞分泌高血糖素，它的作用是促进糖原分解为葡萄糖并抑制糖原合成，使血糖浓度升高。

（2）B 细胞：数量较多，约占胰岛细胞总数的 75%，细胞体积较小，多分布在胰岛中央部。B 细胞分泌胰岛素。胰岛素的作用与高血糖素相反，可促进糖原合成，使血糖浓度降低。胰岛素与高血糖素的协同作用，维持血糖浓度的相对恒定。

（3）D 细胞：数量较少，约占胰岛细胞总数的 5%，分泌生长抑素，或调节 A、B 细胞的分泌功能。

（4）PP 细胞　近年发现胰岛内存在分泌胰多肽的细胞，称 PP 细胞，数量很少。胰多肽有抑制胃肠运动、减弱胆囊收缩、增强胆总管括约肌收缩等作用。

第四节　腹　膜

一、概述

腹膜 peritoneum 是覆盖于腹、骨盆腔壁内的内面和腹、盆腔脏器的表面一层薄而光滑的浆膜，由间皮和少量的结缔组织构成，呈半透明状（图 4-43）。

按其分布的部位不同，可把腹膜分为壁腹膜 parietal peritoneum 和脏腹膜 visceral peritoneum。衬于腹、盆腔壁内的腹膜，称壁腹膜或腹膜壁层；覆盖于腹、盆腔脏器表面的腹膜，称脏腹膜或腹膜脏层。壁腹膜和脏腹膜相互延续、移行，共同围成的不规则的潜在性腔隙，称腹膜腔 peritoneum cavitas。男性腹膜腔为一完全封闭的腔隙；女性腹膜腔则借输卵管腹腔口，经输卵管、子宫、阴道与外界相通。

腹腔和腹膜腔在解剖学上是两个不同而又相关的概念。腹腔是指膈以下、盆膈以上，腹前壁和腹后壁之间的腔，而腹膜腔则指脏腹膜和壁腹膜之间的潜在性腔隙，腔内仅含少量的浆液。实际上，腹膜腔是套在腹腔内，腹、盆腔脏器均位于腹腔之内、腹膜腔之外。临床应用时，对腹膜腔和腹腔的区分常常并不严格，但有的手术（如对肾和膀胱的手术）常在腹膜外进行，并不需要通过腹膜腔，因此手术者应对两腔有明确的概念。

腹膜具有分泌、吸收、保护、支持、防御、修复等功能：①分泌少量浆液（正常情况下为 100~200ml），可润滑和保护脏器，减少磨擦。②支持和固定脏器。③吸收腹膜腔内的液体和空气等。一般认为腹上部的腹膜吸收能力较强。④防御功能。腹膜和腹膜腔内的浆液中含有大量的巨噬细胞，可吞噬细菌和有害物质。⑤修复和再生功能。腹膜腔的浆液中含有纤维素，其粘连作用可促进伤口的愈合和炎症的局限化。如果手术操作粗暴或腹膜在空气中暴露时间过长，也可因此作用而造成肠袢纤维性粘连等后遗症。

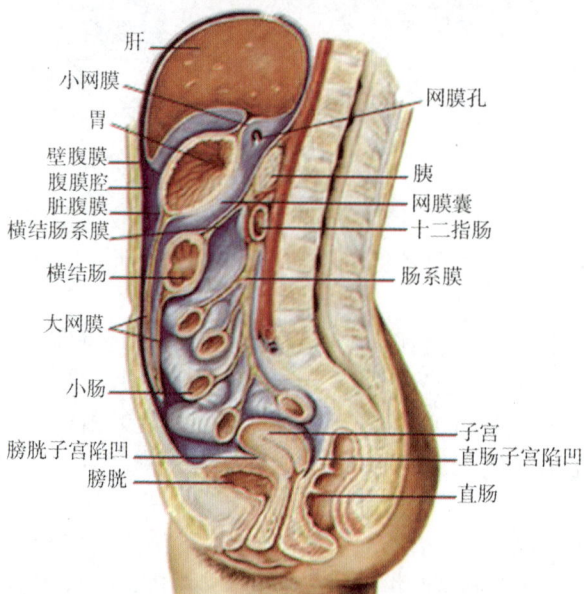

图 4-43　腹膜腔正中矢状切面模式图（女性）

二、腹膜与腹、盆腔脏器的关系

根据腹、盆腔器官被腹膜覆盖范围的大小不同，可将腹、盆腔脏器分为三类，即腹膜内位器官、腹膜间位器官、腹膜外位器官（图 4-44）。

（一）腹膜内位器官

表面几乎都被腹膜覆盖的器官为腹膜内位器官，有胃、十二指肠上部、空肠、回肠、盲肠、阑尾、横结肠、乙状结肠、脾、卵巢和输卵管。

（二）腹膜间位器官

表面大部分被腹膜覆盖的器官为腹膜间位器官，有肝、胆囊、升结肠、降结肠、子宫、膀胱和直肠上段。

（三）腹膜外位器官

仅一面被腹膜所覆盖的器官为腹膜外位器官，有肾、肾上腺、输尿管、十二指肠降部、水平部和升部，直肠中、下段及胰。这些器官大多位于腹膜后间隙，临床上又称腹膜后位器官。

了解腹膜与脏器的关系，有重要的临床意义。如腹膜内位器官的手术必须通过腹膜腔，而肾、输尿管等腹膜外位器官的手术则不必打开腹膜腔便可进行手术，可避免腹膜腔的污染和术后的粘连等。

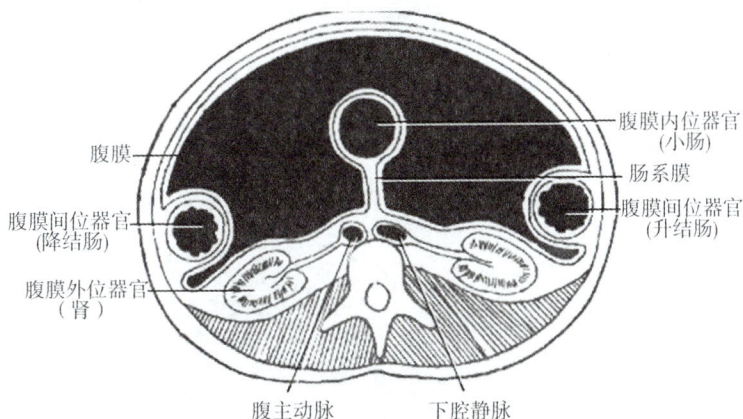

图4-44 腹膜与器官的关系示意图（水平切面）

三、腹膜形成的主要结构

壁腹膜与脏腹膜之间，或脏腹膜之间互相返折移行，形成许多结构，有网膜、系膜、韧带、陷凹等。这些结构不仅对脏器起着连接和固定作用，也是血管和神经等出入脏器的途径。

（一）网膜

网膜 omentum 是与胃小弯和胃大弯相连的双层腹膜皱襞，其间有血管、淋巴管、神经和结缔组织等（图4-43、4-45）。

1. 小网膜 lesser omentum 是由肝门向下移行于胃小弯和十二指肠上部的双层腹膜结构。可分为两部分：从肝门连于胃小弯的部分称肝胃韧带 hepatogastric ligament。从肝门连于十二脂肠上部的部分，称肝十二指肠韧带 hepatoduodenal ligament，其内有胆总管、肝固有动脉、门静脉3个重要结构。其中胆总管位于右前方，肝固有动脉位于左前方，门静脉在二者之间的后方。小网膜的右缘游离，其后方为网膜孔，经此孔可进入胃后方的网膜囊。

2. 大网膜 gerater omentum 是连于胃大弯和横结肠垂向下方，形似围裙状覆盖于空、回肠的前面的腹膜皱襞。大网膜由四层腹膜构成，前两层由胃前、后壁的腹膜自大弯和十二指肠上部向下而成，当下垂至脐平面稍下方，再向后返折向上形成后两层，并连于至横结肠并叠合成横结肠系膜，贴于腹后壁。在成人前两层和后两层常愈合在一起，而连于胃大弯至横结肠之间的大网膜前两层则形成胃结肠韧带 gastrocolic ligament。

大网膜内含有丰富的血管、脂肪和巨噬细胞等，具有重要的吸收和防御功能。当腹膜腔内有炎症时，大网膜可包围病灶，形成粘连，以防止炎症扩散蔓延并促进炎症消退，故有腹腔卫士之称。小儿的大网膜较短，当发生阑尾炎或下腹部的炎症时，病灶不易被大网膜包裹，常导致弥漫性腹膜炎。

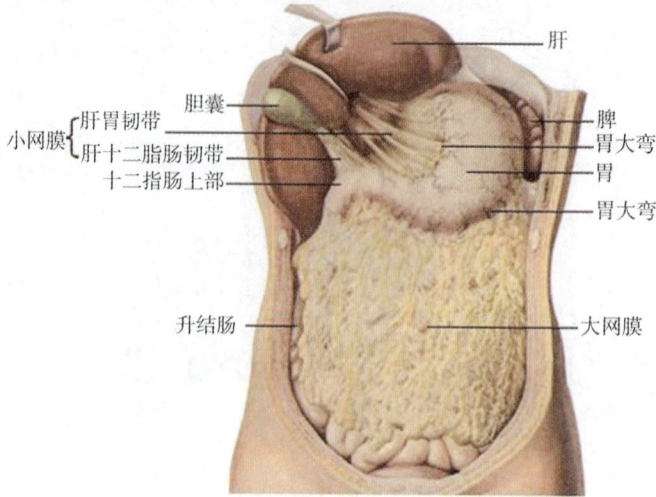

图 4-45 网膜

3. 网膜囊和网膜孔

网膜囊 omental bursa 是位于小网膜和胃后壁与腹后壁的腹膜之间的一个扁窄而不规则的间隙，又称小腹膜腔（图 4-45、4-46），为腹膜腔的一部分。

网膜孔 omental foramen 在网膜囊的右侧，肝十二指肠韧带右缘后方，是网膜囊通腹膜腔的其他部分的唯一通道（图 4-46）。成人网膜孔可容纳 1~2 指。手术时可经网膜孔指诊，探查胆道等。

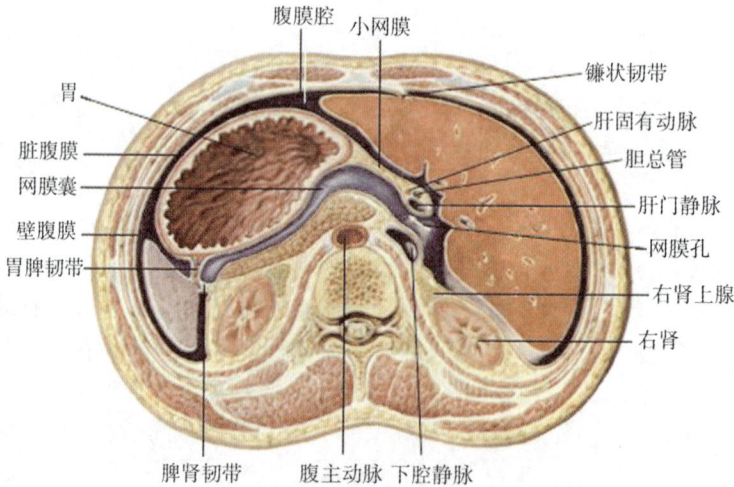

图 4-46 网膜囊和网膜孔（经第 1 腰椎水平切面）

网膜囊是腹膜腔和一个盲囊，位置较深，周邻关系复杂，有关器官的病变，相互影响。当胃后壁穿孔时，胃内容物常积聚在囊内，给疾病的早期诊断增加了一定困难。

（二）系膜

系膜 masentery 是壁、脏腹膜相互延续移行，形成许多将脏器（如肠）系连固定于腹、盆壁的双层腹膜结构。其内有出入该器官的血管、神经及淋巴管和淋巴结等。主要的系膜有肠系膜、阑尾系膜、横结肠系膜和乙状结肠系膜等（图 4-47）。

1. 肠系膜 mesentery 是将空肠和回肠系连固定于腹后壁的双层腹膜结构，其附于腹后壁的部分称小肠系膜根 radix of mesentery，起自第 2 腰椎左侧，斜向右下方，止于右骶髂关节前方，长约 15cm。由于肠系膜长而宽阔，因此空、回肠的活动性大，对消化和吸收有促进作用，但也容易发生肠扭转、肠套叠等急腹症。肠系膜两层腹膜间含有肠系膜上血管的分支和属支，淋巴管、淋巴结、神经丛和脂肪等。

2. 阑尾系膜 mesoappendix 呈三角形，将阑尾系连于肠系膜下方。阑尾系膜的游离缘内有阑尾血管，故阑尾切除术时，应从系膜游离缘进行血管结扎。

3. 横结肠系膜 transverse mesocolom 是将横结肠系连于腹后壁的横位双层腹膜结构，其根部起自结肠右曲，止于结肠左曲。横结肠系膜内含有中结肠血管及其分支、淋巴管、淋巴结和神经丛等。

4. 乙状结肠系膜 sigmoid mesocolon 是将乙状结肠系连于左下腹的双层腹膜结构，其根部附着于左髂窝和骨盆左后壁。该系膜较长，故乙状结肠活动度较大，因而易发生肠扭转。乙状结肠系膜内含有乙状结肠血管、直肠上血管、淋巴管、淋巴结和神经丛等。

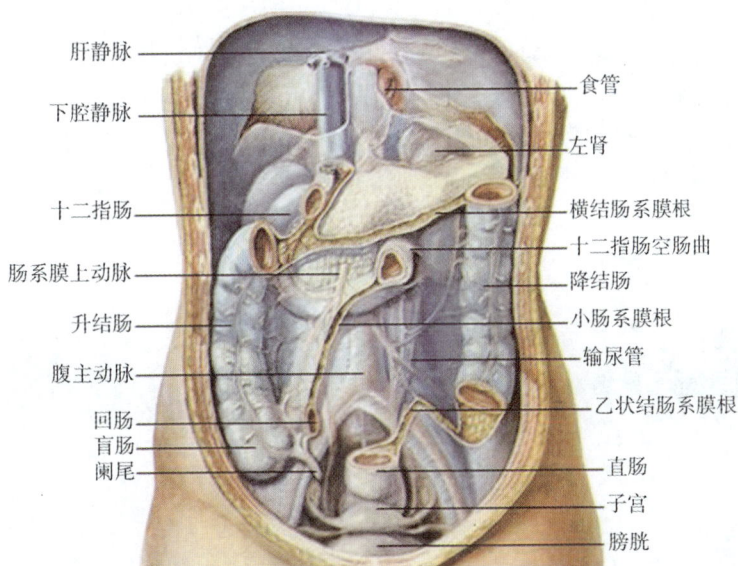

图 4-47 系膜

（三）韧带

韧带 ligament 是连于腹、盆壁与脏器之间或连接相邻脏器之间的腹膜结构，对脏器有固定作用。有的韧带内含有血管和神经等。

1. 肝的韧带 肝的下方有肝胃韧带和肝十二指肠韧带（如前述），肝的上方有镰状韧带、冠状韧带等。镰状韧带是位于膈下面与肝上面之间呈矢状位的双层腹膜结构，在前正中线的右侧，其游离缘内含有肝圆韧带。肝圆韧带是由胚胎时期的脐静脉闭锁后的遗迹。由于镰状韧带偏中线右侧，脐以上腹壁正中切口需向下延长时，应偏向中线左侧，以免损伤肝圆韧带及伴其走行的附脐静脉。冠状韧带是膈下面与肝上面的呈冠状位双层腹膜结构，前、后两层之间无腹膜被覆的肝表面称为肝裸区。

2. 脾的韧带　主要包括胃脾韧带和脾肾韧带（图 4-46）。胃脾韧带是连于胃底和脾门之间的双层腹膜结构，内有胃短血管、胃网膜血管及淋巴管及淋巴结等。脾肾韧带是脾门连至左肾前面的双层腹膜结构，其内有胰尾、脾血管、淋巴管和神经等。

（四）隐窝和陷凹

肝肾隐窝 hepatorenal recess　位于肝右叶与右肾之间，仰卧时为腹膜腔最低处，腹膜腔内的液体易积存于此。

陷凹 pouch　主要的腹膜陷凹位于盆腔内，为腹膜在盆腔脏器之间移行反折形成（图 4-43）。男性在膀胱与直肠之间有直肠膀胱陷凹 rectovesicasl pouch。女性在膀胱与子宫之间有膀胱子宫陷凹 vesicouterine pouch，在直肠与子宫之间有直肠子宫陷凹 rectouterine pouch，后者又称 Douglas 腔，较深，与阴道穹后部之间仅隔以阴道后壁和腹膜。站立或坐位时，男性直肠膀胱陷凹、女性的直肠子宫陷凹是腹膜腔最低部位，故腹膜腔内积液多积存于此，临床上可进行直肠穿刺和阴道穹后部穿刺以进行诊断和治疗。

应用链接

腹膜的临床应用

由于上腹部的腹膜吸收能力比下腹部强，故腹部炎症或手术后病人多采取半卧位，有利于炎性分泌物流向下腹部，以减少和延缓腹膜对有害物质的吸收。

了解腹膜和器官的位置关系，可对腹腔手术进行选择，如果不需要打开腹膜腔，可在腹膜外进行，以避免手术引起腹膜腔感染等并发症。

当腹腔脏器有炎症时，腹膜可包绕、粘连病灶，限制炎症蔓延。故手术时可根据大网膜移动的位置探查病变的部位。

练习题

一、选择题

（一）A1 型题（单句型最佳选择题）

1. 上消化道不包括：
   A. 咽　　　　　　　　　　　B. 食管　　　　　　　　　　C. 胃
   D. 十二指肠　　　　　　　　E. 空肠

2. 食管的上皮为：
   A. 单层扁平上皮　　　　　　B. 复层扁平上皮　　　　　　C. 变移上皮
   D. 单层柱状上皮　　　　　　E. 单层立方上皮

3. 含味蕾的结构是：
   A. 菌状乳头　　　　　　　　B. 丝状乳头　　　　　　　　C. 舌肌
   D. 舌扁桃体　　　　　　　　E. 舌苔

4. 关于直肠的描述，正确的是：
   A. 分为盆部和会阴部　　　　B. 有凸向前的骶曲

C. 有凸向后的会阴曲
D. 在第 1 骶椎平面与乙状结肠相续
E. 直肠中横襞最大且恒定

5. 肝的上界在右锁骨中线相交于：
A. 第 5 肋
B. 第 6 肋间隙
C. 第 4 肋
D. 第 4 肋间隙
E. 第 6 肋

6. 有结肠带的肠管是：
A. 回肠
B. 盲肠
C. 阑尾
D. 直肠
E. 肛管

7. 分泌胰岛素的细胞是：
A.A 细胞
B.B 细胞
C.D 细胞
D.A 细胞和 B 细胞
E.PP 细胞

8. 下列结构哪一项不出入肝门：
A. 肝固有动脉
B. 肝门静脉
C. 下腔静脉
D. 肝管
E. 神经和淋巴

9. 阑尾位于：
A. 右腹外侧区
B. 左腹外侧区
C. 腹下区
D. 右髂区
E. 左髂区

10. 腹膜外位器官是：
A. 胃
B. 脾
C. 肾
D. 肝
E. 阑尾

11. 关于胰的描述，正确的是：
A. 胰头在胃底后方
B. 胰体上缘有胰管向右走行
C. 胰尾在脾的后方
D. 横卧于腹后壁，在第 1~2 腰椎水平
E. 是人体内最大的腺体

12. 腮腺管开口平对于（ ）所对的颊黏膜处。
A. 上颌第 2 前磨牙
B. 上颌第 2 磨牙
C. 上颌第 1 磨牙
D. 下颌第 2 前磨牙
E. 下颌第 2 磨牙

13. 关于胃的描述，正确的是：
A. 在中等充盈时，位于右季肋区
B. 分为胃弯、胃体和胃窦
C. 入口称幽门，出口称贲门
D. 角切迹将胃窦分为幽门窦和幽门管
E. 幽门窦与幽门管之间有中间沟

14. 胆总管：
A. 由左、右肝管汇合而成
B. 由肝总管和胆囊管合成
C. 在肝胃韧带内下降
D. 位于肝门静脉的后方
E. 直接开口于十二指肠上部

15. 对胃底腺主细胞的正确说法是：
A. 又称盐酸细胞
B. 细胞较大
C. 细胞质嗜酸性
D. 顶部充满酶原颗粒
E. 分泌内因子

16. 位于黏膜下层的腺体是：

    A. 胃底腺　　　　　　　　　B. 幽门腺　　　　　　　　　C. 贲门腺

    D. 小肠腺　　　　　　　　　E. 十二指肠腺

17. 形成皱襞的是：

    A. 上皮和固有层　　　　　　B. 黏膜　　　　　　　　　　C. 黏膜下层

    D. 黏膜和部分黏膜下层　　　E. 黏膜下层和肌层

18. 食管的第三个狭窄距中切牙：

    A.15cm　　　　　　　　　　B.25cm　　　　　　　　　　C.40cm

    D.60cm　　　　　　　　　　E.80cm

19. 在结构上具有最优的消化和吸收功能的器官是：

    A. 胃　　　　　　　　　　　B. 空肠　　　　　　　　　　C. 回肠

    D. 盲肠　　　　　　　　　　E. 结肠

20. 关于肝的形态的描述，正确的是：

    A. 肝的膈面由冠状韧带分为左、右两叶

    B. 肝裸区由两层腹膜形成　　C. 胆囊窝位于左纵沟前部

    D. 静脉韧带位于右纵沟后方　E. 肝下面横沟的前方是方叶

（二）A2 型题（病例摘要型最佳选择题）

21. 鼻咽癌好发于：

    A. 口咽　　　　　　　　　　B. 喉咽　　　　　　　　　　C. 梨状隐窝

    D. 咽鼓管咽口　　　　　　　E. 咽隐窝

22. 胃溃疡和胃癌好发于：

    A. 贲门　　　　　　　　　　B. 胃大弯　　　　　　　　　C. 幽门部

    D. 胃底　　　　　　　　　　E. 胃前壁

23. 与导致维生素 B_{12} 吸收障碍有关的细胞为：

    A. 颈黏液细胞　　　　　　　B. 壁细胞　　　　　　　　　C. 主细胞

    D. 潘氏细胞　　　　　　　　E. 内分泌细胞

24. 某 23 岁男性，严重腹痛和高热入院。患者开始为全腹痛，以脐周为剧烈，以后为右下腹痛。体格检查在脐与右髂前上棘连线的中、外 1/3 交点处有明显压痛和反跳痛。应考虑什么脏器官的病变：

    A. 回肠　　　　　　　　　　B. 盲肠　　　　　　　　　　C. 阑尾

    D. 输尿管　　　　　　　　　E. 结肠

25. 区分内痔和外痔的标志是

    A. 肛直肠环　　　　　　　　B. 齿状线　　　　　　　　　C. 白线

    D. 肛梳　　　　　　　　　　E. 肛柱

26. 胃溃疡穿孔手术后患者宜取什么体位：

    A. 仰卧位　　　　　　　　　B. 半卧位　　　　　　　　　C. 坐位

    D. 侧卧位　　　　　　　　　E. 任何体位

27. 手术时寻找阑尾的可靠方法是：

    A. 阑尾较细　　　　　　　　B. 盲肠的末端　　　　　　　C. 结肠袋

    D. 三条结肠带汇集处　　　　E. 回肠末端

28. 识别空肠起点的重要标志是：
    A. 十二指肠大乳头   B. 十二指肠降部   C. 十二指肠水平部
    D. 十二指肠球   E. 十二指肠悬韧带

（三）B 型题（配伍题）

29~31 题共用备选答案
    A. 牙质   B. 釉质   C. 牙骨质
    D. 牙髓   E. 牙龈

29. 构成牙的主体的是：

30. 由结缔组织、神经和血管组成的是：

31. 全身最坚硬的部位是：

32~34 题共用备选答案
    A. 梨状隐窝   B. 咽隐窝   C. 咽鼓管咽口
    D. 腭扁桃体窝   E. 咽

32. 咽鼓管圆枕后方为：

33. 喉口两侧的深窝为：

34. 腭舌弓、腭咽弓之间的窝为：

35~37 题共用备选答案
    A. 十二指肠球部   B. 十二指肠升部   C. 十二指肠降部
    D. 十二指肠水平部   E. 十二指肠空肠曲

35. 胆总管、胰管共同开口于：

36. 十二指肠溃疡好发部位是：

37. 十二指肠悬韧带附于：

38~40 题共用备选答案
    A. 肛柱   B. 肛窦   C. 肛梳
    D. 白线   E. 齿状线

38. 肛管内面纵行的黏膜皱襞是：

39. 肛管内易积存粪屑，发生感染而是：

40. 肛门内、外括约肌的分界处形成的环形浅沟称：

二、名词解释
1. 上消化道   2. 咽峡   3. 十二指肠悬肌
4. 回盲瓣   5. 齿状线   6. 麦氏点
7. 肠绒毛   8. 肝门   9. 肝胰壶腹
10. 肝小叶

（王光伦）

第五单元

呼吸系统

要点导航

学习要点

掌握：呼吸系统的组成，功能及上、下呼吸道的概念；鼻旁窦的名称、位置和开口部位及上颌窦的形态特点；喉的位置；气管的位置和结构特点；左、右主支气管的形态差别；肺的位置、形态和分叶；胸膜和胸膜腔的概念；肺的导气部及呼吸部的光镜结构；肺泡上皮的超微结构和功能；气－血屏障。

熟悉：鼻腔的分部及各部的形态结构；喉腔的形态结构及分部；胸膜的分部及肋膈隐窝的位置；纵隔的概念。

了解：外鼻的形态结构；喉的软骨及其连结，喉肌的名称、位置和作用；鼻黏膜各部和喉黏膜的结构特点；支气管在肺内的分支和支气管肺段的概念；胎儿肺与成人肺的区别；肺与胸膜的体表投影；纵隔的区分及其组成。

技能要点

标本确认：辨认鼻腔各部和鼻旁窦；喉软骨、喉腔各部的形态；气管与左、右支气管的形态结构；肺的形态位置与分叶、肺门、肺根、胸膜与纵隔分布及肋膈隐窝。

活体指出：鼻旁窦、甲状软骨的喉结、环状软骨弓（平第6颈椎）、气管、肺尖、胸膜与肺的体表投影及纵隔的分部。

呼吸系统 respiratory system 主要功能是进行气体交换。包括呼吸道（鼻、咽、喉、气管、支气管）和肺（图5-1）。临床上通常把鼻、咽、喉，称上呼吸道，把气管、主支气管及肺内的各级支气管，称下呼吸道。

第一节　鼻

鼻分为外鼻、鼻腔和鼻旁窦3部分。

一、外鼻

外鼻 external nose 包括鼻根、鼻背、鼻尖、鼻翼、鼻孔。上部以鼻骨为支架，下部以数块软骨作支架。鼻翼在平静呼吸时，无明显活动，呼吸困难时，病人可出现明显的鼻翼扇动。

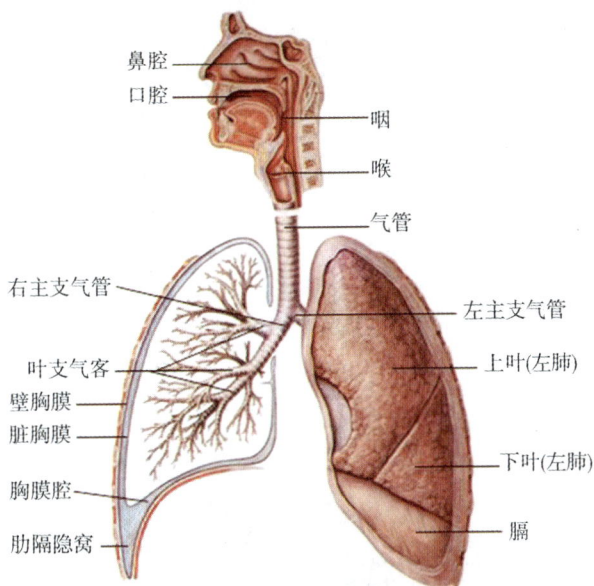

图 5-1　呼吸系统全图

二、鼻腔

鼻腔 nasal cavity 被鼻中隔分为左、右两腔，每侧鼻腔以鼻阈为界分鼻前庭和固有鼻腔。向前经鼻孔通向外界，向后以鼻后孔通鼻咽部。

（一）鼻前庭 nasal vestibule

是由鼻翼围成的空腔，内面衬以皮肤，生有粗硬的鼻毛，有过滤尘埃净化吸入空气的作用。鼻前庭缺少皮下组织，皮肤与软骨紧密相连，发生疖肿时疼痛较剧烈。

（二）固有鼻腔 proper nasal cavity

由骨及软骨覆以黏膜而成。外侧壁有上鼻甲、中鼻甲、下鼻甲，以及各鼻甲下方形成的上鼻道、中鼻道和下鼻道。上鼻甲后上方有蝶筛隐窝。下鼻道的前部有鼻泪管的开口。鼻腔的上壁为颅前窝，当颅前窝骨折时，脑脊液可由鼻腔流

> **应用链接**
>
> 在鼻中隔的前下部有一区域，具有丰富的血管吻合丛，称为易出血区（little 区），大约 90% 的鼻衄发生在此处。

出。左右鼻腔共同的内侧壁是鼻中隔 nasal septum 由筛骨垂直板、犁骨和鼻中隔软骨覆以黏膜构成。鼻腔的黏膜上皮为假复层纤毛柱状上皮，纤毛能作定向摆动，具有净化空气的作用。根据黏膜的结构和功能不同，分呼吸区和嗅区。呼吸区黏膜内含丰富的静脉丛及鼻腺，能温暖及湿润吸入的空气。嗅区位于上鼻甲及与其相对的鼻中隔处，内含嗅细胞，具有嗅觉功能。

三、鼻旁窦

鼻旁窦 paranasal sinuses 又称副鼻窦，能协助调节吸入空气的温、湿度，还对发音有共鸣作用。共4对，包括上颌窦、额窦、蝶窦、筛窦。上颌窦、额窦和筛窦的前、中群小房开口于中鼻道；筛窦的后群小房开口于上鼻道；蝶窦开口于蝶筛隐窝（上鼻甲的后上方）（图5-2）。

应用链接

鼻旁窦黏膜与鼻黏膜连续，故鼻腔发炎时，可蔓延至鼻旁窦引起鼻窦炎。鼻窦炎临床上表现为鼻塞、流涕、头痛等症状。急性时一般应用大剂量抗生素治疗，如迁延为慢性就不易治疗。上颌窦为最大的一对，开口高于窦底，且开口狭窄，所以上颌窦炎引流不畅，易积脓。

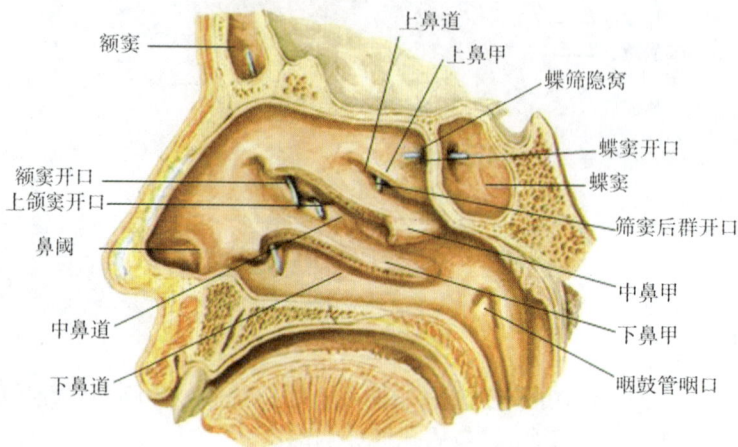

图 5-2 鼻腔外侧壁及鼻窦开口

第二节 喉

喉 larynx 既是呼吸器官，又是发音器官。位于颈前部，平对第5~6颈椎高度。向上借喉口通咽，向下与气管相通，前方被皮肤、筋膜及舌骨下肌群所覆盖，后方是喉咽部，两侧有颈部血管、神经及甲状腺侧叶等。当吞咽和发音时，喉向上下移动。

一、喉的软骨

包括不成对的甲状软骨、环状软骨、会厌软骨和成对的杓状软骨（图5-3）。

（一）甲状软骨 thyroid cartilage

是喉软骨中最大的一个，组成喉的前外侧壁。由左右两个四边形软骨板构成。两板连结处向前突出，称喉结 laryngeal prominence。成年男性特别突出。两板后缘游离，向上、下方各形伸出1对突起，叫上角和下角。上角借韧带与舌骨相连，下角与环状软骨构成关节。

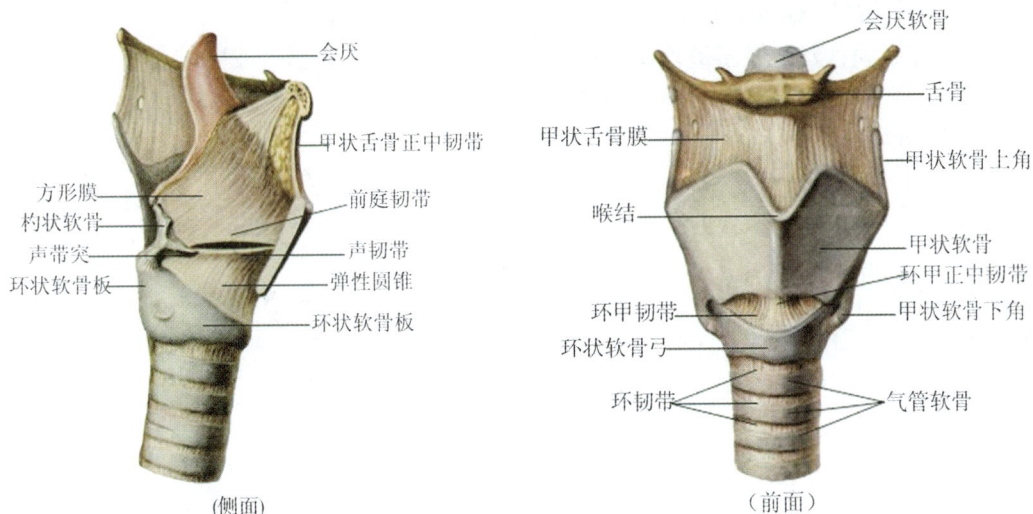

(侧面)　　　　　　　　(前面)

图 5-3　喉的软骨及其连接

（二）环状软骨 cricoid cartilage

在甲状软骨下方，形似指环，前部窄低，叫环状软骨弓，后部高而宽，叫环状软骨板。环状软骨是呼吸道唯一完整的软骨环，维持呼吸道的通畅。如损伤，可能引起喉狭窄。

（三）会厌软骨 epiglottic cartilage

形似树叶，上圆下尖。尖端借韧带附着于甲状软骨内面。在吞咽时，能封闭喉口，以免食物进入气管。

（四）杓状软骨 arytenoid cartilage

是 1 对略呈三棱锥形的软骨，与环状软骨板上缘构成关节。软骨底部向前方有一突起称声带突 vocal process，有声带附着。向外侧较钝的突起，称肌突，是喉肌的附着处。

二、喉的连结

包括喉软骨之间及喉软骨与舌骨、气管之间的连接。

（一）环杓关节 cricoarytenoid joint

由杓状软骨底和环状软骨板上缘构成，可沿垂直轴作旋转运动，使声门裂开大和缩小。

（二）环甲关节 cricothyroid joint

由甲状软骨下角和环状软骨板两侧的关节面构成，可在冠状轴作前倾和复位运动，使声带紧张与松弛。

> **思　考**
>
> 临床上所谓的急性上呼吸道感染通常是指哪部分的感染？

> **应用链接**
>
> 弹性圆锥其前部较厚，位于甲状软骨下缘和环状软骨弓上缘之间，称环甲正中韧带，位置表浅，易于触及。当急性喉阻塞时，可在此处进行气管穿刺或切开术，建立暂时呼吸通道，以挽救病人生命。

（三）弹性圆锥 conus elasticus

又称环甲膜，其上缘游离增厚，位于甲状软骨前角内面，杓状软骨声带突之间的膜性结构，称声韧带 vocal ligament。

（四）甲状舌骨膜 thyrohyoid membrane

是连接甲状软骨上缘与舌骨之间的薄膜。

三、喉肌

喉肌 laryngeal muscle 若干块，主要调节声韧带的紧张程度和声门裂的宽度（图5-4）。

四、喉腔

喉腔 laryngeal cavity 是由喉软骨支架围成的腔隙，向上经喉口通喉咽部，下与气管相通。喉口呼吸时开放，吞咽时关闭。两对皱襞：在喉腔中部侧壁有矢状位的黏膜皱襞，上方一对为前庭襞 vestibular fold，下方一对为声襞 vocal fold。两个裂：前庭裂 rima vestibuli 为左右前庭壁之间的裂隙。声门裂 fissure of glottis 为左右声襞之间的裂隙。声门裂是喉腔中最窄的部分（图5-5）。

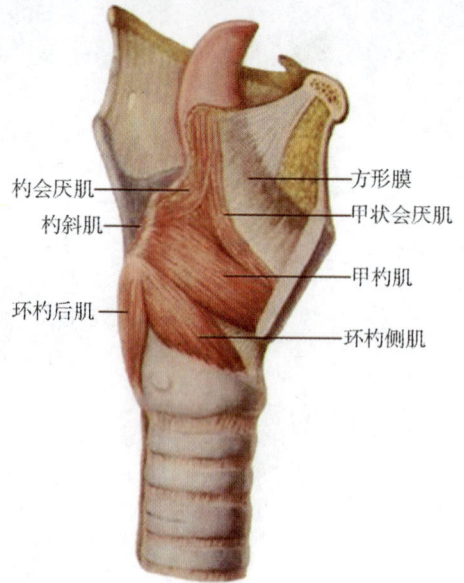

杓会厌肌
杓斜肌
环杓后肌
方形膜
甲状会厌肌
甲杓肌
环杓侧肌

图5-4 喉肌（右侧面）

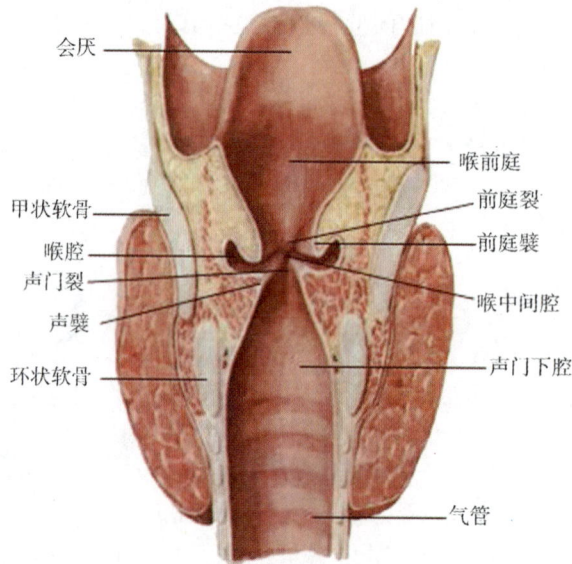

会厌
甲状软骨
喉腔
声门裂
声襞
环状软骨
喉前庭
前庭裂
前庭襞
喉中间腔
声门下腔
气管

图5-5 喉腔冠状切面

喉腔被前庭襞和声襞分为喉前庭、喉中间腔和声门下腔3部分。喉口至前庭裂之间的部分为喉前庭。前庭裂与声门裂之间的部分为喉中间腔，在喉中间腔有一延伸至前庭襞及声襞间的梭形隐窝，称喉室 ventricle of larynx。声门裂以下的部分为声门下腔（图5-6）。

应用链接

声门下腔黏膜下组织疏松，炎症时易引起水肿，可导致呼吸困难。幼儿因喉腔较窄小，水肿时易引起阻塞，造成呼吸困难。

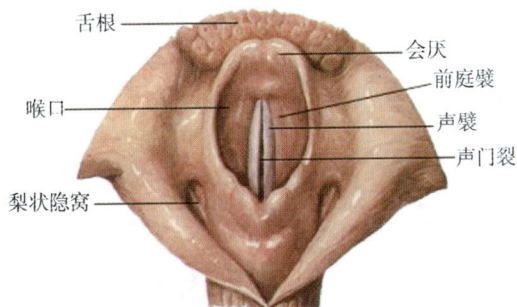

图5-6 喉口（后面观）

第三节 气管与主支气管

气管和主支气管均以"C"形的透明软骨为支架，缺口向后，缺口由平滑肌和结缔组织封闭。相邻软骨间借韧带连接。软骨使气管永远保持呈开放状态。

一、气管

气管 trachea 位于食管的前方，上端起自环状软骨下缘，下端平胸骨角高度分为左、右主支气管，分叉处称气管杈 bifurcation of trachea，内面隆起，呈半月形，称气管隆嵴 carina of trachea，略偏向左，是气管镜检查的重要标志。气管切开术在3~5气管环处进行。

二、主支气管

主支气管 principal bronchus 由气管分出后，斜行向外下，进入肺门。左主支气管细长，走向倾斜。右主支气管短粗，走向较陡直，因而异物易进入右主支气管（图5-7）。

思考

气管异物多坠入哪侧主支气管，为什么？

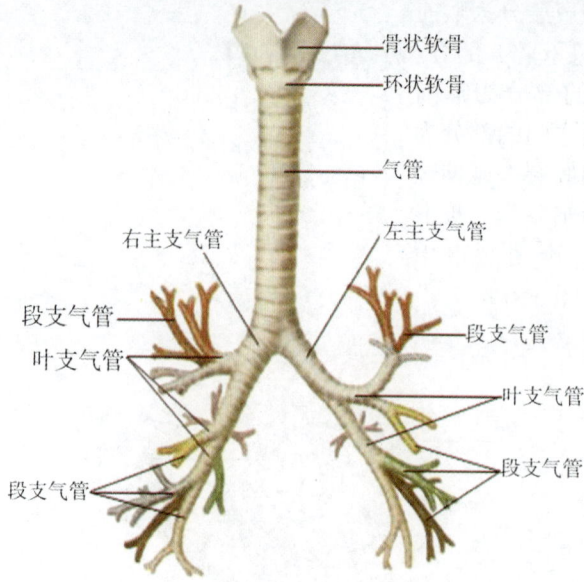

图 5-7 气管及各级支气管

三、气管与主支气管的微细结构

气管与主支气管均分为三层，由里向外依次为黏膜，黏膜下层和外膜（图 5-8）。固有层为结缔组织，含有较多的弹性纤维和丰富的血管、淋巴管。

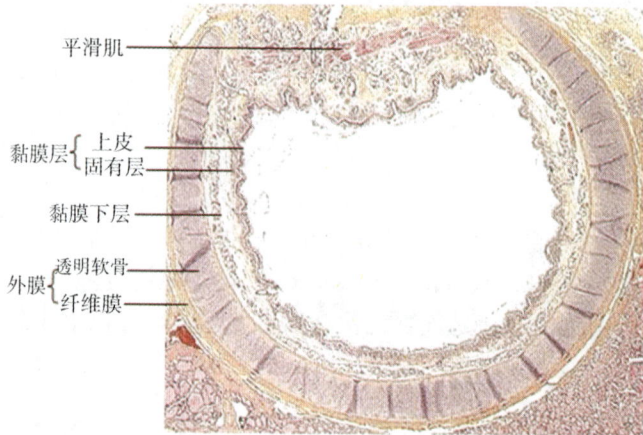

图 5-8 气管及主支气管横断面

（一）黏膜

由上皮和固有层构成。上皮为假复层纤毛柱状上皮，由纤毛细胞、杯状细胞、刷细胞、基细胞和弥散神经内分泌细胞构成。

1. 纤毛细胞 ciliated cell 是数量最多的细胞，胞体呈柱状，游离面有纤毛。纤毛向咽部定向快速摆动，将黏液及其黏附的尘粒和细菌等异物推向咽部，然后被咯出，因而纤毛细胞有清除异物和净化吸入空气的作用。如果吸入有害气体或患慢性支气管炎，均能使纤毛减少、变性或消失。

2. 杯状细胞 goblet cell　分泌黏液铺于黏膜表面，与气管腺的分泌物共同构成黏液屏障，可粘附气体中的尘埃颗粒，溶解有毒气体。

3. 刷细胞 brush cell　游离面有许多长而直的微绒毛。此种细胞的功能尚无定论，可能是过渡阶段的细胞，可分化为纤毛细胞，可能是感受器。

4. 基细胞 basal cell　位于上皮的基底面上，细胞矮小、锥体形，增殖分化能力强，可分化形成纤毛细胞和杯状细胞。

5. 弥散神经内分泌细胞 diffuse neuroendocrine cell　数量少，呈锥体形，散在于上皮深部。可调节呼吸道和血管壁平滑肌的收缩和腺体的分泌。

（二）黏膜下层

为疏松结缔组织，与固有层没有明显界限。含有较多的胶原纤维、血管、淋巴管及混合性气管腺。气管腺的黏液性腺泡所分泌的黏液与杯状细胞分泌的黏液共同形成厚的黏液层，浆液性腺泡分泌的稀薄水样成分，直接位于黏液层下方，有利于纤毛的正常摆动。浆细胞与气管腺共同分泌的分泌型免疫球蛋白A（SIgA）有免疫防御作用。

（三）外膜

由 16~20 个 "C" 形的透明软骨部和结缔组织构成。外膜结缔组织中有血管、淋巴管和神经。

第四节　肺

一、肺的位置及形态

肺位于胸腔内，纵隔两侧，膈的上方。右肺因受肝的影响，宽而短，由斜裂及水平裂分为上、中、下三叶。左肺因受心脏的影响，扁窄而细长，由斜裂分为上、下两叶。

幼儿肺呈淡红色，随着年龄的增长，吸入空气中的灰尘沉积于肺内，颜色逐步变为灰暗至蓝黑色。由于肺内含有大量空气，肺组织又有大量弹性纤维，所以质软而轻，富有弹性，呈海绵状（图5-9）。

肺呈圆锥形，有一尖、一底、两面和三缘。

> **应用链接**
>
> 肺比重 0.345~0.746，故可以浮于水中。如果胎儿出生前死亡，因肺尚未充气，质地坚实，比重 1.045~1.056，入水则沉。法医用这一方法鉴别新生儿的死亡时间。

肺尖：圆钝，高出锁骨内侧上方 2~3 cm，听诊肺尖部可在此处进行。

肺底：与膈相接触，又称膈面。

两面：肋面和纵隔面。外侧面圆凸而广阔，与肋和肋间隙贴近，称肋面。内侧面朝向纵隔，称纵隔面。纵隔面中间有一凹陷，为肺门 hilum of lung，为主支气管、肺动脉、肺静脉、淋巴管和神经出入肺的部位。这些出入肺门的结构由结缔组织包绕在一起，称肺根 root of lung。肺根内诸结构的排列，自前向后依次为肺上静脉、肺动脉和主支气管。自上而下左肺根依次为左肺动脉、左主支气管及左肺下静脉；右肺根依次为右主支气管、右肺动脉、及右肺下静脉（图 5-10）。

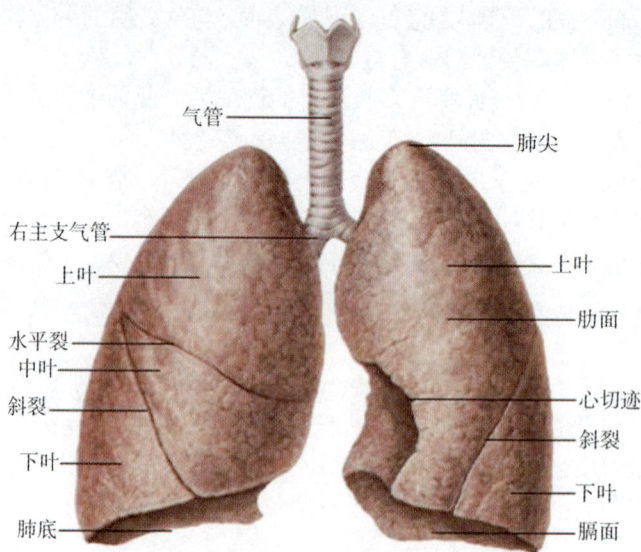

气管
肺尖
右主支气管
上叶
上叶
肋面
水平裂
中叶
斜裂
心切迹
斜裂
下叶
下叶
肺底
膈面

图 5-9　气管、支气管和肺

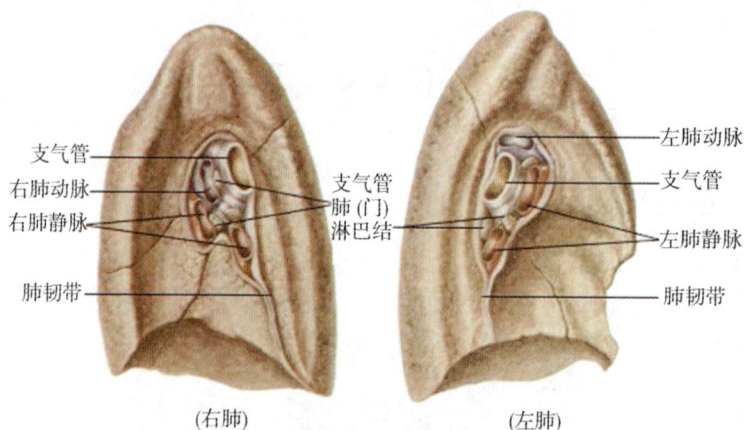

支气管
左肺动脉
右肺动脉
支气管
右肺静脉
支气管
肺（门）
淋巴结
左肺静脉
肺韧带
肺韧带

（右肺）　　　　　　　　（左肺）

图 5-10　肺内侧面

三缘：前缘锐利，右肺前缘近垂直，左肺前缘有心切迹，在心切迹下方有一向前下方呈舌状的突起，称左肺小舌。肺后缘圆钝，位于脊柱两侧。肺下缘在肋面与膈面交界较锐利，位置可随呼吸上下移动。

二、肺内支气管和支气管肺段

左、右主支气管在肺门附近分出肺叶支气管，肺叶支气管入肺叶后再分为肺段支气管。支气管在肺内反复分支，形成支气管树 bronchial tree。每个肺段支气管及其所属的肺组织为支气管肺段，简称肺段 segments。每个肺段呈圆锥形，尖端朝向肺门，底达肺表面。左肺分 8 个肺段，右肺分 10 个肺段。

三、肺的微细结构

肺组织分为实质和间质两部分，肺内结缔组织、血管、淋巴管和神经等为间质，肺内支气管树和肺泡为肺的实质。从肺内支气管到终末细支气管的结构称为肺的导气部。终末细支气管以下的结构为肺的呼吸部。

（一）肺导气部

肺导气部的各段管道随支气管分支，管径逐渐变小，管壁变薄。

1.叶支气管至小支气管壁均分为3层，由黏膜、黏膜下层和外膜构成。黏膜上皮为假复层纤毛柱状上皮（图5-11），随管径变细，上皮由高变低，杯状细胞逐渐减少。固有层变薄，其外方出现少量环形平滑肌束。黏膜下层内的气管腺逐渐减少。外膜结缔组织内的软骨由完整的软骨环变为不规则的软骨片。

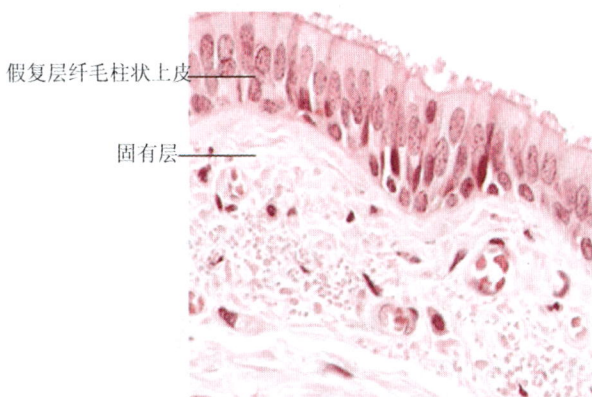

图 5-11　气管黏膜层

2.细支气管 bronchiole 管径在 1.0mm 左右，黏膜上皮由起始段的假复层纤毛柱状上皮逐渐变为单层柱状纤毛上皮，杯状细胞很少或消失。管壁内腺体和软骨片逐渐减少到消失，环行平滑肌逐渐增加。每一细支气管连同它的各级分支和肺泡，组成了肺小叶 pulmonary lobule（图 5-12）。临床上小叶性肺炎系指肺小叶范围内的病变。

3.终末细支气管 terminal bronchiole 管径约为 0.5mm，内衬单层柱状纤毛上皮，无杯状细胞。管壁上腺体和软骨片完全消失，但形成完整的平滑肌层。黏膜皱襞明显。纤毛细胞数量少，分泌细胞数量多。分泌细胞又称为 Clara 细胞。

（二）肺呼吸部

肺的呼吸部是呼吸系统完成换气功能的部位，它们共同的特点是都有肺泡（图5-13）。

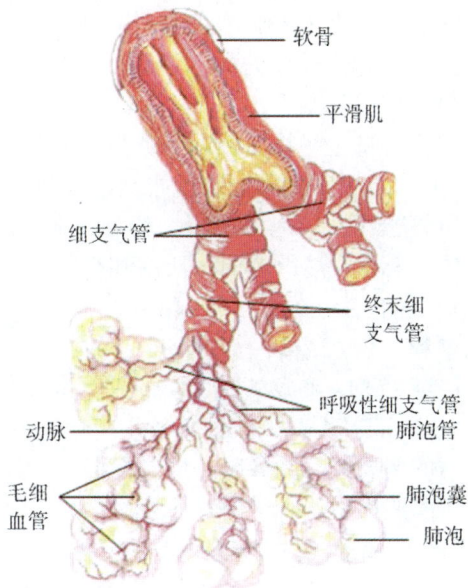

图 5-12　肺小叶

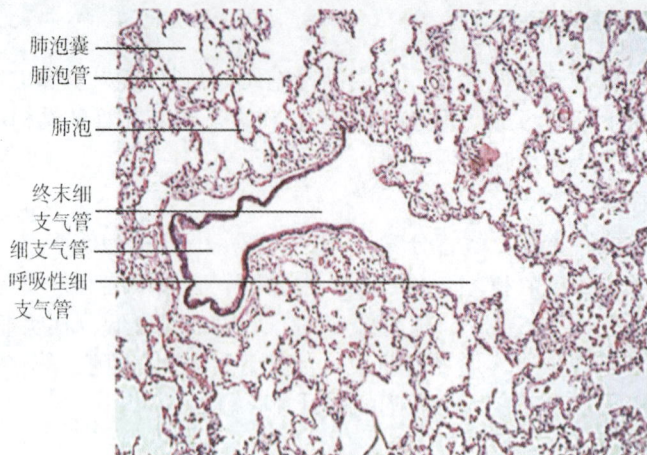

肺泡囊
肺泡管
肺泡
终末细
支气管
细支气管
呼吸性细
支气管

图 5-13　肺呼吸部

1. 呼吸性细支气管 tespiratory bronchiole　是终末细支气管的分支。有肺泡开口于管壁。呼吸性细支气管的上皮为单层立方上皮。

2. 肺泡管 alveolar duct　是呼吸性细支气管的分支。每个肺泡管与大量肺泡相连，故管壁自身的结构仅在相邻肺泡开口之间保留少许，呈结节状膨大，镜下可见其表面覆以单层立方上皮，其下方为少量平滑肌束和弹性纤维。

3. 肺泡囊 aveolar sac　与肺泡管相连，是几个肺泡共同开口处，故由几个肺泡围成。相邻肺泡开口之间仅有少量结缔组织，无结节状膨大。

4. 肺泡 alveolus　是肺支气管树的终末部分。肺泡壁菲薄，由单层肺泡上皮细胞和基膜组成。相邻肺泡之间有少量结缔组织，富含血管和弹性纤维。

（1）肺泡上皮：肺泡表面有一层完整的上皮，上皮细胞包括Ⅰ型肺泡细胞和Ⅱ型肺泡细胞。①Ⅰ型肺泡细胞 type Ⅰ alveolar cell：细胞扁平，覆盖肺泡的大部分表面，细胞含核部分较厚并向肺泡腔内突出，无核部分胞质菲薄，是进行气体交换的部位。电镜下，细胞器少，胞质内有较多的吞饮小泡，小泡内含有表面活性物质和微小的尘粒，细胞可将这些物质转运到肺泡外的间质内，以便清除。②Ⅱ型肺泡细胞 type Ⅱ alveolar cell：位于Ⅰ型肺泡细胞之间，细胞立方形或圆形，顶端突入肺泡腔。细胞核圆形，胞质着色浅、呈泡沫状。电镜下，细胞游离而有少量微绒毛，胞质内富含线粒体和溶酶体，有较发达的粗面内质网和高尔基复合体。核上方有较多的分泌颗粒，颗粒内含有平行排列的板层状结构，称为嗜锇性板层小体 osmilphilic multilamellar body。小体内的主要成分为磷脂，以二棕榈酰卵磷脂为主。颗粒内物质释放出来后，在肺泡表面形成一层黏液层，称为表面活性物质 surfactant。表面活性物质有降低肺泡表面张力、稳定肺泡大小的作用。呼气时肺泡缩

应用链接

表面活性物质的缺乏或变性均可引起肺不张，过度通气可造成表面活性物质缺乏；吸入毒气可直接破坏表面活性物质。新生儿透明膜病是因为Ⅱ型肺泡细胞发育不良，表面活性物质合成和分泌障碍，致使肺泡表面张力增大，婴儿出生后肺泡不能扩张，出现新生儿呼吸窘迫症。Ⅱ型肺泡细胞有分裂、增殖并分化为Ⅰ型肺泡细胞的潜能，故具有修复受损伤上皮的作用。

小，表面活性物质密度增加，表面张力降低，防止肺泡过度塌陷；吸气时肺泡扩张，表面活性物质密度减小，肺泡回缩力加大，可防止肺泡过度膨胀（图5-14）。

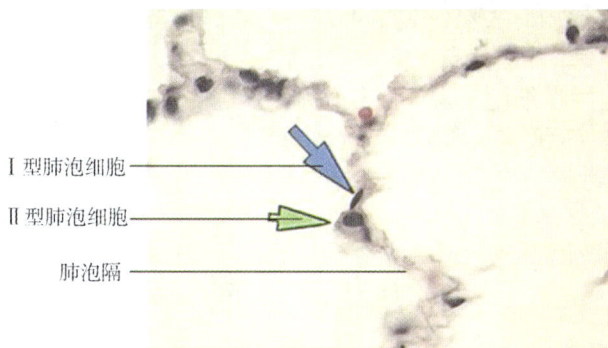

Ⅰ型肺泡细胞
Ⅱ型肺泡细胞
肺泡隔

图 5-14　肺泡光镜图

（2）肺泡隔 alveolar septum：是相邻肺泡之间的薄层结缔组织。肺泡隔内有稠密的连续毛细血管网与肺泡壁相贴。肺泡隔内还有较多的弹性纤维，其弹性回缩作用可促使扩张的肺泡回缩。如果弹性纤维退化变性，肺泡弹性减弱回缩较差，会影响肺的呼吸功能，久之将使肺泡扩大，导致肺气肿。肺泡隔内还有成纤维细胞、巨噬细胞、浆细胞和肥大细胞等。肺泡腔内的 O_2 与肺泡隔毛细血管内 CO_2 之间进行气体交换所通过的结构，称气-血屏障 blood-air barrier。气-血屏障由肺泡表面液体层、Ⅰ型肺泡细胞与基膜、薄层结缔组织、毛细血管基膜与内皮构成。有的部位两层基膜之间没有结缔组织成分，上皮基膜和毛细血管基膜相融合。气-血屏障很薄，间质性肺炎时，肺泡隔内结缔组织水肿、炎症细胞浸润，使肺换气功能发生障碍（图5-15）。

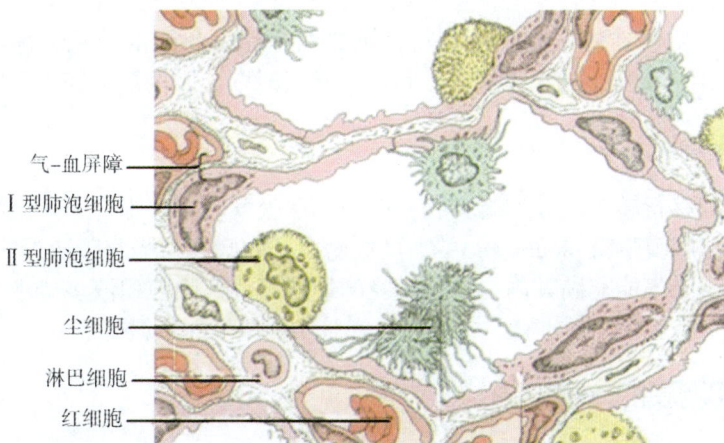

气-血屏障
Ⅰ型肺泡细胞
Ⅱ型肺泡细胞
尘细胞
淋巴细胞
红细胞

图 5-15　肺泡结构模式图

（3）肺泡孔 alveolar pore：是相邻肺泡之间相通的小孔，当某个终末细支气管或呼吸性细支气管阻塞时可通过肺泡孔建立侧支通气道，肺部感染时，肺泡孔也是炎症迅速蔓延的通道。

（三）肺间质和肺巨噬细胞

肺内结缔组织及其中的血管、淋巴管和神经为肺的间质。肺巨噬细胞 pulmonary macrophage 数量较多，广泛分布于间质内，肺泡隔内较多。肺泡巨噬细胞来源于单核细胞，有十分活跃的吞噬、免疫和分泌功能，起着重要的防御作用。肺巨噬细胞吞噬进入肺内的尘粒后，称为尘细胞 dust cell。

> **思 考**
>
> 急性呼吸窘迫综合征（SARS）为什么会导致病人呼吸困难？

第五节　胸　膜

胸膜 pleura 是被覆于胸腔内面和肺表面的浆膜。

一、胸膜分部

（一）脏胸膜 visceral pleura
被覆于肺表面，与肺紧密结合，并折入左、右肺斜裂和右肺水平裂内。

（二）壁胸膜 parietal pleura
覆盖于膈上面称膈胸膜。衬贴在纵隔两侧面称纵隔胸膜，纵隔胸膜在中部包绕肺根移行于脏胸膜。衬贴于胸壁内面称肋胸膜。突出于胸廓上口，覆盖于肺尖上方的部分称胸膜顶。

二、胸膜腔

壁、脏两层胸膜在肺根处相互移行，围成两个完全封闭的腔隙，称胸膜腔 pleural cavity。正常腔内为负压，有少许浆液，可减少呼吸时壁、脏两层胸膜之间的摩擦。

三、胸膜隐窝

壁胸膜相互移行转折之处的胸膜腔，即使在深吸气时，肺缘也不能充满此空间，胸膜腔的这部分称胸膜隐窝 pleural recess。肋膈隐窝是肋胸膜与膈胸膜转折处的胸膜隐窝，当深吸气时肺下缘不能充满其内，是胸膜腔的最低部位，胸腔积液多聚于此。所以临床作胸腔穿刺或引流均在此处进行，进针部位在腋中线第 8~10 肋之间。

四、肺和胸膜的体表投影

（一）肺的体表投影
锁骨内侧 1 / 3 段上方 2~3cm 为肺尖的投影。两肺前缘的投影是自肺尖内侧缘向内下斜行，经胸锁关节后方，至胸骨角水平左、右肺前缘靠近，再向下右肺近似垂直到第 6 胸肋关节处移行为右肺下缘；左肺前缘近似垂直下行到第 4 胸肋关节水平后，再沿心切迹向外下呈弧形弯曲，于第 6 肋软骨中点处移行为左肺下缘。两肺后缘自肺尖向后内下方，然后紧靠脊柱两侧垂直下降至第 10 胸椎棘突高度处移行为两肺下缘。两肺下缘的投影基本一致，各自从前面的起始处分别向外下方行，在锁骨中线上平第 6 肋，腋中线上平第 8 肋，在肩胛线上平第 10 肋，在靠近脊柱处平第 10 胸椎棘突（图 5-16）。

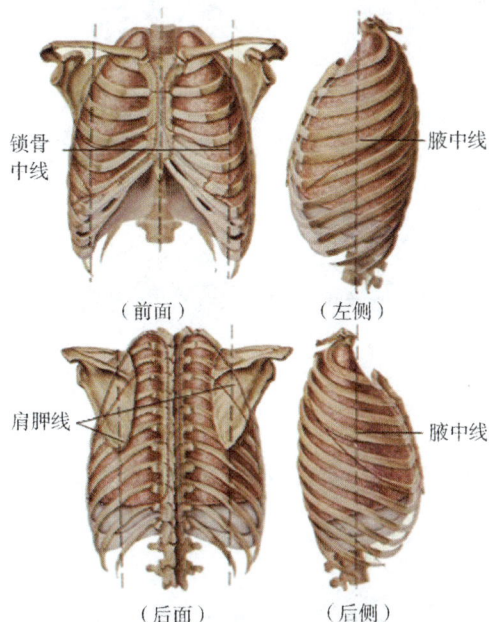

图 5-16　胸膜与肺的体表投影

（二）胸膜的体表投影

两侧胸膜顶和胸膜前、后界的投影与两肺尖和两肺前、后缘的投影基本一致。两侧胸膜下界的投影比两肺下缘的投影大约低 2 根肋骨。

表5-1　肺与胸膜下界的体表投影

	锁骨中线	腋中线	肩胛线	脊柱旁
肺下界	第6肋	第8肋	第10肋	平第10胸椎棘突
胸膜下界	第8肋	第10肋	第11~12肋	平第12胸椎棘突

第六节　纵　隔

纵隔 mediastinum 是两侧纵隔胸膜之间的全部器官、结构及结缔组织的总称（图 5-17）。

一、境界

前界：胸骨。后界：脊柱胸段。两侧界：纵隔胸膜。上界：胸廓上口。下界：膈。纵隔的正常位置决定于两侧胸膜腔压力的平衡，一旦平衡失调，纵隔即向压力小的一侧偏移。如一侧肺萎缩不张时，移向患侧；一侧开放性气胸或张力性气胸时，则移向健侧。

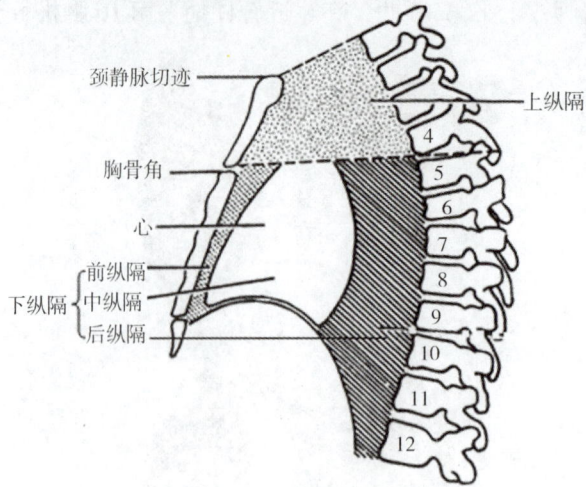

图 5-17 纵隔分部

二、分部及主要结构

以胸骨角平面分上纵隔和下纵隔。下纵隔又以心包为界，分为前纵隔、中纵隔和后纵隔。

（一）上纵隔主要内容

胸腺、头臂静脉、上腔静脉、膈神经、迷走神经、喉返神经、主动脉弓及三大分支（头臂干、左颈总动脉和左锁骨下动脉）、气管、食管、胸导管和淋巴结。

（二）下纵隔

1. 前纵隔内含有少量淋巴结及疏松结缔组织。

2. 中纵隔内含有心包、心、升主动脉、上腔静脉、肺动脉干及其分支、左右肺静脉、膈神经、气管杈和淋巴结等。

3. 后纵隔内含有食管、胸导管、胸主动脉、奇静脉、半奇静脉、迷走神经、胸交感干和淋巴结等。

练习题

一、A1 型题（单句型最佳选择题）

1. 甲状软骨的说法哪项错误

    A. 是喉软骨中最大的一对软骨   B. 下角与杓状软骨形成关节

    C. 借环甲膜连于舌骨   D. 两侧甲状软骨板前缘相交形成喉结

    E. 下角与环状软骨形成关节

2. 颅中窝骨折病人，血性脑脊液经鼻腔流出，可能伤及脑膜和哪个鼻旁窦

    A. 额窦   B. 上颌窦   C. 筛窦

    D. 蝶窦   E. 上颌窦和额窦

3. 与牙齿毗邻最近的鼻旁窦是

    A. 前、中筛窦   B. 额窦   C. 蝶窦

D. 上颌窦
E. 后筛窦

4. 鼻旁窦积液最不易引流的是

A. 额窦
B. 上颌窦
C. 蝶窦

D. 筛窦前、中群
E. 筛窦后群

5. 鼻腔嗅区黏膜仅为

A. 鼻中隔上部的黏膜

B. 上鼻甲内侧的黏膜

C. 上鼻甲和中鼻甲的黏膜

D. 上鼻甲内侧面及与其相对的鼻中隔以上部分的黏膜

E. 中鼻甲的黏膜

6. 食物容易滞留的部位是

A. 咽后壁
B. 软腭黏膜的深部
C. 梨状隐窝

D. 腭扁桃体窝内
E. 咽隐窝

7. 呼吸道中最狭窄的部位为

A. 前庭裂
B. 声门裂
C. 喉前庭

D. 喉中间腔
E. 声门下腔

8. 关于喉的正确描述是

A. 环甲肌收缩时声带松弛

B. 除环甲肌以外各喉肌均由喉返神经支配

C. 喉室位于前庭襞上方

D. 甲状软骨、环状软骨之间只借韧带连结

E. 会厌位于喉的后方

9. 喉软骨支架中，惟一完整的软骨环是

A. 会厌软骨
B. 甲状软骨
C. 环状软骨

D. 杓状软骨
E. 小角状软骨

10. 声门裂位于

A. 两侧前庭襞之间
B. 两侧声襞之间
C. 两侧声韧带之间

D. 两侧喉室之间
E. 方形膜的下缘

11. 喉室属于

A. 喉前庭的一部分
B. 喉中间腔的一部分

C. 声门下腔的一部分
D. 喉咽部的一部分

E. 喉口以下的空腔

12. 关于气管的描述，哪项是错误的

A. 气管杈的位置平胸骨角高度

B. 第 2～4 气管软骨前方有甲状腺峡

C. 气管位于食管的前方

D. 有 16～20 个"C"形软骨环

E. 位于中纵隔内

13. 关于左主支气管，正确描述是

A. 比右主支气管短
B. 在食管前方走行

C. 位于食管后方　　　　　　　　D. 在左肺动脉之上方到达肺门

E. 在左肺静脉之下方到达肺门

14. 下列哪项不是肺根的结构

    A. 肺动、静脉　　　　　　　　　B. 肺叶支气管

    C. 肺支气管动、静脉　　　　　　D. 淋巴结　　　　　　　　E. 神经

15. 关于肺静脉，正确的叙述是

    A. 属于后纵隔内容　　　　　　　B. 每侧通常有一条　　　　C. 位于肺动脉后方

    D. 是肺的营养性血管　　　　　　E. 是肺的功能性血管

16. 肺的体表投影正确的是

    A. 肺尖低于胸膜顶 1cm

    B. 前界左肺在第 6 肋间隙转向外侧

    C. 肺下界在锁骨中线与第 6 肋相交

    D. 肺下界在腋中线与第 9 肋相交

    E. 肺后方下界终于第 12 胸椎棘突

17. 肺的正确描述是

    A. 位于胸廓内

    B. 经固定液固定的右肺上方有主动脉压迹

    C. 经固定液固定的左肺上方有奇静脉沟

    D. 肺尖向上经胸廓上口突至颈根部

    E. 深吸气时可充满肋膈隐窝

18. 关于肺的错误说法是

    A. 肺底又称膈面　　　　　　　　B. 两肺的前缘有心切迹

    C. 左肺的前缘有左肺小舌　　　　D. 肺与胸廓相邻的面称胸肋面

    E. 纵隔面中央凹陷处称肺门

19. 关于胸膜腔正确的叙述是

    A. 由脏、壁胸膜共同围成的密闭窄隙

    B. 由壁胸膜相互返折而成

    C. 可通过呼吸与外界相通

    D. 左、右胸膜腔经气管相连

    E. 其内有左、右肺和少量液体

20. 关于两侧胸膜腔，正确的叙述是

    A. 内含少量浆液　　　　　　　　B. 借心包横窦相通

    C. 借膈主动脉裂孔和腹膜腔相通　D. 下界在腋中线平第 8 肋

    E. 内有两肺

21. 关于肋膈隐窝，正确的叙述是

    A. 呈半月状，是胸膜腔最低部分　B. 由脏胸膜和壁胸膜返折形成

    C. 当深吸气时能被肺下缘充满　　D. 由胸壁和膈围成

    E. 通常不含浆液

22. 胸膜下界在锁骨中线处相交于

    A. 第 6 肋　　　　　　　　　　　B. 第 7 肋　　　　　　　　C. 第 8 肋

D. 第 9 肋   E. 第 10 肋

23. 肋膈隐窝由下列结构返折形成

  A. 肋胸膜与膈胸膜   B. 肋胸膜与纵隔胸膜

  C. 纵隔胸膜与膈胸膜   D. 肋胸膜与胸膜顶

  E. 纵隔胸膜与脏胸膜

二、名词解释

1. 上呼吸道   2. 声门裂   3. 喉室

4. 肺门   5. 肺根   6. 纵隔

7. 胸膜腔   8. 肋膈隐窝   9. 气－血屏障

（李润琴）

第六单元

泌尿系统

要点导航

学习要点

掌握：泌尿系统的组成和功能；肾的位置、形态；肾小体结构特点及其功能；输尿管的行程、三个狭窄及临床意义；膀胱的位置、形态及膀胱三角的临床意义。

熟悉：泌尿小管的组成；肾的被膜、剖面结构；近、远端小管的形态和结构；膀胱壁的结构特点。

了解：肾血液循环的特点。

技能要点

标本确认：肾的位置、形态和被膜，输尿管的行程和三个狭窄，膀胱的位置、形态及膀胱三角。

活体指出：肾区在活体的位置。

泌尿系统 urinary system 由肾、输尿管、膀胱和尿道四部分组成（图 6-1）。其主要功能是把人体新陈代谢过程中产生的溶于水的废物，如尿素、尿酸、肌酸、肌酐等，经血液循环运送到肾，经肾的滤过、重吸收和分泌作用形成尿，再由输尿管送入膀胱储存，排尿时即通过尿道排出体外。肾功能衰竭导致尿毒症最有效的疗法是肾移植，此项手术在我国已经较广泛地开展。肾除了能形成尿外，还有产生促红细胞生成素和肾素等内分泌功能。

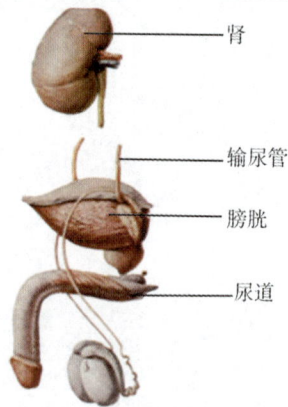

肾

输尿管

膀胱

尿道

图 6-1　泌尿生殖系统（男性）

第一节　肾

一、肾的位置

肾 kidney 紧贴腹后壁位于脊柱两侧，属腹膜外位器官。由于右肾上方有大而实质性的肝，因此，左肾比右肾高 1/2~1 个椎体，即左肾上端平第 11 胸椎，下端平第 2 腰椎；

右肾上端平第 12 胸椎，下端平第 3 腰椎（图 6-2）。竖脊肌外侧缘和第 12 肋的夹角处是肾门的体表投影部位称肾区 renal region，肾炎和肾盂肾炎时可有叩击痛（图 6-3）。肾的位置随年龄、体位、体型等的不同而有差异。

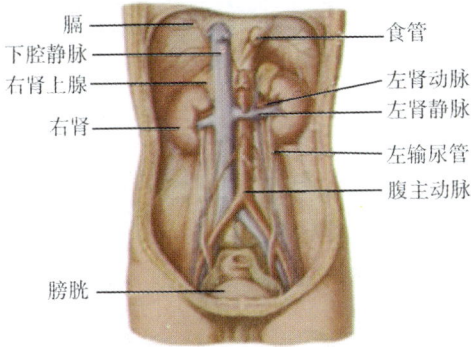

图 6-2　肾的位置（前面观）

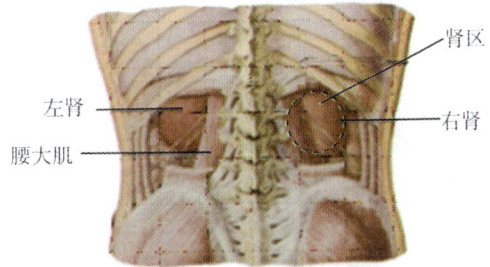

图 6-3　肾的位置（后面观）

二、肾的形态

肾为左、右各一的实质性器官，形似蚕豆，新鲜时呈红褐色，质地柔软，每侧肾重 130~150g。肾分为上、下两端，前、后两面，内侧与外侧两缘（图6-4）。上端宽而薄与肾上腺相接，下端厚而窄；前面凸向腹外侧，后面紧贴腹后壁；外侧缘膨隆，内侧缘中央部的凹陷，称肾门 renal hilum，是肾血管、肾盂、淋巴管和神经出入的部位，这些结构被结缔组织包裹成肾蒂 renal pedicle；

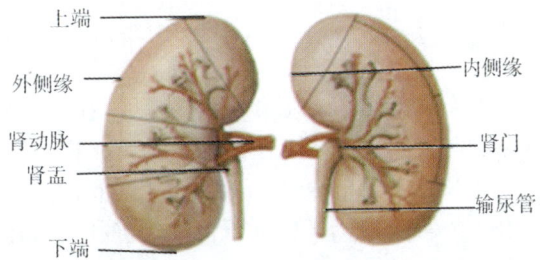

图 6-4　肾

由于下腔静脉偏左侧，因此肾蒂左长右短。肾蒂内的主要结构由前到后依次为肾静脉、肾动脉和肾盂，自上而下依次为肾动脉、肾静脉和肾盂。

三、肾的构造

观察肾的冠状切面上，肾分为肾实质和肾窦两部分，肾窦为肾门向肾内凹陷形成的一个较大的空腔，肾实质又分为表层的皮质和深层的髓质（图6-5）。肾皮质 renal cortex 中伸入肾锥体之间的部分称为肾柱 renal column。肾皮质血管丰富，因此新鲜标本呈褐色，其中肉眼可见红色细小颗粒，主要由肾小体组成，是肾的泌尿部。肾髓质 renal medulla 血管少则色呈浅红，是肾的排泄部。髓质由 15~20 个圆锥形的肾锥体 renal pyramid 构成，其底朝向皮质，尖朝向肾窦；尖端圆钝称肾乳头 renal papillae，

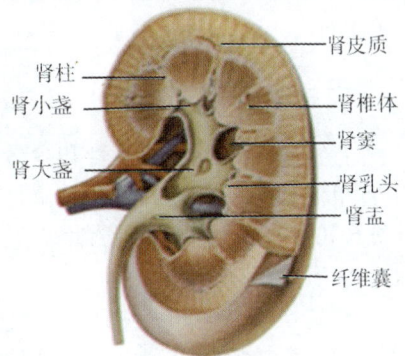

图 6-5　肾的冠状剖面

上有 10~30 个乳头管的开口，尿液由此流入肾小盏。肾小盏 minor renal calice 是包绕肾乳头呈漏斗状的膜性短管。2~3 个肾小盏合成一个肾大盏 major renal calice，每个肾有 2~3 个肾大盏。所有肾大盏合并成一个前后扁平的漏斗状的肾盂 renal pelvis，出肾门后向内下变细移行为输尿管。

四、肾的被膜

肾的外面，由内向外依次有纤维膜、脂肪囊和肾筋膜三层被膜（图 6-6、图 6-7）。

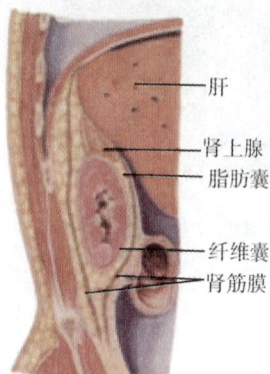

图 6-6　肾的筋膜（纵切）

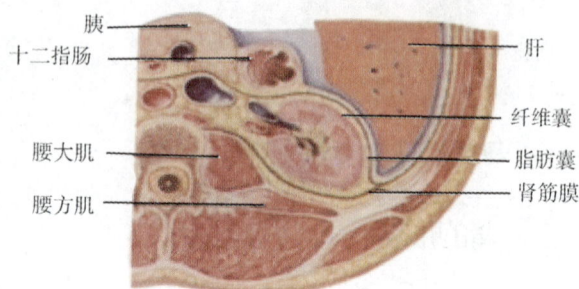

图 6-7　肾的被膜（横切）

1. 纤维囊 fibrous capsule　为紧贴在肾表面薄而致密的结缔组织膜，在正常情况下，纤维膜与肾实质连结疏松，易于剥离；肾结核或炎性粘连等病理情况时，则不易剥离。

2. 脂肪囊 adipose capsule　位于纤维膜与肾筋膜之间的脂肪组织层，包被肾和肾上腺并伸入肾窦内，又称肾床，起保护和支持作用。临床上作肾囊封闭时，即将药液注入脂肪囊内。

3. 肾筋膜 renal fascia　为致密的结缔组织膜，分前、后两层，包裹肾、肾上腺和脂肪囊。在肾上腺上方和肾外侧，前、后两层互相融合；在肾的下方，前、后两层分离，其间有输尿管通过，病理状况下，炎症或脓液可沿此向下蔓延至髂窝。肾前筋膜左、右相互移行，左、右肾后筋膜均向内附于椎体筋膜。

肾的被膜、肾血管、肾周围脏器、腹膜及腹内压等因素对维持肾的正常位置起到重要作用，如果上述固定因素发生病理性改变，加上肾筋膜下方充分开放，可导致肾下垂（游走肾）。

五、肾的微细结构

肾实质由大量泌尿小管和少量的结缔组织、血管、淋巴管和神经等构成。泌尿小管由肾单位和集合管构成。肾单位是肾的结构和功能基本单位，分肾小体和肾小管两部分（图 6-8）。集合管收集、浓缩尿液，开口于肾小盏。

（一）肾单位

1. 肾小体　位于肾皮质和肾柱内的球形结构，由肾小球和肾小囊组成。肾小球是入球微动脉（较粗短）和出球微动脉（较细长）之间的盘曲毛细血管团，电镜下为有孔型毛细血管，利于血液中小分子物质的滤出。肾小囊为肾小管的起端扩大凹陷而成的双层盲囊，分壁层和脏层。两层囊壁之间的腔隙称肾小囊腔。肾小囊外层为由单层扁平上皮构成的壁层；内层为由足细胞构成的脏层。足细胞胞体较大，足突形成栅栏状结构贴附在肾小球毛细血管基膜外面，足突间有微小的裂隙为裂孔，盖有裂孔膜（图6-9）。

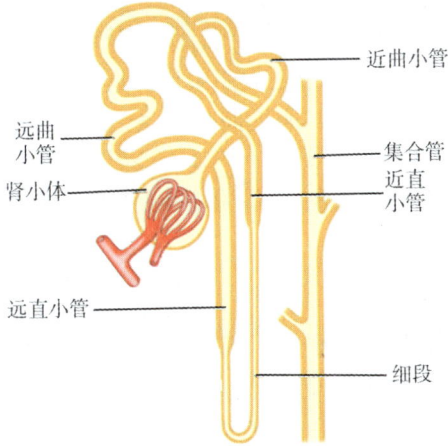

图 6-8　肾单位

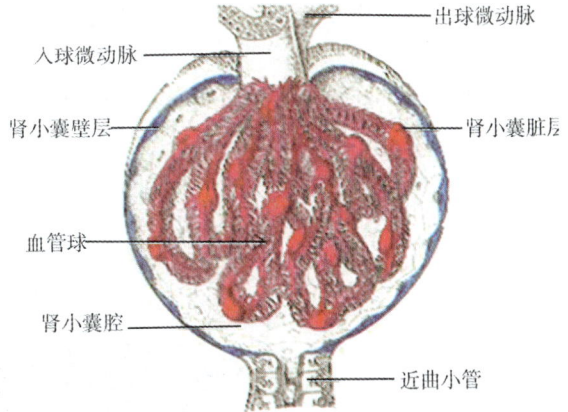

图 6-9　肾小体模式图

滤过屏障（滤过膜）由有孔毛细血管内皮层、基膜层和足细胞的裂孔膜构成。当血液流经肾小球的毛细血管时，在血压等因素下除血细胞和血浆蛋白外，血液中的其他物质均可通过滤过膜滤入肾小囊腔成为原尿（图6-10）。

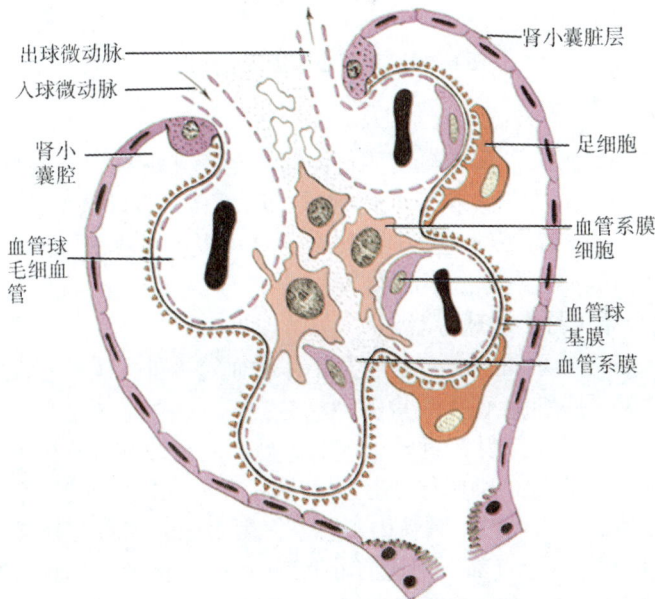

图 6-10　肾小体模式图

2. 肾小管　是一条长而弯的单层上皮管道，由近端小管、细段和远端小管三部分组成（图6-11）。

近端小管是由单层立方上皮或锥体形细胞构成的肾小管起始段，管腔小且不规则，它又由近曲小管和近直小管构成。电镜下，游离面可见有微绒毛并构成刷状缘，扩大了表面积。近端小管的结构特点使其成为重吸收原尿成分的主要场所，原尿中几乎所有葡萄糖、氨基酸、蛋白质及大部分水、离子和尿素等均在此被重吸收。同时，近端小管还具有排泄功能。

细段的管径最小，由单层扁平上皮构成，有利于水和离子通透。

远端小管是由单层立方上皮构成的肾小管末端，管腔较大且规则，无刷状缘，它又由远直小管和远曲小管两部分构成。电镜下，细胞游离面微绒毛少而短小。远直小管基部质膜上有丰富的 Na^+–K^+–ATP 酶，能主动向间质运转 Na^+，而远曲小管是离子交换的重要部位。

髓袢：由近端小管直部、细段和远端小管直部共同构成的"U"形结构。

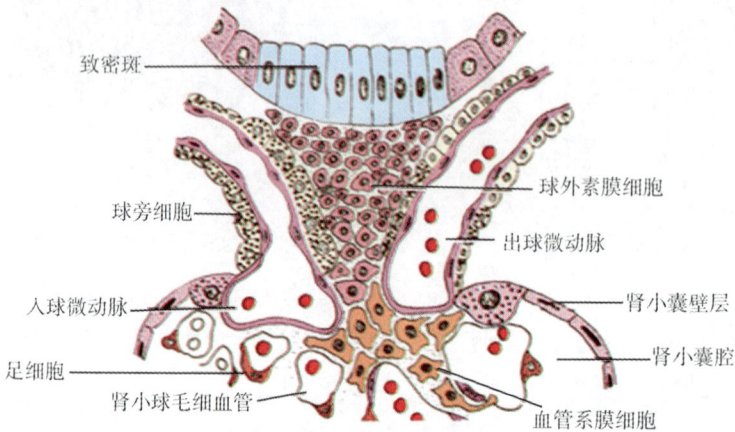

图 6-11　泌尿小管上皮模式图

（二）集合管

集合管由远曲小管汇合而成，自皮质行向髓质至肾乳头移行为乳头管，开口于乳头孔。集合管起始由单层立方上皮构成，后细胞逐渐增高，至乳头管成为单层柱状上皮。电镜下，细胞器少，游离面微绒毛稀少。集合管进一步重吸收水、Na^+ 及排出 K^+，并和远曲小管一样受醛固酮和抗利尿激素的调节。

（三）球旁复合体（肾小球球旁器）

球旁复合体 juxtaglomerular complex 于肾小体的血管极处，大致呈三角形。包括球旁细胞、致密斑和球外系膜细胞（图 6-12）。

1. 球旁细胞　在入球微动脉接近肾小球血管处，入球微动脉管壁的平滑肌细胞分化成上皮样细胞，称球旁细胞。细胞体积较大，呈立方形，核大而圆，胞质呈弱嗜碱性，电镜下胞质内有较多的分泌颗粒，颗粒内含肾素，因为球旁细胞可分泌肾素。

2. 致密斑　在远端小管直部迂回至肾小体侧，上皮细胞增高变窄形成一个椭圆形斑，称致密斑。致密斑细胞的细胞核椭圆形位于顶部，胞质色浅。致密斑是一种离子感受器，能敏锐地感受远端小管内液体的 Na^+ 浓度的变化，如果 Na^+ 浓度降低，它还将此信息传递给球旁细胞，从而可影响肾素的分泌。

3. 球外系膜细胞　在入球微动脉、出球微动脉和致密斑间的三角区内的细胞团，功能尚不清楚。

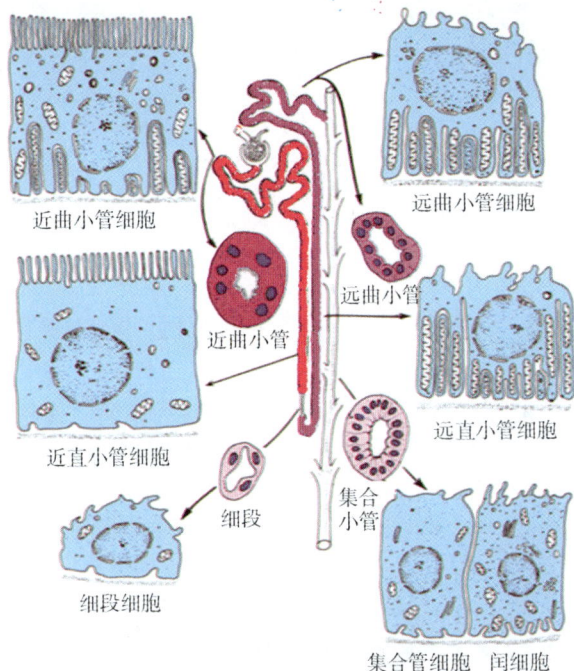

图 6-12　球旁复合体模式图

（四）肾的血液循环

肾血液循环的作用主要是清除血中代谢废物、形成尿液排出和营养肾组织。肾的血液循环与肾功能密切相关，因此肾血液循环具有以下特点：①肾动脉是肾的营养性血管，又是肾的功能性血管；②肾动脉直接来自腹主动脉，血流量大，流速快；③入球微动脉较出球微动脉粗短，故在肾小球内形成压力较高，有利于肾小球的滤过；④肾血流通路中出现两套毛细血管网，即血管球毛细血管网和球后毛细血管网。

第二节　输尿管

输尿管 ureter 为一对位于腹后壁的细长肌性管道，上接肾盂，下连膀胱，它通过节律性蠕动将尿液从肾输入膀胱。成人输尿管长 20~30cm，管径 5~7mm（图 6-2）。输尿管全长分三段，依其走行分别为腹段、盆段和壁内段。

腹段起自肾盂，沿腰大肌前面下行，逐渐转向内侧至小骨盆入口处，右侧输尿管越过右髂外血管前面，左侧输尿管越过左髂总血管前面，进入盆腔，即移行为盆段。盆段起自小骨盆入口处，沿盆腔侧壁行向后下，在男性绕过输精管后方进入膀胱；在女性则于子宫颈外侧，行经子宫动脉的后方，与之交叉。壁内段经膀胱底外上角斜穿入膀胱壁，开口于膀胱底内面的输尿管口。

输尿管全程有三处狭窄：上狭窄为肾盂与输尿管移行处；中狭窄在跨过髂血管的小骨盆

思　考

临床上输尿管结石易嵌顿在狭窄处，引起绞痛，甚至肾盂积水。为什么？

入口处；下狭窄即壁内段。

第三节 膀 胱

膀胱 urinary bladder 是储存尿液的肌性囊状器官，其形状、位置、大小和壁的厚度均可随尿液充盈程度和年龄不同而变化。正常成人膀胱平均容尿量 300~500ml，最大可达 800ml，女性膀胱容量较男性略小。

一、膀胱的位置与毗邻

膀胱位于盆腔内，前方为耻骨联合；后方在男性为精囊、输精管壶腹和直肠，在女性为子宫和阴道；下方男性与前列腺相邻，女性与尿生殖膈相邻。

二、膀胱的形态

成人膀胱充盈时呈卵圆形，空虚时呈三棱锥形，分尖、体、底和颈四部（图6-13）。膀胱尖，又称膀胱顶，朝向前上方；膀胱底朝向后下方，为三角形；膀胱底与膀胱尖之间，即膀胱体；膀胱颈为缩细的最下部，其下端即尿道的开口，称尿道内口。

膀胱内面空虚时，黏膜有很多皱襞，充盈时皱襞可减少或消失。

应用链接

膀胱空虚时不超过耻骨联合上缘，充盈时则超过此缘，并可在下腹部耻骨联合上方触及膀胱。膀胱上面、两侧和后面均被腹膜覆盖，而下面无腹膜覆盖。膀胱充盈上升时，腹前壁下部及膀胱顶的腹膜均随膀胱的上升而向上推移，膀胱的前壁与腹前壁之间并无腹膜，此时在腹前壁进行耻骨联合上缘膀胱穿刺或膀胱手术，可不经腹膜腔而直达膀胱，从而避免污染腹膜腔。

在膀胱底的内面，其两侧外上角输尿管口与其下角中间的尿道内口之间的三角区域，因缺少黏膜下层，无论膀胱空虚或充盈，黏膜始终平滑而无皱襞，称为膀胱三角 trigone of bladder，是肿瘤、结核和炎症的好发部位（图6-14）。

图 6-13 男性膀胱侧面观

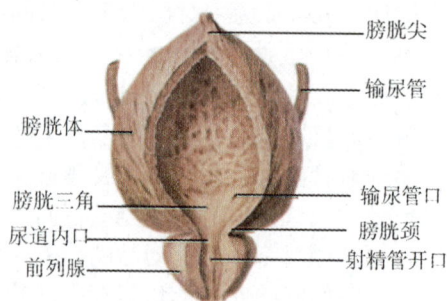

图 6-14 男性膀胱内腔（前面观）

三、膀胱壁的微细结构

膀胱壁自外向内，由外膜（多为浆膜）、肌层、黏膜下层和黏膜层所组成。肌层厚，为平滑肌，统称逼尿肌，有外纵、中环和内纵三层，在尿道内口周围，环形肌增厚形成膀胱括约肌。

第四节　尿　道

尿道 urethra 为膀胱与体外相通的排尿管道，在男性兼有排精的功能。

女性尿道起始于膀胱的尿道内口，经阴道前方斜行向前下方，穿过尿生殖膈，终止于阴道前庭的尿道外口。尿道内口周围膀胱括约肌环绕，穿过尿生殖膈时，有被骨骼肌形成的尿道阴道括约肌（尿道外括约肌）环绕，控制排尿。由于女性尿道短、宽而直，且距阴道口和肛门较近，故尿路逆行感染以女性较为多见。

练习题

一、A1 型题（单句型最佳选择题）

1. 下列关于肾的描述，错误的是
   A. 肾可分为皮质、髓质和肾窦三部分
   B. 肾锥体与肾乳头两者数目一致
   C. 皮质伸入肾锥体之间的部分称为肾柱
   D. 肾小盏与肾乳头两者数目一致
   E. 肾锥体的尖端伸向肾窦称为肾乳头

2. 下列关于膀胱的叙述，错误的是
   A. 位于小骨盆腔内
   B. 不充盈时上界不超过耻骨联合上缘
   C. 分为顶、体、底、颈四部
   D. 充盈时可高出耻骨联合上缘
   E. 膀胱三角处黏膜光滑平坦

3. 属于肾蒂的结构是
   A. 肾皮质和肾柱　　　　　　　　B. 肾锥体和肾乳头
   C. 肾小盏和肾大盏　　　　　　　D. 输尿管　　　　　　E. 肾盂

4. 肾外面的被膜为
   A. 肾纤维囊　　　　　　　　　　B. 脂肪囊　　　　　　C. 肾筋膜
   D. 腹膜壁层　　　　　　　　　　E. 腹横筋膜

5. 下列关于肾的描述，错误的是
   A. 左右各一，右肾略低于左肾
   B. 肾的内侧缘中部凹陷为肾门，约平对第 1 腰椎体
   C. 肾位于腹膜后隙内，属于腹膜外位器官

  D. 肾区位于第 12 肋和脊柱的交角处，肾患疾病时，该处有压痛和叩击痛

  E. 伸入肾锥体之间的皮质称为肾柱

二、名词解释

1. 肾门

2. 肾窦

3. 膀胱三角

4. 肾区

（解秋菊）

第七单元

生殖系统 ◀ ●●

要点导航

知识要点

掌握：男、女性生殖系统的组成、主要功能；睾丸的位置和微细结构；男性尿道的分部和形态特点；卵巢的位置和微细结构；输卵管的位置和分部；子宫的形态、位置和固定装置。

熟悉：睾丸的形态；前列腺的位置形态；输精管的行程；射精管的组成和开口部位；女性乳房的结构；会阴的概念和分部。

了解：附睾的位置、形态和功能；精索的概念；精囊腺、尿道球腺的位置和功能；阴茎的形态、结构；阴囊的形态、结构；子宫壁的微细结构和月经周期；阴道的位置、形态、毗邻关系；女阴的形态结构。

技能要点

标本确认：男、女性生殖系统的组成；输精管、精囊、前列腺、输卵管、子宫的位置和形态；在光镜下辨认精曲小管、间质细胞、卵巢卵泡。

生殖系统 genital system 包括男性生殖系统和女性生殖系统，其主要功能是产生生殖细胞、分泌性激素和繁衍新个体。男、女性生殖系统均包括内生殖器和外生殖器两部分。内生殖器多位于盆腔内，主要包括生殖腺、生殖管道和附属腺；外生殖器则露于体表（图 7-1）。内、外生殖器组成详见表 7-1。

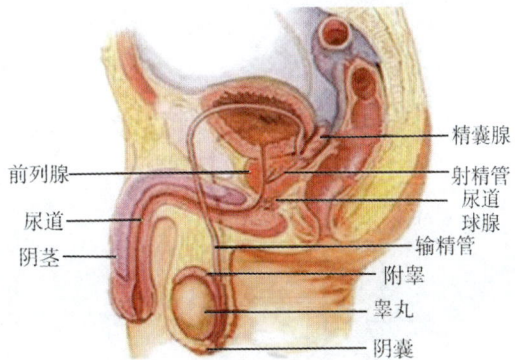

图 7-1　男性生殖系统概观

表 7-1　男、女性生殖系统的组成

		男性生殖系统	女性生殖系统
内生殖器	生殖腺	睾丸	卵巢
	生殖管道	附睾、输精管、射精管、尿道	输卵管、子宫、阴道
	附属腺	前列腺、精囊、尿道球腺	前庭大腺
外生殖器		阴囊、阴茎	女阴

161

第一节 男性生殖系统

一、内生殖器

（一）睾丸

睾丸 testis 是男性生殖腺，具有产生精子和分泌男性激素的功能 .。

1. 位置和形态 睾丸位于阴囊内，左右各一，呈扁椭圆形，表面光滑，分为前、后两缘，上、下两端和内、外侧两面。前缘游离，后缘有血管、神经和淋巴管出入，并与附睾和输精管的睾丸部相接触。上端被附睾头遮盖，下端游离（图 7-2）。

睾丸除后缘外都覆有鞘膜，分为壁层和脏层，壁层紧贴阴囊壁内面，脏层包贴睾丸和附睾表面。脏、壁两层在睾丸的后缘处相互移行，共同围成封闭的间隙称鞘膜腔，内有少量浆液，起润滑作用。

> **应用链接**
>
> 鞘膜腔内的液体可因炎症增多，形成睾丸鞘膜积液。睾丸若被细菌或病毒感染可引起睾丸炎，严重者可影响生育。

2. 睾丸的微细结构 睾丸的表面有一层致密的结缔组织膜，称白膜。白膜在睾丸的后缘增厚形成睾丸纵隔。从纵隔发出许多睾丸小隔，将睾丸实质分为 100~200 个睾丸小叶。每个小叶内含有 1~4 条盘曲的精曲小管。精曲小管汇合成精直小管进入睾丸纵隔内吻合成睾丸网，睾丸网最后形成十多条睾丸输出小管进入附睾。输精小管之间的结缔组织称睾丸间质（图 7-3）。

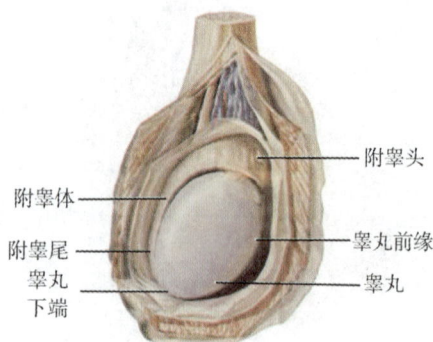

图 7-2 睾丸及附睾

附睾体 — 附睾头
附睾尾 — 睾丸前缘
睾丸下端 — 睾丸

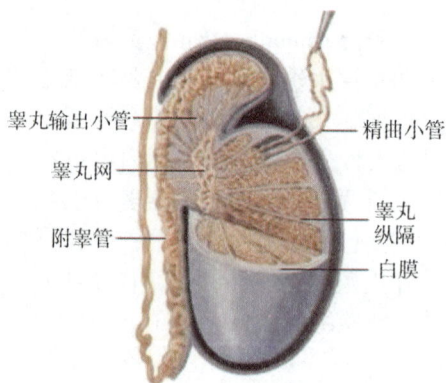

图 7-3 睾丸及附睾的结构

睾丸输出小管 — 精曲小管
睾丸网 — 睾丸纵隔
附睾管 — 白膜

3. 精曲小管 是产生精子的部位，其管壁由生精细胞和支持细胞构成（图 7-4，7-5）。

（1）生精细胞 spermatogenic cell：为一系列不同发育阶段生殖细胞的总称，镶嵌在支持细胞之间的不同位置。包括精原细胞、初

> **应用链接**
>
> 从精原细胞发育成精子大约经历 64 天。精子细胞在演变过程中，常出现畸形精子，如巨大形、短小形、双头、双尾、小头、大头和无尾等。畸形精子如超过 40%，可出现男性不育。

级精母细胞、次级精母细胞、精子细胞和精子（图7-4）。①精原细胞 spermatogonia：是最幼稚的生精细胞，紧靠基膜，细胞呈圆形或卵圆形，体积较小，核圆形。从青春期开始，精原细胞不断分裂，其中一部形成初级精母细胞，另一部分产生新的精原细胞。②初级精母细胞 primary spermatocyte：体积较大，位于精原细胞的内面，常有数层，由于处于分裂期，故染色体变得粗大，核呈丝球状（核型46，XY）。细胞经过DNA复制后，进行第一次成熟分裂，形成2个次级精母细胞。③次级精母细胞 secondary spermatocyte：体积较小，染色较深，位于初级精母细胞的内面，更靠近管腔（核型23，X或23，Y）。不经过DNA复制，立即进行第二次成熟分裂，1个次级精母细胞分裂成2个精子细胞。④精子细胞 spermatid：位于曲精小管的近腔面或腔面，体积较小，数量较多，核圆，染色深（核型23，X或23，Y）。精子细胞不再分裂，经过复杂的形态变化成为精子。⑤精子 spermatozoon：形似蝌蚪，分头部和尾部。新形成的精子，头部镶嵌在支持细胞的顶部，尾部朝向管腔。精子头部主要为浓缩的细胞核，头前2/3覆盖有顶体，顶体内有多种水解酶，这些酶在受精时将起重要作用。精子的尾部细长，是精子的运动装置。

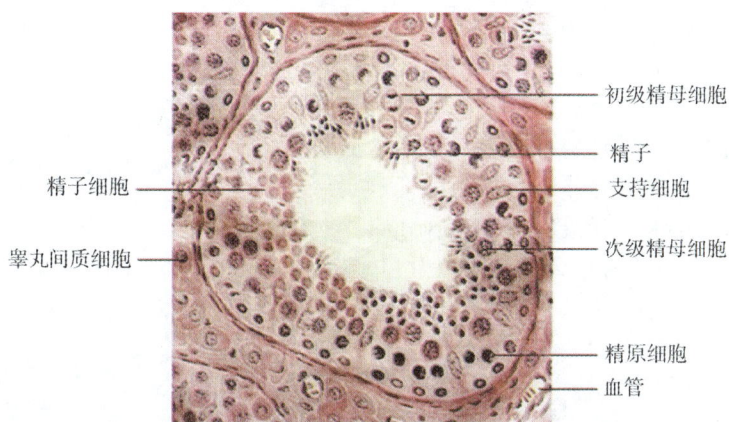

图7-4　精曲小管与睾丸间质模式图

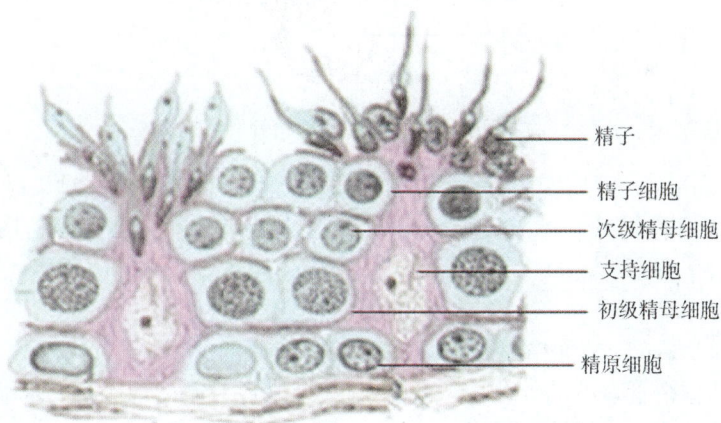

图7-5　精曲小管上皮细胞电镜模式图

（2）支持细胞 sustentacular cell 呈不规则的高锥体形，细胞基部附着在基膜上，顶部伸至精曲小管腔面。支持细胞有支持和营养各级生精细胞的功能。（图7-5）

4. 睾丸间质 是位于精曲小管之间的疏松结缔组织，含有睾丸间质细胞，能合成和分泌雄性激素，可促进精子的发生和男性生殖器官的发育，激发男性第二性征，维持正常性功能。

（二）附睾

附睾 epididymis 呈新月形，紧贴睾丸的上端和后缘。分头、体、尾3部。上端膨大为附睾头，由睾丸输出小管盘曲而成，输出小管汇合成一条附睾管构成附睾体和附睾尾。附睾尾向后上弯曲移行为输精管。附睾有贮存精子和促进精子进一步成熟的作用。

> **考点提示**
> 分泌男性雄性激素的结构是？
> 有什么功能？

（三）输精管和射精管

输精管 ductus deferens 是附睾管的直接延续，左右各一条，每条全长约40cm，管壁较厚，活体触摸时呈坚实的圆索状。

输精管行程较长，可分为睾丸部、精索部、腹股沟管部、盆部。其中精索部位于睾丸上端至腹股沟管浅环处。此部位置表浅，在活体易摸到，输精管结扎术常在此部进行。输精管末端与精囊的排泄管汇合成射精管 ejaculatory duct。射精管长约2cm，向前下穿前列腺实质，开口于尿道的前列腺部（图7-6）。

> **考点提示**
> 输精管的结扎部位是？

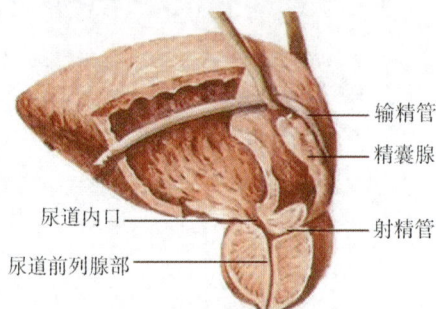

图7-6 输精管和射精管

精索 spermatic cord 是位于睾丸上端至腹股沟管深环之间的一对柔软的圆索状结构。精索内主要有输精管、睾丸动脉、蔓状静脉丛、神经、淋巴管等结构，外包三层被膜。

（四）精囊

精囊 seminal vesicle 又称精囊腺，为一对长椭圆形的囊状器官，表面凹凸不平，位于膀胱底后方及输精管壶腹的外侧（图7-7）。其排泄管与输精管壶腹的末端汇合成射精管。精囊分泌的液体参与精液的组成。

（五）前列腺

前列腺 prostate 位于膀胱与尿生殖膈之间，呈前后稍扁的栗子形，分前列腺底、前列腺体和前列腺尖3部，有尿道和射精管穿过。底朝上，尖朝下，中部为体。体的后面正中有一纵行浅沟，称前列腺沟，活体直肠指诊可扪及此沟，前列腺肥大时，此沟消失（图 7-7）。当前列腺肥大时，可压迫尿道以致排尿困难。前列腺排泄管开口于尿道前列腺部，其分泌物参与精液的组成。

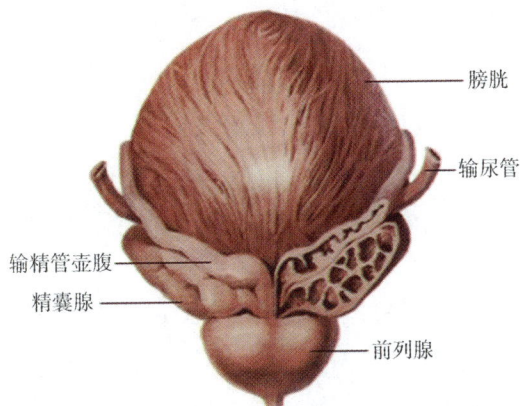

图 7-7 膀胱、前列腺和精囊腺（后面观）

（六）尿道球腺

尿道球腺 bulbourethral gland 是一对豌豆大小的球形腺体，其排泄管细长，开口于尿道球部（图 7-9）。

精液：为乳白色弱碱性液体，由生殖管道及附属腺体的分泌物与精子混合而成。正常男性每次射精量为 2~5ml，内含精子 3 亿~5 亿个。

二、外生殖器

（一）阴囊

阴囊 scrotum 是位于阴茎后下方的囊袋状结构（图 7-2）。阴囊壁由皮肤和肉膜组成。阴囊的皮肤薄而柔软，颜色深暗。肉膜为浅筋膜，内含平滑肌纤维，平滑肌可随外界温度的变化而舒缩，可调节阴囊内的温度，以利于精子的发育与生存。肉膜在中线向深部发出阴囊中隔，将阴囊分为左、右两腔，分别容纳左、右睾丸、附睾及精索等。

（二）阴茎

阴茎 penis 为男性的性交器官，可分为头、体、根三部分，后端为阴茎根，附于耻骨下支、坐骨支和尿生殖膈（图 7-8）。中部为阴茎体，呈圆柱形。前端膨大为阴茎头，其尖端有尿道外口。阴茎头后方较细的部分为阴茎颈。

应用链接

包茎应行包皮环切术

幼儿的包皮较长，包着整个阴茎头，随年龄增长，包皮逐渐向后退缩，包皮口逐渐扩大，阴茎头显露于外表。如果至成年以后，阴茎头仍被包皮被覆，称包皮过长。如果包皮口过小，包皮不能退缩暴露阴茎头时，则称为包茎。在以上两种情况下，包皮腔内易存留污垢导致炎症，也可能成为阴茎癌的诱发因素。应行包皮环切术。

165

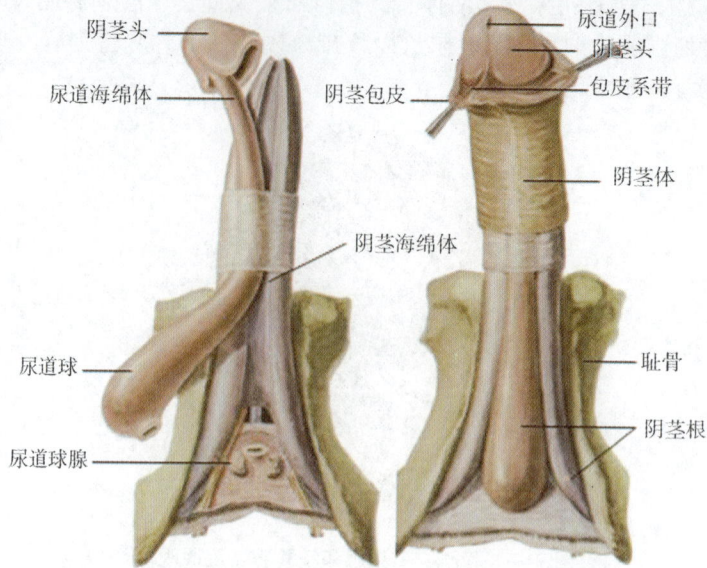

图 7-8　阴茎的构造　　　阴茎的外形（腹侧面）

阴茎由两个阴茎海绵体和一个尿道海绵体组成，外面包以筋膜和皮肤。阴茎海绵体左、右各一，位于阴茎的背侧。尿道海绵体位于阴茎海绵体的腹侧，尿道贯穿其全长。尿道海绵体中部呈圆柱状，其前、后端均膨大，前端膨大为阴茎头，后端膨大为尿道球。三个海绵体外面共同包有阴茎深、浅筋膜和皮肤（图 7-9）。阴茎的皮肤薄而柔软，富有伸展性，它在阴茎前方返折成双层的皮肤皱襞包绕阴茎头，称阴茎包皮。在阴茎头腹侧中线上，包皮与尿道外口下端相连的皮肤皱襞，称包皮系带。作包皮环切手术时，注意勿伤及包皮系带，以免影响阴茎的正常勃起。

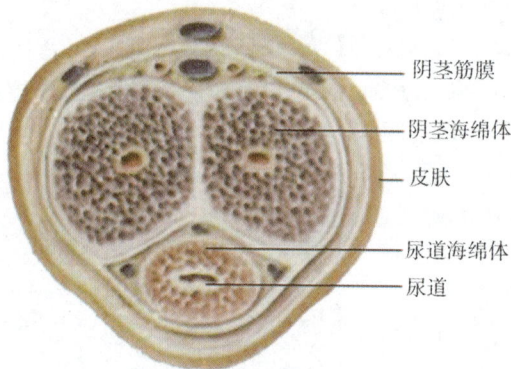

图 7-9　阴茎横切面

（三）男性尿道

男性尿道 male urethra 兼有排尿和排精功能。起自膀胱的尿道内口，终于尿道外口，成年男性尿道长 16~22cm，管径平均 5~7mm，全长可分为三部分：即前列腺部、膜部和海绵体部。临床上称前列腺部和膜部为后尿道，海绵体部为前尿道（图 7-10）。

1.**前列腺部** 为尿道贯穿前列腺的部分，管腔中部扩大呈梭形，是尿道中最宽和最易扩张的部分，其后壁上有射精管和前列腺排泄管的开口。

2.**膜部** 为尿道贯穿生殖膈的部分，短而窄，其周围有尿道膜部括约肌环绕，该肌为骨骼肌，可控制排尿。

3.**海绵体部** 为尿道贯穿尿道海绵体的部分，是尿道最长的一段。尿道球内的尿道最宽称尿道球部，尿道球腺的开口于此。在阴茎头内的尿道扩大称尿道舟状窝。

男性尿道在行径中粗细不等，有三处狭窄、三处扩大和两个弯曲。三处狭窄分别位于尿道内口、尿道膜部和尿道外口，其中以尿道外口最为狭窄。尿道结石常易嵌顿在这些狭窄部位。三处扩大分别位于尿道前列腺部、尿道球部和舟状窝。两个弯曲：一为耻骨下弯，在耻骨联合下方，凹向前上方，为尿道前列腺部、膜部和海面体部的起始段，此弯曲恒定无变化；另一个弯曲为耻骨前弯，在耻骨联合的前下方，凹向后下方，位于海绵体部，如将阴茎向上提起，此弯曲即可消失。临床上给男性病人行膀胱镜检查或导尿插入导尿管时，应注意男性尿道的三处狭窄和两个弯曲，以免损伤尿道壁。

护理应用

男性导尿术

男性导尿术是临床护理常用的操作技术，常用于尿潴留、留尿作细菌培养、准确记录尿量、注入造影剂、膀胱冲洗及盆腔器官术前准备等。

由于男性尿道存在狭窄和弯曲，因此男性导尿时需将阴茎向上提起，使其与腹壁成60°夹角，尿道耻骨前弯消失，将包皮后推露出尿道外口，轻柔缓慢插入导尿管，使导尿管自尿道外口缓慢插入约20cm，见有尿液流出，再继续插入2cm，切勿插入过深，以免导尿管盘曲。在插管过程中，因刺激而使括约肌痉挛导致进管困难时，切勿强行插入。

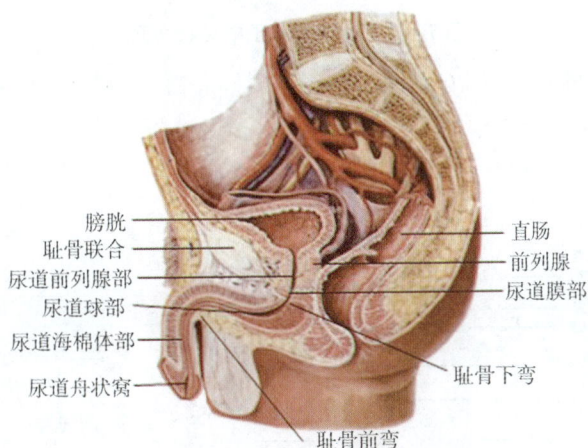

膀胱
耻骨联合
尿道前列腺部
尿道球部
尿道海棉体部
尿道舟状窝
耻骨前弯

直肠
前列腺
尿道膜部
耻骨下弯

图 7-10 男性盆腔正中矢状切面

第二节 女性生殖系统

一、内生殖器

（一）卵巢

卵巢 ovary 是女性生殖腺，具有产生卵细胞和分泌女性激素的功能。

卵巢的形态、位置：卵巢左、右各一，位于盆腔内，贴靠在小骨盆侧壁的卵巢窝内。卵巢呈扁卵圆形，略呈灰红色。可分为内、外两面，前、后两缘和上、下两端（图7-11）。前缘中部有血管、神经等出入，称卵巢门。

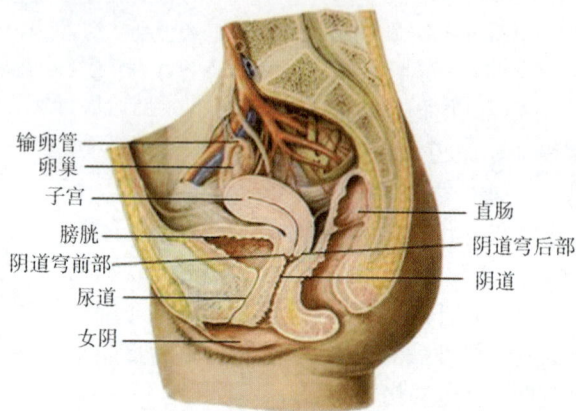

图 7-11 女性盆腔正中矢状切面

卵巢大小因年龄而异。幼女的卵巢较小，表面光滑。性成熟期卵巢最大，以后由于多次排卵，卵巢表面出现瘢痕，显得凹凸不平。35~40岁卵巢开始缩小，50岁左右逐渐萎缩，随后月经停止，即绝经。

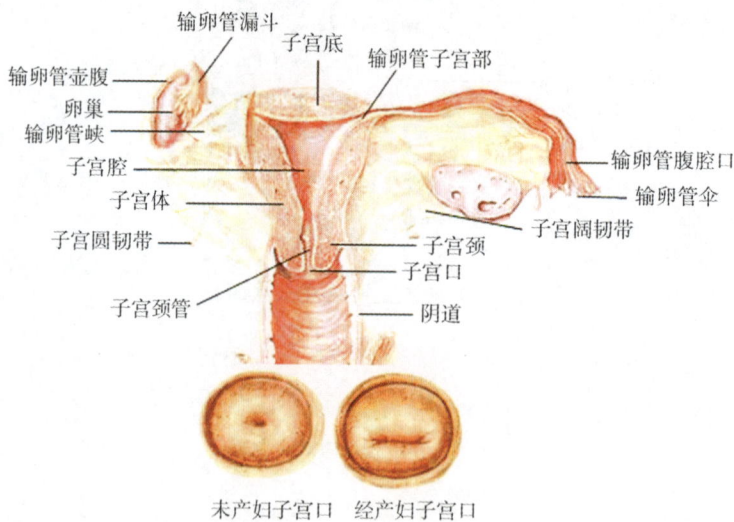

图 7-12 女性内生殖器

（二）卵巢的微细结构

卵巢的实质分为周围的皮质和中央的髓质。皮质很厚，主要含有不同发育阶段的卵泡。髓质占卵巢中央的较小部分，由结缔组织、血管和神经等构成（图7-13）。

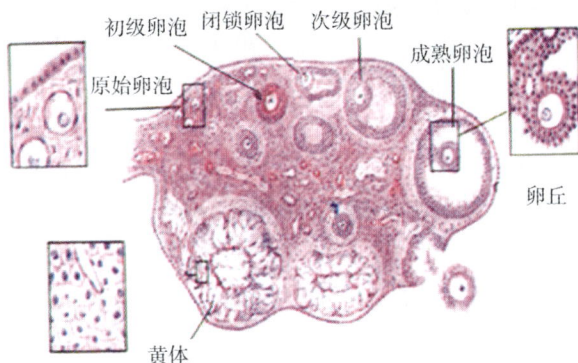

图 7-13 卵巢的微细结构

卵泡 follicle 的发育是一个连续过程，其结构发生一系列变化，一般将其分为原始卵泡、生长卵泡和成熟卵泡三个阶段（图7-14）。

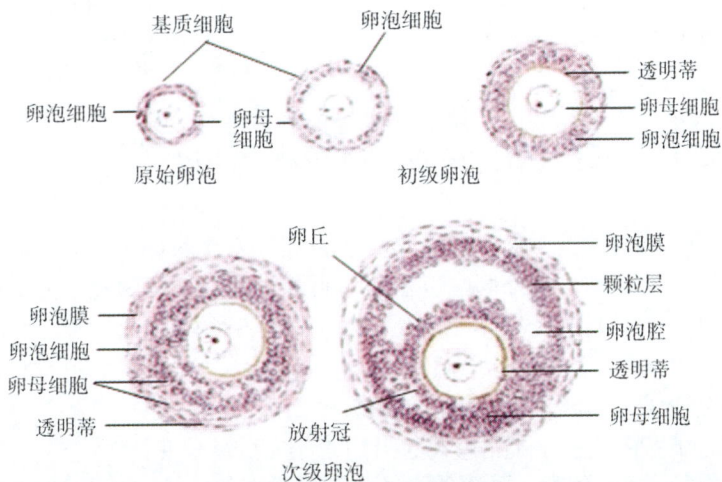

图 7-14 卵泡发育模式图

1. 原始卵泡 位于卵巢皮质浅层，体积小，数量多。由一个初级卵母细胞及周围单层扁平的卵泡细胞组成。初级卵母细胞体积较大，圆形，胞质嗜酸性。卵泡细胞具有支持和营养卵母细胞的作用。

2. 生长卵泡 青春期后，部分静止的原始卵泡开始生长发育，成为生长卵泡。生长卵泡又可分为初级卵泡和次级卵泡二个阶段。

（1）初级卵泡：主要变化包括：①卵泡细胞由单层扁平变为单层立方或柱状，或增殖为多层；②初级卵母细胞体积增大；③在卵母细胞表面和卵泡细胞之间出现一层嗜酸性膜，即透明带；④初级卵母细胞周围的结缔组织逐渐分化成卵泡膜。

（2）次级卵泡：体积进一步增大，并出现下列结构：①由于卵泡液的逐渐增多，许多小腔隙相继融合成一个大腔，称为卵泡腔；②卵泡液将初级卵母细胞和周围的一些卵泡细胞挤到卵泡腔的一侧，形成突入卵泡腔内的丘状隆起，称为卵丘；③紧靠透明带的一层卵泡细胞增高变成柱状，并整齐地排列成放射状，称为放射冠；④构成卵泡壁的卵泡细胞称为颗粒层。

（3）成熟卵泡：是卵泡发育的最后阶段，体积显著增大，并向卵巢表面突起。在排卵前36~48小时，初级卵母细胞完成第一次成熟分裂，产生1个次级卵母细胞和1个体积很小的第一极体。次级卵母细胞很快进入第二次成熟分裂，但没有完成而停留在分裂中期。

3. 排卵　卵泡发育成熟，由于卵泡液的急增，卵泡壁破裂。成熟卵泡破裂，次级卵母细胞及其外周的透明带和放射冠随卵泡液一起排出卵巢，这一过程称排卵。卵细胞排出后，若24小时内不受精，即退化；若受精，次级卵母细胞很快完成第二次成熟分裂，产生1个成熟的卵细胞和第二极体。

4. 黄体的形成与退化　排卵后，卵泡壁塌陷，卵泡膜也随之陷入，在黄体生成素的作用下，逐渐形成一个富含毛细血管的内分泌细胞团，新鲜时呈黄色，故称黄体。黄体可分泌雌激素和孕激素。黄体持续时间的长短取决于卵细胞是否受精，如果卵细胞未受精，黄体在

> **知识链接**
>
> 青春期开始后，正常情况下，卵巢每隔28天左右排卵一次，排卵时间约在月经周期的第12~16天。一般是左右卵巢交替排卵，每次排卵1个，偶尔亦会同时排出2个或2个以上的卵细胞。

排卵后两周即退化，称月经黄体。如果卵细胞受精并妊娠，维持5~6个月后再逐渐萎缩退化，称妊娠黄体。黄体退化后逐渐由结缔组织代替称白体。

（三）输卵管

1. 输卵管的形态与位置　输卵管 uterine tube 是一对细长而弯曲的肌性管道，左、右各一，连于子宫底的两侧，其外侧端以输卵管腹腔口开口于腹膜腔；内侧端连于子宫以输卵管子宫口开口于子宫腔（图7-12）。故女性腹膜腔经输卵管、子宫、阴道可与外界相通。

2. 输卵管的分部　输卵管由内侧向外侧分为四部：

（1）输卵管子宫部：位于子宫壁内，开口于子宫腔。

（2）输卵管峡：短而狭窄，是输卵管结扎术的常选部位。

（3）输卵管壶腹：约占输卵管全长的2/3，粗而弯曲。卵子通常在此处受精。此处也是子宫外孕的好发部位。

（4）输卵管漏斗：为输卵管外侧端的膨大部分，呈漏斗状。漏斗中央有输卵管腹腔口通向腹膜腔，卵细胞由此进入输卵管。漏斗末端的边缘形成许多细长的指状突起，称输卵管伞，是临床上识别输卵管的标志。

（四）子宫

子宫 uterus 是一壁厚腔小的肌性器官，是胎儿孕育的场所，也是产生月经的部位。

1. 子宫的形态　成年未产妇的子宫呈前、后略扁，倒置的梨形。子宫分为底、体、颈三部（图7-12）：子宫底为输卵管子宫口以上圆凸的部分。子宫下端呈细圆柱状的部分为子宫颈，是肿瘤的好发部位；子宫颈下端伸入阴道内的部分称子宫颈阴道部，在阴道以上的部分称子宫颈阴道上部。子宫底与子宫颈之间的部分为子宫体。子宫体与子宫

颈交界处较狭细称子宫峡。非妊娠期，子宫峡不明显；妊娠末期该部可延长至7~11cm。产科常在此处进行剖宫产术，可避免进入腹膜腔，减少感染的机会。

子宫的内腔可分为上、下两部分。上部称子宫腔，略呈三角形，底向上，两侧通输卵管；尖向下，通子宫颈管。子宫内腔的下部位于子宫颈内，称子宫颈管，子宫颈管呈梭形，上口通子宫腔，下口通阴道，称子宫口，未产妇的子宫口为圆形；经产妇的子宫口呈横裂状。

2. 子宫的位置 子宫位于盆腔的中央，在膀胱与直肠之间。成年女性子宫呈前倾前屈位。前倾是指整个子宫向前倾斜，子宫的长轴与阴道的长轴形成一个向前开放的钝角。前屈是指子宫底与子宫颈之间形成的向前的弯曲（图7-11）。

考点提示

输卵管的分部？临床上输卵管结扎术的常选部位？手术中识别输卵管的标志？

3. 子宫的固定装置 维持子宫正常位置的韧带主要有：

（1）子宫阔韧带：自子宫两侧缘延伸至盆侧壁的双层腹膜结构，上缘游离，包裹输卵管。阔韧带可限制子宫向两侧移位。

（2）子宫圆韧带：是由结缔组织和平滑肌构成的一对圆索状结构，起于输卵管子宫口的前下方，经子宫阔韧带两层之间向前外侧弯行，经腹股沟管，止于阴阜和大阴唇的皮下。此韧带是维持子宫前倾的重要结构。

（3）子宫主韧带：由结缔组织和平滑肌构成，位于子宫阔韧带的下部两层之间，将子宫颈连于骨盆侧壁，其作用是防止子宫向下脱垂。

（4）子宫骶韧带：由结缔组织和平滑肌构成，起自子宫颈阴道上部后面，向后绕过直肠的两侧，止于骶骨前面，其作用维持子宫的前屈位。

除上述韧带外，盆底等结构对子宫位置的固定也起很大作用。如果子宫的固定装置薄弱或损伤，可导致子宫位置异常，形成不同程度的子宫脱垂，严重者子宫可脱出阴道口。

4. 子宫壁的微细结构 子宫壁很厚，从内向外可分为子宫内膜、子宫肌层和子宫外膜三层。

（1）子宫内膜：即黏膜，由上皮与固有层组成。上皮由单层柱状上皮构成。固有层含管状子宫腺和丰富的血管，其动脉呈螺旋状称螺旋动脉。子宫内膜可分为浅表的功能层和深部的基底层。功能层较厚，自青春期开始，在卵巢激素的作用下，发生周期脱落形成月经，而基底层不脱落，但具有增生和修复功能层的作用。

（2）肌层：很厚，由大量分层排列的平滑肌成和少量的结缔组织组成。富有舒缩性，妊娠时肌细胞肥大，数量增多，分娩后逐渐复原。

（3）外膜：大部分是浆膜。

5. 子宫内膜的周期性变化 自青春期开始，子宫内膜在卵巢激素的作用下，出现周期性变化，一般每隔28天出现一次子宫内膜功能层剥脱、出血、修复和增生的过程，为月经周期。一般分为三期：月经期、增生期和分泌期。（图7-15、图7-16）

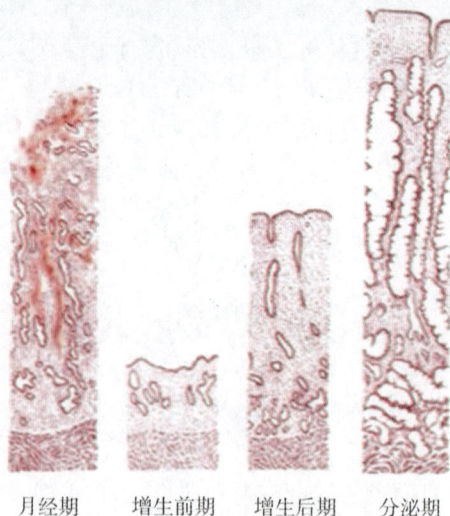

月经期　　增生前期　　增生后期　　分泌期

图7-15　子宫内膜的周期性变化

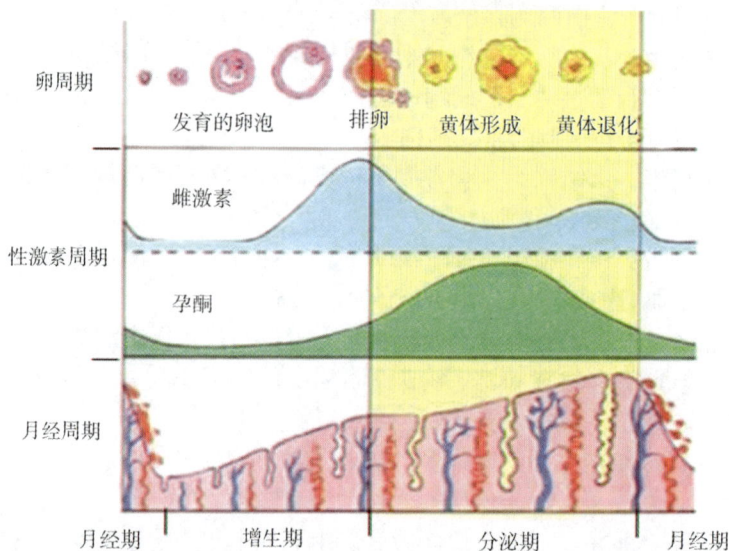

图7-16　子宫内膜的周期性变化及其与卵巢周期性变化的关系

（1）月经期：月经周期的第1~5天。卵巢中的月经黄体退化，雌激素和孕酮的分泌减少。螺旋动脉收缩，造成子宫内膜功能层缺血坏死。后螺旋动脉突然扩张，使毛细血管充血以致破裂，血液与坏死脱落的子宫内膜一起经阴道排出，形成月经。

（2）增生期：月经周期的第6~14天。此时卵巢内，部分原始卵泡又开始发育并分泌雌激素，在激素作用下，脱落的子宫内膜功能层由基底层修复，并逐渐增厚；子宫腺增长、增多；螺旋动脉也增长弯曲。卵巢内卵泡成熟排卵，子宫内膜进入分泌期。

（3）分泌期：月经周期的第15~28天。此时卵巢已排卵，黄体逐渐形成。在黄体分泌孕酮和雌激素的作用下，子宫内膜更进一步增厚，子宫腺和螺旋动脉更长更弯曲。此时如果卵细胞受精，内膜将继续增厚，发育成蜕膜；如果卵细胞未受精，卵巢内的月经黄体退化，孕酮和雌激素减少，子宫内膜又将萎缩、剥落，即进入下一个月经期。

（五）阴道

阴道 vagina 为前后略扁的肌性管道，是女性的性交器官，也是排出月经和娩出胎儿的管道。前邻膀胱和尿道，后邻直肠，富于伸展性（图7-13）。阴道下端开口于阴道前庭，称为阴道口。处女时阴道口周缘有处女膜。阴道的上端较宽，包绕子宫颈阴道部，二者之间形成的环形凹陷，称阴道穹。阴道穹分为前、后部和两侧部，以阴道穹后部为最深，紧邻直肠子宫陷凹，二者之间仅隔阴道后壁和腹膜。当腹膜腔感染，直肠子宫陷凹有积液时，可经阴道穹后部穿刺或引流。

（六）前庭大腺

前庭大腺为女性的附属腺，形如豌豆，位于阴道口后外侧的深面，其导管向内侧开口于阴道前庭（图7-17），其分泌物有润滑阴道口的作用。

二、外生殖器

女性外生殖器又称女阴 femaie pudendum，包括阴阜、大阴唇、小阴唇、阴蒂和阴道前庭等（图7-18）。

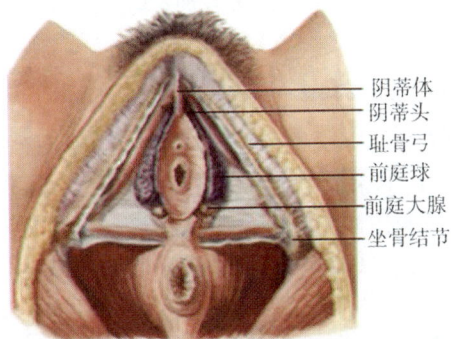

图7-17　阴蒂、前庭球和前庭大腺

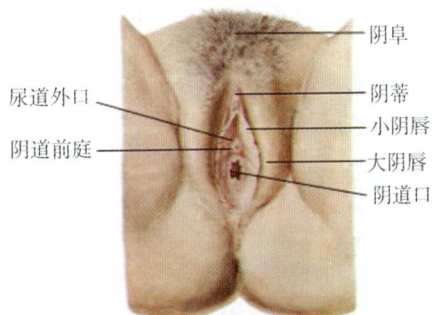

图7-18　女性外生殖器

阴阜为耻骨联合前面的皮肤隆起，皮下富有脂肪，性成熟期以后，皮肤生有阴毛。大阴唇为一对纵形隆起的皮肤皱襞。小阴唇是位于大阴唇内侧的一对较薄的皮肤皱襞。阴蒂位于尿道外口的前方，富有神经末梢，感觉灵敏。阴道前庭是位于小阴唇之间的裂隙，其前部有尿道外口，后部有较大的阴道口。

附：乳房和会阴

（一）乳房

1. 位置和形态　乳房 mamma 位于胸大肌的表面，成年未产妇的乳房呈半球形。乳房的中央有乳头，其顶端有输乳管的开口。乳头周围有颜色较深的环形区域，称乳晕。乳头和乳晕的皮肤较薄，易受损伤而感染（图7-19）。

2. 结构　乳房主要由皮肤、脂肪组织、纤维组织和乳腺构成（图7-20）。脂肪组织和纤维组织将乳腺分为15~20个乳腺叶。每一乳腺叶有一个排泄管，称输乳管，开口于乳头。乳腺叶和输乳管均以乳头为中心呈放射状排列，临床进行乳房手术时应尽量采用放射性切口，以减少对乳腺叶和输乳管的损伤。

乳房的皮肤与乳腺深面的胸筋膜之间，连有许多小的纤维束，称乳房悬韧带或 Cooper 韧带，对乳房起固定作用。当乳腺癌侵及此韧带时，使之缩短，牵引皮肤凹陷，使皮肤呈"橘皮"样变形，是乳腺癌常有的体征之一。

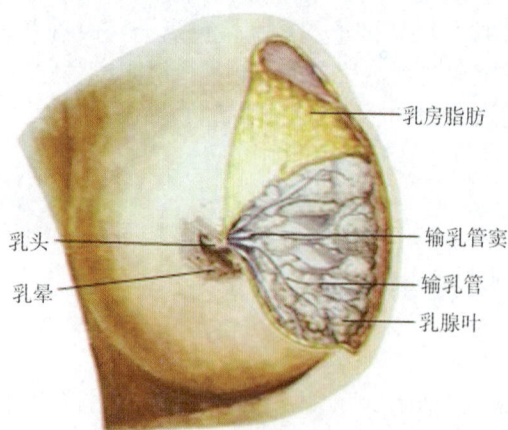

图 7-19 女性乳房

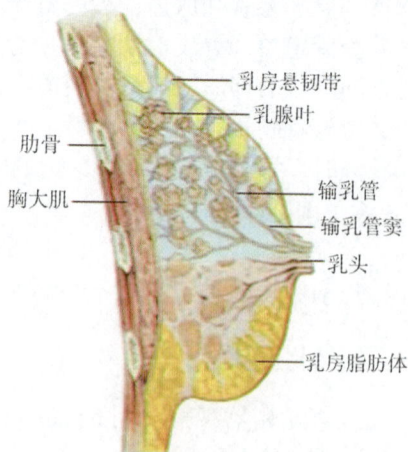

图 7-20 女性乳房的结构（矢状切面）

（二）会阴

会阴 perineum 有广义和狭义之分。狭义的会阴即产科会阴，是指肛门与外生殖器之间的狭小区域。由于分娩时，此区承受的压力较大，易发生撕裂，因此，助产时应注意保护此区。广义的会阴是指盆膈以下封闭骨盆下口的全部软组织，以两侧坐骨结节的连线为界，将会阴分为前、后两个区域，前方者为尿生殖三角（尿生殖区），男性有尿道通过，女性有尿道和阴道通过。后方者为肛门三角（肛区），有肛管通过（图 7-17）。

练习题

一、A1 型题（单句型最佳选择题）

1. 男性生殖腺是
   A. 附睾　　　　　　　　B. 前列腺　　　　　　　　C. 睾丸
   D. 尿道球腺　　　　　　E. 精囊

2. 男性激素由下列哪种细胞分泌？
   A. 生精小管　　　　　　B. 支持细胞　　　　　　　C. 间质细胞
   D. 生殖细胞　　　　　　E. 以上均不是

3. 关于附睾的功能，错误的是
   A. 储存精子　　　　　　B. 产生精子　　　　　　　C. 营养精子
   D. 运输精子　　　　　　E. 以上均不是

4. 输精管结扎术常选择的部位是
   A. 睾丸部　　　　　　　B. 精索部　　　　　　　　C. 盆部
   D. 腹股沟管部　　　　　E. 以上均不是

5. 临床上所说的前尿道是指

A. 尿道球部   B. 前列腺部   C. 海绵体部

D. 膜部   E. 以上均不是

6. 卵泡位于

    A. 卵巢上皮   B. 卵巢白膜   C. 卵巢皮质

    D. 卵巢髓质   E. 卵巢系膜

7. 临床上识别输卵管的标志是

    A. 输卵管子宫部   B. 输卵管壶腹   C. 输卵管峡

    D. 输卵管伞   E. 以上均不是

8. 维持子宫前倾的韧带是

    A. 子宫阔韧带   B. 子宫圆韧带   C. 子宫主韧带

    D. 骶子宫韧带   E. 盆底肌

9. 从阴道后穹向上穿刺，针尖可进入

    A. 膀胱腔   B. 会阴深隙   C. 子宫腔

    D. 膀胱子宫陷凹   E. 直肠子宫陷凹

10. 乳房手术应采用放射状切口，是因为

    A. 便于延长切口   B. 可避免切断乳房悬韧带

    C. 减少对输乳管的损伤   D. 易找到病灶   E. 以上均不是

二、名词解释

1. 精索   2. 鞘膜腔   3. 前尿道   4. 排卵   5. 黄体

（彭　俊）

第八单元

脉管系统 ◀●●

要点导航

知识要点：

1.掌握：心血管系统的组成及体、肺循环的途径；心的位置与心内腔结构；主动脉的起始、分部与主要的动脉主干；上、下腔静脉的形成，上、下肢浅静脉的起始与注入部位；胸导管和右淋巴导管的形成与注入部位；脾的位置和形态。

2.熟悉：心的外形、心的动脉、传导系统和心包；肝门静脉与上、下腔静脉的吻合部位。

3.了解：心的体表投影、血管吻合、血管壁与心壁的微细结构；全身的主要淋巴结群，及淋巴结与脾的微细结构；胸腺的位置与微细结构。

技能要点：

1.能在标本上辨认心的外形与心内腔结构、全身主要的动脉与静脉、脾的位置与外形。

2.能在活体上确认心的位置、四肢主要动脉干的位置，脾的位置。

3.能用所学知识确认触摸脉搏、测血压选用的血管及部位；确认常用穿刺的静脉及穿刺部位。

脉管系统包括心血管系统和淋巴系统两部分，是人体内一套连续封闭的管道系统。心血管系统由心脏、动脉、静脉和毛细血管组成，其内有血液流动。淋巴系统由淋巴器官、淋巴组织和淋巴管道组成，其管道内有淋巴流动，淋巴最后注入静脉。因此，就体液回流而言，淋巴管道可被看作是静脉的辅助部分。

通过脉管系统中血液和淋巴的流动，不断将消化管吸收的营养物质、肺吸入的O_2和内分泌腺分泌的激素等运输到全身各器官、组织和细胞；同时将各器官、组织和细胞产生的代谢产物（如CO_2、尿素）及水等运输到肺、肾和皮肤等器官排出体外。以维持机体内环境理化特性的相对稳定，保证人体生理活动的正常进行。

第一节 心血管系统

一、概述

（一）心血管系统的组成

心血管系统 cardiovascular system 由心、动脉、静脉和毛细血管组成。

心 heart 是推动血液循环的动力器官，其内有四个心腔，分别是：右心房、右心室、左心房和左心室。同侧心房与心室之间借房室口相通。左、右心房之间有房间隔。左、右心室之间有室间隔。所以，左半心与右半心不直接相通。心房接纳静脉，心室发出动脉。在房室口和动脉口处均有瓣膜，其像阀门一样，顺血流时开放，逆血流时关闭，保证血液在心腔内单向流动。

动脉 artery 由心室发出，是运输血液离心的血管。在行程中不断分支，管径逐渐变小，分为大动脉、中动脉和小动脉，最后移行为毛细血管。

毛细血管 capillary 介于小动脉和小静脉之间，相互连接成网，其管壁很薄，其内血流缓慢，是血液与组织、细胞进行物质交换的部位。

静脉 vein 是运输血液回心的血管，小静脉起于毛细血管的静脉端，在回心途中不断接受属支，逐渐汇成中静脉、大静脉，最后注入右心房。

（二）血液循环

血液由心射出，流经动脉、毛细血管，再由静脉回心，这种周而复始的循环过程称血液循环。根据循环途径的不同，分为体循环和肺循环。两个循环同时进行，彼此相通（图8-1）。

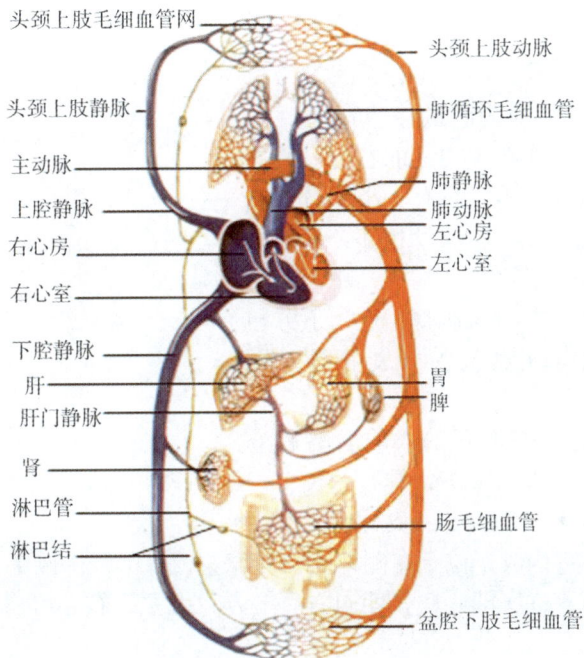

图 8-1 血液循环示意图

1.体循环（大循环） systemic circulation 当左心室收缩时，动脉血由左心室射入主动脉，再经主动脉的分支到达全身各部的毛细血管，血液在此与周围的组织、细胞进行物质交换，把 O_2 和营养物质输送给组织、细胞，再把各组织、细胞产生的代谢产物回收进入血液，这样鲜红的动脉血变为暗红的静脉血，再经小、中静脉，最后由上、下腔静脉及心壁的冠状窦返回右心房。体循环的特点是流程长，流经范围广，主要功能是将 O_2 和营养物质运输至全身各组织、细胞，并将代谢产物运回心脏。

2.肺循环（小循环） pulmonary circulation 当右心室收缩时，静脉血由右心室射入肺动脉，再经肺动脉的各级分支到达肺泡周围的毛细血管，在此进行气体交换，血液中的 CO_2 进入肺泡，肺泡内的 O_2 进入血液，这样静脉血转化为动脉血，再经肺静脉进入左心房。肺循环的特点是流程短，只流经肺，主要功能是进行气体交换。

体、肺循环流经途径，可归纳如表 8-1：

表8-1 体循环与肺循环

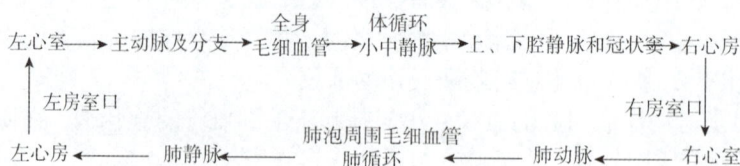

二、心

心是血液循环的动力器官，通过心节律性的收缩与舒张，吸纳和射出血液，从而推动血液循环。

（一）心的位置和外形

1. 心的位置 心位于胸腔的中纵隔内，约 2/3 居正中线的左侧，1/3 在正中线的右侧。心的前面大部分被肺和胸膜遮盖，只有一小部分与胸骨体下部左半和左侧第 4~6 肋软骨相邻，没有肺和胸膜遮盖。心的后方平第 5~8 胸椎，毗邻食管和胸主动脉等。心的上方与大血管相连，下方与膈相邻。心的两侧借纵隔胸膜与肺相邻（图 8-2）。

2. 心的外形 心近似倒置的、前后略扁的圆锥体，体积约大于本人的拳头，具有一尖、一底、两面、三缘和表面三条沟。一尖称心尖，朝向左前下方，由左心室构成，位于左侧第 5 肋间隙左锁骨中线内侧 1~2cm 处，该处可看到或扪到心尖的搏动。一底即心底，朝向右后上方，由左、右心房构成，与出入心的大血管相连。心的两面分别是前面和下面：前面朝向胸骨体和肋软骨，又称胸肋面，大部分由右心房和右心室构成，小部分由左心耳和左心室构成；心的下面与膈相邻，又称膈面，大部分由左心室，小部分由右心室构成。三缘分别是：右缘由右心房构成；下缘较锐利，朝向前下，由右心室和心尖构成；左缘由左心室和左心耳构成。三条沟分别

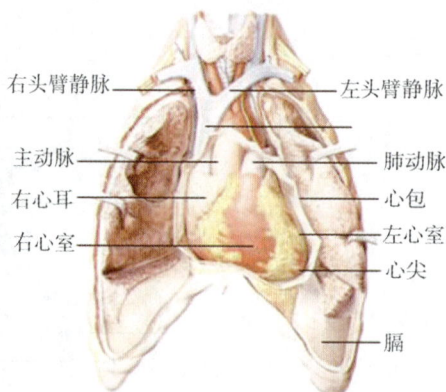

图 8-2 心的位置

是：冠状沟靠近心底，近似环形，前方被肺动脉干中断，该沟是心脏表面心房与心室的分界；前室间沟与后室间沟分别位于胸肋面与膈面，两沟在心尖右侧相汇，是心脏表面左、右心室的分界。上述三沟内有心的血管走行和脂肪组织填充（图8-3，8-4）。

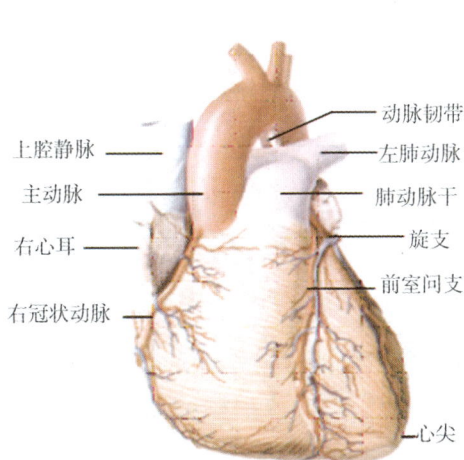

图8-3 心的外形与血管（前面）

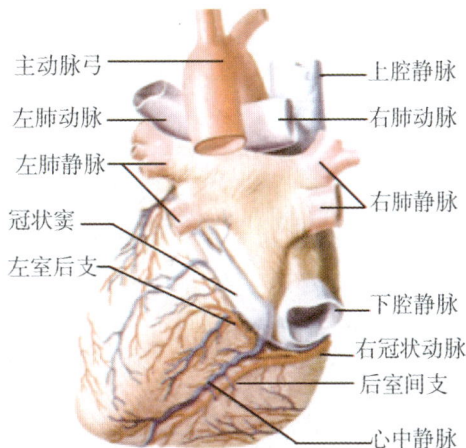

图8-4 心的外形与血管（后面）

（二）心腔

1. 右心房 right atrium　位于心的右上部，壁薄腔大。其突向左前方的部分，称右心耳，其内有许多平行的肌隆起，称梳状肌。右心房有3个入口和1个出口：三个入口分别是上腔静脉口、下腔静脉口和冠状窦口，上、下腔静脉口分别位于右心房右侧的上、下方，接纳上腔静脉与下腔静脉，冠状窦口位于下腔静脉口与右房室口之间，接纳冠状窦回流的血液；出口是右房室口，位于右心房的前下部，通向右心室。在右心房后内侧壁房间隔的下部有一卵圆形浅凹，称卵圆窝，是胎儿时期卵圆孔闭合后的遗迹，也是房间隔缺损的好发部位（图8-5）。

2. 右心室 right ventricle　位于右心房的左前下方，构成胸肋面的大部分。右心室略呈尖向下的锥体形，其前下部室壁凸凹不平，有许多交错排列的肌隆起，称肉柱，由室壁突入室腔的锥体形肌隆起称乳头肌；其左上部腔面光滑。右心室有1个入口和1个出口（图8-5）：

入口是右房室口，其周围的纤维环上附有三片三角形的瓣膜，称三尖瓣，瓣膜的边缘借腱索连于室壁乳头肌。当右心室收缩时，血液推动三尖瓣，使其相互对合，封闭右房室口。同时，由于腱索和乳头肌的牵拉，瓣膜又不致于翻入右心房，从而防止血液逆流入右心房。纤维环、三尖瓣、腱索和乳头肌在结构和功能上是一个整体，共同防止血液逆流入右心房。

出口是肺动脉口，位于右心室的左上部，通向肺动脉，其起始部形似倒置的漏斗，称动脉圆锥。肺动脉口周围的纤维环上附有三个半月形的瓣膜，称肺动脉瓣。肺动脉瓣与肺动脉干壁之间形成开口向上的袋状腔隙。当心右室舒张时，肺动脉干内血液回落，使袋状间隙充盈，肺动脉瓣紧贴，关闭肺动脉口。

3. 左心房 left atrium　构成心底的大部分，其左侧向前突出的部分称左心耳，其内也有发达的梳状肌。左心房有4个入口和1个出口：4个入口均是肺静脉口，位于左心房壁的两侧，左右分别有上、下肺静脉口；出口是左房室口，位于左心房的前下方，通向左心室（图8-6）。

4.左心室 left ventricle 大部分位于右心室的左后方，呈圆锥状，构成心左缘和心尖。左心室后外侧，室壁肉柱发达，也有凸向室腔的乳头肌。前内侧部室壁光滑。左心室有1个入口和1个出口（图8-6）：

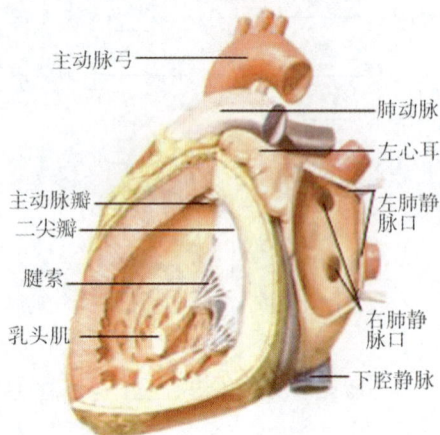

图 8-5 右心房与右心室

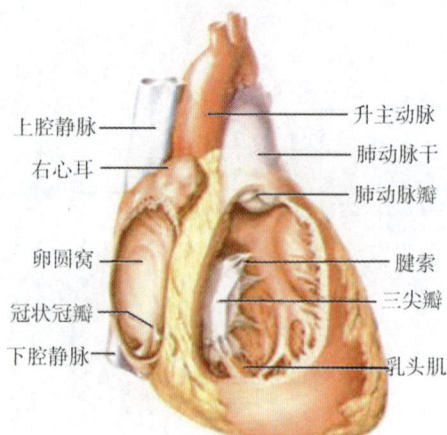

图 8-6 左心房与左心室

入口是左房室口，其周围的纤维环上附有两片三角形的瓣膜，称二尖瓣，瓣膜的边缘借腱索连于室壁乳头肌。二尖瓣的功能与三尖瓣相似。

出口是主动脉口，位于左房室口的前内侧，通向主动脉。其口周围的

考点提示

心室收缩与舒张时，各瓣膜的关闭与开放情况？

纤维环上附有3个袋口向上、呈半月形的主动脉瓣，其形态、功能同肺动脉瓣。主动脉瓣与主动脉壁之间形成3个开口向上的主动脉窦，其中左窦和右窦分别有左、右冠状动脉的开口。

应用链接

心瓣膜病

心脏瓣膜疾病是我国一种非常普遍的心脏疾患，其中风湿热导致的瓣膜损害最为常见。随着人口老龄化，老年性瓣膜病以及冠心病、心肌梗死后引起的瓣膜病变也越来越常见。瓣膜疾病的主要原因包括风湿热、黏液变性、退行性改变、先天性畸形、缺血性坏死和感染等，可以引起单个瓣膜病变或多个瓣膜病变。瓣膜病变的类型通常是狭窄或者关闭不全。一旦出现狭窄和/或关闭不全，便会妨碍正常的血液流动，增加心脏负担，从而引起心脏重视正常功能损害，导致心力衰竭和机体多脏器机能的改变。目前主要采用瓣膜成形术、瓣膜置换术等手术治疗方法。

房室口和动脉口周围的瓣膜，顺血流时开放，逆血流时关闭，保证血液呈单向流动。心室收缩时，二尖瓣、三尖瓣关闭，主动脉瓣、肺动脉瓣开放，血液由心室射入动脉。心室舒张时，二尖瓣、三尖瓣开放，主动脉瓣、肺动脉瓣关闭，血液由心房流入心室。

（三）心壁的微细结构

心壁由内向外依次分为心内膜、心肌层和心外膜三层（图8-7）。

1.心内膜 衬于心壁内面，与出入心的血管内膜相续，并折叠形成心瓣膜。由内向外分为三层：①内皮：与出入心的血管内皮相续；②内皮下层：主要由结缔组织构成；③心内膜下层：由结缔组织构成，内含血管、神经及心传导系统的分支。

2.心肌层 主要由心肌纤维构成，是心壁三层中最厚的部分。心室肌比心房肌厚，左心室肌层最厚，约为右心室的3倍，心室肌大致可分为内纵、中环和外斜行三层。心房肌和心室肌分别附着于房室交界处的纤维环上，且肌纤维互不连续，故心房和心室肌层不会同步收缩。

3.心外膜 为浆膜性心包的脏层，其浅层为间皮，深层为结缔组织，内有血管和神经走行。

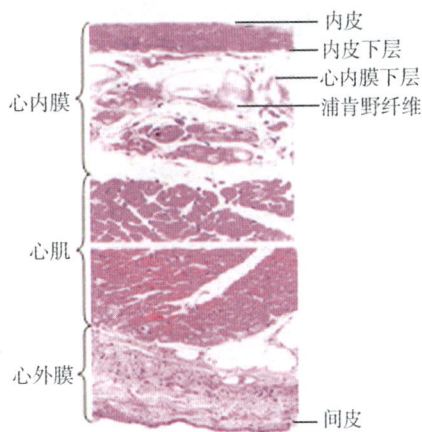

图8-7 心壁组织结构图

（四）心的传导系统

心的传导系统由特殊分化的心肌细胞构成，其功能是自动发出节律性兴奋和传导冲动，以维持心正常的节律性活动。心的传导系统由窦房结、房室结、房室束及其分支组成（图8-8）。

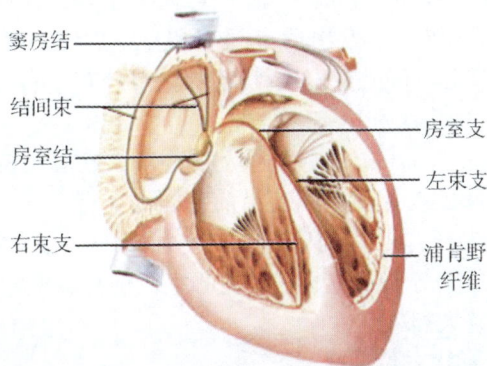

图8-8 心的传导系统

1.窦房结 sinuatrial node 位于上腔静脉与右心房交界处心外膜的深面，呈长椭圆形。能自动发出节律性兴奋，是心的正常起搏点。

2.房室结 atrioventricular node 位于冠状窦口与右房室口之间心内膜的深面，呈扁椭圆形，其前端发出房室束。接受来自窦房结的兴奋，并将兴奋作短暂延搁，再传向心室，这样保证心肌收缩时先心房收缩再心室收缩。房室结也能产生兴奋，但频率较窦房结低，所以正常情况下其兴奋不表现出来。

人工心脏起搏

人工心脏起搏是通过人工心脏起搏器发放一定频率的脉冲电流刺激心脏，以带动心搏的治疗方法。人工心脏起搏器由起搏器和导线电极组成，分为永久起搏器和临时性起搏器两种。工作原理是起搏器发出一定形式的微弱脉冲电流，通过导线和电极传导，刺激电极所接触的心肌而使其兴奋，继而兴奋沿心肌向四周传导扩散，即可使心房或心室兴奋和收缩，从而替代心脏起搏点控制心脏按一定节律收缩。常用于重度房室传导阻滞、病态窦房结综合征、束支传导阻滞及某些特殊情况的起搏治疗等。

3. 房室束及分支 房室束又称 His 束，起于房室结前端，沿室间隔膜部后下缘下降，至室间隔肌部上缘分为左、右束支，分别在室间隔两侧心内膜深面下降。最后分为细小的浦肯野（Purkinje）纤维，与普通心肌纤维相连。

窦房结发出的兴奋，先传导至心房肌，引起心房肌收缩，同时也至房室结。兴奋在房室结内作短暂延搁，再沿房室束、左、右束支和浦肯野纤维传至心室肌，引起心室肌收缩。故心房肌收缩和心室肌收缩是交替进行的。

（五）心的血管

1. 心的动脉 营养心肌的动脉来源于左、右冠状动脉（图 8-3，8-4）。

（1）右冠状动脉 right coronary artery：起于主动脉右窦，沿冠状沟右行，绕心右缘至膈面后室间沟与冠状沟交界处，发出后室间支和左室后支。后室间支沿后室间沟走行，左室后支走行至左心室膈面右侧。右冠状动脉主要分布于右心房、右心室、左心室的后壁、室间隔后下 1/3、窦房结和房室结等处。

（2）左冠状动脉 left coronary artery：起于主动脉左窦，在肺动脉干与左心耳之间左行至冠状沟，分为前室间支和旋支。前室间支沿前室间沟下行，在心尖右侧与右冠状动脉的后室间支吻合，分支分布于左心室前壁、右心室前壁一部分和室间隔前上 2/3。旋支绕心左缘至左心室膈面，分支分布于左心房、左心室侧壁和后壁。

2. 心的静脉 心壁绝大部分的静脉血由冠状窦收集，冠状窦位于冠状沟后部，左心房与左心室之间，其右端开口于右心房（图 8-3，8-4）。其主要属支有心大静脉、心中静脉和心小静脉。心大静脉走行于前室间沟内，绕心左缘至膈面，注入冠状窦左端；心中静脉走行于后室间沟内，注入冠状窦右端；心小静脉在膈面沿冠状沟左行，注入冠状窦右端。

冠心病与心绞痛

1. 冠心病是一种最常见的心脏病，是指因冠状动脉粥样硬化狭窄、供血不足而引起的心肌机能障碍或器质性病变，故又称缺血性心脏病。

2. 心绞痛是由于冠状动脉供血不足，心肌急剧的、暂时缺血与缺氧所引起的以发作性胸痛或胸部不适为主要表现的临床综合征。

（六）心的体表投影

心在胸前壁的体表投影，一般用 4 点及其连线来表示（图 8-9）。

左上点：在左侧第 2 肋骨下缘，距胸骨左缘 1.2cm 处。

右上点：在右侧第 3 肋骨上缘，距胸骨右缘 1cm 处。

左下点：在左侧第 5 肋间隙，距前正中线 7~9cm 处。

右下点：在右侧第 6 胸肋关节处。

经左、右上点的连线即心的上界；左、右下点的连线即心的下界；右上、下点约凸向右的弧形连线即心的右界；左上、下点约凸向左的弧形连线即心的左界。

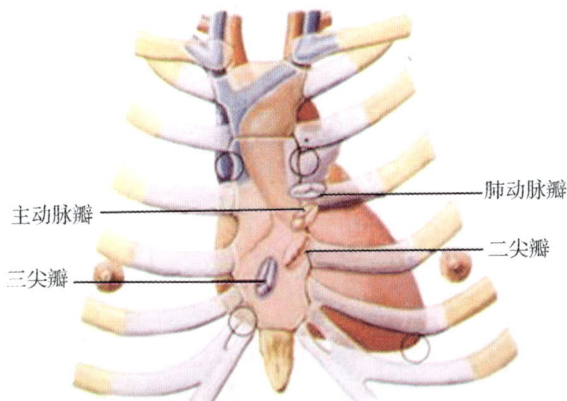

图 8-9　心的体表投影

（七）心包

心包 pericardium 是包裹在心和出入心的大血管根部的纤维浆膜囊。分内、外两层，外层为纤维心包，内层为浆膜心包（图 8-2）。

纤维心包是坚韧的结缔组织囊，伸缩性很小，上与出入心的大血管外膜相续，下附着于膈的中心腱。浆膜心包分为脏、壁两层，脏层衬于心表面，即心外膜，壁层贴于纤维心包内面。脏、壁两层在出入心的大血管根部相互移行，围成的潜在性间隙称心包腔，内含少量浆液，起润滑作用。

心包可防止心过度扩张，减少心搏动时的摩擦。

三、血管

（一）血管吻合及侧支循环

人体内的血管，无论在器官内或器官外，均存在广泛的吻合。除经动脉 – 毛细血管 – 静脉相通外，动脉与动脉之间，静脉与静脉之间，甚至小动脉与小静脉之间，均可借吻合支彼此相连，形成血管吻合。动脉吻合形成动脉弓、动脉环或动脉网，静脉吻合形成静脉网、静脉丛或静脉弓，毛细血管吻合形成毛细血管网，动、静脉之间可形成动静脉吻合等。血管吻合对保证器官的

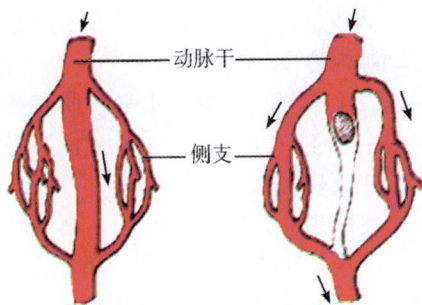

图 8-10　侧支吻合与侧支循环

血液供应，维持血液循环的正常进行有非常重要的作用。

有些大的血管，在行程过程中发出与其平行的侧副管，侧副管由大血管近端发出，汇入其远端，形成侧支吻合。正常情况下，侧副管的管径比较小。如果主干被阻塞，侧副管逐渐增粗，血流量增大，经侧支吻合到达阻塞以下的血管主干，使血管受阻区血供得到代偿。这种通过侧支建立的循环称为侧支循环，对病理情况下，器官的血液供给具有重要意义（图8-10）。

（二）血管的组织结构

血管分为动脉、静脉和毛细血管三类。根据管径大小的不同，动脉和静脉又分为大、中、小三级，在形态结构上各级之间无明显分界。大动脉是指近心的动脉，如主动脉和肺动脉等；中动脉管径为1~10mm，除大动脉外，凡在解剖学中有名称的动脉均属中动脉，如肱动脉、尺动脉等；管径<1mm的动脉属小动脉，其中接近毛细血管、管径在0.3mm以下的动脉称微动脉。大静脉管径>10mm，如上腔静脉和下腔静脉；管径<2mm的静脉属于小静脉，其中与毛细血管相连的小静脉称微静脉；管径介于大、小静脉之间的属中静脉。

1. 动脉 管壁较厚，分为内膜、中膜和外膜三层（图8-11，8-12）。

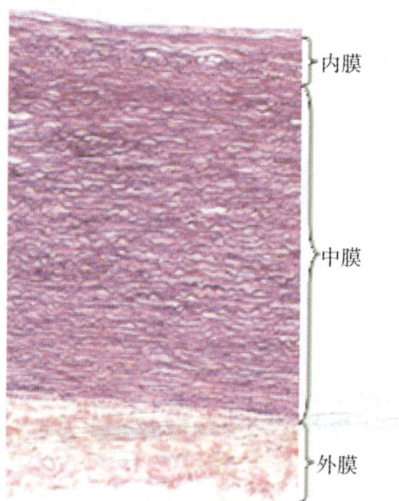

内膜
中膜
外膜

图8-11 大动脉的组织结构

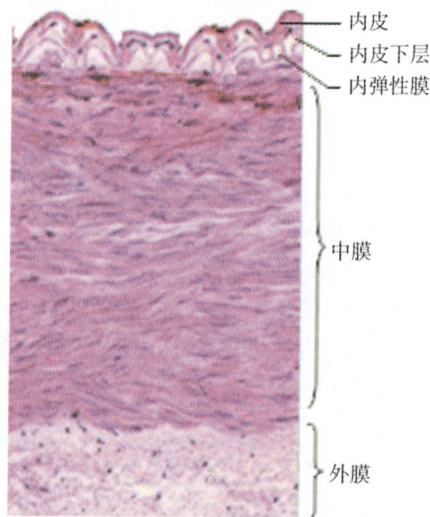

内皮
内皮下层
内弹性膜
中膜
外膜

图8-12 中动脉的组织结构

（1）内膜：位于最内层，由内皮、内皮下层和内弹性膜组成。内皮表面光滑，可减少血液流动的阻力。内皮下层是薄层结缔组织。内弹性膜由弹性蛋白构成，富有弹性。中动脉内弹性膜最明显。

（2）中膜：最厚，由平滑肌和弹性纤维构成。大动脉中膜以弹性纤维构成的弹性膜为主，有40~70层，管壁具有良好弹性，故又称弹性动脉，当心室收缩，血液涌入大动脉，使其略扩张；心室舒张时，大动脉弹性回缩，推动管内血液持续流动。中动脉中膜以平滑肌为主，有10~40层，小动脉中膜由数层平滑肌组成，故中、小动脉又称肌性动脉。小动脉平滑肌的舒缩，可明显改变血管的管径，影响所灌流器官的血流量，而且可改变血流的外周阻力，影响血压，故小动脉又称外周阻力血管。

（3）外膜：由结缔组织组成，大动脉的外膜内有小血管、淋巴管和神经的分布。

2. **静脉**　与各级相应的动脉相比，静脉的管径较大，管壁较薄。静脉的管壁也分为内膜、中膜和外膜，但各层分界不清楚。内膜最薄，由内皮和少量结缔组织组成；中膜由稀疏排列的环形平滑肌和少量结缔组织组成；外膜比中膜厚，由结缔组织组成，大静脉外膜内含有纵行平滑肌束（图 8-13，8-14）。

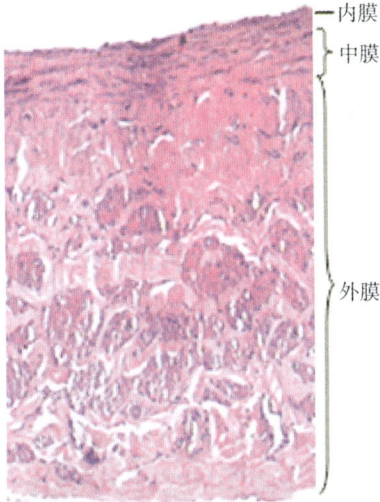

图 8-13　大静脉的组织结构

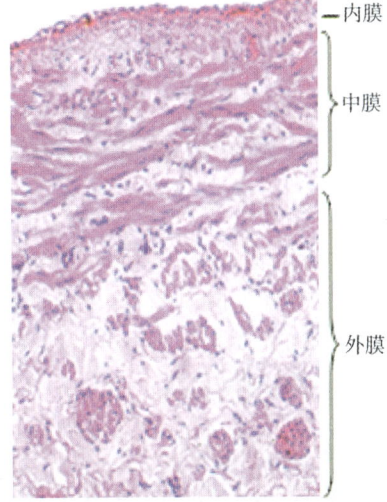

图 8-14　中静脉的组织结构

3. **毛细血管**　连于动脉与静脉之间，分支较多，相互吻合成网。毛细血管分布广泛，其管壁很薄，管径很细，只有 7~9μm，管壁由内皮和基膜组成（图 8-15）。

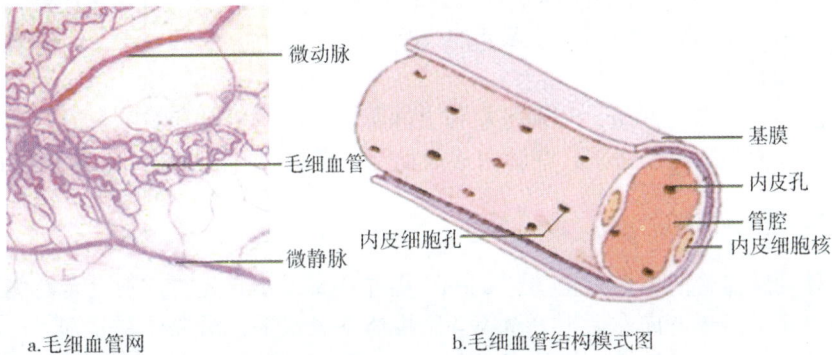

a.毛细血管网

b.毛细血管结构模式图

图 8-15　毛细血管

光镜下，毛细血管结构相似。电镜下，根据毛细血管内皮细胞的结构特点，可将其分为三类：

（1）连续毛细血管：内皮细胞间借紧密连接相连，基膜完整。主要分布于结缔组织、肌组织、肺和中枢神经神经系统。

（2）有孔毛细胞血管：内皮细胞不含核的部分很薄，有许多贯穿细胞的小孔，孔有隔膜封闭，基膜完整。主要分布于胃肠黏膜、某些内分泌腺和肾血管球等处。

（3）血窦：又称窦状毛细血管，管腔较大，形状不规则，内皮上有孔，内皮细胞间有间隙，基膜不完整或缺乏。主要分布于肝、脾、骨髓和一些内分泌腺。

（三）微循环

微循环是指微动脉与微静脉之间微细血管中的血液循环（图8-15a）。是血液循环的基本功能单位，具有调节局部血流量的作用，从而影响局部组织、细胞的新陈代谢和功能活动。微循环组成一般包括微动脉、中间微动脉、真毛细血管、直捷通路、动静脉吻合和微静脉等六个部分。微循环血管的连续关系如表8-2。

表8-2 微循环血管的连续关系

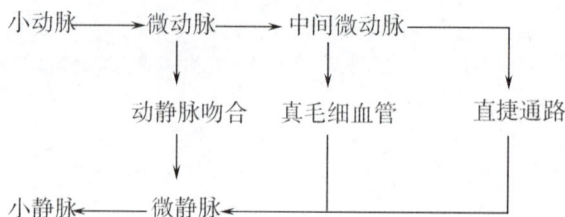

四、肺循环的血管

（一）肺循环的动脉

肺动脉干 pulmonary trunk 粗而短，起自右心室，向左后上方斜行，至主动脉弓下方，分为左、右肺动脉，分别行向左、右两侧，经左、右肺门入肺。肺动脉在肺内反复分支，最后在肺泡周围形成毛细血管网。

在肺动脉分叉处稍左侧，与主动脉弓下缘之间连有一结缔组织索，称动脉韧带arterial ligament，是胎儿时期动脉导管闭锁后的遗迹（图8-3）。动脉导管若出生后6个月未封闭，则称动脉导管未闭，是先天性心脏病的一种。

（二）肺的静脉

肺静脉左、右各有两条，分别是左肺上静脉、左肺下静脉和右肺上静脉、右肺下静脉。起自于肺泡周围毛细血管，在肺内逐级汇合，出肺门，向内穿心包注入左心房。

五、体循环的动脉

体循环动脉血管的主干是主动脉 aorta，由左心室发出，先行向右上至右侧第2胸肋关节后方，再呈弓形弯向左后下方至第4胸椎体下缘水平，沿脊柱左前方下行，穿膈的主动脉裂孔入腹腔，至第4腰椎体下缘分为左、右髂总动脉。主动脉以胸骨角平面为界分为升主动脉、主动脉弓和降主动脉，其中降主动脉又以膈的主动脉裂孔为界分为胸主动脉和腹主动脉（图8-16）。

（一）升主动脉

升主动脉 ascending aorta 自左心室发出，于肺动脉干与上腔静脉之间行向右前上方，至右第2胸肋关节的后方移行为主动脉弓，其根部发出左、右冠状动脉。

（二）主动脉弓

主动脉弓 arch of aorta 位于胸骨柄后方，自右第2胸肋关节后方弓形向左后下方至第4胸椎体下缘，移行为降主动脉，其后方与气管和食管相邻。主动脉弓壁内有压力感受器，具有调节血压的作用。主动脉弓下方靠近动脉韧带处有2~3个粟粒样小体，称主动脉小球，为化学感受器，能感受血液中 CO_2 浓度的变化，反射性参与呼吸调节。在主动脉弓凸侧发出三大分支，从右向左依次为头臂干、左颈总动脉和左锁骨下动脉。头臂干向右上行至右胸锁关节的后方分为右颈总动脉和右锁骨下动脉。

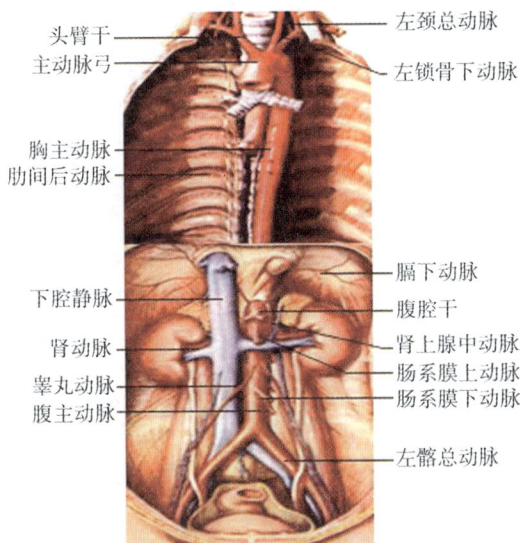

图 8-16　主动脉分部及其分支

1. 颈总动脉 common carotid artery　是头颈部动脉血管主干，右侧发自头臂干，左侧发自主动脉弓。两侧颈总动脉经胸锁关节后方，沿气管、喉和食管的外侧上行，至甲状软骨上缘平面分为颈外动脉和颈内动脉（图 8-17）。颈总动脉上段位置表浅，在胸锁乳突肌前缘可摸到其搏动。当头面部有损伤大出血时，可在环状软骨平面高度、胸锁乳突肌前缘，向后内将颈总动脉压向第六颈椎横突，暂时止血。在颈总动脉分叉处有两个重要结构：①颈动脉窦：是颈总动脉末端和颈内动脉起始处管径膨大的部分，其壁内有压力感受器。当血压升高时，刺激窦壁内感受器，可通过中枢反射性引起心跳减慢，血压下降；②颈动脉小球：是连于颈内、外动脉分叉处后方的一椭圆形小体，属化学感受器，与主动脉小球一样，能感受血液中 CO_2 浓度的变化。当血液中 CO_2 浓度升高时，可反射性引起呼吸加深加快，使更多 CO_2 排出体外。

（1）颈外动脉 external carotid artery：起自颈总动脉，从颈内动脉前内逐渐转向其前外上行，穿腮腺实质于下颌颈高度分为颞浅动脉和上颌动脉两终支（图 8-17）。主要分支有：

1）甲状腺上动脉：起自颈外动脉起始处，行向前下，分布于甲状腺和喉。

2）面动脉：自颈外动脉前缘发出，向前经下颌下腺深面，于咬肌前缘绕下颌骨下缘至面部，经口角、鼻翼外侧至眼内眦，改名为内眦动脉。面动脉分布于面部软组织、下颌下腺、腭扁桃体等处。面动脉在咬肌前缘与下颌骨下缘交界处位置表浅，该处可摸到面动脉搏动。当面部外伤出血时，可在咬肌前缘将面动脉压向下颌骨止血。

3）颞浅动脉：经耳屏前方、颧弓根浅面上行至颞部，分布于额、顶、颞部软组织和腮腺。

4）上颌动脉：经下颌颈深面进入颞下窝，分

考点提示

面动脉压迫止血的部位？

187

支较多，分布于外耳道、中耳、鼻腔、腭与腭扁桃体、牙与牙龈、咀嚼肌和硬脑膜等处。其中分布于硬脑膜的分支称脑膜中动脉，由上颌动脉发出经棘孔入颅，分前、后两支贴颅骨内面走行。其前支走行经过翼点内面，当翼点处有骨折时，易伤及导致硬膜外血肿。

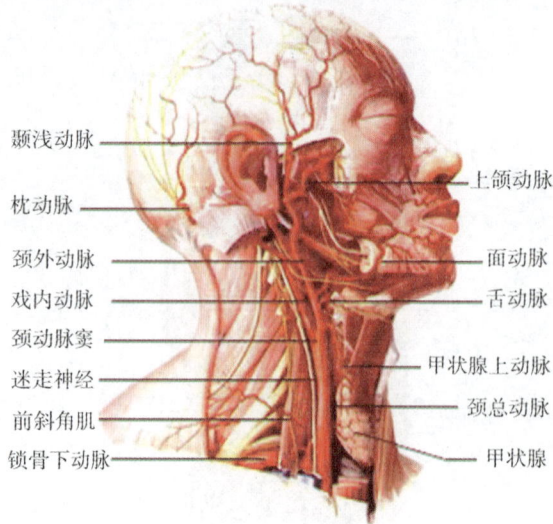

图 8-17　颈外动脉及其分支

（2）颈内动脉 internal carotid artery：在颈部没有分支，于咽外侧垂直上行，经颈动脉管入颅，分支分布于脑和视器（图 8-18），（详见第十单元第二节"中枢神经系统"）

2. 锁骨下动脉 subclavian artery　右侧起自头臂干，左侧起自主动脉弓。从胸锁关节后方斜向外至颈根部，呈弓形经胸膜顶前面，穿斜角肌间隙至第一肋外缘，延续为腋动脉。当上肢出血时，可在锁骨中点上方向后下将锁骨下动脉压向第一肋进行止血。锁骨下动脉的主要分支有：

（1）椎动脉 vertebral artery：从前斜角肌内侧缘由锁骨下动脉发出，向上穿第 6~1 颈椎的横突孔，经枕骨大孔进入颅腔，分支分布于脑和脊髓（图 8-18）。

（2）胸廓内动脉 internal thoracic artery：起自椎动脉起点的相对缘，向下进入胸腔，沿第 1~6 肋软骨的后面下行（距胸骨外侧缘约 1.5cm），分为肌膈动脉和腹壁上动脉，后者穿膈肌进入腹直肌鞘，沿腹直肌后面下行，并与腹壁下动脉吻合，分支分布于腹直肌和腹膜等处。胸廓内动脉沿途分支分布于胸壁、乳房、心包和膈。

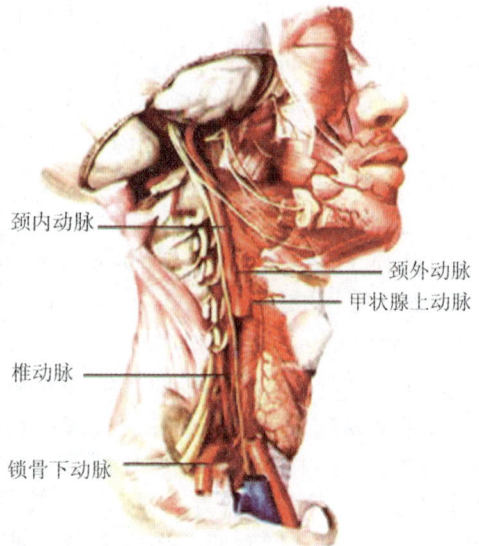

图 8-18　颈内动脉、锁骨下动脉与椎动脉

（3）甲状颈干 thyrocervical trunk：自椎动脉外侧由锁骨下动脉发出，为一短干，立即分为甲状腺下动脉和肩胛上动脉。其中甲状腺下动脉行向上内，分支分布于甲状腺、

咽、喉、气管和食管。肩胛上动脉分支分布于肩胛骨和肩肌。

3. 腋动脉 axillary artery   在第 1 肋的外缘续于锁骨下动脉，经腋窝行向外下，至大圆肌下缘移行为肱动脉。腋动脉分支较多，分布于肩部、背阔肌、胸前外侧壁和乳房等（图 8-19）。

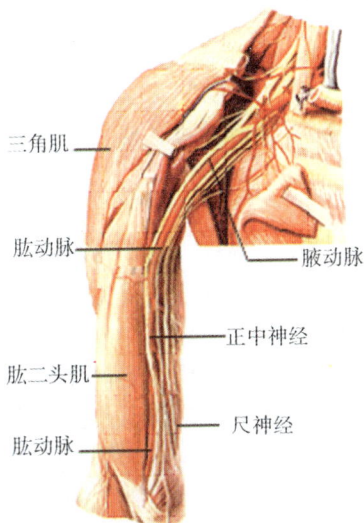

图 8-19 腋动脉与肱动脉

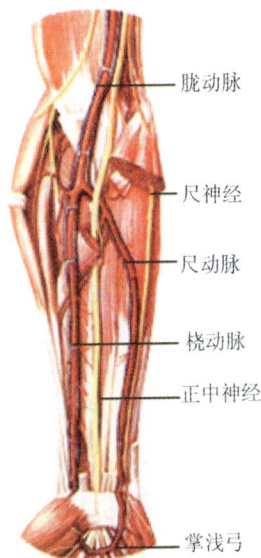

图 8-20 尺动脉与桡动脉

4. 肱动脉 brachial artery   沿肱二头肌内侧缘下行至肘窝，平桡骨颈高度分为桡动脉和尺动脉（图 8-19，8-20）。在肘窝内上、肱二肌头肌腱内侧，肱动脉位置表浅，可触摸其搏动，是测血压听诊的部位。当上肢远侧外伤大出血时，行止血。肱动脉的主要分支是肱深动脉，分支分布于臂部和肘关节。

考点提示

临床上触摸脉搏的动脉及部位？

可在臂中部肱二肌内侧将肱动脉压向肱骨，行向后下外方，分布于肱三头肌和肱骨。其余分支分布于臂部和肘关节。

护理应用

血压的测量

现常用的血压计有水银柱血压计、弹簧血压计和电子血压计，其中水银柱血压计准确度较高。测量血压前，患者应安静休息 15 分钟，取坐位或平卧位，手臂与心脏处于同一水平，掌心向上，露出右臂至肩部，将血压计袖带展平缚于臂部，袖带的下缘距肘窝 2~3cm，松紧适中，把听诊器放在肱二头肌腱内侧肱动脉搏动处。然后给袖带充气，待肱动脉搏动消失后，再将汞柱升高 20~30mm；慢慢放出袖带中的空气，当听到第一个动脉搏动声时血压计指示值即为收缩压；继续缓慢放气，至动脉搏动声突然减弱或刚消失时血压计指示值即为舒张压。正常血压：收缩压 90~140mmHg、舒张压 60~90mmHg。

5. 桡动脉 radial artery 和尺动脉 ulnar artery

（1）桡动脉：经肱桡肌与旋前圆肌之间，沿前臂桡侧下行，在桡骨茎突内上方，肱桡肌腱与桡侧腕屈肌腱之间位置表浅，可触摸到其搏动，是临床上触摸脉搏常选用的部位（图 8-20）。桡动脉主干绕桡骨茎突至手背，穿第一掌骨间隙至手掌深面，其末端与尺动脉掌深支吻合形成掌深弓。其主要分支有：掌浅支，在桡腕关节上方发出；拇主要动脉，在桡动脉入手掌处发出，立即分为 3 支分布于拇指两侧和示指桡侧。

（2）尺动脉：在尺侧腕屈肌与指浅屈肌之间下行，经豌豆骨桡侧至手掌，末端与桡动脉掌浅支吻合形成掌浅弓（图 8-20）。主要分支有骨间总动脉和掌深支。骨间总动脉于尺动脉上端发出，分为骨间前、后动脉，分布于前臂肌、尺骨、桡骨，并参与肘、腕关节网的构成。

6. 掌浅弓和掌深弓

（1）掌浅弓：位于掌腱膜深面，由尺动脉末端与桡动脉掌浅支吻合而成，由弓的凸侧发出小指尺掌侧动脉和 3 支指掌侧总动脉。指掌侧总动脉行至掌指关节附近，各分为 2 支指掌侧固有动脉，分别分布于第 2~5 手指相对缘（图 8-21）。

（2）掌深弓：位于屈指肌腱深面，由桡动脉末端与尺动脉掌深支吻合形成，约平腕掌关节高度，其凸侧发出 3 条掌心动脉，行至掌指关节附近，分别汇入相应的指掌侧总动脉（图 8-21）。

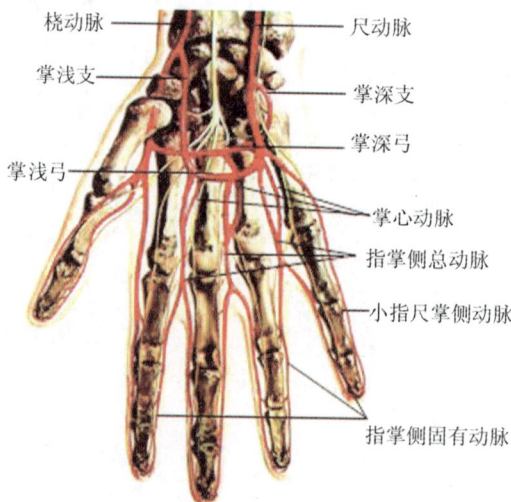

图 8-21 手的动脉

（三）胸主动脉

胸主动脉 thoracic aorta 是胸部动脉主干，发出壁支和脏支。

1. 壁支 包括 9 对肋间后动脉和 1 对肋下动脉，由胸主动脉后外侧壁发出，主干分别走行于第 3~11 肋间隙和第 12 肋下方（第 1、2 肋后动脉由锁骨下动脉发出）。分支分布于脊髓、背部的肌肉和皮肤、胸壁和腹壁上部等处（图 8-16）。

2. 脏支 细小，有支气管支、食管支和心包支，分别分布于气管、支气管、食管和心包。

（四）腹主动脉

腹主动脉 abdominal aorta 是腹部动脉的主干，亦发出壁支和脏支，脏支远比壁支粗大。

1. **脏支** 分为成对脏支和不成对脏支两种。成对脏支包括肾上腺中动脉、肾动脉和睾丸动脉（卵巢动脉）（图 8-16），不成对脏支包括腹腔干、肠系膜上动脉和肠系膜下动脉。

（1）肾上腺中动脉 middle suprarenal artery：平第 1 腰椎高度由腹主动脉侧壁发出，横行向外分布于肾上腺。

（2）肾动脉 renal artery：平第 1、2 腰椎之间由腹主动脉侧壁发出，横行向外分支经肾门入肾。

（3）睾丸动脉 tesicular artery：细长，在肾动脉起始处稍下方由腹主动脉前壁发出，斜向外下，走行于腰大肌前面，跨输尿管，经腹股沟管至阴囊，分支分布于睾丸和附睾。在女性为卵巢动脉 ovarian artery，经卵巢悬韧带下行入盆，分布于卵巢和输卵管。

（4）腹腔干 celiac trunk：主干粗短，在主动脉裂孔稍下方由腹主动脉前壁发出，立即分为胃左动脉、肝总动脉和脾动脉三支（图 8-22，8-23）。

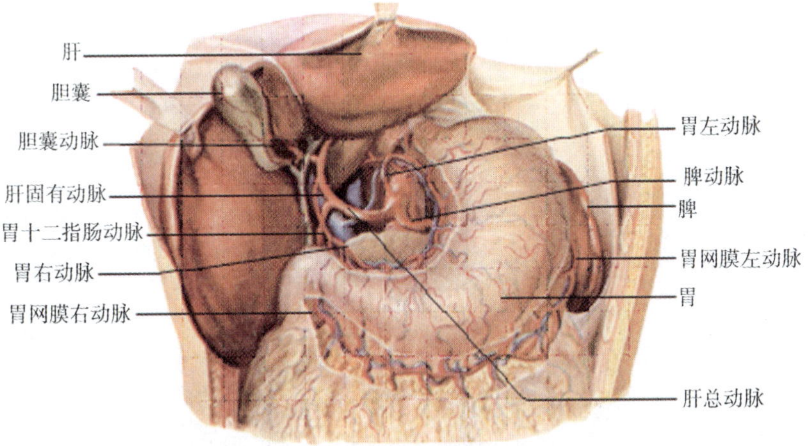

图 8-22　腹腔干及其分支（胃前面）

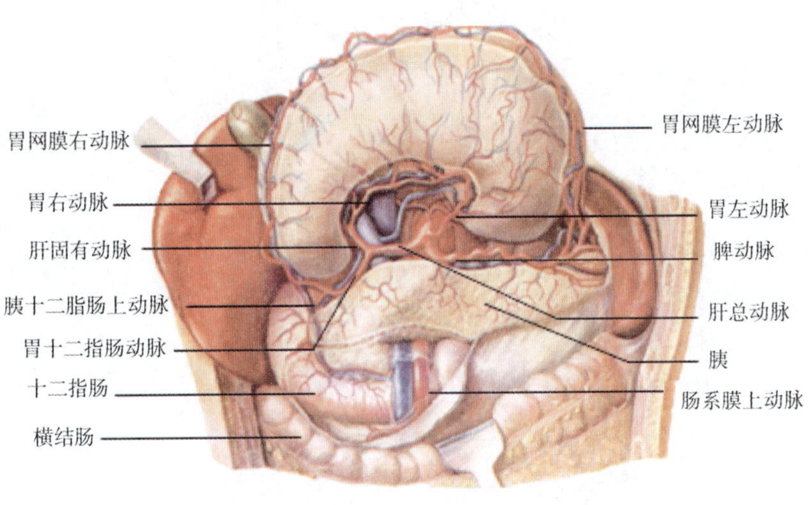

图 8-23　腹腔干及其分支（胃后面）

1）胃左动脉：行向左上至胃贲门附近，再沿胃小弯向右下走行，分支分布于食管和胃小弯侧的胃前、后壁。

2）肝总动脉：向右行至十二指肠上部上方，进入肝十二指肠韧带，分为肝固有动脉和胃十二指肠动脉。

肝固有动脉位于肝十二指肠韧带内，经肝门静脉前方，胆总管左侧上行至肝门，分左、右两支，经肝门入肝。右支入肝门前发出胆囊动脉，分布于胆囊。肝固有动脉起始部发出胃右动脉，胃右动脉至幽门上缘，沿胃小弯向左走行，与胃左动脉吻合，分支分布于十二指肠上部和胃小弯侧的胃前、后壁。

胃十二指肠动脉经十二指肠上部后方下行，至幽门下缘分为胃网膜右动脉和胰十二指肠上动脉。胃网膜右动脉沿胃大弯左行，分布于胃大弯和大网膜。胰十二指肠上动脉经胰头和十二指降部之间下行，分布于胰头和十二指肠降部。

3）脾动脉：沿胰腺上缘左行至脾门，分数支入脾。沿途分支：胰支，分布于胰体和胰尾；胃短动脉，有3~5支，分布于胃底；胃网膜右动脉，沿胃大弯右行，与胃网膜右动脉吻合，分布于胃大弯和大网膜。

（5）肠系膜上动脉 superior mesenteric artery：在腹腔干起始处稍下，起自腹主动脉前壁，经胰头后方、十二指肠水平部前面下行，进入小肠系膜根，向右下至右髂窝。主要分支有（图 8-24）：

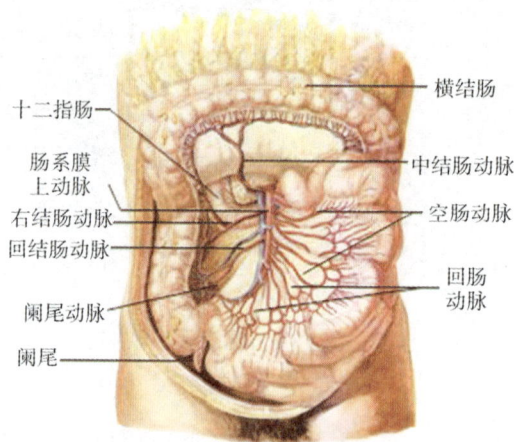

十二指肠

肠系膜
上动脉

右结肠动脉

回结肠动脉

阑尾动脉

阑尾

横结肠

中结肠动脉

空肠动脉

回肠
动脉

图 8-24　肠系膜上动脉及其分支

1）空肠动脉和回肠动脉：有12~16支，由肠系膜上动脉左侧壁发出，走行于肠系膜内，分布于空、回肠。各支动脉分支相互吻合形成动脉弓，弓又分支又吻合，如此反复，形成多级动脉弓（空肠动脉弓1~2级，回肠动脉弓可达3~5级），由最后一级动脉弓发出直行小动脉分布于肠壁。

2）回结肠动脉：为肠系膜上动脉右侧最下方的一个分支，分布于回肠末端、盲肠、阑尾和升结肠。回结肠动脉发出阑尾动脉，经回肠末端的后面下行，沿阑尾系膜至阑尾。

3）右结肠动脉：发自回结肠动脉上方，沿腹后壁右行，分布于升结肠。

4）中结肠动脉：在胰腺下缘处发出，行于横结肠系膜内，分支分布于横结肠，并与右结肠动脉和左结肠动脉分支吻合。

（6）肠系膜下动脉 inferior mesenteric artery：平第 3 腰椎高度起自腹主动脉前壁，沿腹后壁行向左下。主要分支有（图 8-25）：

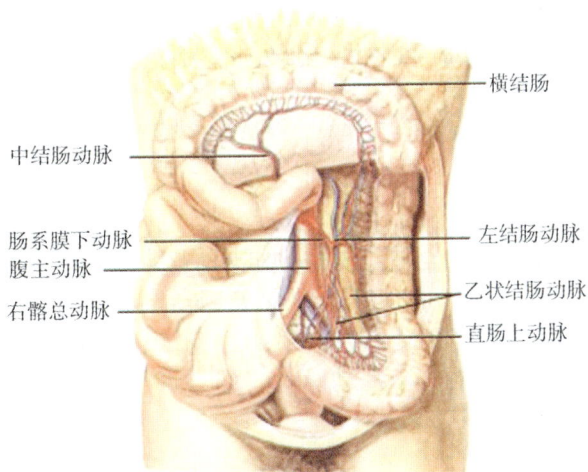

中结肠动脉
肠系膜下动脉
腹主动脉
右髂总动脉
横结肠
左结肠动脉
乙状结肠动脉
直肠上动脉

图 8-25 肠系膜下动脉及其分支

1）左结肠动脉：沿腹后壁横行向左，分升、降支，分布于降结肠，并与中结肠动脉与乙状结肠动脉分支吻合。

2）乙状结肠动脉：常 2~3 支，走行于乙状结肠系膜内，分支分布于乙状结肠。

3）直肠上动脉：为肠系膜下动脉的直接延续，下行至第 3 骶椎水平分两支，经直肠两侧下行，分布于直肠上部，并与直肠下动脉和肛动脉吻合。

2. 壁支 主要有四对腰动脉，起自腹主动脉后壁，横行向外，分布于腹后壁和脊髓。

（五）髂总动脉

髂总动脉 common iliac artery 自第 4 腰椎体下缘由腹主动脉分出，左右各一，沿腰大肌内侧行向外下，至骶髂关节前面分为髂内动脉和髂外动脉（图 8-26，8-27）。

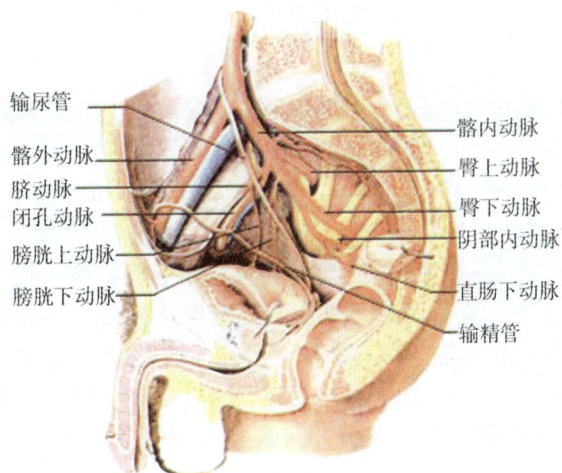

输尿管
髂外动脉
脐动脉
闭孔动脉
膀胱上动脉
膀胱下动脉
髂内动脉
臀上动脉
臀下动脉
阴部内动脉
直肠下动脉
输精管

图 8-26 男性盆腔的动脉（右侧）

1. 髂内动脉 internal iliac artery 是盆部动脉的主干，沿盆侧壁下行，发出壁支和脏支。

（1）脏支：

1）脐动脉：远侧闭锁形成韧带，近侧发出膀胱上动脉，分布于膀胱尖和膀胱体。

2）膀胱下动脉：沿盆侧壁下行，分布于膀胱底、精囊及前列腺等处。

3）直肠下动脉：行向内下，分布于直肠下段，并与直肠上动脉和肛动脉吻合。

4）阴部内动脉：从梨状肌下孔出骨盆，穿坐骨小孔至坐骨直肠窝，分支分布于肛门周围、会阴和外生殖器。其中至肛门周围的分支称肛动脉（图8-28）。

5）子宫动脉：位于子宫阔韧带内，在子宫颈外侧约2cm处，跨过输尿管前面向内至子宫颈，发出阴道支至阴道，主干沿子宫侧缘迂曲上行，分布于子宫、输卵管和卵巢。在行子宫切除术结扎子宫动脉时，应靠近子宫颈，以免伤及输尿管（图8-27）。

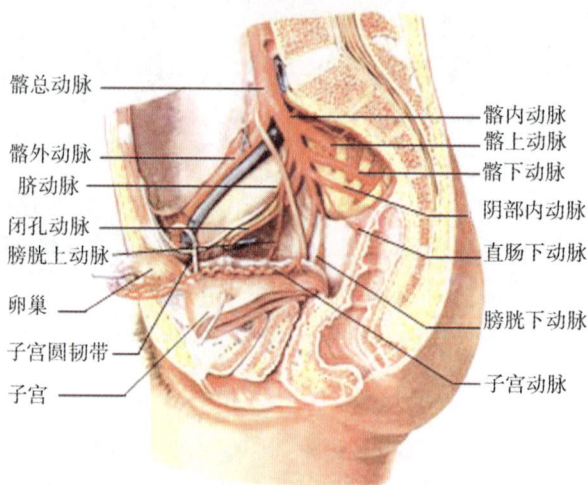

图 8-27 女性盆腔的动脉（右侧）

（2）脏支：

1）闭孔动脉：沿盆侧壁前行，穿闭膜管至大腿内侧，分布于髋关节和大腿内侧肌群。

2）臀上动脉：从梨状肌上孔出盆腔，分布于臀中、小肌和髋关节。

3）臀下动脉：从梨状肌下孔出盆腔，分布于臀大肌和坐骨神经。

2. 髂外动脉 external iliac artery 沿腰大肌内侧缘下行，经腹股沟韧带中点深面到股部，移行为股动脉。主要分支有腹壁下动脉，在腹股沟韧带上方发出，经腹股沟管深环内侧，行向上内从腹直肌后面进入腹直肌鞘，分布于腹直肌，并与腹壁上动脉吻合。

3. 股动脉 femoral artery 在股三角内行向内下，经收肌管至腘窝，移行为腘动脉（图8-29）。分支分布于大腿肌和髋关节。在腹股沟韧带中点稍下方，股动脉位置表浅，可触到其搏动。

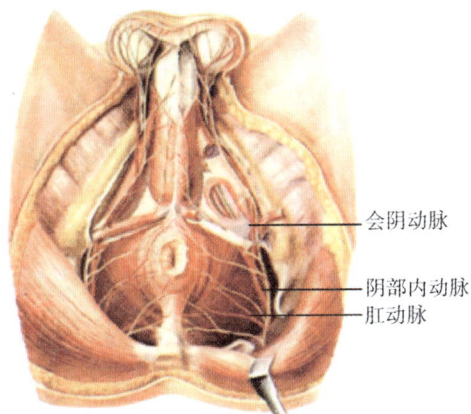

图 8-28 会阴的动脉

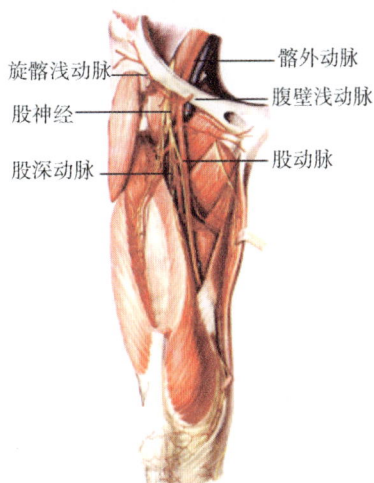

图 8-29 大腿的动脉

4. 腘动脉 popliteal artery 经腘窝深部下行，至腘窝下角分为胫前动脉和胫后动脉。在腘窝内腘动脉分支分布于膝关节和附近肌（图 8-30）。

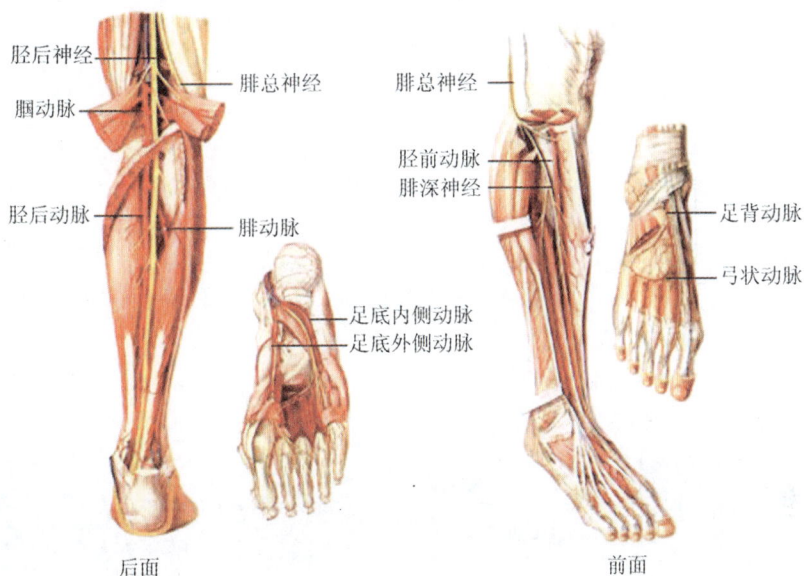

后面　　　　　　　　　　　　　　前面

图 8-30 小腿和足部的动脉

5. 胫后动脉 posterior tibial artery 在小腿浅、深层肌之间下行，经内踝后方至足底，分为足内侧动脉和足底外侧动脉（图 8-30）。胫后动脉在小腿后面的分支分布于胫、腓骨和小腿后群与外侧肌群，在足底分支分布于足底与足趾。

6. 胫前动脉 anterior tibial artery 穿小腿骨间膜上部至小腿前面，在小腿前群肌之间下行，经踝关节前面至足背，移行为足背动脉（图 8-30）。沿途发出分支，分布于小腿前群肌及附近皮肤。

足背动脉经足背内侧至第一跖骨间隙，分支分布于足背和足趾。踝关节前面足背动脉位置表浅，在内、外踝连线中点处可触及其搏动。

体循环动脉的主要分支可归纳如表8-3。

表8-3　体循环动脉的主要分支

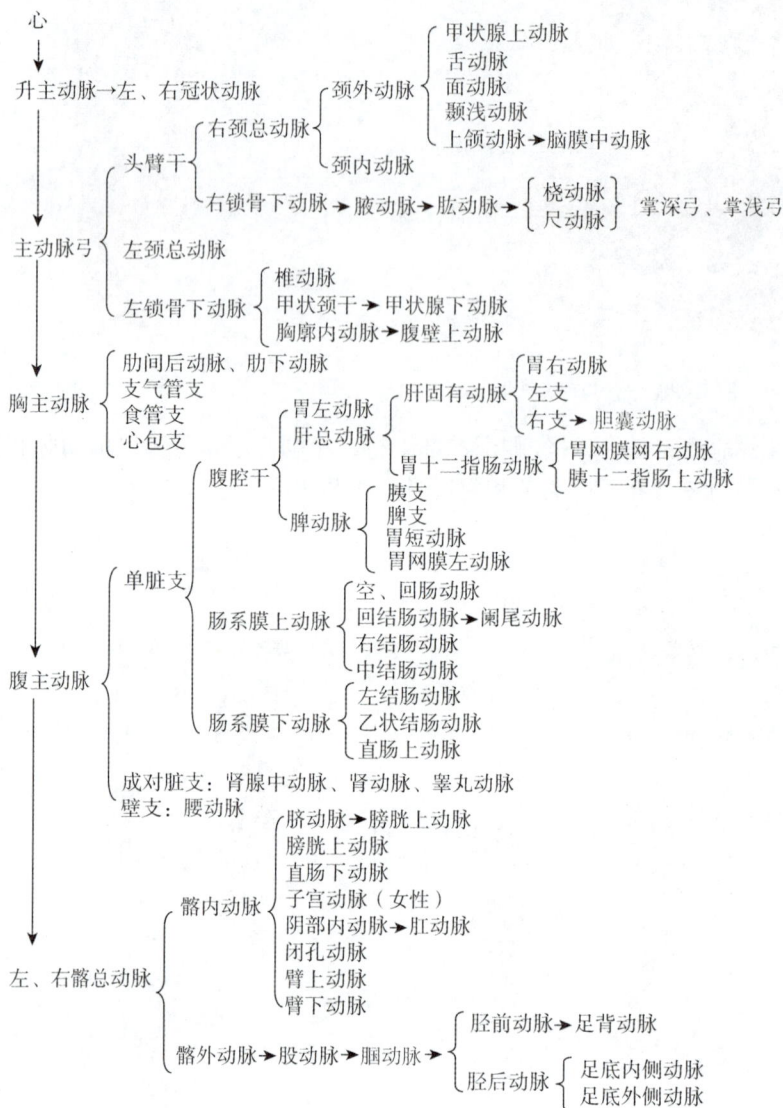

```
心
│
升主动脉→左、右冠状动脉
│
│          ┌ 右颈总动脉 ┬ 颈外动脉 ┬ 甲状腺上动脉
│          │           │          ├ 舌动脉
│   头臂干 ┤           │          ├ 面动脉
│          │           │          ├ 颞浅动脉
│          │           │          └ 上颌动脉→脑膜中动脉
主动脉弓 ┤          │           └ 颈内动脉
│          │                        ┌ 桡动脉 ┐
│          └ 右锁骨下动脉→腋动脉→肱动脉┤        ├ 掌深弓、掌浅弓
│                                     └ 尺动脉 ┘
│    左颈总动脉
│                   ┌ 椎动脉
│    左锁骨下动脉 ┤ 甲状颈干→甲状腺下动脉
│                   └ 胸廓内动脉→腹壁上动脉
↓
胸主动脉 ┬ 肋间后动脉、肋下动脉
         ├ 支气管支
         ├ 食管支
         └ 心包支
↓
腹主动脉
│                          ┌ 胃左动脉
│                          │           ┌ 肝固有动脉 ┬ 胃右动脉
│               腹腔干 ┤ 肝总动脉 ┤            ├ 左支
│                          │           │            └ 右支→胆囊动脉
│                          │           └ 胃十二指肠动脉 ┬ 胃网膜网右动脉
│                          │                            └ 胰十二指肠上动脉
│                          │           ┌ 胰支
│                          └ 脾动脉 ┤ 脾支
│                                      ├ 胃短动脉
│       单脏支 ┤                      └ 胃网膜左动脉
│                          ┌ 空、回肠动脉
│               肠系膜上动脉 ┤ 回结肠动脉→阑尾动脉
│                          ├ 右结肠动脉
│                          └ 中结肠动脉
│                          ┌ 左结肠动脉
│               肠系膜下动脉 ┤ 乙状结肠动脉
│                          └ 直肠上动脉
│
│    成对脏支：肾腺中动脉、肾动脉、睾丸动脉
│    壁支：腰动脉
↓
                            ┌ 脐动脉→膀胱上动脉
                            ├ 膀胱上动脉
                            ├ 直肠下动脉
                 髂内动脉 ┤ 子宫动脉（女性）
                            ├ 阴部内动脉→肛动脉
左、右髂总动脉 ┤          ├ 闭孔动脉
                            ├ 臀上动脉
                            └ 臀下动脉
                                                      ┌ 胫前动脉→足背动脉
                 髂外动脉→股动脉→腘动脉 ┤          ┌ 足底内侧动脉
                                                      └ 胫后动脉 ┤ 足底外侧动脉
```

六、体循环的静脉

体循环的静脉与动脉比较，在结构、功能和配布上具有差异，主要有以下特点：

1. 静脉管腔大，管壁薄，弹性小　其内血流缓慢，压力低，数量多于动脉，静脉内的血液容量超过动脉的1倍以上。以维持单位时间内与动脉的血流量保持一致。

2. 体循环的静脉分为浅、深静脉　浅静脉位于皮下浅筋膜内，又称皮下静脉。浅静脉不与动脉伴行，最后注入深静脉。一些大的浅静脉，体表可观察到其轮廓，临床上可进行注射、输液和采血。深静脉位于深筋膜深面或体腔内，多数与动脉伴随走行，命名与相应动脉对应，有的动脉有两条伴随静脉。

3. 静脉的吻合丰富 浅静脉吻合形成静脉网或静脉弓。深静脉在一些器官周围或器官壁内吻合形成静脉丛。

4. 一些静脉内具有静脉瓣 静脉瓣成对分布，呈半月形，作用是保证血液流向回心方向，防止逆流（图8-31）。静脉瓣主要分布于受重力影响大的静脉血管，如四肢的静脉血管内。

体循环的静脉包括上腔静脉系、下腔静脉系和心静脉系。

（一）上腔静脉系

上腔静脉系由上腔静脉及其属支组成，收集头颈、上肢、胸部（心除外）和脐以上腹前外侧壁的静脉血。

（1）上腔静脉 superior vena cava：由左、右头臂静脉在右侧第1胸肋关节后方汇合而成，沿升主动脉右侧下降，在右侧第3胸肋关节水平注入右心房（图8-32）。上腔静脉注入右心房之前有奇静脉汇入。

（2）头臂静脉 brachiocephalic vein：左、右各一，由同侧颈内静脉和锁骨下静脉在胸锁关节后方汇合而成，汇合处的夹角称静脉角，有淋巴导管注入。

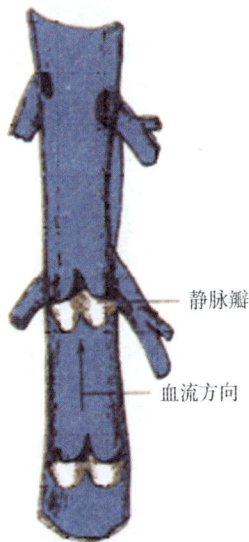

静脉瓣
血流方向

图 8-31 静脉瓣

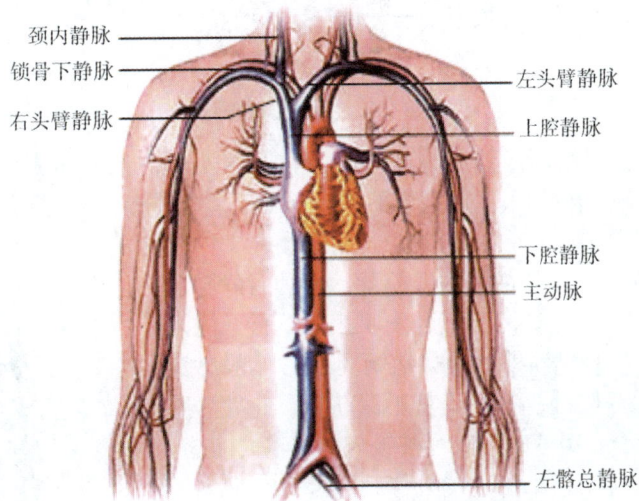

颈内静脉
锁骨下静脉
右头臂静脉
左头臂静脉
上腔静脉
下腔静脉
主动脉
左髂总静脉

图 8-32 上、下腔静脉

1. 头颈部的静脉

（1）颈内静脉：在颈静脉孔处与乙状窦相续，伴随颈内动脉和颈总动脉下行，至胸锁关节后方与锁骨下静脉汇合形成头臂静脉。颈内静脉与颈内、颈总动脉共同位于颈动脉鞘内，其壁与颈动脉鞘筋膜相连，管腔常处开放状态。当颈内静脉损伤破裂时，管腔不易闭锁，加之胸腔负压对静脉回流的吸引，从而使空气容易进入，导致空气栓塞发生。

颈内静脉的分支分为颅内支和颅外支。颅内支通过硬脑膜静脉窦收集脑、视器及颅骨等处的静脉血。颅外支收集面部和颈部的静脉血，属支较多，主要有（图8-33）：

1）面静脉：起自内眦静脉，与面动脉伴行，在平舌骨大角处注入颈内静脉。面静脉借内眦静脉、眼静脉与颅内海绵窦交通。在口角平面以上，面静脉一般无静脉瓣，该区域发生感染时，若处置不当（如挤压），可导致细菌蔓延至颅内，引起颅内感染，严重时危及生命。故临床上将鼻根至两侧口角之间的区域称为"危险三角区"。

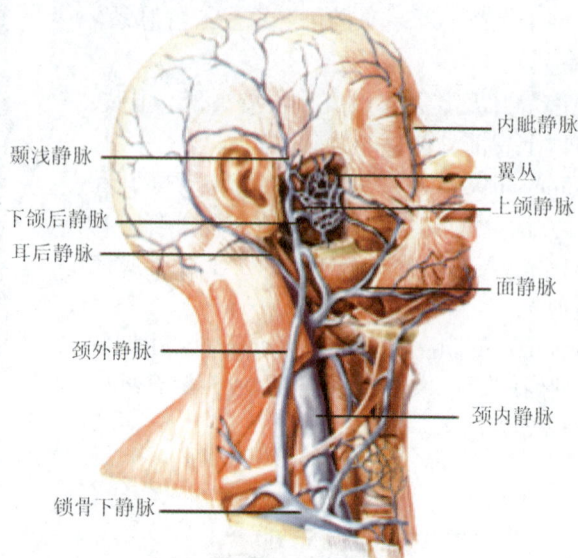

图 8-33 头颈部的静脉

2）下颌后静脉：由颞浅静脉与上颌静脉在腮腺实质内汇合而成，收集颞浅动脉和上颌动脉分布区域的静脉血。在腮腺下端，下颌后静脉分前、后两支，前支注入面静脉，后支汇入颈外静脉。

（2）颈外静脉：是颈部最大的浅静脉，由耳后静脉与下颌后静脉后支汇合而成。沿胸锁乳突肌表面下行，注入锁骨下静脉（图8-33）。颈外静脉体表可见，常作静脉穿刺。颈外静脉穿深筋膜处，管壁附着于深筋膜，此处静脉损伤，不易自行闭合，吸气时空气可被吸入导致空气栓塞。

（3）锁骨下静脉：在第1肋的外缘续腋静脉，向内经前斜角肌前面至胸锁关节后方，与颈内静脉汇合形成头臂静脉。

2. 上肢的静脉 分浅静脉和深静脉。

（1）上肢的深静脉：与同名动脉伴行，收集同名动脉分布区域的静脉血。尺、桡动脉与肱动脉下部有两条伴行静脉。

（2）上肢的浅静脉：上肢的浅静脉较多，相互吻合，比较恒定的有三条（图8-34）：

1）头静脉：起自手背静脉网桡侧，逐渐转向前臂前

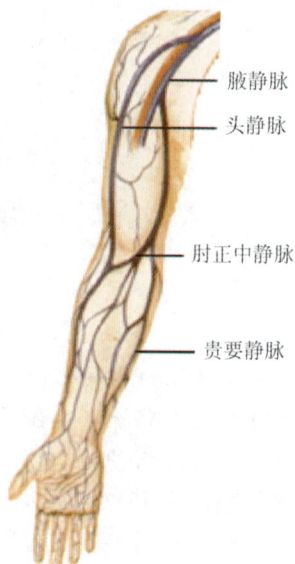

图 8-34 上肢的浅静脉

面的外侧到肘窝，再沿肱二头肌外侧上行，经三角肌与胸大肌之间的浅沟，穿深筋膜注入腋静脉。

2）贵要静脉：起自手背静脉网的尺侧，逐渐转向前臂尺侧上行，至臂中份穿深筋膜注入肱静脉。

3）肘正中静脉：位于肘窝前方，连于头静脉与贵要静脉之间，常接受不恒定的前臂正中静脉。临床上常用于采血或静脉注射。

3.胸部的静脉

主要有奇静脉，起自右腰升静脉，穿膈沿脊柱右侧上行，至第4胸椎高度弓形向前跨右肺根上方，注入上腔静脉。奇静脉沿途收集右侧肋间后静脉、支气管静脉、食管静脉和半奇静脉的静脉血。奇静脉下端的腰升静脉归属下腔静脉系，所以奇静脉是连通上、下腔静脉系的重要通道之一（图8-35）。

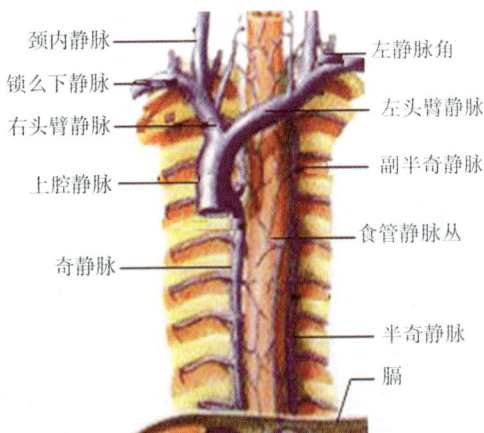

图8-35 上腔静脉与奇静脉

在脊柱胸部右侧有半奇静脉和副半奇静脉。半奇静脉起自左腰升静脉，沿脊柱左侧上行，至第9~10胸椎高度，跨脊柱注入奇静脉。副半奇静脉收集左侧中、上部肋间后静脉血液，沿脊柱下行注入半奇静脉或奇静脉。

（一）下腔静脉系

下腔静脉系由下腔静脉 inferior vena cava 及其属支组成，收集腹、盆、下肢的静脉血。

下腔静脉是全身最粗大的静脉，由左、右髂总静脉在第5腰椎高度汇合而成，沿腹主动脉右侧上行，经肝后缘，穿膈的腔静脉孔入胸腔，注入右心房（图8-32，8-36）。

1.下肢的静脉

也分浅静脉和深静脉，静脉瓣比上肢静脉多。

（1）下肢的深静脉：与同名动脉伴行，收集同名动脉分布区域的静脉血，胫前、后动脉有两条伴行

护理应用

股静脉穿刺术

患者局部皮肤消毒，操作者消毒左手食、中、环指，在腹股沟韧带中部下方2~3cm处，操作者左手食、中、环指并拢，成一直线，置于股动脉上方，触摸股动脉搏动，确定股动脉走行，在股动脉内侧0.5cm处确定穿刺点，右手持穿刺针，针尖朝脐侧，斜面向上，针体与皮肤成30°~45°，沿股动脉走行进针2~5cm，即可进入股静脉。

静脉。最后，股静脉经腹股沟韧带的深面上行移行为髂外静脉。

在股三角上部，股静脉位置恒定，位于股动脉的内侧，两者之间只隔一薄层结缔组织。故临床上要进行股静脉穿刺时，在股动脉搏动内侧进针即可。

（2）下肢的浅静脉：走行较恒定的有大隐静脉和小隐静脉（图8-37）。

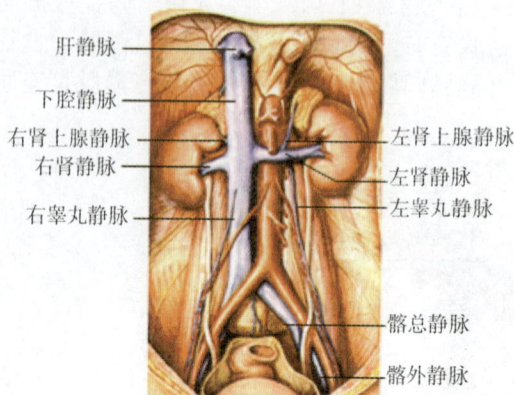

图 8-36　下腔静脉及其属支

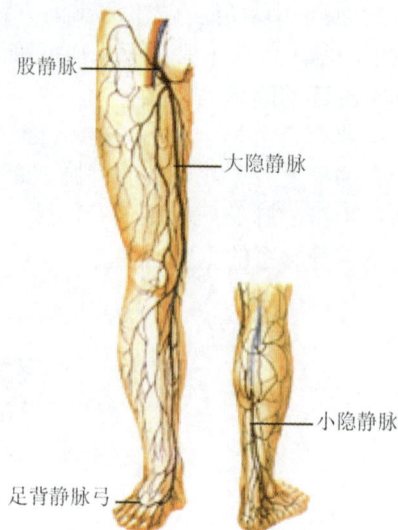

图 8-37　下肢的浅静脉

1）大隐静脉：起自足背静脉弓的内侧，经内踝的前方，沿小腿内侧上行至膝关节的内后，再沿大腿的内侧逐渐转至其前面，在耻骨结节外下方3~4cm处穿隐静脉裂孔，注入股静脉。大隐静脉注入股静脉之前，接纳股外侧浅静脉、股内侧浅静脉、阴部外静脉、腹壁浅静脉和旋髂浅静脉等5条属支静脉。大隐静脉在内踝前方，位置表浅恒定，是临床上静脉穿刺或静脉切开的常选部位。

2）小隐静脉：起自足背静脉弓外侧，经外踝后方，沿小腿后面上行，至腘窝穿深筋膜注入腘静脉。

2. 盆部的静脉

（1）髂外静脉：是股静脉的直接延续，伴随同名动脉走行，收集同名动脉分布区域的静脉血。

（2）髂内静脉：与同名动脉伴行，其属支分壁支和脏支。壁支收集壁支动脉分布区域的静脉血。脏支收集脏支动脉分布区域的静脉血，盆腔脏器周围或其壁内的静脉丰富，吻合形成静脉丛，主要有膀胱静脉丛、子宫静脉丛及直肠静脉丛等，这些静脉丛的血管吻合形成相应的脏支静脉。直肠静脉丛上部的静脉血流入直肠上静脉，再到肠下膜下静脉；中部的流入直肠下静脉，再到髂内静脉；下部的流入肛静脉，经阴部内静脉再入髂内静脉。

（3）髂总静脉：由同侧的髂内静脉和髂外静脉在骶髂关节前方汇合而成，行向内上，在第5腰椎右前方，两侧髂总静脉汇合形成下腔静脉。

3. 腹部的静脉　分为壁支和脏支。

（1）壁支：主要有4对腰静脉，向内同侧腰静脉相连形成腰升静脉，左、右腰升静脉向上分别延续为半奇静脉和副半奇静脉，向下连于髂总静脉。

（2）脏支：分成对脏支和不成对脏支（图8-36）。成对脏支和肝静脉直接或间接注入下腔静脉，不成对脏支（肝静脉除外）汇合形成肝门静脉。

1）肾上腺静脉：左侧注入左肾静脉，右侧直接注入下腔静脉。

2）肾静脉：在肾动脉前方横行向内，注入下腔静脉。左肾静脉较长，向右跨过腹主动脉前面，并接受左肾上腺静脉和左睾丸静脉。

3）睾丸静脉：起自睾丸和附睾的数条小静脉，在精索内相互吻合形成蔓状静脉丛，在腹股沟管深环处汇合形成睾丸静脉。行向内上，右睾丸静脉以锐角形式注入下腔静脉，左睾丸静脉以直角注入左肾静脉。左睾丸静脉行程长，血液回流较右侧不易，故临床上睾丸（精索）静脉曲张以左侧多见。在女性为卵巢静脉，起自卵巢，注入部位与男性相同。

4）肝静脉：位于肝实质内，有3条，分肝右、肝中和肝左静脉，在肝后缘注入下腔静脉。

应用链接

肝硬化和肝癌患者发生呕血与便血的原因

正常情况下，肝门静脉系与上、下腔静脉系之间的吻合支细小，血流量较少。肝硬化与肝癌晚期肝门静脉压力增高，血液回流受阻，正常时经肝门静脉回流的血液，可发生逆流，经食管静脉丛与直肠静脉丛等由上、下腔静脉回流入心。这时食管静脉丛与直肠静脉丛的血流增多，细小静脉曲张，管壁变薄，血管易发生破裂。食管静脉丛血管破裂大出血时，血液进入胃内刺激胃便可发生呕血，直肠静脉丛血管破裂，则发生便血。

（3）肝门静脉系：由肝门静脉及其属支组成。收集腹腔内不成对脏器（肝除外）的静脉血。

肝门静脉由肠系膜上静脉和脾静脉在胰头后方汇合而成，长6~8cm，经十二指肠上部后方，行向右上，进入肝十二指肠韧带，在胆总管和肝固有动脉后方上行至肝门，分左、右两支经肝门入肝（图8-38）。

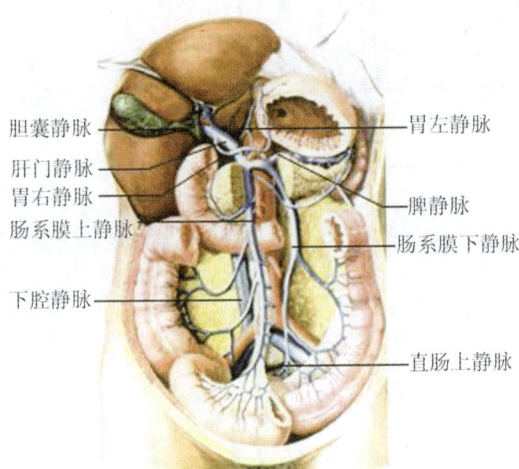

图8-38　肝门静脉及其属支

肝门静脉系主要结构特点：①肝门静脉起始两端均是毛细血管。②在肝门静脉内流动的是含有丰富营养物质的静脉血。③肝门静脉及其属支内一般无静脉瓣，当肝门静脉压力增高时，血液可发生逆流。

1）肝门静脉的主要属支：①肠系膜上静脉：在肠系膜内，行于同名动脉右侧，收集同名动脉分布区域的静脉血。②脾静脉：在脾门处由脾支汇合而成，沿胰后面经脾动脉下方右行，收集脾动脉分布区域的静脉。③肠系膜下静脉：收集肠系膜下动脉分布区域的静脉血，一般注入脾静脉。④胃左静脉：与同名动脉伴行，在胃贲门处接受来处食管静脉丛的食管静脉，右行注入肝门静脉。⑤胃右静脉：与胃右动脉伴行，右行注入肝门静脉，在幽门上方接受幽门前静脉，幽门前静脉位于幽门前方，是手术时确定幽门位置的标志。⑥胆囊静脉：收集胆囊壁的静脉血，注入肝门静脉或其右支。⑦附脐静脉：起自脐周静脉网，沿肝圆韧带走行，注入肝门静脉。

2）肝门静脉与上、下腔静脉的吻合：当肝门静脉压力增高时，肝门静脉内的血液可通过其与上、下腔静脉吻合的部位，进行回流。重要的吻合部位有3处（图8-39）：①食管静脉丛：肝门静脉→胃左静脉→食管静脉丛→食管静脉→奇静脉→上腔静脉。②直肠静脉丛：肝门静脉→脾静脉→肠系膜下静脉→直肠上静脉→直肠静脉丛→直肠下静脉（肛静脉→阴部内静脉）→髂内静脉→髂总静脉→下腔静脉。③脐周静脉网：肝门静脉→附脐静脉→脐周静脉网→胸壁和腹壁的静脉→上、下腔静脉。

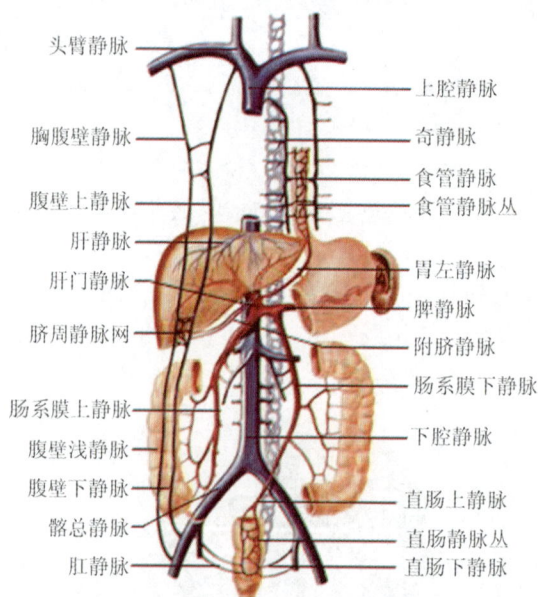

图 8-39　肝门静脉与上、下腔静脉系间的吻合（模式图）

体循环的主要静脉回流，可归纳如表8-4：

表8-4　体循环的静脉回流

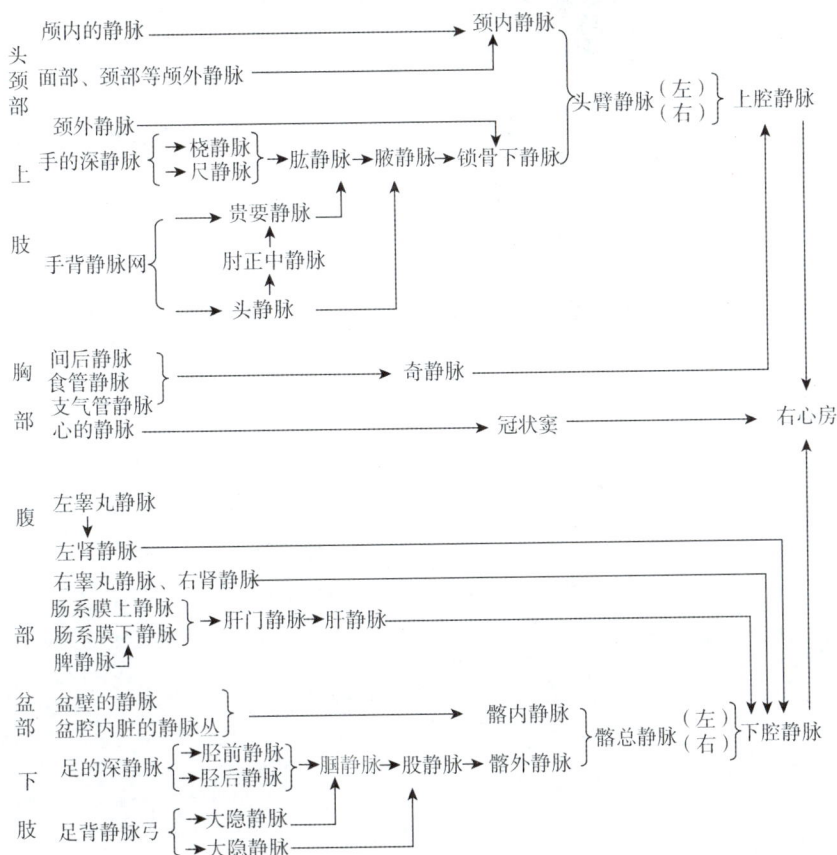

头颈部
颅内的静脉 ————————→ 颈内静脉
面部、颈部等颅外静脉 ——
颈外静脉 ——→ 桡静脉
手的深静脉 ｛ 桡静脉 / 尺静脉 ｝ →肱静脉→腋静脉→锁骨下静脉
头臂静脉（左）（右）｝上腔静脉

上肢
手背静脉网 ｛ 贵要静脉 / 肘正中静脉 / 头静脉 ｝

胸部
肋后静脉 / 食管静脉 / 支气管静脉 ｝ ————→ 奇静脉
心的静脉 ——————→ 冠状窦 ——→ 右心房

腹部
左睾丸静脉
左肾静脉
右睾丸静脉、右肾静脉
肠系膜上静脉 / 肠系膜下静脉 ｝ → 肝门静脉 → 肝静脉
脾静脉 ｝
下腔静脉

盆部
盆壁的静脉 / 盆腔内脏的静脉丛 ｝ ——→ 髂内静脉
髂总静脉（左）（右）｝下腔静脉

下肢
足的深静脉 ｛ 胫前静脉 / 胫后静脉 ｝ →腘静脉→股静脉→髂外静脉
足背静脉弓 ｛ 大隐静脉 / 大隐静脉 ｝

第二节　淋巴系统

　　淋巴系统 lymphatic system 由淋巴管道、淋巴器官和淋巴组织组成（图8-40a）。淋巴管道包括毛细淋巴管、淋巴管、淋巴干和淋巴导管。淋巴器官包括淋巴结、脾、胸腺和扁桃体等。淋巴组织除参与淋巴器官的构成外，还分布于消化道、呼吸道等的黏膜。

　　当血液流经毛细血管时，一部分血浆成分由毛细血管动脉端进入组织间隙形成组织液。组织液与细胞进行物质交换后，大部分组织液由毛细血管静脉端重吸收进入血液，少部分组织液则进入毛细淋巴管形成淋巴。淋巴是无色透明的液体（但小肠淋巴管道内的淋巴除外，因其含乳糜微粒，呈乳白色）。淋巴沿淋巴管道向心流动，途经一系列淋巴结，最后汇入静脉。因此，淋巴管道可被看作是静脉的辅助部分（图8-40b）。

　　淋巴系统不仅辅助静脉运输体液进入血液循环，淋巴组织和淋巴器官还能产生淋巴细胞、过滤淋巴和参与免疫反应，是人体的重要防御结构。

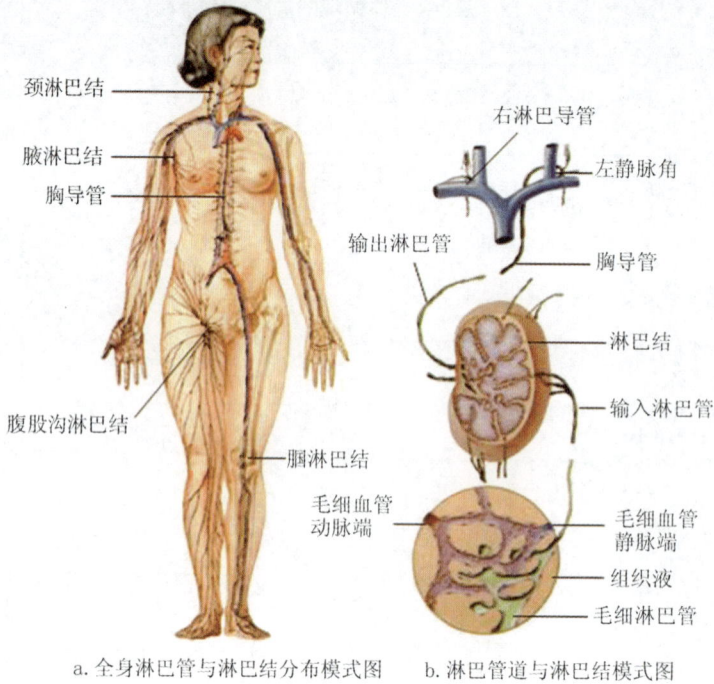

a.全身淋巴管与淋巴结分布模式图   b.淋巴管道与淋巴结模式图

图 8-40 淋巴系统模式图

一、淋巴管道

（一）毛细淋巴管

毛细淋巴管 lymphatic capillary 是淋巴管道的起始部分，以膨大的盲端始于组织间隙，相互吻合成网。毛细淋巴管管径粗细不等，略大于毛细血管，管壁薄，由一层内皮构成，内皮细胞间有间隙，内皮外基膜很薄或不存在，故通透性大于毛细血管（图8-40b）。一些不易通过毛细血管壁的大分子物质，如蛋白质、细菌、癌细胞及异物等则易进入毛细淋巴管。

（二）淋巴管

淋巴管 lymphatic vessel 由毛细淋巴管汇合而成。其管壁结构与静脉相似，但管径较细、管壁较薄，其内瓣膜丰富，故外观呈串珠状。淋巴管在向心的行程中，要经过一个或多个淋巴结。淋巴管分为浅、深种：浅淋巴管位于皮下浅筋膜内，常与浅静脉伴行；深淋巴管位于深筋膜深面，与深部血管伴行。浅、深淋巴管间具有广泛的交通。

应用链接

急性淋巴管炎

急性淋巴管炎是致病菌从破损的皮肤或感染灶蔓延至邻近淋巴管内所引起的淋巴管急性炎症。致病菌常为链球菌。多发于四肢，表现为浅层淋巴管炎，在伤口近侧出现一条或多条红线，伴灼热、触痛。由外周的损害向邻近的局部淋巴结蔓延，出现局部淋巴结肿大、压痛和全身性表现（如发热、寒战、心动过速、头痛），且常较皮肤表现所显示的情况严重。

（三）淋巴干

浅、深淋巴管经过一系列淋巴结后，由最后一群淋巴结的输出淋巴管汇合构成淋巴干 lymphatic trunk。全身淋巴干共 9 条，分别是：左、右颈干，左、右锁骨下干，左、右支气管纵隔干，左、右腰干和一条肠干。

（四）淋巴导管

9 条淋巴干最后汇合形成 2 条淋巴导管，分别是胸导管和右淋巴导管。

1. 胸导管 thoracic duct　是全身最大的淋巴导管，长 30~40cm，由左、右腰干和肠干在第 1 腰椎前面汇合而成，其起始处膨大称乳糜池。胸导管起始后，经膈的主动脉裂孔上行进入胸腔，在食管的后方，沿脊柱右前方上行，至第 5 胸椎高度转向左侧，再沿脊柱左前方上行，出胸廓上口至颈根部，弓形弯曲向外注入左静脉角。在注入左静脉角之前，胸导管还接纳左颈干、左锁骨下干和左支气管纵隔干回流的淋巴。胸导管主要收集腹部、盆部、双下肢、左半胸、左上肢和左侧头颈部的淋巴，所收集的淋巴约占的全身 3/4（图 8-41）。

2. 右淋巴导管 right lymphatic duct　长约 1.5cm，由右颈干、右锁骨下干和右支气管纵隔干汇合而成，注入右静脉角。收集右半胸、右上肢和右侧头颈部的淋巴，所收集的淋巴约占全身的 1/4。

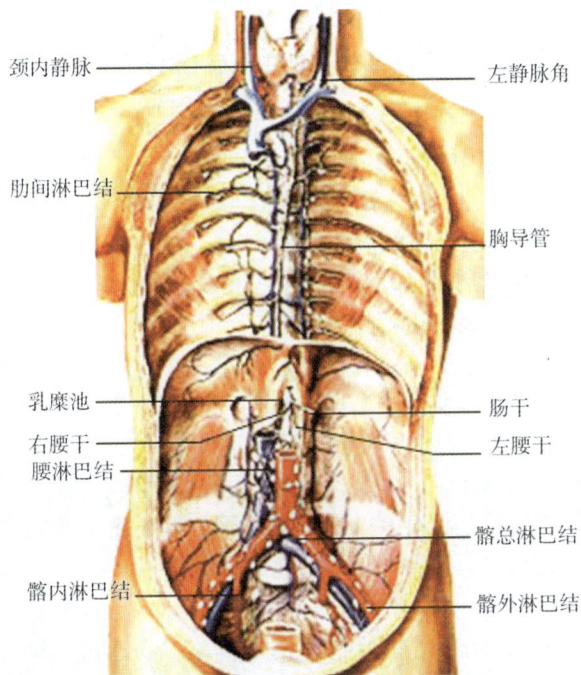

图 8-41　胸导管及腹、盆部淋巴结

二、淋巴器官

（一）淋巴结 lymph nodes

1. 淋巴结的形态　为大小不等的圆形或椭圆形的小体，质地软，色灰红。一般一侧凸隆，一侧凹陷，凸侧连有数条输入淋巴管，凹陷侧称淋巴结门，有 1~2 条输出淋巴管及血管、神经出入，一个淋巴结的输出淋巴管，可同时是另一个淋巴结的输入淋巴管。

2. 淋巴结的微细结构 淋巴结表面有结缔组织形成的被膜，构成被膜的部分结缔组织伸入淋巴结的内部形成淋巴小梁。小梁在淋巴结内部分支连接成网，构成淋巴结的支架。淋巴结的实质分为浅层的皮质和深层的髓质（图 8-42）。

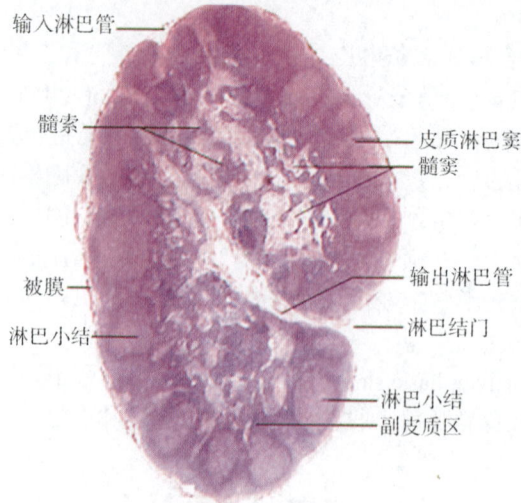

图 8-42　淋巴结的组织结构

（1）皮质：由淋巴小结、副皮质区和皮质淋巴窦组成。

1）浅层皮质：位于被膜深面，主要由淋巴小结构成。淋巴小结主要是由 B 淋巴细胞聚集而成的球状结构，在细菌、病毒等抗原物质的刺激下，其中央多见细胞分裂像，染色较浅，称生发中心，可产生新的淋巴细胞。

2）副皮质区：位于淋巴小结深面，由淋巴组织分布弥散，主要由 T 淋巴细胞构成，T 淋巴细胞来源于胸腺，故又称胸腺依赖区。

3）皮质淋巴窦：位于被膜、小梁与淋巴小结之间，分别称被膜下窦与小梁周窦，被膜下窦与输入淋巴管相通，小梁周窦通向髓质淋巴窦。淋巴窦内皮表面附有许多巨噬细胞，其内淋巴流动缓慢，有利于异物的清除。

（2）髓质：位于淋巴结深层，由髓索和髓质淋巴窦组成。髓索是由 B 淋巴细胞、浆细胞和巨噬细胞构成的条索状结构，相互连接成网。髓质淋巴窦位于髓索之间，结构与皮质淋巴窦相似，但含有较多巨噬细胞，滤过作用较强。

3. 淋巴结的功能

（1）滤过淋巴：细菌、病毒等抗原物质侵入机体，易通过毛细淋巴管壁进入淋巴循环。当淋巴流经淋巴结内的淋巴窦时，窦内的巨噬细胞可吞噬清除其内的异物，起到滤过淋巴的作用。

（2）产生淋巴细胞：在抗原的刺激下，淋巴结内的淋巴细胞可分裂增殖，产生新的淋巴细胞。

（3）参与免疫应答：淋巴结是重要的免疫器官。其内的 T、B 淋巴细胞在受到抗原刺激时，将行使细胞免疫与体液免疫功能。

4. 全身重要的淋巴结群

淋巴结多沿血管成群分布，接受某一器官或某一局部回流的淋巴。当某一局部有感染或肿瘤时，细菌或癌细胞可经淋巴管进入淋巴结，导致淋巴结肿大。反之，当机体某一群淋巴发生肿大时，可根据淋巴结群接受淋巴的范围，来推断病变所在。故了解淋巴结的位置和收集范围，具有一定的临床意义。

（1）头颈部的淋巴结群：数目较多，其中重要的有：

1）下颌下淋巴结：位于下颌下腺周围，收纳面部和口腔的淋巴。其输出淋巴管注入颈外侧深淋巴结（图8-43）。

2）颈外侧浅淋巴结：沿颈外静脉排列，收纳耳后、枕部及颈浅部的淋巴。其输出淋巴管注入颈外侧深淋巴结（图8-43）。

3）颈外侧深淋巴结：沿颈内静脉排列。其上部位于鼻咽部的后方，称咽后淋巴结。其下部除沿颈内静脉排列外，还有沿锁骨下血管排列的，称锁骨上淋巴结。颈外侧深淋巴结直接或间接接受头颈部、部分胸壁上部的淋巴，其输出淋巴管汇合形成颈干，左侧注入胸导管，右侧注入右淋巴导管（图8-44）。

应用链接

鼻咽癌患者，癌细胞易先转移至咽后淋巴结。胃癌或食管癌患者，有时癌细胞可经胸导管由颈干逆流转移到左锁骨上淋巴结，引起该淋巴结肿大。

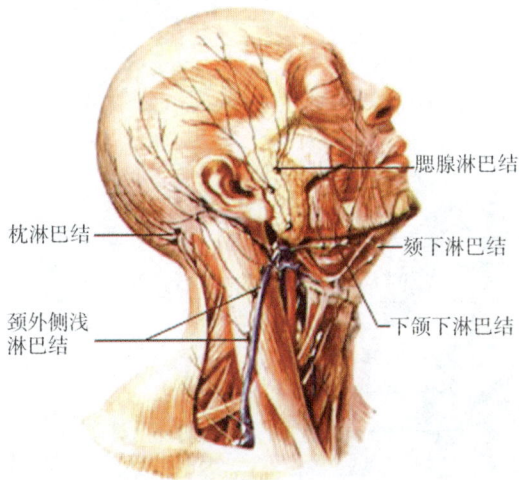

图8-43 头颈部浅层的淋巴管和淋巴结

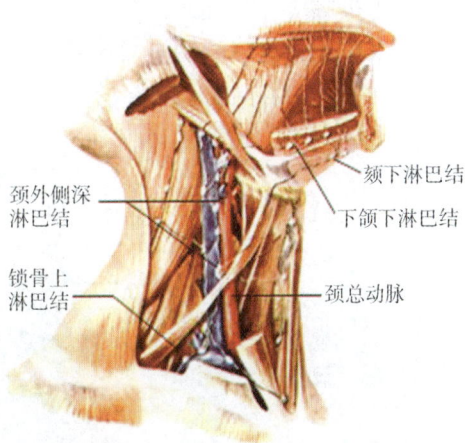

图8-44 头颈部深层的淋巴管和淋巴结

（2）上肢的淋巴结群：包括肘淋巴结和腋淋巴结。肘淋巴结位于肱骨内上髁的上方，有1~2个。腋淋巴结位于腋窝内（图8-45），数目较多，收集上肢、脐上腹前外侧壁、胸外侧壁、乳房上外侧部和肩部等处的淋巴，其输出淋巴管形成锁骨下干，左侧注入胸导管，右侧注入右淋巴导管。

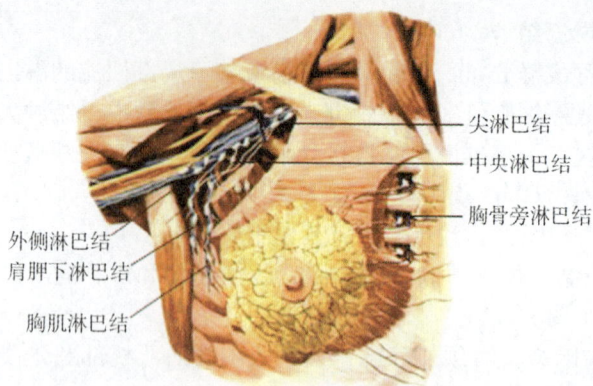

图 8-45 腋淋巴结和乳房的淋巴管

（3）胸部的淋巴结群：分胸壁淋巴结和胸腔脏器淋巴结。

1）胸壁淋巴结：重要的有胸骨旁淋巴结，沿胸廓内血管排列，收集胸前壁、腹前壁、膈和乳房内侧的淋巴。

2）胸腔脏器淋巴结：在肺门处有支气管肺淋巴结，收集肺的淋巴，其输出淋巴管注入气管杈周围的气管支气管淋巴结，后者的输出淋巴管注入气管两侧的气管旁淋巴结，在上纵隔大血管和心包的前面有纵前淋巴结，纵隔前淋巴结和气管旁淋巴结的输出淋巴管汇合形成支气管纵隔干，左侧注入胸导管，右侧注入右淋巴导管（图 8-46）。

> **应用链接**
>
> 乳腺癌患者，癌细胞易先转移至腋淋巴结，在腋窝内可触及到腋淋巴结的肿大。

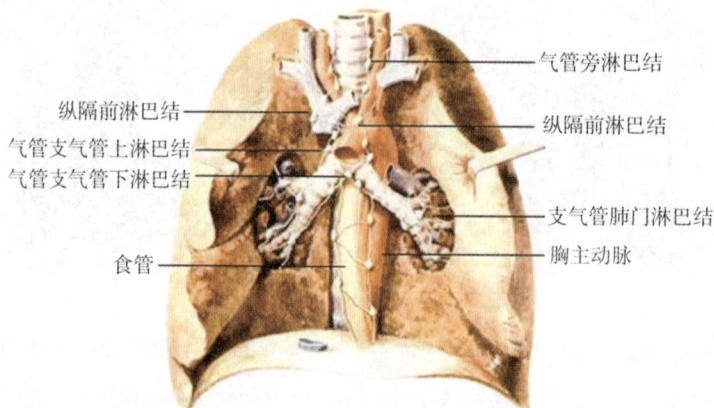

图 8-46 胸腔器官的淋巴结

（4）腹部的淋巴结：分腹壁淋巴结和腹腔脏器淋巴结。

1）腹壁淋巴结：主要有腰淋巴结，沿腹主动脉和下腔静脉排列，收集腹后壁、腹腔内成对脏器和髂总淋巴结输出管的淋巴，其输出管汇合成左、右腰干，注入乳糜池（图 8-41）。

2）腹腔脏器淋巴结：腹腔成对脏器的淋巴注入腰淋巴结，不成对脏器的淋巴主要注入以下淋巴结：①腹腔淋巴结：位于腹腔干周围，收集腹腔干分布区域的淋巴；②肠系膜上淋巴结：位于肠系膜上动脉根部的周围，收集肠系膜上动脉分布区域的淋巴；③肠系膜下淋巴结：沿肠系膜下动脉分布，收集肠系膜下动脉分布区域的淋巴。腹腔淋巴结与肠系膜上、下淋巴结的输出淋巴管三者汇合形成肠干，注入乳糜池（图8-41，8-47，8-48）。

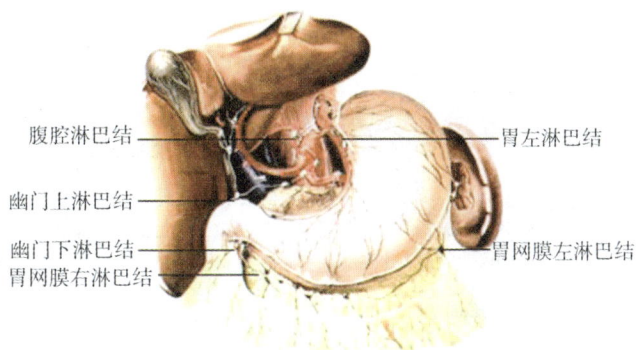

图 8-47 腹腔干及其分支周围的淋巴结

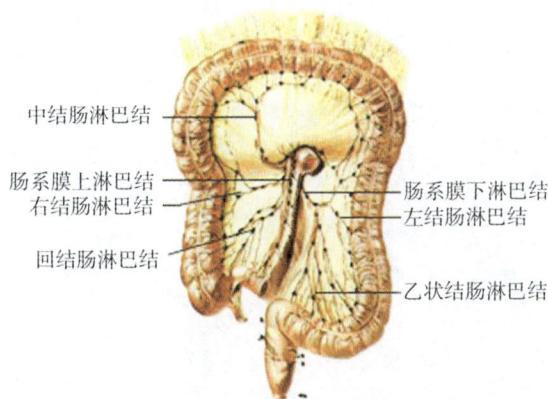

图 8-48 肠系膜上、下淋巴结

（5）盆部的淋巴结：盆部的淋巴结主要有髂内淋巴结、髂外淋巴结和髂总淋巴结，沿同名血管排列，收集同名动脉分布区域的淋巴，最后髂总淋巴结的输出淋巴管注入腰淋巴结（图8-41）。

（6）下肢的淋巴结：主要有腹股沟浅淋巴结和腹股沟深淋巴结。

1）腹股沟浅淋巴结：分上、下两组，上组位于腹股沟韧带下方，收集腹前壁下部、臀部、会阴与外生殖器浅层的淋巴。下组位于大隐静脉根部周围，收集足内侧、小腿前内侧及大腿浅层的淋巴。其输出淋巴管注入腹股沟深淋巴结（图8-40a）。

2）腹股沟深淋巴结：位于股静脉根部的周围，收集下肢深部和腹股沟浅淋巴结输出的淋巴，其输出淋巴管注入髂外淋巴结。

（二）脾

1.脾的位置和形态 脾 spleen 是人体最大的淋巴器官，位于左季肋区，与第9~11肋相对，长轴与第10肋一致。正常时，左肋弓下缘不能触及脾。脾呈暗红色，质软而

209

脆，若左季肋区受到暴力打击，容易导致脾破裂。

脾呈扁椭圆形，可分内、外侧两面，前、后两端和上、下两缘。脾的外侧面凸隆，与膈相对，又称膈面；脾的内侧面凹陷，与胃底、胰尾、左肾及左肾上腺等相邻，又称脏面，其近中央处称脾门，是血管、神经出入脾的部位。脾的前、后端圆钝。脾的下缘钝厚；脾的上缘较薄，有 2~3 个凹陷，称脾切迹，是临床上脾肿大时触诊脾的标志（图8-49）。

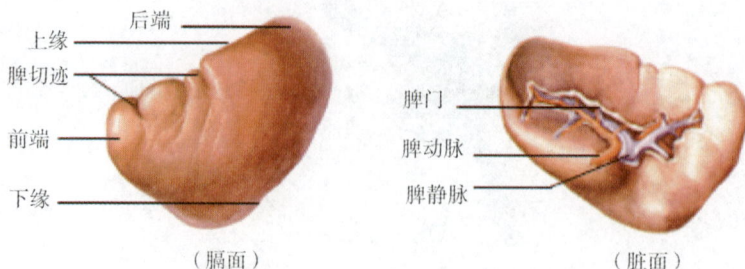

图 8-49　脾

2. 脾的微细结构　脾的表面有致密结缔组织构成的被膜，内含弹性纤维和少量平滑肌纤维。构成被膜的组织伸入到脾的内部，形成脾小梁，小梁分支相互连接成网，构成脾的支架。脾的实质主要分为白髓和红髓（图 8-50）。

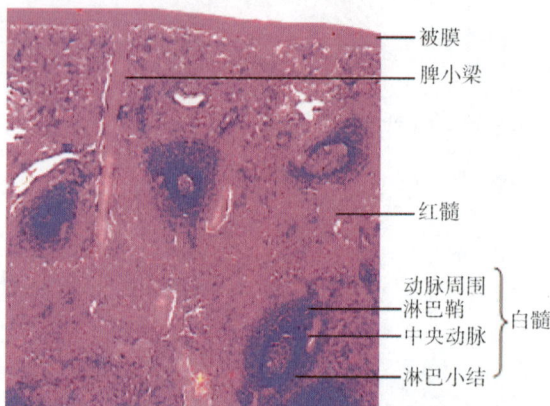

图 8-50　胸膜的组织结构

（1）白髓：散在分布于红髓内，新鲜时呈大小不等的灰白色点状。由动脉周围淋巴鞘和淋巴小结构成。动脉周围淋巴鞘位于中央动脉周围的淋巴组织，主要为 T 淋巴细胞。淋巴小结位于动脉周围淋巴鞘的一侧，呈球形，主要由密集的 B 淋巴细胞构成。

（2）红髓：占实质的大部分，新鲜时呈红色，故称红髓。由脾索和脾窦构成。脾索呈条索状，是由 B 淋巴细胞、巨噬细胞、网状细胞及红细胞等构成，相互连接成网。脾窦位于脾索之间，是腔大、不规则的血窦，壁由内皮细胞构成，内皮细胞间有间隙，内皮外基膜不完整，通透性大，有利于血细胞自由进出。

3.脾的功能

（1）造血：胚胎时脾具有造血功能，出生后脾能产生淋巴细胞，但当机体大出血或严重贫血时，脾可恢复造血功能。

（2）储血：脾内储存有约40ml血液，当机体严重失血时，被膜和小梁内的平滑肌收缩，可将储存的血液释放进入血液循环。

（3）滤血：脾内有大量的巨噬细胞，当血液流经脾时，巨噬细胞可吞噬清除侵入血液的细菌、异物及衰老的红细胞和血小板等，起到滤血的作用。

（4）免疫：当有细菌等抗原物质侵入时，脾内的T、B淋巴细胞分别参与细胞免疫与体液免疫。

（三）胸腺

1.胸腺的位置与形态 胸腺 thymus 位于胸骨柄的后方，上纵隔的前部。质软，色灰红，上窄下宽，可分为不对称的左、右两叶（图8-51）。新生儿及幼儿胸腺体积相对较大，随着年龄的增长，胸腺继续发育，青春期达到高峰，以后逐渐萎缩，腺组织绝大部分被脂肪组织代替。

2.胸腺的微细结构 胸腺表面有结缔组织形成的被膜，被膜的结缔组织伸入胸腺内形成小叶间隔，将胸腺实质分隔成许多分隔不全的胸腺小叶。每个小叶又分为周边的皮质和中央的髓质。皮质内淋巴细胞密集，着色较深；髓质内淋巴细胞分布稀疏，着色较浅。由于小叶分隔不完整，皮质未完全包裹髓质，故相邻小叶的髓质相互连接成片（图8-52）。

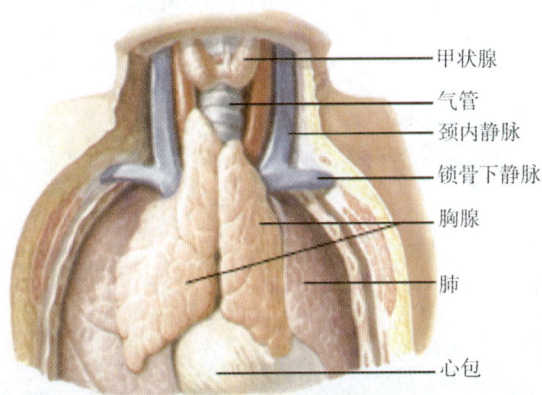

图 8-51 胸腺的位置与形态

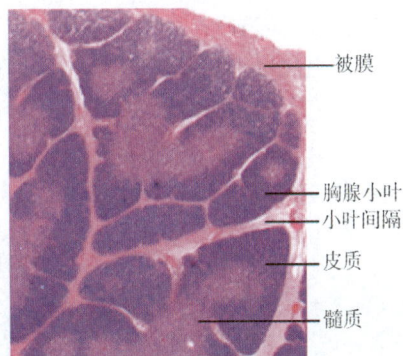

图 8-52 胸腺的组织结构

胸腺皮质由上皮性网状细胞和密集的淋巴细胞构成。胸腺髓质与皮质结构相似，但上皮性网状细胞多而密集，淋巴细胞小而分布稀疏，髓质内常见体积大小不等、呈球形的胸腺小体，HE染色被染成红色，由数层到十多层呈同心圆排列的上皮性网状细胞构成。胸腺小体的功能尚不清楚。

3.胸腺的功能 胸腺的主要功能是分泌胸腺激素和产生T淋巴细胞。皮质内的上皮性网状细胞分泌的胸腺激素主要有胸腺素和胸腺生成素，能促进淋巴干细胞增殖、分化为T淋巴细胞。T淋巴细胞在胸腺内产生后，再随血液循环迁移到其他淋巴组织或淋巴器官的胸腺依赖区。

练习题

一、A1 型题（单句型最佳选择题）

1. 心房与心室在心表面的分界结构是
   - A. 前室间沟
   - B. 后室间沟
   - C. 冠状沟
   - D. 右心耳
   - E. 左心耳

2. 心的正常起搏点是
   - A. 窦房结
   - B. 房室结
   - C. 房室束
   - D. 左、右束支
   - E. 浦肯野纤维

3. 主动脉弓凸侧最右的分支是
   - A. 头臂干
   - B. 左颈总动脉
   - C. 左锁骨下动脉
   - D. 右颈总动脉
   - E. 右锁骨下动脉

4. 阑尾动脉发自
   - A. 空回肠动脉
   - B. 回结肠动脉
   - C. 右结肠动脉
   - D. 中结肠动脉
   - E. 左结肠动脉

5. 面动脉的压迫止血点在
   - A. 口角外侧
   - B. 颧弓后端
   - C. 鼻翼外侧
   - D. 咬肌后缘与下颌角处
   - E. 咬肌前缘与下颌骨下缘交点处

6. 颈部最大的浅静脉是
   - A. 颈内静脉
   - B. 面静脉
   - C. 颈外静脉
   - D. 下颌后静脉
   - E. 耳后静脉

7. 关于大隐静脉，正确的是
   - A. 起自足背静脉弓外侧端
   - B. 经外踝后方走行
   - C. 经内踝前方走行
   - D. 沿小腿后面上行
   - E. 注入腘静脉

8. 肝门静脉收集下列器官的血液，除外的是
   - A. 肝
   - B. 脾
   - C. 胃和小肠
   - D. 胆囊
   - E. 胰

9. 有关胸导管，下列叙述错误的是
   - A. 始于乳糜池
   - B. 注入右静脉角
   - C. 经主动脉裂孔入胸腔
   - D. 乳糜池处接纳左、右腰干和肠干的淋巴
   - E. 收集全身约 3/4 的淋巴

10. 脾的长轴与第几肋一致
    - A. 第 7 肋骨
    - B. 第 8 肋
    - C. 第 9 肋
    - D. 第 10 肋
    - E. 第 11 肋

二、名称解释

1. 血液循环　2. 卵圆窝　3. 心包腔　4. 静脉角　5. 脾切迹

（何世洪）

第九单元

感觉器官

第一节 概 述

感受器 receptor 接受机体内、外环境各种刺激，并把其转化为神经冲动，经感觉神经和中枢神经系统的传导通路达到大脑皮质，产生感觉。根据感受器所在部位和接受刺激的来源分为三类：

一、外感受器

分布在皮肤、黏膜、眼和耳内，接受来自外界环境的刺激，如触压、温度、光、声等刺激。

二、内感受器

分布在内脏和血管壁等处，接受刺激于这些器官的物理和化学因素，如压力、温度、渗透压、离子及化合物浓度等刺激。

三、本体感受器

分布于肌、肌腱、关节和内耳等处，感受躯体运动、肌张力和平衡等刺激。

感觉器官 sensory organ 是由感受器及其辅助装置共同组成的特殊器官，主要有视器、前庭蜗器、嗅器、味器等。本章只叙述视器、前庭蜗器和皮肤。

第二节　视　器

人们对丰富多彩的环境得到视觉感知，是通过视觉器官和视觉中枢对客观世界的光波信息加以感受并进行分析综合而形成的。感受光刺激的器官是眼，它是由眼球和眼的辅助器官所构成。

一、眼球

近似球形，位于眼眶内，借筋膜与眶壁相连，眼球前面有眼睑保护，后面有视神经连于间脑。周围有眼腺、眼外肌等辅助器官。眼球由眼球壁和眼内容物组成。

（一）眼球壁

从外到内分别是纤维膜、血管膜和视网膜三层（图 9-1）。

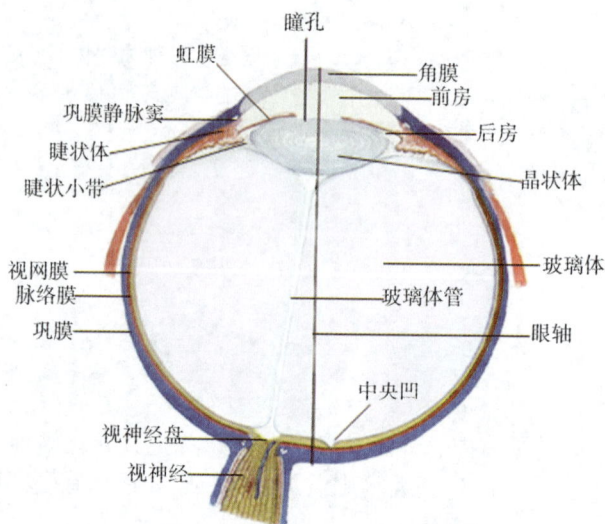

图 9-1　右眼球水平断面模式图

1. 纤维膜　为致密结缔组织，有保护眼球内容物和维持眼球形态的作用。

（1）角膜 cornea　占纤维膜的前 1/6，为透明的圆盘状结构，中央较薄，周围较厚，无血管，但有丰富的神经末梢，因此，病变时疼痛相当明显。①角膜上皮：为未角化复层扁平上皮，能再生。②前界层：基质和胶原原纤维组成，不能再生。③角膜基质：胶原原纤维构成，层间有角膜细胞。内含较多水分。是角膜透明的主要原因。④后界层：与前界层类似，随年龄增长而增厚。⑤角膜内皮：一层六角形扁平细胞构成，有物质转运及合成分泌蛋白质的功能。用棉花轻触角膜会引起睑裂闭合的保护性反应，称为角膜反射。

（2）巩膜 sclera　占纤维膜的 5/6，呈瓷白色，不透明。是眼球壁的重要保护层。前部的巩膜表面有球结膜覆盖。角膜与巩膜移行部称角膜缘 corneal limbus。角膜缘的内侧还有巩膜静脉窦，是房水循环的重要通道。近年发现角膜缘内有角膜缘干细胞，利用此特征，进行角膜缘移植可治疗眼表面疾病。

2. **血管膜** vascular tunic of eyeball　含丰富血管和色素细胞。从前向后依次为虹膜、睫状体和脉络膜三部分（图 9-2）。

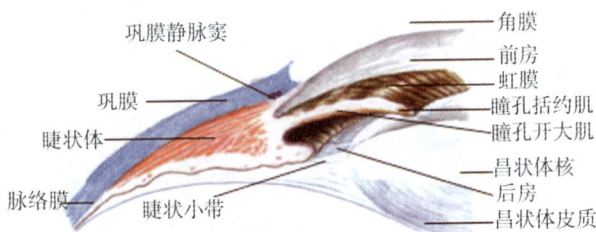

巩膜静脉窦　角膜
　　　　　　前房
巩膜　　　　虹膜
　　　　　　瞳孔括约肌
睫状体　　　瞳孔开大肌
　　　　　　晶状体核
脉络膜　　　后房
　　　睫状小带　晶状体皮质

图 9-2　眼球前部断面

（1）虹膜 iris：位于角膜后方的环状薄膜，周边与睫状体相连，中央为瞳孔 pupil，其颜色有人种的差异。虹膜内有二种肌细胞，近瞳孔呈环行排列的是瞳孔括约肌，收缩时使瞳孔缩小。外侧呈放射状排列的是瞳孔开大肌，收缩时使瞳孔开大。当人进入暗环境时，瞳孔开大，增加弱光的吸收。角膜与晶状体之间的腔隙，称眼房，分为前房与后房，两者借瞳孔相连。在前房内，虹膜与角膜交界处构成虹膜角膜角，又称前房角。房水经此回流入巩膜静脉窦。

（2）睫状体 ciliary body：位于角膜与虹膜移行处内面，是血管膜中最肥厚的部分。睫状体的前面伸出许多放射状突起，称睫状突 ciliary processes，睫状突发出睫状小带连于晶状体。睫状肌收缩与舒张牵动睫状小带，以调节晶状体的曲度。睫状体还能产生房水。

（3）脉络膜 choroid：为血管膜的后 2/3，衬于巩膜内面，是由富含血管和色素细胞的疏松结缔组织构成。具有营养和遮光、吸光的作用。

应用链接

瞳孔的大小受动眼神经中的副交感神经和交感神经双重支配，前者使瞳孔缩小，后者使瞳孔开大。瞳孔对光反射的传导过程：强光照射视网膜→视神经→中脑顶盖前区→双侧动眼神经副核→双侧动眼神经（副交感纤维）睫状神经节→双侧瞳孔括约肌→双侧瞳孔缩小。该反射是临床进行神经系统疾病定位诊断和病情危重程度判断的重要指标。

3. **视网膜** retina　位于最内层，分为盲部（位于睫状体及虹膜内面，无感光作用）和视部（位于脉络膜内面，具有感光功能）。通常所说的视网膜指视部。视网膜分内外两层：外层为色素上皮层，内层属神经层。内、外两层间连接疏松，视网膜脱离常发生于此。

（1）色素上皮层：由色素上皮细胞组成，胞质内有许多粗大的黑素颗粒和吞噬体。黑素颗粒能防止强光对视细胞的损害。另外细胞还能储存维生素 A。

（2）神经层：其神经细胞有多种类型。视细胞 visual cell 又称感光细胞 photoreceptor cell（图 9-3）。

①视杆细胞 rod cell：细胞细长形，胞体球形，有两个突起，一个为杆状的树突即视杆，可分为内、外两节。另一个突起为轴突，其末端膨大与双极细胞形成突触。视杆细胞的外节为感光部分，对弱光敏感，是暗视觉细胞，无颜色感觉。视物的精确性差。感光物质为视紫红质，视紫红质由顺 - 视黄醛和视蛋白结合而成。

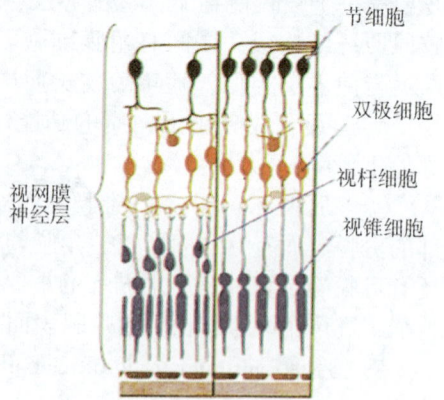

图 9-3　视细胞的形态模式图

（图中标注：节细胞、双极细胞、视杆细胞、视锥细胞、视网膜神经层）

应用链接

维生素 A 是合成顺 - 视黄醛的原料，当维生素 A 缺乏时，视紫红质合成发生障碍，引起夜盲症。人视网膜大约有 1.2 亿个视杆细胞。夜视动物如猫头鹰只有视杆细胞。而夜盲的动物如鸡则缺乏视杆细胞，所以，一到晚上就看不见物体。

②视锥细胞 cone cell：形态与视杆细胞相同，其树突较粗且短呈圆锥状，称为视锥。视锥细胞具有感受强光和辨别颜色的功能。视物的精确性高，是昼视性细胞。人类有三种视锥细胞，分别含有红敏色素、绿敏色素和蓝敏色素。如缺少感红光的视锥细胞，则不能分辨红色，为红色盲。视锥细胞的轴突末端膨大与双极细胞形成一对一的突触。人视网膜上有 600 万 ~800 万个视锥细胞，分布不均，近中央凹最多，周围逐渐减少。而视杆细胞中央凹处没有，从中央凹边缘逐渐增多。

③双极细胞 bipolar cell：是视细胞与节细胞之间的联络神经细胞。

④节细胞 ganglion cell：是视网膜最内层，由节细胞组成。其树突与双极细胞联系，轴突向视神经盘处集中，形成视神经离开眼球。

视网膜内除神经细胞以外，还有神经胶质细胞，具有营养、支持、绝缘和保护的作用。

用眼底镜观察眼底部（图 9-4），可见视网膜后间有一圆形隆起，称视神经乳头，又称视神经盘 optic disc。是视神经穿出处，无感光功能，称生理性盲点 blind spot。在神经乳头外侧有一淡黄色小区，为黄斑 macula lutea，其中央有一凹陷，称中央凹 fovea centralis，此处是视网膜最薄的部分，只有色素上皮和视锥细胞，光线可直接落在视锥细胞上。因此，中央凹是视觉最敏锐的部位。

应用链接

用视力表测量视力时，就是在测定黄斑区的视功能，又称中心视力。视网膜周边部分的视功能，为周围视力。测量周围视力就是测定视野。所谓视野，是指单眼向前凝视时所能看到的空间范围。

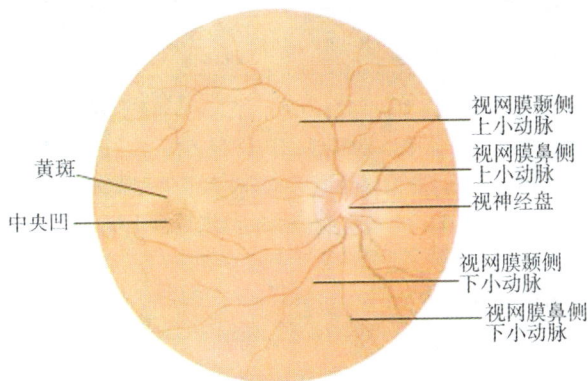

图 9-4　眼底（右侧）

（二）眼内容物

眼内容物包括房水、晶状体和玻璃体，均无血管分布，无色透明，与角膜共同组成眼的屈光系统。

1. 房水 aqueous humor　充满眼房内的无色透明液体。由睫状体产生，从眼后房→瞳孔→眼前房→通过虹膜角膜角进入巩膜静脉窦，这个过程称为房水循环。房水具有营养及维持眼压的作用（图 9-5）。

2. 晶状体 lens　位于虹膜与玻璃体之间，为一无色透明而富有弹性的折光体。外包薄层晶状体囊，囊壁由基膜和胶原原纤维组成。内部由皮质和晶状体核构成。晶状体内无血管和神经，靠房水提供营养。晶状体借睫状小带连于睫状体，当看近物时，睫状肌收缩，睫状小带松弛，晶状体凸度增加，折光率增强，使物体成像在视网膜

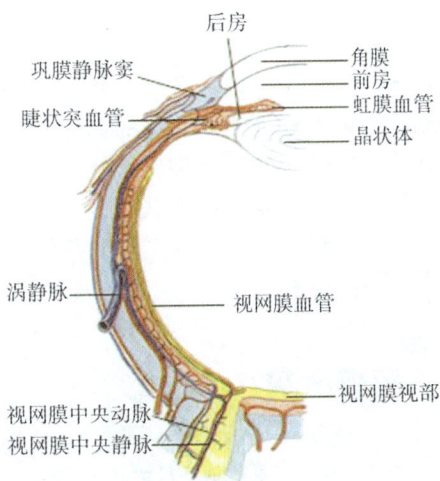

图 9-5　眼球动脉供应及静脉回流模式图

上。看远物时刚好相反。如果长期用眼不当，睫状肌过度紧张，晶状体凸度增大并长时得不到恢复，就会引起近视（成像在视网膜前），补救的方法是配戴合适的凹透镜。随着年龄的增长，由于晶状体弹性逐渐降低，视力逐渐减退，这是正常现象，称为老视。

应用链接

如果房水循环发生障碍，房水回流受阻，积聚过多，引起眼压升高，导致视力受损，称青光眼。正常眼压为 17~24mmHg。当 24 小时测定眼压最高值＞24mmHg 或眼压差＞8mmHg 应考虑病理性即青光眼的可能性。临床表现为眼胀痛、同侧头痛、恶心、呕吐，视力明显下降及瞳孔扩大，角膜水肿，手压眼球坚硬如石等症状。治疗青光眼根据性质不同采取药物及手术治疗。而以手术治疗为主。

3. 玻璃体 vitreous body　为无色透明的胶状物，位于晶状体与视网膜之间，起维持眼球形状和支撑视网膜的作用。玻璃体不能再生，炎症液化后由房水填充。

应用链接

如果晶状体发生混浊而影响视力，称白内障。引起白内障原因很多，可以分为老年性、先天性、外伤性以及代谢障碍等，其中以老年性白内障最为多见。白内障目前没有理想的药物治疗方法，早期可以采取中医疗法，服用维生素 A 和 B$_{12}$ 以及滴眼药水。对混浊明显影响视力的主要以手术为主。采取晶状体摘除术，术后配戴适当的凸透镜校正视力。

二、眼副器

眼副器包括眼睑、结膜、泪器、眼外肌及眼眶内筋膜和脂肪等，对眼球具有保护、运动、支持的作用（图 9-6）。

（一）眼睑 eyelids

俗称眼皮，分上睑和下睑。上下睑的游离缘称上、下睑缘，之间裂隙为睑裂。眼裂的内、外侧端为内眦和外眦。睑缘的内侧乳头状隆起称泪乳头，其中央有一针尖样小孔，称为泪点，是泪

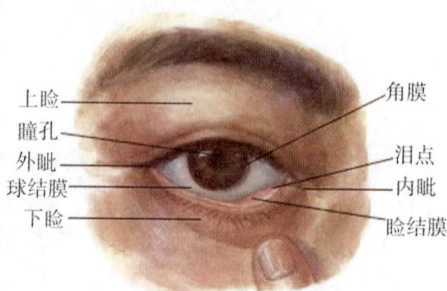

图 9-6 右眼前面观

小管的开口。眼睑由皮肤、皮下组织、肌层、睑板和睑结膜组成。皮肤在睑缘移行为睑结膜，睑结膜紧贴于睑板后缘。肌层主要为眼轮匝肌。睑板内有睑板腺，分泌脂性液体，有润滑睑缘和防止泪液外流的作用。

应用链接

眼睑皮肤有皮脂腺（睑缘腺），如皮脂腺发生急性炎症——睑腺炎，又称麦粒肿。麦粒肿发生在皮肤处，皮肤表面溃破。眼睑内的睑板腺被阻塞时，可形成睑板腺囊肿（又称霰粒肿），自结膜面溃破。内、外麦粒肿都有红、肿、热、痛的症状。在早期可进行局部热敷，一日三次。促进血循环，促使炎症吸收。晚期让其自溃，但应注意不要用手挤压，防止炎症扩散。同时可用一些抗生素眼药水。眼睑的皮下组织疏松，某些水、钠潴留疾患，可最先出现眼睑皮下水肿。

（二）结膜 conjunctiva

是覆盖于巩膜表面和眼睑内面的一层薄而透明的黏膜，富含血管。结膜由复层柱状上皮及少量结缔组织组成，含有丰富的血管及神经末梢，具有分泌黏液、润滑眼球、减少磨擦的功能。

根据部位可分为三个部分：

（1）睑结膜：紧贴眼睑内面。

（2）球结膜：覆盖巩膜前面，于角膜缘移行为角膜上皮。

（3）穹隆结膜：位于睑结膜和球结膜的移行处，形成结膜上、下穹。

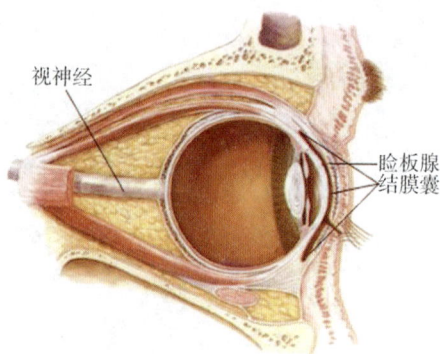

图 9-7 右眼矢状面

上、下眼睑闭合时，整个结膜形成囊状腔隙，称结膜囊（图9-7）。结膜炎和沙眼是结膜常见疾病。

（三）泪器

由泪腺与泪道组成。泪腺位于眼眶外上方的泪腺窝内。分泌的泪液起到清洁和湿润眼球的作用，其余泪液经泪点→泪小管→泪囊→鼻泪管→下鼻道（图9-8）。

（四）眼球外肌

为视器的运动装置，包括运动眼球与眼睑的肌肉（图9-9）。

运动眼球的肌肉有6条，4条直肌：上直肌、下直肌、内直肌和外直肌。直肌收缩时可使眼球前极分别转向上内、下内、内侧和外侧。2条斜肌：上、下斜肌。上斜肌的作用是使眼球前极转向外下方。下斜肌收缩时使瞳孔转向外上方。

运动眼睑的肌肉：上睑提肌，作用是上提上睑，开大眼裂，由动眼神经支配。出现障碍时可导致上睑下垂。

正常眼球的活动，都是数条肌肉互相协同而完成的。如某条肌肉发生瘫痪，就会产生眼球斜视。

> **应用链接**
>
> 鼻泪管下部开口处的黏膜内有丰富的静脉丛，感冒时，黏膜易充血和肿胀，使鼻泪管下口闭塞，使泪液向鼻腔引流不畅，故感冒时常有流泪现象。由于鼻黏膜与鼻泪管黏膜相延续，故鼻腔炎症可向上蔓延至鼻泪管。

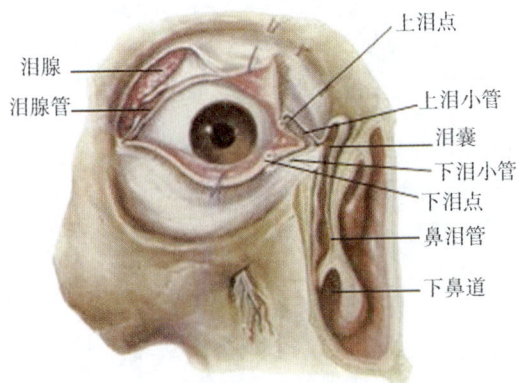

图9-8　泪器

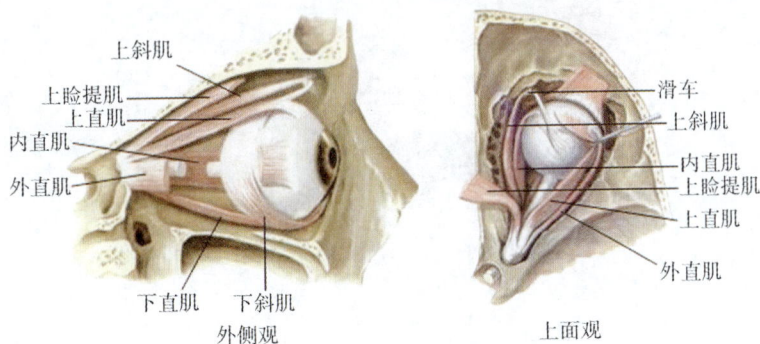

图9-9　眼球外肌

三、眼的血管和神经

（一）动脉

主要来自颈内动脉的分支。在眶内分支供应眼球、眼球外肌、泪腺及额部皮肤等处。眼动脉 ophthalmic artery 发自颈内动脉，最重要的分支为视网膜中央动脉，它在眼球后方穿入视神经内，前行至视神经盘处穿出，分为四支：视网膜鼻侧

思 考

光线是通过哪些眼球结构传到视网膜的？

上、下小动脉与视网膜颞侧上、下小动脉，营养视网膜内层。临床上用眼底镜可直接观察此动脉，以帮助诊断诸如动脉硬化及某些颅内病变（图9-5）。

（二）静脉

眼球的静脉主要有视网膜中央静脉和涡静脉。经眼上、下静脉向后汇入海绵窦，前方与内眦静脉相吻合，因无静脉瓣，故面部感染可经眼静脉侵入颅内。

（二）神经

除了视神经外，其感觉神经有第五对脑神经的眼神经及其分支，眼球外肌由第三、四、六对脑神经支配，睫状肌和瞳孔括约肌受副交感神经支配，瞳孔开大肌受交感神经支配。

第三节　前庭蜗器

耳 ear 又称前庭蜗器，由外耳、中耳和内耳组成。内耳是接受声波与位觉刺激的感受器，外耳和中耳是传导声波的部分。

一、外耳

外耳由耳廓、外耳道和鼓膜所组成（图9-10）。

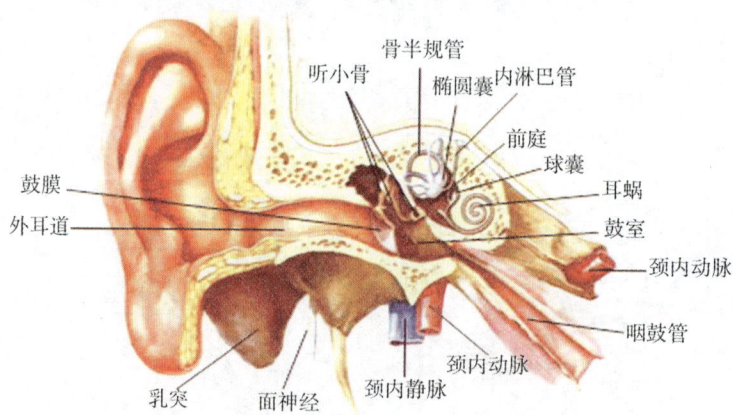

图 9-10　位听器模式图（右侧）

（一）耳郭 auricle

形似漏斗，具有收集声波的功能。表面为薄层皮肤，内有弹性软骨，但耳垂处无软骨，是临床采血的常用部位。

（二）外耳道 external acoustic meatus

起自外耳道口，止于鼓膜，长 2~2.5cm。外 1/3 为软骨部，内 2/3 为骨部。外耳道是一弯曲的管道，检查外耳道时，将耳郭拉向后上，可拉直外耳道，以便检查鼓膜。外耳道的皮下组织少，皮肤与软骨膜及骨膜相贴，故外耳道皮肤炎症肿胀时，疼痛剧烈。外耳道的皮肤含有毛囊、皮脂腺、耵聍腺，分泌耵聍。

（三）鼓膜 tympanic

是介于外耳道与中耳鼓室之间的椭圆形半透明灰白色薄膜（图 9-11）。鼓膜的外表面为复层扁平上皮，内表面为单层立方上皮，中间为薄层结缔组织。鼓膜呈浅漏斗状，中央的凹陷称鼓膜脐，与锤骨柄末端相连。在活体观察，鼓膜脐的前下方有一反光发亮的三角形区域，称为光锥 cone of light。中耳病变可导致鼓膜内陷或穿孔，致光锥改变或消失。

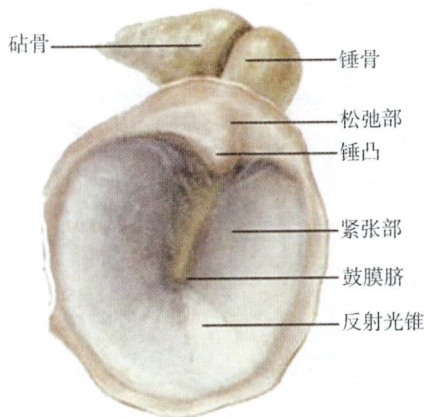

图 9-11　右鼓膜（外侧观）

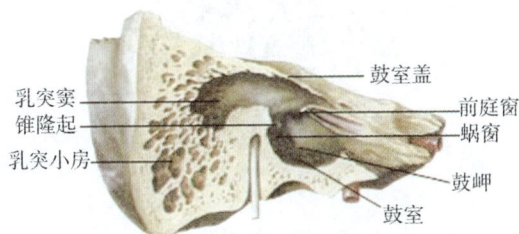

图 9-12　鼓室内侧壁（右侧）

二、中耳

中耳包括鼓室、咽鼓管和乳突窦及乳突小房（图 9-12）。

（一）鼓室 tympanic cavity

为颞骨岩部内的一含气的不规则小腔。在骨膜和内耳之间。鼓室有六个壁（图 9-13）：

1. **上壁**　为鼓室盖，是分隔鼓室与颅中窝的薄骨板。中耳疾病可能侵犯此壁，从而引起颅内并发症。

2. **下壁**　为颈静脉壁，是分隔鼓室和颈静脉窝的薄层骨板。此壁有时可出现先天性缺损，在实施鼓膜或鼓室手术时，极易损伤颈静脉球而发生严重出血。

3. **前壁**　为颈动脉壁，即颈动脉管的后壁。此壁上方有咽鼓管的开口。

4. **后壁**　为乳突壁，上部有乳突窦的开口，鼓室借乳突窦向后通入乳突小房。故中耳炎可经此引起乳突炎。

5. 外侧壁 为鼓膜壁，主要由鼓膜构成。

6. 内侧壁 为迷路壁，由内耳迷路的外侧壁构成，此壁中部隆起，称岬，岬的后上方有卵圆形的孔洞，称前庭窗，为镫骨底封闭。岬的后下方有圆形的孔，称蜗窗，在活体有膜封闭，称第二鼓膜。在前庭窗的后上方有弓形隆起，称面神经管凸。管内有面神经通过。面神经管凸的骨壁较薄，甚至缺如，在中耳炎症或施行中耳内手术时易侵及面神经，而造成面神经麻痹。

在鼓室内有听小骨、肌、血管神经等结构。听小骨每侧有 3 块，从外到内依次为锤骨、砧骨和镫骨，三骨之间以关节相连，组成听骨链，对声波传导起重要作用（图9-14）。鼓膜和听骨链除受声波振动调节外，还受鼓膜张肌与镫骨肌的调节。这二块肌肉的共同作用，使听骨链阻力增加，使外来声波得到衰减，对内耳起保护作用。如炎症引起听骨粘连、韧带硬化等导致听小骨活动受限，会使听觉减弱。

> **应用链接**
>
> 平时咽鼓管软骨部闭合，仅在吞咽及呵欠时开放，调节鼓室内压力，使鼓室和外界大气压相等。小儿咽鼓管短、宽且呈水平位，故咽部感染易沿此侵入鼓室引起中耳炎。

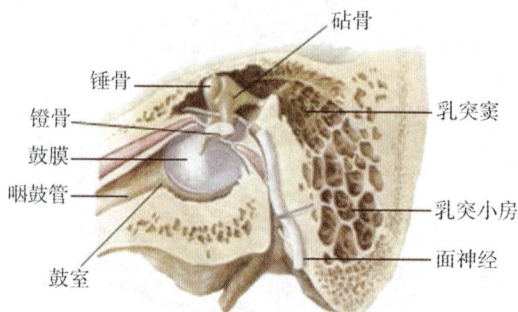

图 9-13 鼓室外侧壁（右侧）

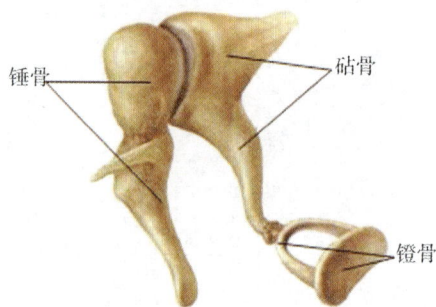

图 9-14 听小骨（右侧）

（二）咽鼓管 auditory tube

为连通咽与鼓室的一个扁管。长 3.5~4cm，分骨部和软骨部，一侧为咽鼓管鼓口，一侧为咽鼓管咽口。

（三）乳突窦和乳突小房

1. 乳突小房 为颞骨乳突内的许多含气小腔。

2. 乳突窦 是介于乳突小房和鼓室间的小腔。

三、内耳

内耳位于颞骨岩部的骨质内，又称迷路。由骨迷路和膜迷路组成。膜迷路是套在骨迷路内的膜性管囊，其内充满内淋巴液，骨迷路和膜迷路之间被外淋巴液填充，且内、外淋巴液互不相通。位、听感

> **应用链接**
>
> 婴幼儿期咽部的急、慢性炎症，可通过咽鼓管继发中耳炎，并引起并发症。累及鼓膜可引起鼓膜穿孔，累及内侧壁可引起化脓性迷路炎和侵袭面神经导致面瘫，向后可蔓延乳突窦和乳突小房，引起化脓性乳突炎。

受器即位于膜迷路内。

（一）骨迷路 bony labyrinth

1.骨半规管 bony semicircular canals　为三个相互垂直的"C"形小管，分别称为：前骨半规管、后骨半规管、外骨半规管。每个骨半规管的两个脚中有一个膨大，称骨壶腹。三个骨半规管分别开口于前庭（图 9-15）。

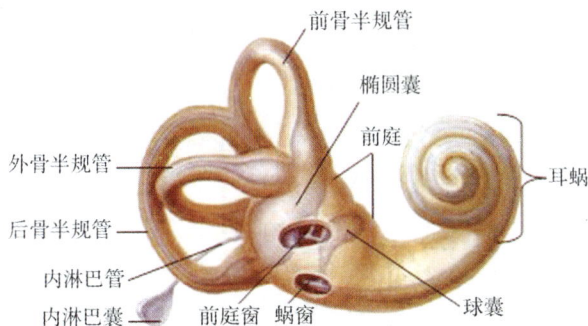

图 9-15　骨迷路及膜迷路（右侧）

2.前庭 vestibule　位于骨迷路中部，为一不规则腔隙，内藏椭圆囊和球囊。外侧壁有前庭窗开口；内侧壁为内耳道底，有神经血管穿行；前部有一大孔通耳蜗；后部借数个小孔通 3 个骨半规管。

3.耳蜗 cochlea　为骨迷路的前部，形似蜗牛壳，由螺旋形的骨管围绕蜗轴盘旋两圈半。蜗顶向前外方，蜗底对着内耳道底，由蜗轴发出骨螺旋板，耳蜗内有三条管道：前庭阶，膜蜗管和鼓阶（图 9-16）。

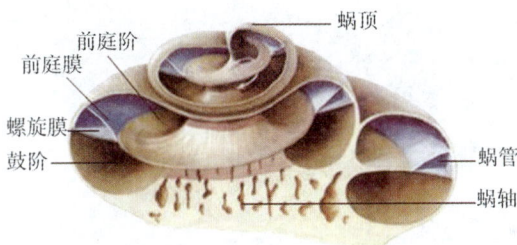

图 9-16　耳蜗（通过蜗轴的剖面）

（二）膜迷路 membranous labyrinth

膜迷路位于骨迷路内，由上皮和结缔组织构成，形似骨迷路，分为膜半规管、椭圆囊和球囊、蜗管 3 部分（图 9-17）。

1.膜半规管　在骨半规管内，膨大部称膜壶腹，内壁隆起称壶腹嵴，是位置感受器。能感受头部变速旋转运动刺激。

2.椭圆囊和球囊　位于前庭内，椭圆囊前接球囊，后接膜性半规管，两囊的壁上有椭圆囊斑和球囊斑，是位置感受器，能感受头部的静止位置觉和直线变速运动的刺激。

3.蜗管　在耳蜗内，上方为前庭阶，通向

> **思 考**
>
> 声波通过哪些结构传至内耳？其中哪些结构损伤后将影响听觉？

前庭，下方为鼓阶。两阶在蜗顶借蜗孔相通。外侧壁为增厚的骨膜。下壁由骨螺旋板和基底膜组成，基底膜上有高低不等的毛细胞，称螺旋器，为听觉感受器，可感受声波的刺激。

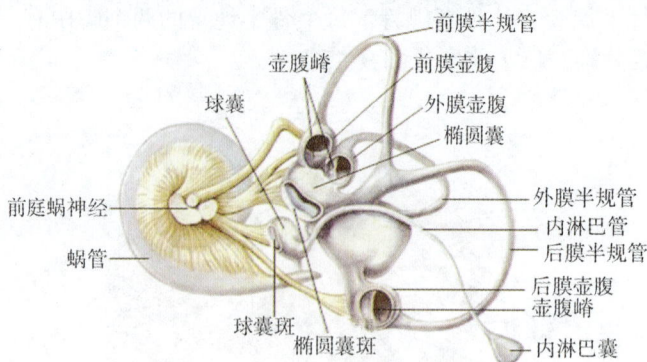

图 9-17 右侧膜迷路（后内侧）

（三）声波的传导

1. 空气传导

声波→耳郭→外耳道→鼓膜→听骨链→前庭窗→前庭阶外淋巴→鼓阶外淋巴→蜗管内淋巴→螺旋器→听神经→脑。

2. 骨传导

声波→颅骨→外淋巴→内淋巴→螺旋器→听神经→脑。骨传导敏感性差，正常情况下几乎不能感觉到其存在。

应用链接

外耳和中耳疾患引起的耳聋为传导性耳聋，空气传导阻断，骨传导可部分代偿，为不完全性耳聋；内耳、蜗神经、听觉传导通路和听觉中枢的疾患引起的耳聋为完全性耳聋，不能产生听觉。

第四节　皮　肤

皮肤 skin 被覆于体表，是人体面积最大的器官。皮肤由表皮和真皮两部分组成，借皮下组织与深层组织相连。皮肤上有毛发、指（趾）甲、皮脂腺和汗腺等，它们都是皮肤的附属器（图 9-18）。

皮肤具有保护作用。皮肤作为感受器，有丰富的神经末梢，能感受外界的各种刺激。皮肤内的黑色素细胞能抵御紫外线对人体的伤害。皮肤还能调节体温、水盐代谢和各种物质的分泌、吸收。

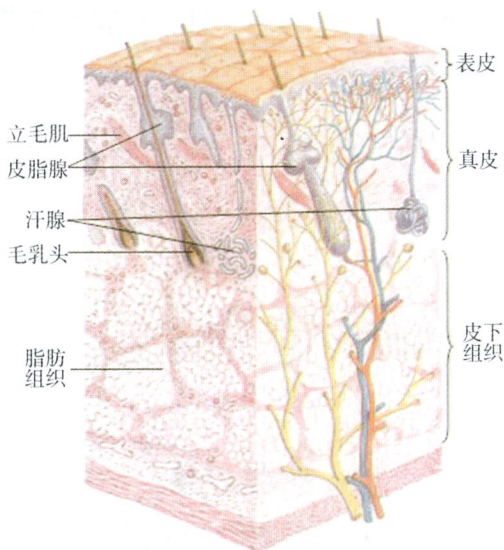

图 9-18 皮肤模式图

一、表皮

为角化的复层扁平上皮，表皮细胞分为两大类：角质形成细胞 keratinocyte 和非角质形成细胞。

（一）角质形成细胞

由深层至浅层依次分为 5 层：基底层、棘层、颗粒层、透明层、角质层（图 9-19）。

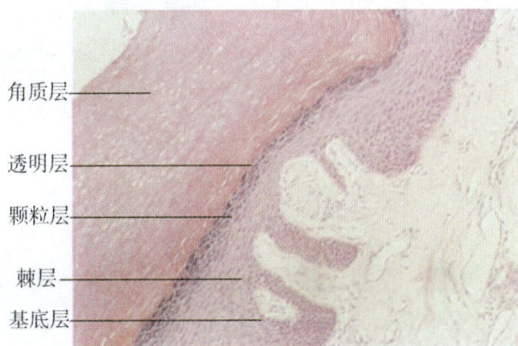

图 9-19 表皮光镜结构

1. **基底层 stratum basal**　由一层矮柱状细胞组成，细胞质强嗜碱性，细胞界限不清。此层细胞是表皮的干细胞，代谢活跃，不断有丝分裂，产生子细胞以更新表皮，在皮肤的创伤愈合中，基底细胞有重要的再生修复作用。

2. **棘层 stratum spinosum**　由 5~10 层多边形细胞组成，细胞体积较大，细胞界限清楚，胞质弱嗜碱性，细胞核位于中央。可见相邻细胞间有许多短小的棘状突起镶嵌连接。

3. **颗粒层 stratum granulosum**　由 3~5 层梭形细胞组成，细胞质内有粗大的透明角质颗粒，强嗜碱性，核浅染、退化或消失。

4. 透明层 stratum lucidum　细胞界限难以区别，细胞核、细胞器消失，胞质含透明角质，此层均质透明。

5. 角质层 stratum corneum　较厚，细胞完全角化，胞核消失，细胞质内充满角蛋白，呈嗜酸性均质状。角质细胞互相嵌合，构成了表皮的牢固屏障，是皮肤的重要保护层。

表皮由基底层到角质层的结构变化，反映了角质形成细胞增殖、迁移、逐渐分化为角质细胞，然后脱落的过程。角质形成细胞不断脱落和更新，更新周期为 3~4 周。

（二）非角质形成细胞

位于表皮深层角质形成细胞间，不参与角化，包括黑素细胞、朗格汉斯细胞和梅克尔细胞。

1. 黑素细胞 melanocyte　是生成黑色素的细胞，分散存在于基底层细胞间，数量少，胞体大，有突起，HE 染色不易辨认。胞质内有黑素体，内含酪氨酸酶，能把酪氨酸转化为黑色素。它可以吸收紫外线，保护深层的幼稚细胞不受辐射损伤，也是影响皮肤颜色的主要成分。

> **应用链接**
>
> 白化病患者是因为黑素细胞内缺乏酪氨酸酶，不能把酪氨酸转化为黑色素所致。皮肤长时间受阳光和紫外线照射后，黑素颗粒增多并向表层转移，故长期野外工作的人肤色较深。

2. 朗格汉斯细胞 langerhans cell　主要存在棘细胞之间，是一种具有树枝状突起的细胞。电镜下胞质中有伯贝克颗粒，其参与抗原的处理，然后游走出表皮，进入淋巴液，将抗原呈递给 T 细胞，引起免疫应答。

3. 梅克尔细胞 merkel cell　散在分布于毛囊附近的表皮基底细胞之间，在手指尖较多，可能为感觉细胞。

> **思 考**
>
> 皮内注射和皮下注射有何区别？

二、真皮

位于表皮下面，与表皮交界处凹凸不平，且分界清楚。真皮由致密结缔组织构成，分乳头层和网状层。

1. 乳头层　位于真皮浅层，较薄，纤维较细密，向表皮突出成乳头状隆起，称真皮乳头。乳头层内可见触觉小体和毛细血管。

真皮乳头的形成增加了真皮与表皮的接触面积，有利于两者的连结和表皮的营养代谢。人手指由于真皮乳头突起，形成整齐的乳头线，乳头线之间有凹陷的小沟，使皮肤表面呈现凹凸花纹，称指纹，形状因人而异，终生不变。

2. 网状层　位于真皮乳头层深面，较厚，纤维较粗大，与网状层无明显分界，由疏松结缔组织和脂肪组织构成。其内可见成团分布的汗腺分泌部和导管、较多的血管、神经和环层小体。

> **应用链接**
>
> 由于皮下组织疏松，临床上皮下注射就是将药液注入此层，药液易于扩散吸收。
>
> 烧伤通常采用的划分标准：一度为表皮浅层烧伤；浅二度，烧伤达真皮乳头层；深二度，烧伤达真皮网状层；三度达皮下组织或更深。

三、皮下组织

位于真皮以下的疏松结缔组织。

四、皮肤的附属器

皮肤的附属器包括毛、皮脂腺、汗腺和指（趾）甲，它们在胚胎发生中均由表皮衍生而成。

1.**毛** hair   毛干露于皮肤表面；毛根长在皮肤内，周围有毛囊。毛囊的下端膨大，底部凹陷，结缔组织突入其内，形成毛乳头。毛乳头对毛的生长起诱导和营养作用。立毛肌受交感神经支配，遇冷和激动可使毛发竖立。

2.**皮脂腺** sebaceous gland   毛囊和立毛肌之间的泡状腺。分泌的皮脂排入毛囊上部或直接排到皮肤表面，具有柔润皮肤和杀菌作用。

皮脂腺分泌受激素调节，青春期分泌最活跃。当皮脂腺分泌旺盛且导管阻塞，则导致炎性反应形成痤疮。老年人皮脂腺萎缩，皮肤、毛发干燥且失去光泽。

3.**汗腺**   为单管状腺，遍布全身皮肤。汗液的排出除了有利于代谢废物的排泄、湿润皮肤，还能调节体温和水、盐平衡。腋窝、会阴等处的皮肤含有大汗腺，大汗腺分泌部粗、管腔大，分泌物经细菌作用后，可产生一种特殊气味，称狐臭，大汗腺在青春期发达，随年龄增长而逐渐退化。

4.**指（趾）甲**   露在外面的结构称甲体，其深面为甲床，藏在皮肤深面的部分是甲根，甲根浅面和甲体两侧的皮肤隆起，称甲皱襞，甲皱襞与甲床之间的沟称甲沟。甲根附着处的上皮称甲母质，是指甲的生长区。拔除指（趾）甲后，若能保留甲母质，甲能再生（图9-20）。

思 考

疖、痈、急性蜂窝织炎分别指的是皮肤的什么部位的病变？

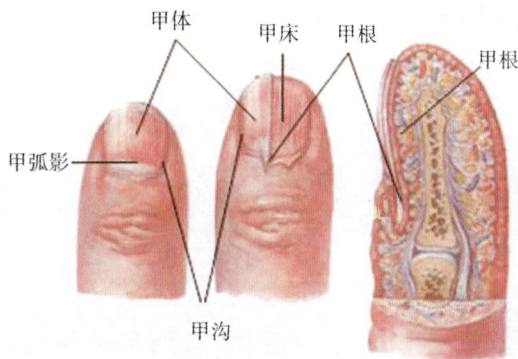

图9-20　指甲

练习题

一、A1 型题（单句型最佳选择题）

1. 关于纤维膜的描述，错误的是
   A. 角膜占外膜的前 1/6，曲度较大
   B. 角膜富有神经和血管
   C. 巩膜占后 5/6，不透明，乳白色，具保护作用
   D. 巩膜与角膜交界处有巩膜静脉窦。
   E. 角膜无色透明，具折光作用

2. 关于虹膜的描述，正确的是
   A. 位于血管膜中部，中央为瞳孔
   B. 产生房水
   C. 将眼球分隔成前、后房
   D. 虹膜内有平滑肌，受光线和物体近远的调节
   E. 含有色素，颜色无人种差异

3. 关于视网膜的描述，错误的是
   A. 分三部分，即视部、睫状体部和虹膜部
   B. 分二层：色素上皮层和神经细胞层
   C. 黄斑中央凹是感觉最敏锐的地方
   D. 视神经盘无感光细胞
   E. 视网膜的内、外层结合紧密

4. 关于晶状体的描述，错误的是
   A. 周围部称皮质，中央部称核　　　B. 呈双凸透镜状，具有弹性
   C. 无血管，仅由房水营养　　　　　D. 视近物时，曲度变小
   E. 有睫状小带与睫状体相连

5. 眼球不能向内转动，是由于（　　）瘫痪。
   A. 上直肌　　　　　　　　　B. 下直肌　　　　　　　　　C. 内直肌
   D. 外直肌　　　　　　　　　E. 上斜肌

6. 不属泪道者是
   A. 泪阜　　　　　　　　　　B. 鼻泪管　　　　　　　　　C. 泪点
   D. 泪囊　　　　　　　　　　E. 泪小管

7. 关于鼓室的描述，错误的是
   A. 与颈内动、静脉毗邻　　　　　B. 与咽腔借咽鼓管相通
   C. 与乳突小房相通　　　　　　　D. 与外耳道相通
   E. 内有听小骨及其肌肉

8. 表皮从基底向表面依次为
   A. 棘层，透明层，颗粒层及角质层
   B. 基底层，棘层，颗粒层，透明层及角质层
   C. 基底层，棘层，透明层及角质层
   D. 基底层，颗粒层，棘层，透明层及角质层

　　E. 基底层，棘层，透明层，颗粒层及角质层

9. 组成表皮的两类细胞是

　　A. 角质形成细胞和黑素细胞

　　B. 角质形成细胞和梅克尔细胞

　　C. 朗格罕细胞和角质形成细胞

　　D. 角质形成细胞和非角质形成细胞

　　E. 黑素细胞和非角质形成细胞

二、名词解释

1. 巩膜静脉窦　　　2. 前房角　　　3. 视神经盘　　　4. 黄斑

5. 光锥　　　　　　6. 咽鼓管　　　7. 鼓膜脐　　　　8. 听小骨

（李润琴）

第十单元

神经系统 ◀◉ ◉

第一节　概　述

一、神经系统的区分

神经系统 nervous system 分为中枢神经系统和周围神经系统两部分（图 10-1）。中枢神经系统 central nervous system 包括脑和脊髓。周围神经系统 peripheral nervous system 包括 12 对脑神经和 31 对脊神经以及与之相关的神经节。按脑神经和脊神经纤维分布对象不同，又可将周围神经系统分为躯体神经和内脏神经。躯体神经 somatic nerves 指脑神经和脊神经中分布于皮肤和运动系统器官的部分，管理皮肤、肌腱、关节、肌肉感觉的称躯体感觉神经，管理骨骼肌运动的称躯体运动神经。内脏神经 visceral nerves，即自主神经 autonomic nervous 指脑神经和脊神经中分布于内脏器官、心血管和腺体的部分，管理这些器官感觉的称内脏感觉神经，支配平滑肌、心肌运动和腺体分泌的称内脏运动神经，内脏运动神经又根据纤维的生理作用不同分为交感神经和副交感神经。由于脑神经和脊神经中的内脏神经纤维较早就从脑神经和脊神经中分离出来，共同分布于内脏器官、心血管和腺体，为了叙述和学习方便，将周围神经系统分为脑神经、脊神经和内脏神经（表 10-1）。

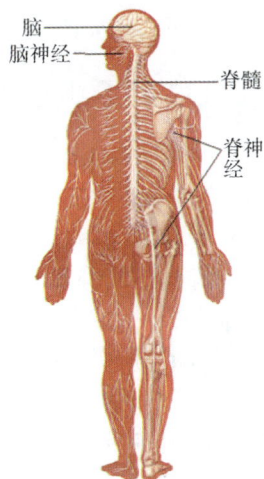

图 10-1　神经系统概况

表10-1　神经系统的区分

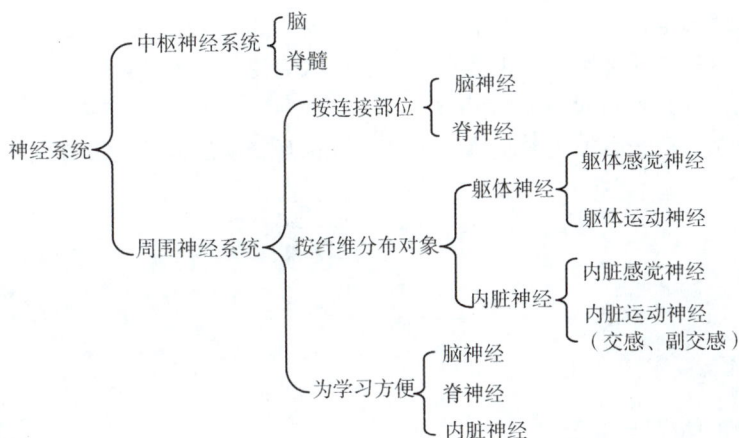

二、神经系统的功能和活动方式

神经系统的功能是在整个人体起主导作用，即人体各器官、系统的功能活动都要受神经系统的统一控制和调节。最终目的使人体正常完成自身生理活动和各种社会活动。

神经系统要实现在整个人体起主导作用的功能，最基本的活动方式是反射 reflex。反射是指机体对体内体外各种因素刺激作出反映的全过程。完成反射活动的结构基础是反射弧 reflex arc。反射弧包括感受器、传入神经、中枢、传出神经和效应器五部分（图 10-2），其中任何一个环节损伤，反射活动将减弱或消失。临床上常用

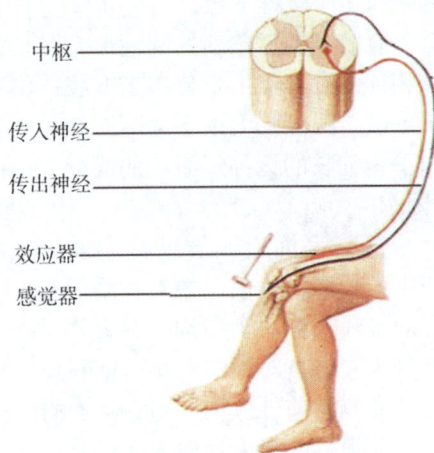

图 10-2　反射弧

检查反射来诊断神经系统疾病。

三、神经系统的常用术语

神经元是构成神经系统的基本结构单位，神经元包括胞体和突起，神经系统不同部位的胞体和突起聚集的方式不同，用不同的术语表述。

（一）灰质 gray matter

在脑和脊髓内部，由神经元的胞体和树突聚集的部位，在新鲜切开标本上色泽灰暗，称灰质。大脑和小脑表面覆盖一层灰质，称为皮质 cortex。

（二）白质 white matter

在脑和脊髓内部，由神经元的神经纤维聚集的部位，因这些纤维外包髓鞘，新鲜切开标本上色泽亮白，称白质。大脑和小脑的白质位于皮质深面，称为髓质 medulla。

（三）神经核 nucleus 和神经节 ganglion

在脑和脊髓内部，功能相同的神经元胞体和树突聚集成团块状或柱状的灰质，称神经核。功能相同的神经元胞体聚集在脑和脊髓以外，形似结节，称神经节。

（四）纤维束 fiber 和神经 nerve

在脑和脊髓内部，起止、行程和功能相同的神经纤维聚集在一起，称纤维束。在周围神经系统，由神经纤维聚集成粗细不等的条索状结构，称神经。

（五）网状结构 reticular formation

在脑和脊髓内部，由神经元胞体和神经纤维相互交织形成的区域称网状结构。

第二节　中枢神经系统

一、脊髓

（一）脊髓的位置与外形

脊髓 spinal cord 位于椎管内，上端平对枕骨大孔，上与延髓相续，下端在正常成人约平对第 1 腰椎下缘，新生儿脊髓下端可达第 3 腰椎水平，全长 42~45cm。

脊髓呈前后略扁的圆柱形，全长粗细不等，有两处膨大，位于上部的称颈膨大，与此相连的脊神经主要分布于上肢；位于下部的称腰骶膨大，与此相连的脊神经主要分布于下肢。腰骶膨大以下逐渐缩细成圆锥形，称脊髓圆锥 conus medullaris。脊髓圆锥下端向下为细长的无神经组织的终丝 filum terminale，由终丝将脊髓下端固定在骶、尾骨背面（图 10-3）。

脊髓表面有 6 条纵沟，前面正中的较深，称前正中裂，后面正中的较浅，称后正中沟，二者将脊髓分为左、右对称的两半。前正中裂的外侧有前外侧沟一对，连有脊神经前根，前根由脊髓内运动神经

应用链接

临床上抽取脑脊液或手术麻醉（腰麻），都需要作腰椎穿刺，为了不伤及脊髓，腰椎穿刺的部位通常在腰部第 3~4 或第 4~5 腰椎棘突之间。

元发出纤维构成；后正中沟的外侧有后外侧沟一对，连有脊神经后根，每对脊神经后根上都有膨大的脊神经节，脊神经节由感觉神经元（主要是假单极神经元）的胞体聚集构成。脊髓两侧共有31对脊神经根，每条脊神经的前根和后根在椎间孔处汇合，然后穿出离开椎管。

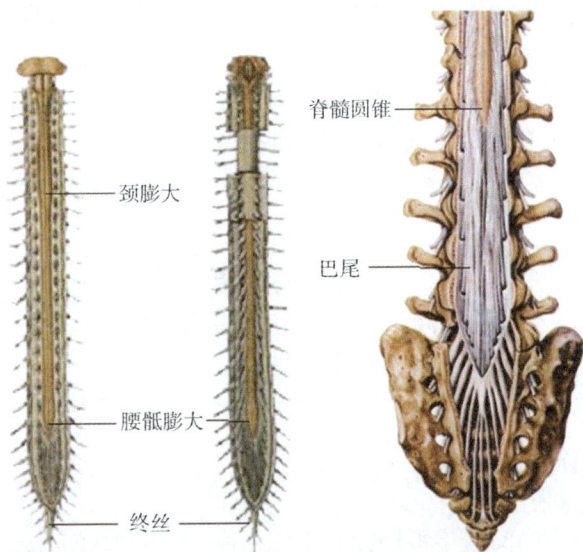

图 10-3 脊髓的外形

脊髓在外观上并无明显的节段现象，通常把每一对脊神经根所连的那一段脊髓称为一个脊髓节段，因此，脊髓被人为分成31个节段：即8个颈节段（C_{1-8}）、12个胸节段（T_{1-12}）、5个腰节段（L_{1-5}）、5个骶节段（S_{1-5}）和一个尾节段（C0）。由于脊髓比脊柱短，脊髓节段与同序数椎骨不可能完全平齐，除上4个颈节段（C_{1-4}）与同序数椎骨平齐以外，其余脊髓节段都比同序数椎骨高；又因脊神经都是从相应的椎间孔穿出，所以在成人第1腰椎以下的椎管内没有脊髓只有神经根，这些神经根围绕终丝形成了马尾 cauda equina（图10-4，10-5）。

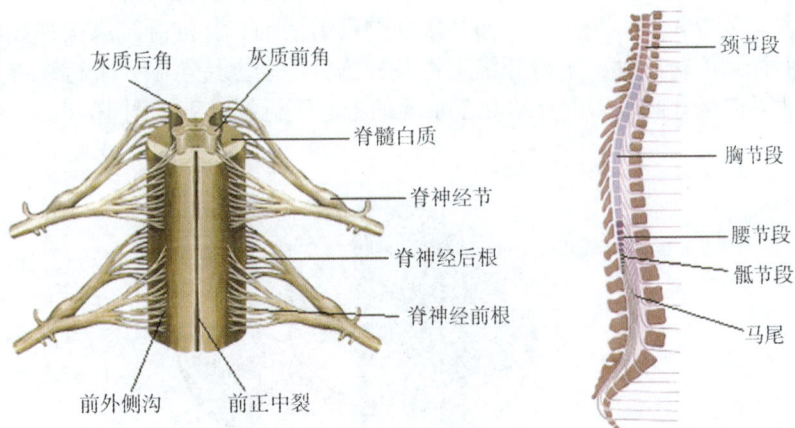

图 10-4 脊髓的结构图

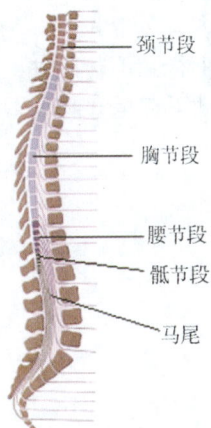

10-5 脊髓节段与椎骨的对应关系

（二）脊髓的内部结构

脊髓主要由灰质和白质构成。脊髓中央有一条纵贯全长的小管，称中央管 central canal。在脊髓的横切面上，围绕在中央管周围的是呈"H"形的灰质，灰质的外周是白质。脊髓各节段基本相同。

1. 灰质 整条脊髓的灰质是纵贯脊髓全长呈"H"形的灰质柱。在脊髓横切面上向前膨大的部分称前角 anterior horn，向后窄细的部分称后角 posterior horn，从胸 1 至腰 3（T_1~L_3）15 个节段除有前角、后角外，尚有侧角 lateral horn，骶 2~4（S_{2-4}）3 个节段，虽没有明显的侧角，但在相当于侧角的位置亦有灰质。不同部位的灰质由不同功能的神经元胞体聚集构成。

（1）前角：主要由躯体运动神经元的胞体构成，躯体运动神经元包括大型的 α 运动神经元和小型的 γ 运动神经元，α 运动神经元发出纤维参与构成脊神经前根，随脊神经支配骨骼肌随意运动，γ 运动神经元发出纤维也参与构成脊神经前根，随脊神经调节骨骼肌的肌张力。

> **应用链接**
>
> 脊髓灰质炎病毒感染专门破坏脊髓灰质前角躯体运动神经元，表现为被破坏神经元所支配的骨骼肌瘫痪、肌张力下降、腱反射消失和肌肉萎缩，但感觉功能无异常。

（2）后角：主要由中间联络神经元的胞体构成，这些神经元接受脊神经节中浅感觉（痛觉、温度觉、粗触觉和压觉）神经元的中枢突传入的冲动，后发出纤维主要至对侧，参与构成对侧半脊髓的上行纤维束，将浅感觉冲动上传至脑。

（3）侧角：胸 1 至腰 3（T_1~L_3）侧角主要由交感神经元的胞体构成，是交感神经的低级中枢，骶 2~4（S_{2-4}）相当于侧角位置的灰质由副交感神经元的胞体构成，称副交感核 sacral parasympathetic nucleus，是副交感神经在脊髓的低级中枢，交感神经元和副交感神经元均发出纤维参与构成脊神经前根，随脊神经最终分布到平滑肌、心肌和腺体。

2. 白质 脊髓的白质分为三索，前正中裂与前外侧沟之间为前索，前外侧沟与后外侧沟之间为外侧索，后外侧沟与后正中沟之间为后索。脊髓的白质由许多纤维束组成，根据其行程分为长、短两类。短的纤维束紧靠脊髓灰质排列，称为固有束。固有束的起止都在脊髓内，负责完成脊髓节段内和节段间的反射活动。长的纤维束按神经冲动传递方向又分为上行和下行两种，上行纤维束将各种感觉冲动上传至脑，下行纤维束将脑细胞发出的冲动下传至脊髓。下面介绍几个重要的上、下行纤维束（图 10-6）。

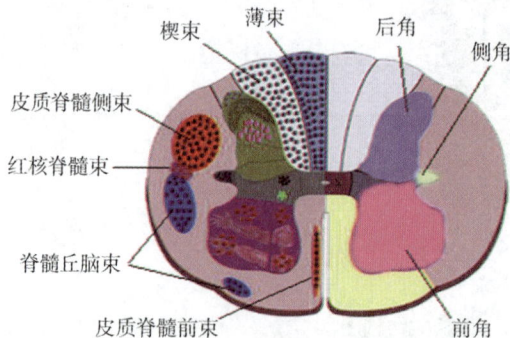

图 10-6　脊髓的内部结构

（1）上行纤维束

①薄束 fasciculus gracilis 和楔束 fasciculus cuneatus：薄束和楔束占据整个脊髓后索，薄束紧靠后正中沟，楔束在其外侧。此二束是由脊神经节内深感觉（肌肉、肌腱和关节等的位置觉、运动觉和振动觉）和精细触觉（体会物体纹理粗细、

辨别两点间的距离）神经元的中枢突进入脊髓折行向上形成的。第5胸节段以下的纤维束组成薄束，第4胸节段以上的纤维组成楔束。所以薄束和楔束传导的是人体深感觉（亦称本体感觉）和精细触觉冲动。

②脊髓丘脑束 spinothalamic tract：位于外侧索前部和前索。一侧的脊髓丘脑束是由对侧半脊髓后角中间联络神经元发出的纤维交叉过来向上走行形成的，所以一侧的脊髓丘脑束实质上是传导的对侧半身的痛觉、温度觉、粗触觉和压觉的冲动。

思考

脊髓右侧半横断后，浅、深感觉障碍分别是何侧？为什么？

（1）下行纤维束

①皮质脊髓束 coticospinal tract：起自大脑皮质躯体运动区，下行至延髓时，大部分纤维交叉至对侧，行于对侧半脊髓外侧索，形成皮质脊髓侧束，少部分纤维没有交叉，行于同侧半脊髓前索，形成皮质脊髓前束。皮质脊髓侧束在脊髓内下行过程中将其冲动传给同侧不同节段管理四肢肌随意运动的 α 运动神经元；皮质脊髓前束在脊髓内下行过程中将其冲动传给双侧胸节段以上管理躯干肌随意运动的 α 运动神经元。通过上述两束纤维传递冲动的情况来看，支配上、下肢肌收缩的 α 运动神经元只接受对侧大脑半球的冲动，支配躯干肌收缩的 α 运动神经元要接受双侧大脑半球的冲动。

②红核脊髓束 rubrospinal tract：位于外侧索，皮质脊髓侧束的前方，起于中脑红核，下行至脊髓，通过作用于脊髓前角 γ 运动神经元，参与调节肌张力和协调骨骼肌的活动。

（三）脊髓的功能

1.传导功能 躯干、四肢的感觉冲动要传到脑，脑发出的运动冲动要传到外周都必须通过脊髓的上、下行纤维束，脊髓是联系脑和外周的重要通道。

2.反射功能 脊髓是一些反射活动的低级中枢，如排尿反射、排便反射。

思考

临床上一侧脑溢血，对侧上、下肢肌瘫痪，为什么躯干肌瘫痪不明显？

二、脑

脑 brain 位于颅腔内，质地柔软，成人平均重约1400g。自上而下包括端脑、间脑、脑干和小脑四个部分（图10-7）。脑由胚胎时期神经管前部发育而来，所以脑各部之间存在间隙，称为脑室系统。

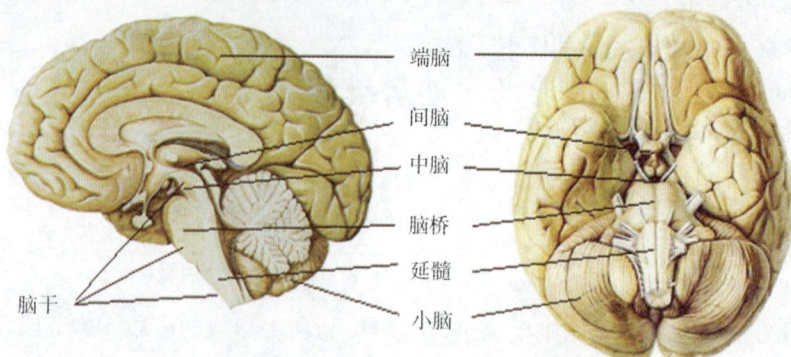

图 10-7 脑的正中矢状切面和底面

（一）脑干

脑干 brain stem 位于颅后窝，枕骨大孔上方，下连脊髓，上接间脑，后邻小脑。脑干自下而上分成延髓 medulla oblongata、脑桥 pons 和中脑 midbrain 三部分。延髓、脑桥与小脑之间的腔隙为第四脑室。

1. 脑干的外形

（1）脑干腹面观 延髓近似倒置圆锥形，下端与脊髓相延续，延髓表面有与脊髓延续的沟、裂。前正中裂两侧各有一纵行隆起，称锥体 pyramid，内有皮质脊髓束通过。锥体下方有形似发辫状的锥体交叉 decussation of pyramid，是皮质脊髓束的纤维在此发生交叉形成的。延髓前外侧沟上份连有舌下神经（Ⅻ）根，延髓后外侧沟自上而下依次连有舌咽神经（Ⅸ）根、迷走神经（Ⅹ）根和副神经（Ⅺ）根。延髓与脑桥之间有一横沟，称延髓脑桥沟，沟中由内向外依次有展神经（Ⅵ）根、面神经（Ⅶ）根和前庭蜗神经（Ⅷ）根连于脑桥。脑桥的腹面膨隆，正中有条纵行浅沟，称基底沟 basilar sulcus, 容纳基底动脉。脑桥腹外侧连有三叉神经（Ⅴ）根。脑桥两侧向后逐渐缩细形成小脑中脚，与小脑相连。中脑的腹面有一对柱状隆起，称大脑脚 cerebral peduncle，两侧大脑脚之间的凹陷称脚间窝 interpeduncular fossa，有动眼神经（Ⅲ）根连于脚间窝（图 10-8）。

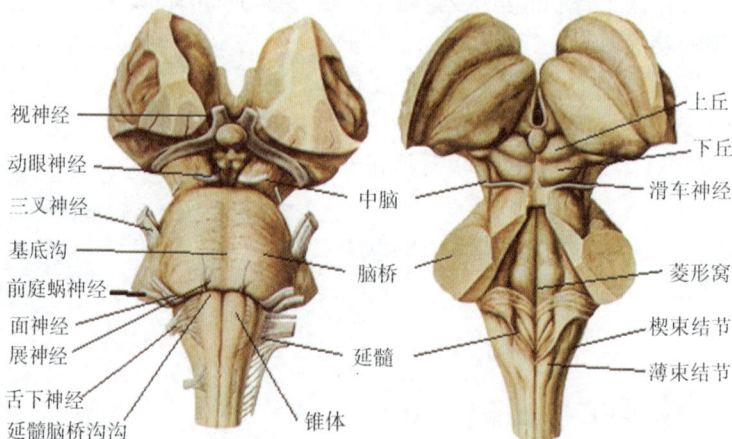

图 10-8 脑干的外形

（2）脑干背面观 在延髓背面的下部，后正中沟两侧有两对小隆起，内侧的称薄束结节，外侧的称楔束结节，其深面有薄束核和楔束核。脑桥的背面和延髓上部的背面共同构成菱形窝 rhomboid fossa，菱形窝形成第四脑室底，其上角通中脑水管，下角通脊髓中央管。中脑背面有两对圆形隆起，上方的一对称上丘，其内灰质是视觉反射的中枢；下方的一对称下丘，其内灰质是听觉反射的中枢。下丘的下方有滑车神经（Ⅳ）根相连（图10-8）。

脑神经共有12对，除嗅神经（Ⅰ）连于端脑和视神经（Ⅱ）连于间脑外，其余10对都和脑干相连。

应用链接

临床上由于黑质细胞变性，引起纹状体内多巴胺含量下降，与帕金森病（震颤麻痹）有关。

2. 脑干的内部结构

脑干由灰质、白质和网状结构构成。脑干的网状结构多位于灰质和白质之间。

（1）灰质 脑干的灰质与脊髓相比较，位置不在中央，而在脑干背侧菱形窝附近，形态上也不是连续的灰质柱，而是孤立的团块或不连续的柱状，即神经核。脑干的神经核分为两类：一类与第3~12对脑神经关系密切，称脑神经核；另一类与脑神经无直接关系，称非脑神经核（图10-9）。脑神经核的位置与神经核的连脑部位相对应，按功能分为四类：①躯体运动核：发出躯体运动纤维，随相应脑神经出颅，管理头面颈部骨骼肌随意运动；②内脏运动核：属于副交感核，发出纤维随相应脑神经出颅，管理平滑肌、心肌的活动和腺体的分泌；③躯体感觉核：接受脑神经中的躯体感觉纤维传入的冲动；④内脏感觉核：接受脑神经中的内脏感觉纤维传入的冲动。各脑神经核的性质、名称、位置和功能等见表10-2。非脑神经核主要有：①薄束核和楔束核：分别位于延髓薄束结节和楔束结节深面，接受薄束和楔束传入的神经冲动；②红核和黑质：位于中脑内，红核发出红核脊髓束下行到脊髓，调节骨骼肌张力。黑质能产生和释放多巴胺，通过纤维作用于纹状体对协调骨骼肌的运动起重要作用。

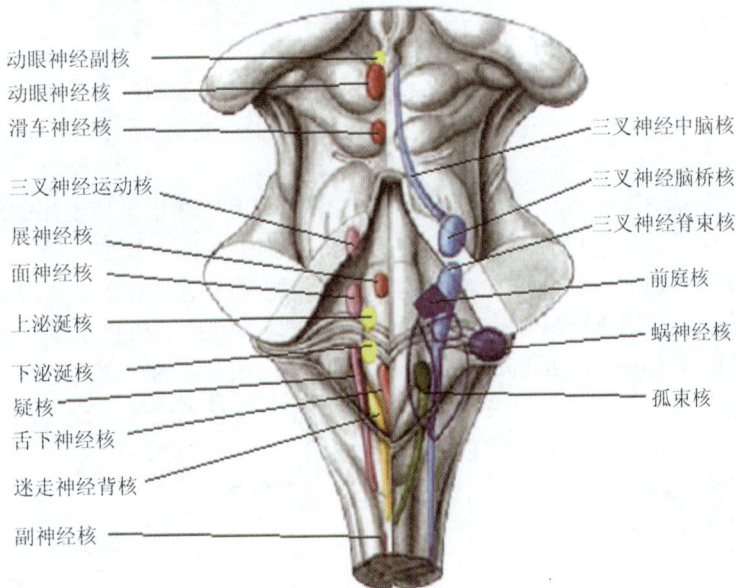

图 10-9　脑神经核投影

表10-2　脑神经核简表

性质	脑神经核名称	位置	功能
躯体运动核	动眼神经核	中脑	支配上直肌、下直肌、内直肌、下斜肌和上睑提肌运动
	滑车神经核	中脑	支配上斜肌运动
	展神经核	脑桥	支配外直肌运动
	面神经核	脑桥	支配面肌运动
	三叉神经运动核	脑桥	支配咀嚼肌运动
	疑核	延髓	支配咽喉肌运动
	副神经核	延髓、上颈节段	支配胸锁乳突肌和斜方肌运动
	舌下神经核	延髓	支配舌肌运动
内脏运动核	动眼神经副核	中脑	支配睫状肌和瞳孔括约肌运动
	上泌涎核	脑桥	支配泪腺、下颌下腺和舌下腺分泌
	下泌涎核	延髓	支配腮腺分泌
	迷走神经背核	延髓	支配胸、腹腔器官平滑肌、心肌的活动和腺体的分泌
躯体感觉核	三叉神经中脑核	中脑	接受头面部的本体感觉冲动
	三叉神经脑桥核	脑桥	接受头面部皮肤、黏膜的一般感觉冲动
	三叉神经脊束核	脑桥和延髓	
	前庭神经核	脑桥	接受内耳的平衡觉冲动
	蜗神经核	脑桥	接受内耳的听觉冲动
内脏感觉核	孤束核	延髓	接受味觉和大部分胸、腹腔器官的内脏感觉冲动

（2）白质：脑干的白质与脊髓相比较，位置多在脑干腹侧，白质中的纤维束除与脊髓相延续的外，又出现了一些新的纤维束。纤维束同样分为上行和下行两种。重要的纤维束有：

①内侧丘系 medial lemniscus：属上行纤维束，薄束核和楔束核发出的纤维经中央管腹侧左右完全交叉，称内侧丘系交叉，交叉后的纤维折行向上构成内侧丘系，终止于背侧丘脑腹后核。一侧内侧丘系传导对侧躯干、四肢的深感觉和精细触觉冲动。

②脊髓丘脑束：属上行纤维束，由脊髓延续而来，继续上行止于背侧丘脑腹后核。

③三叉丘脑束 trigeminothalamic trac：属上行纤维束，又称三叉丘系，三叉神经脑桥核和三叉神经脊束核发出的纤维交叉至对内侧，称三叉丘系交叉，交叉后的纤维折行向上构成三叉丘系，终止于背侧丘脑腹后核。

④锥体束 pyramidal tract：属下行纤维束，主要起自大脑皮质躯体运动区的锥体细胞，下行至脑干，一部分纤维陆续止于脑神经躯体运动核，称皮质核束；另一部分下降

思考

中脑右侧半横断后，有哪些浅、深感觉障碍和骨骼肌随意运动障碍？为什么？

至脊髓，称皮质脊髓束。皮质核束发出分支到双侧脑神经躯体运动核（除只发出分支到对侧面神经核下部和舌下神经核外）。皮质脊髓束下行至锥体下端，大部分纤维越中线交叉到对侧，形成锥体交叉，交叉后的纤维在对侧半脊髓内下降形成对侧的皮质脊髓侧束，没有交叉的纤维形成同侧的皮质脊髓前束。

⑤红核脊髓束：属下行纤维束，由中脑红核发出，下行至脊髓。

（3）网状结构：位于脑干主要神经核和纤维束之间。网状结构中间散在有大小不等的神经细胞团块，它们与各级中枢存在广泛的纤维联系，参与多种躯体和内脏功能活动的调节。

应用链接

小脑扁桃体位于枕骨大孔上方，延髓在枕骨大孔处与脊髓相延续，当颅内压增高时，小脑扁桃体被挤入枕骨大孔内，压迫前面延髓的"生命中枢"，导致呼吸、心跳停止，危及生命，临床上称为小脑扁桃体疝或枕骨大孔疝。

3. 脑干的功能

（1）反射活动的中枢：脑干是许多重要反射活动的中枢。除有瞳孔对光反射中枢、角膜反射的中枢外，还有被称为"生命中枢"的心血管运动中枢和呼吸调节中枢。临床上脑干损伤或出血病情相当危重。

（2）传导功能：在中枢神经系统上下穿行的纤维都要经过脑干，所以脑干是联系端脑、间脑、小脑以及脊髓枢纽。

（二）小脑

1. 小脑的位置与外形

小脑 cerebellum 位于颅后窝，端脑后份的下方，延髓和脑桥的背侧。小脑两侧的膨大部分称小脑半球 cerebellar hemisphere，中间缩细的部分为小脑蚓 vermis。在小脑半球下面，靠近小脑蚓的两侧有一对椭圆形隆起，称小脑扁桃体 tonsil of cerebellum。

2. 小脑的分叶

小脑可分为三叶：小脑下面凸隆，其前份有一对绒球和一小结，合称绒球小结叶，从种系发生上最古老，又称古小脑；小脑的上面平坦，前、中 1/3 交界处有一沟称原裂，原裂以前的部分为前叶，从种系发生上较晚，称旧小脑；原裂以后的部分为后叶，从种系发生上最晚，称新小脑（图 10-10）。

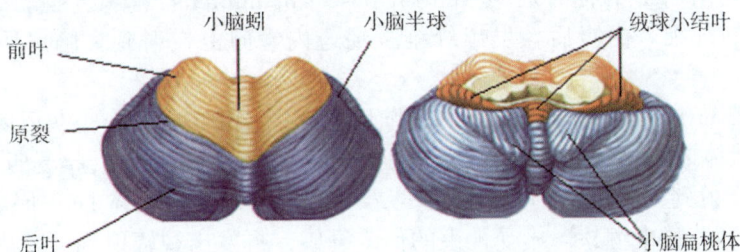

图 10-10　小脑外形及分布

3. 小脑的内部结构　小脑的表面有一层灰质，称小脑皮质，皮质深面的白质称小脑髓质，髓质内有灰质团块称为小脑核，其中最大者为齿状核（图10-11）。

4. 小脑的功能　小脑是一个重要的运动调节中枢，古小脑的主要功能是维持身体平衡，损伤后出现平衡失调、站立不稳；旧小脑的主要功能是调节肌张力，损伤后出现肌张力下降；新小脑的主要功能是协调随意运动，损伤后出现随意运动不协调，表现为跨越步态、指鼻试验阳性、轮替运动障碍、震颤等。

5. 第四脑室 fourth ventricle　是位于延髓、脑桥与小脑之间的腔隙（图10-12）。菱形窝构成第四脑室的底，第四脑室顶形如帐篷状，朝向小脑。第四脑室内有脉络丛，能够产生脑脊液。第四脑室向上通中脑水管，向下通脊髓中央管，借第四脑室正中孔和一对第四脑室外侧孔与蛛网膜下隙相通。

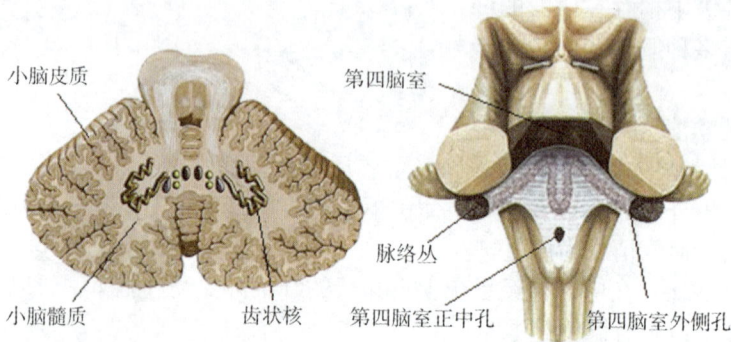

图 10-11　小脑的内部结构　　图 10-12　第四脑室

（三）间脑

间脑 diencephalon 位于中脑和端脑之间，大部分被发达的大脑半球所掩盖，仅有腹侧的一小部分露于脑的表面。间脑中间有一矢状位的裂隙，为第三脑室，向前上借室间孔与大脑半球内的侧脑室相通，向后下借中脑水管与第四脑室相通（图10-13，10-15）。间脑主要包括背侧丘脑、后丘脑和下丘脑三部分。

1. 背侧丘脑 dorsal thalamus　又称丘脑，是一对卵圆形的灰质团块，外侧邻近内囊，内侧参与构成第三脑室侧壁（图10-13）。背侧丘脑内有"Y"形的白质纤维板，将其分为前核群、内侧核群和外侧核群三部分。外侧核群又分为背侧组和腹侧组，位于腹侧组后部的称腹后核 ventral posterior nucleus，接受内侧丘系、脊丘系和三叉丘系的纤维。由腹后核发出纤维，经过内囊向上投射到大脑皮质躯体感觉区（图10-14）。

2. 后丘脑 metathalamus　位于背侧丘脑后下方，主要包括两个小灰质团块，靠内侧的叫内侧膝状体 medial geniculate body，是听觉传导通路的中继核，接受听觉传入纤维，再发出纤维投射到大脑皮质的听觉中枢；靠外侧的叫外侧膝状体 lateral geniculate body，为视觉传导通路的中继核，接受视束的传入纤维，再发出视辐射到大脑皮质的视觉中枢。

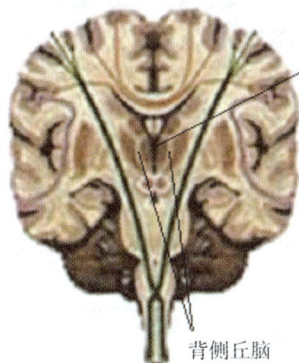

图 10-13 脑冠状切面

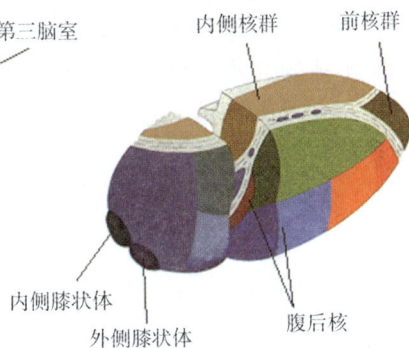

图 10-14 背侧丘脑和后丘脑

3. 下丘脑

下丘脑 hypothalamus 位于背侧丘脑的下方，参与构成第三脑室侧壁下份和下壁。下丘脑是间脑中唯一能露于脑表面的部分，主要包括：视交叉、垂体、漏斗、灰结节和一对乳头体。下丘脑内部有一些重要的神经核，它们具有神经内分泌功能，能合成激素，其轴突既能传导神经冲动，又能将合成的激素运送至末梢释放，如视上核、室旁核能分泌加压素和缩宫素（催产素），通过轴突运输到神经垂体释放入血（图 10-15，10-16）。

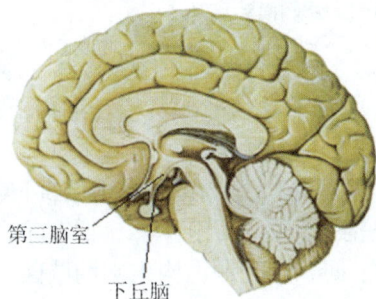

图 10-15 脑正中矢状切面

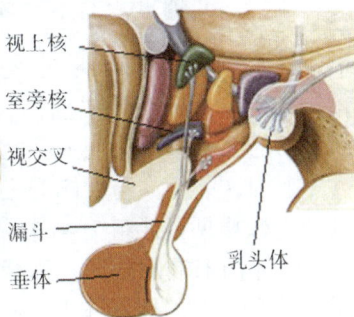

图 10-16 下丘脑

下丘脑的功能：①下丘脑是神经内分泌中心，它将神经调节和体液调节融为一体，调节机体内分泌功能。②下丘脑是内脏神经活动的皮质下高级中枢，具体有调节体温、摄食、水盐平衡的中枢。③下丘脑通过与边缘系统的联系，参与情绪反应的调节。④下丘脑还具有调节机体昼夜节律的功能。

（四）端脑

端脑 telencephalon 是脑的最高级部分，可分为左、右大脑半球，两个大脑半球之间为大脑纵裂，纵裂底部有连接两半球的横行纤维板，称为胼胝体 corpus callosum。两大脑半球后部与小脑之间为大脑横裂。大脑半球内的腔隙为侧脑室。

1. 大脑半球的外形

大脑半球的表面凹凸不平，布满了深浅不同的脑沟，沟与沟之间的隆起称脑回。每侧大脑半球都有 3 个面，即上外侧面、内侧面和下面。每侧大脑半球均被 3 条大沟分为 5 叶，每叶内还有一些重要的沟和回。

（1）大脑半球的分叶：每侧大脑半球有3条主要的沟，分别是：外侧沟 lateral sulcus，位于半球的上外侧面，是最深的一条脑沟，由前下方斜向后上方；中央沟 central sulcus，位于半球的上外侧面，自半球上缘中点稍后方斜向前下方，接近到达外侧沟；顶枕沟 parietooccipital sulcus，位于半球内侧面的后部，由前下斜向后上，并延伸到上外侧面。借上述的3条叶间沟将每侧大脑半球分为5叶：外侧沟以上、中央沟以前的为额叶 frontal lobe；外侧沟以上、中央沟与顶枕沟之间为顶叶 parietal lobe；顶枕沟以后为枕叶 occipital lobe；外侧沟以下为颞叶 temporal lobe，外侧沟的深部埋藏有岛叶 insula（图 10-17）。

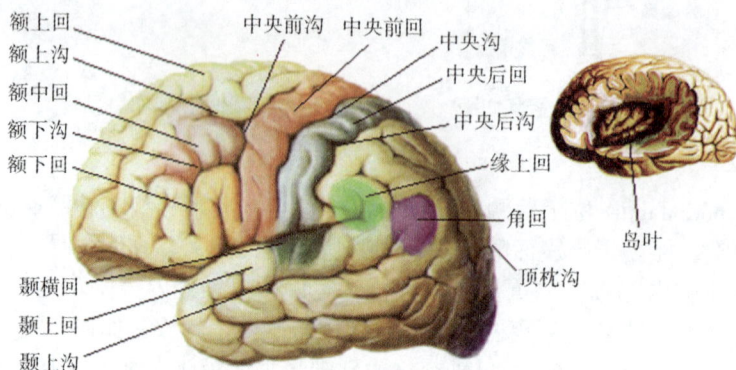

图 10-17　大脑半球上外侧面和岛叶

（2）大脑半球各面的重要沟、回：在大脑半球上外侧面（图 10-17），额叶有与中央沟平行的中央前沟，两者之间为中央前回，中央前沟的前方有横行的额上沟和额下沟，将额叶中央前回之前的部分，分为额上回、额中回和额下回。颞叶上部有一条与外侧沟平行的浅沟，为颞上沟，颞上沟与外侧沟之间为颞上回，在颞上回后部外侧沟深面有两个短而横行的脑回为颞横回。顶叶有与中央沟平行的中央后沟，两者之间为中央后回。顶叶的下部，包绕外侧沟末端的脑回，称缘上回，围绕颞上沟末端的脑回，称角回。在大脑半球内侧面（图 10-18），胼胝体上方有与之平行的扣带沟，两者之间为扣带回。在扣带回中部上方，中央前、后回在大脑半球内侧面的延续部，称中央旁小叶。扣带回的后端变细，向前连接海马旁回，海马旁回的前端弯成钩状，称为钩。扣带回、海马旁回和钩等脑回，位于大脑和间脑的交界处，称为边缘叶，边缘叶的皮质主要管理内脏活动及情绪反应，边缘叶及皮质下相关结构合称边缘系统。枕叶内面有起自顶枕沟向后走行的距状沟。在大脑半球额叶的下面，有一椭圆形的嗅球，嗅球向后延续为嗅束，两者都与嗅觉冲动传导有关。

2. 大脑半球的内部结构

大脑半球的表面是一层灰质，称大脑皮质；皮质的深面为白质，即大脑髓质；白质内埋有灰质团块，称基底核。大脑半球内的腔隙为侧脑室。

（1）大脑皮质 cerebral cortex：大脑皮质是人体运动、感觉的最高

应用链接

内囊是上、下行纤维高度集中的区域，也是临床上脑出血最常发生的部位，一旦内囊发生出血会出现典型"三偏"：①偏瘫，即对侧半身瘫痪（皮质脊髓束和皮质核束损伤）；②偏身感觉障碍，即对侧半身躯体浅、深感觉障碍（丘脑皮质束损伤）；③双眼对侧同向偏盲（视辐射损伤）。

中枢，还具有高度分析和综合判断能力，是语言、意识和思维活动的物质基础。大脑皮质的不同部位皮质厚度、神经元数量和类型都不尽相同，管理同一功能活动的神经元往往高度密集在大脑皮质的同一片区域，于是在大脑半球表面的大脑皮质形成了许多特定的功能区，称大脑皮质机能定位，即神经中枢（图10-17，10-18）。重要的神经中枢有：

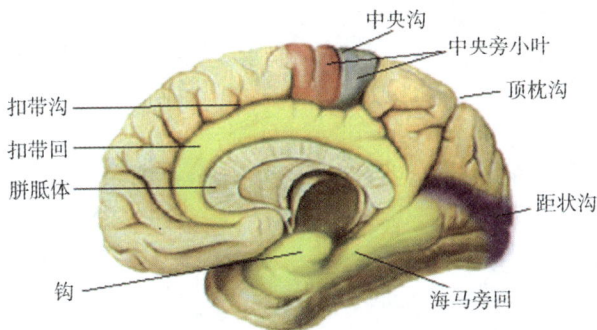

图 10-18　大脑半球内侧面

①躯体运动中枢：位于中央前回和中央旁小叶前部，是管理骨骼肌随意运动的最高中枢。躯体运动中枢具有以下特点：一侧躯体运动中枢管理对侧半身骨骼肌的运动，但一些联合运动有关的肌受双侧支配，如眼外肌、咀嚼肌、咽喉肌；身体各部在中枢的投影为倒置的人形，但头部是正的；身体各部在皮质代表区的大小与运动的精细复杂程度有关，与各部位本身形体大小无关（图10-19）。

②躯体感觉中枢：位于中央后回和中央旁小叶后部，接受由背侧丘脑上传的纤维，管理躯体浅、深感觉。该中枢的特点与躯体运动中枢相似：接受来自对侧半身的浅、深感觉冲动；身体各部在中枢的投影也呈倒置的人形，头部是正的；身体各部在中枢代表区的大小取决于各部位感觉的敏感程度（图10-19）。

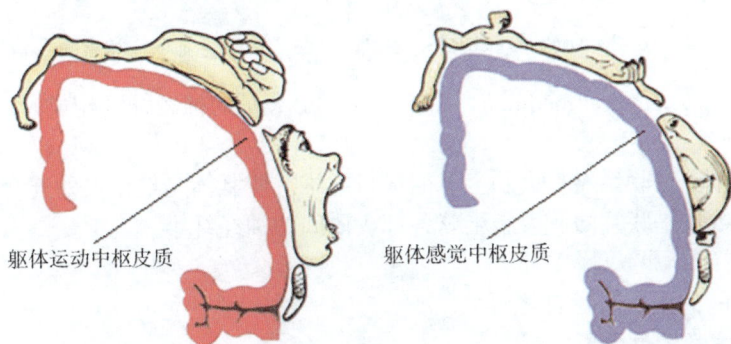

图 10-19　人体各部在躯体运动和躯体感觉中枢的定位

③视觉中枢：位于枕叶内侧面，距状沟上、下的大脑皮质（图10-18）。一侧视觉中枢接受来自同侧视网膜颞侧半和对侧视网膜鼻侧半的视觉冲动，损伤一侧视区可导致双侧眼球对侧同向偏盲。

④听觉中枢：位于颞叶的颞横回（图10-17）。每侧听觉中枢接受来自双耳的听觉冲动，因此一侧听觉中枢受损时，不会导致全聋。

⑤语言中枢：是人类大脑皮质所特有的中枢（图10-17）。人类的语言功能表现在

听、说、读、写四个方面。说话中枢在额下回后部，书写中枢在额中回后部，听话中枢在缘上回，阅读中枢在角回。语言中枢大多在左侧大脑半球（包括全部习惯用右手和部分习惯用左手的人），把有语言中枢的一侧大脑半球称优势半球。各语言中枢不是孤立的，彼此之间有着密切的联系，还需要听觉中枢、视觉中枢、躯体运动中枢等有关大脑皮质区域的相互配合，才能完成语言功能。

（2）基底核 basal nuclei 是埋藏在大脑底部白质内的灰质团块，包括尾状核、豆状核和杏仁体等。尾状核和豆状核合称为纹状体（图 10-20，10-21）。

①尾状核：长而弯曲，位于背侧丘脑的背外侧，分为头、体、尾 3 部分。

②豆状核：位于岛叶的深部，背侧丘脑的外侧。豆状核被其内部的白质板分为三部分：内侧的两部分称苍白球；外侧部最大，称为壳。苍白球是种系发生上古老的部分，称旧纹状体，豆状核的壳和尾状核在种系发生上出现较晚，合称为新纹状体。纹状体具有调节骨骼肌张力和协调骨骼肌运动的功能。

③杏仁体：与尾状核尾相连，属于边缘系统，与调节内脏活动和情绪有关。

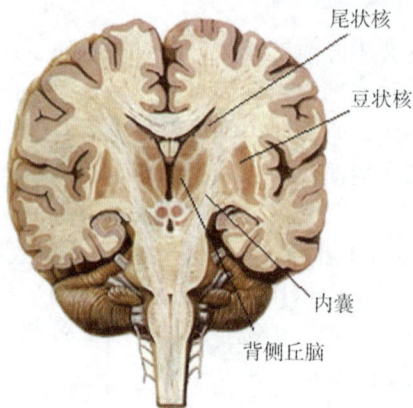

图 10-20 脑的冠状切面

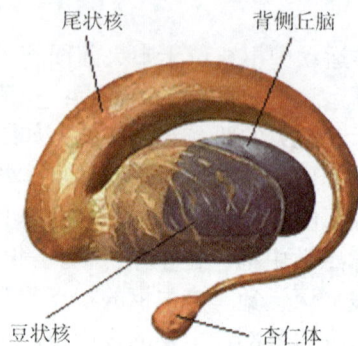

图 10-21 基底核和背侧丘脑

（3）大脑髓质 cerebral medullary substance：由大量的神经纤维构成，按纤维走向分为 3 类：

①连合纤维：是联系左右大脑半球的横行纤维。胼胝体是最主要的连合纤维。

②联络纤维：是联系同侧大脑半球各部皮质间的神经纤维。

③投射纤维：是大脑皮质与皮质下各部之间的上、下行神经纤维，这些纤维大都经过内囊。

内囊 internal capsule：是由大量上行感觉纤维和下行运动纤维高度密集在豆状核与尾状核及背侧丘脑之间形成的宽厚白质板。在大脑水平切面上，呈"><"形，由前向后可分为内囊前肢、内囊膝和内囊后肢 3 部分。内囊

应用链接

椎管内穿刺：包括硬膜外隙穿刺和蛛网膜下隙穿刺，硬膜外隙穿刺的主要目的是进行手术麻醉，就是将麻醉药物注入此间隙，以阻断脊神经根的传导；蛛网膜下隙穿刺（腰椎穿刺），除了可以进行手术麻醉（将麻醉药物注入脑脊液内，阻断脊神经根）外，还能抽取脑脊液或向脑脊液中注入治疗性药物。

前肢在豆状核与尾状核之间；内囊后肢在豆状核与背侧丘脑之间，内有皮质脊髓束、丘脑皮质束、视辐射和听辐射通过；内囊前、后肢的转折处称内囊膝，内有皮质核束通过。（图10-22，10-23）。

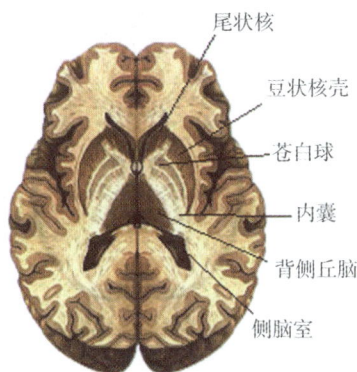

图 10-22 脑的水平切面

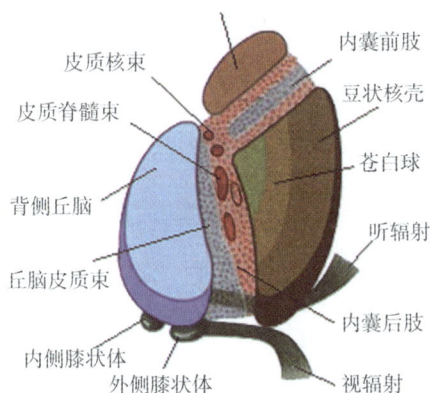

图 10-23 右侧内囊水平切面

（4）侧脑室 lateral ventricle：是位于大脑半球深面的腔隙。侧脑室伸入额叶内的称前角，后角伸入枕叶，中央部位于顶叶内，下角伸至颞叶。侧脑室中央部和下角内有脉络丛，可产生脑脊液，产生的脑脊液经左、右室间孔到第三脑室。

三、脑和脊髓的被膜

脑和脊髓的外面都有3层被膜，由外向内依次为硬膜、蛛网膜和软膜。

（一）脊髓的被膜

脊髓的被膜由外向内依次为硬脊膜、脊髓蛛网膜和软脊膜。

1. 硬脊膜 spinal dura mater 厚而坚韧，包裹脊髓和脊神经根。上端附着于枕骨大孔边缘，与硬脑膜相延续；下端自第2骶椎平面向下变细，包裹终丝，末端附着于尾骨。硬脊膜与椎管内面骨膜之间的间隙称硬膜外隙 epidural space，内有疏松结缔组织、脂肪、静脉丛和淋巴管等，脊神经根由此间隙通过。硬膜外隙向上与颅腔不相通，略呈负压。（图10-24）。

图 10-24 脊髓的被膜

2. 脊髓蛛网膜 spinal arachnoid mater 为半透明的薄膜，紧贴于硬脊膜的内面，向上与脑蛛网膜相延续。蛛网膜与软膜之间有较宽阔的蛛网膜下隙 subarachnoid space，其内充满脑脊液。自脊髓下端至第2骶椎平面，蛛网膜下隙扩大成终池。终池内无脊髓，只有马尾和终丝。

3. 软脊膜 spinal pia mater 是富含血管的薄膜，紧贴脊髓表面并深入于沟裂中，至脊髓下端构成终丝。

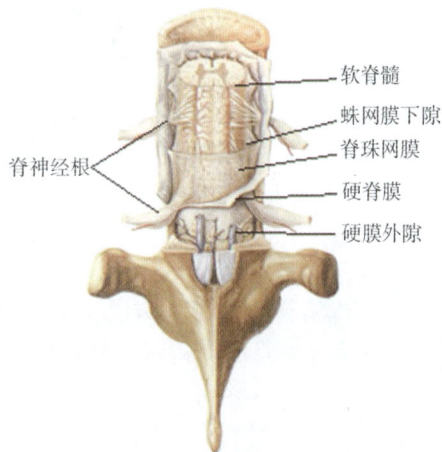

（二）脑的被膜

1. 硬脑膜 cerebral dura mater 是包在脑外面坚韧有光泽的致密结缔组织膜，在枕骨大孔处与硬脊膜相延续。与硬脊膜比较有以下特点：

（1）由两层膜结合而成，外层相当于颅骨内表面骨膜，内层为独立的硬脑膜，两层间有硬脑膜的血管和神经。因此硬脑膜与颅骨之间无硬膜外隙。

（2）硬脑膜与颅骨之间结合松紧因部位不同而不同，在颅顶，颅骨和硬脑膜结合疏松，容易分离，颅顶骨折时常形成硬膜外血肿；在颅底，颅骨和硬脑膜两者紧密结合，颅底骨折时常形成硬脑膜撕裂，出现脑脊液外漏。

（3）硬脑膜的内层折叠，深入到大脑纵裂和横裂内形成膜片状结构，具有固定脑各部的作用。硬脑膜深入到大脑纵裂内形成大脑镰，深入大脑横裂形成小脑幕。小脑幕的前缘游离，称小脑幕切迹（图10-25）。

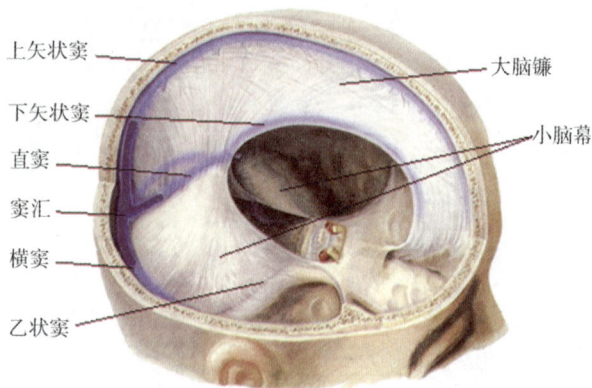

图 10-24 硬脑膜及形成的结构

（4）硬脑膜的内、外两层在某些部位分离，形成收纳颅内静脉血的腔隙，称硬脑膜窦。硬脑膜窦是颅内特殊的静脉血管，无静脉瓣，壁内不含平滑肌，一旦损伤不易止血，出血较多，易形成颅内血肿。主要的硬脑膜窦有：上矢状窦、下矢状窦、直窦、窦汇、横窦、乙状窦和海绵窦。海绵窦位于蝶骨体两侧，收纳周围结构及眼静脉的静脉血，经岩上窦注入横窦，也可经岩下窦注入颈内静脉，由于眼静脉与面静脉相互交通，所以面部感染可蔓延到海绵窦。硬脑膜窦的血流方向见表10-3。

表10-3　硬脑膜窦的血流方向

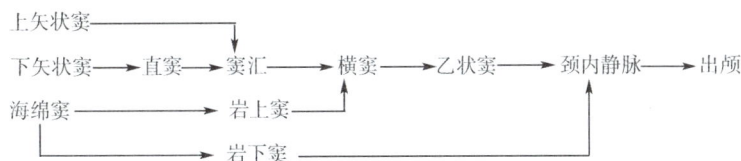

2. **脑蛛网膜** cerebral arachnoid mater　薄而透明，贴于硬脑膜的内面，向下与脊髓蛛网膜相延续。脑蛛网膜与软脑膜之间有许多小梁相连，两者间也有蛛网膜下隙并与脊髓蛛网膜下隙相通。此隙在小脑与延髓之间扩大，称小脑延髓池，临床上可经此穿刺抽取脑脊液。在上矢状窦两侧，蛛网膜形成许多颗粒状的小突起，突入上矢状窦内，称蛛网膜粒。脑脊液经蛛网膜粒渗入上矢状窦，这是脑脊液回流到静脉的途径（图10-26）。

3. **软脑膜** cerebral pia mater　富含血管的薄膜，覆盖于脑的表面并深入到脑的沟裂内。在脑室内某些部位，软脑膜及其丰富的毛细血管与室管膜上皮（脑室壁内表面的上皮）互相交织，共同形成脉络丛。脉络丛是产生脑脊液的主要结构。

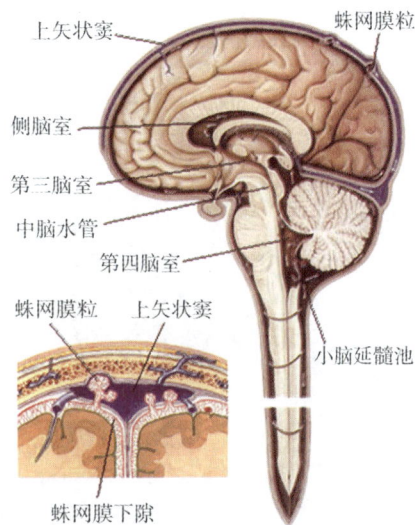

图 10-26　蛛网膜下隙及脑脊液循环

四、脑和脊髓的血管

（一）脑的血管

1. **脑的动脉**　主要来源于颈内动脉和椎动脉。颈内动脉的分支供应大脑半球的前 2/3 和部分间脑；椎动脉的分支供应大脑半球的后 1/3、部分间脑、脑干和小脑。营养大脑半球的动脉发出两种形式的分支，一种较粗短，主要行于大脑半球表面，营养大脑皮质和浅层髓质，称皮质支；另一种较细长，穿过皮质营养深层髓质、基底核和间脑，称中央支（图10-27）。

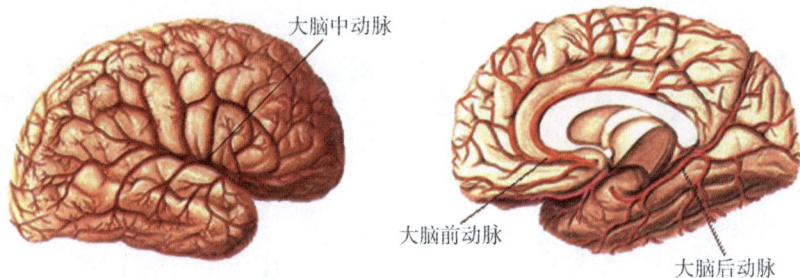

图 10-27　脑的动脉

（1）颈内动脉 internal carotid artery：起自颈总动脉，经颅底的颈动脉管进入颅腔。主要分支有（图 10-28）：

①大脑前动脉 anterior cerebral artery：自颈内动脉发出后，经视神经的上方行向前内，进入大脑纵裂，并沿胼胝体背侧向后行进，沿途发出分支。发出的皮质支分布于额叶、顶叶的内侧面并经大脑半球上缘到达上外侧面的边缘部；发出的中央支进入脑实质，主要分布于尾状核、豆状核前部和内囊前肢。两侧大脑前动脉在进入大脑纵裂前有前交通动脉相连。

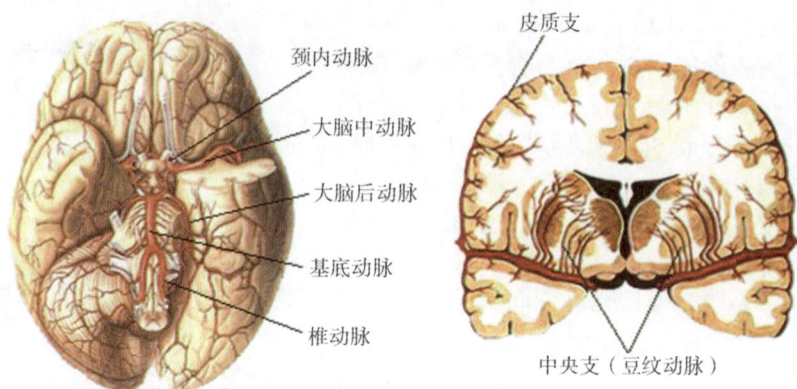

图 10-28　大脑半球的动脉

②大脑中动脉 middle cerebral artery：是颈内动脉的直接延续，沿大脑外侧沟向后上行进，发出多条皮质支营养大脑半球上外侧面的大部分区域。该区域内有躯体运动、躯体感觉和语言等功能的中枢，因此大脑中动脉的皮质支阻塞将出现严重的功能障碍。大脑中动脉发出的中央支（豆纹动脉）垂直进入脑实质，营养尾状核、豆状核、内囊膝和内囊后肢等处。豆纹动脉是临床上动脉硬化时最易破裂的血管，故又称出血动脉（图 10-27）。

③后交通动脉：细小，向后与大脑后动脉吻合。

④眼动脉：穿视神经管进入眼眶，营养眼球及其他眶内结构。

（2）椎动脉 vertebral artery：起自锁骨下动脉，穿上 6 位颈椎横突孔后经枕骨大孔进入颅腔。在脑桥下缘，左、右椎动脉合成一条基底动脉 basilar artery，沿脑桥腹侧的基底沟上行至脑桥上缘，分为两条大脑后动脉 posterior cerebral artery。大脑后动脉绕大脑脚向后走行，发出分支营养颞叶下面和枕叶。椎动脉和基底动脉还发出分支中脑、脑桥、小脑、延髓、脊髓以及内耳迷路等处。

（3）大脑动脉环：又称 willis 环，位于脑底面，围绕在视交叉、灰结节、漏斗及乳头体周围，由前交通动脉、两侧大脑前动脉、两侧颈内动脉、两侧后交通动脉和两侧大脑后动脉连接形成的动脉环路（图 10-30）。大脑动脉环将两侧颈内动脉与椎—基底动脉沟通起来，当某一部位血流减少（如发育不良）或阻塞时，可在一定程度上使血液重新分配，以维持脑的血液供应。

2. 脑的静脉　不与动脉伴行，分为浅、深两种。浅静脉位于脑表面，收集大脑皮质和髓质浅层的静脉血，深静脉收集大脑深部的静脉血。浅、深静脉都注入附近的硬脑膜窦（图 10-29）。

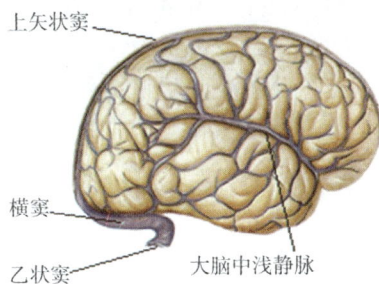

图 10-29　脑的静脉

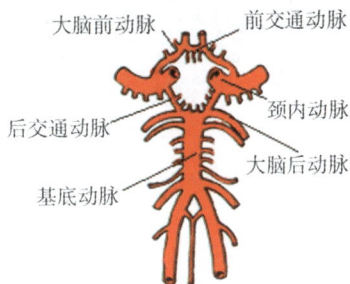

图 10-30　大脑动脉环

（二）脊髓的血管

1. 动脉　脊髓的动脉有两个来源：一是由椎动脉发出的脊髓前、后动脉，二是节段性动脉（肋间后动脉和腰动脉）发出的脊髓支（图 10-31）。脊髓前动脉 anterior spinal artery 由两侧椎动脉发出后合成一干，沿脊髓前正中裂下行至脊髓末端；脊髓后动脉 posterior spinal artery 为两条，沿脊髓后外侧下行。脊髓前、后动脉在下行过程中不断得到节段性支脉脊髓支的补充，以保证脊髓的血液供应。

2. 静脉　脊髓的静脉与动脉伴行，注入硬膜外隙的椎内静脉丛。

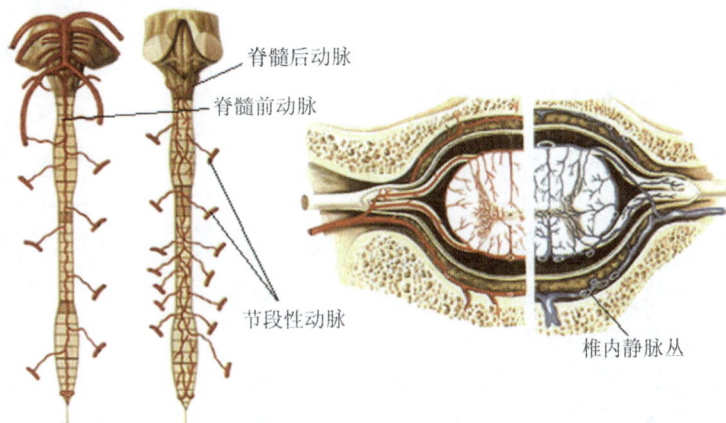

图 10-31　脊髓的血管

（三）血脑屏障

在中枢神经系统内，毛细血管内的血液与脑组织之间存在着具有选择通透性作用的结构，这种结构称血脑屏障 blood-brain barrier（BBB）。血脑屏障的结构基础是：①脑和脊髓内的毛细血管内皮，由于该内皮细胞无窗孔，内皮细胞之间为紧密连接；②毛细血管的基膜；③星形胶质细胞终足形成的胶质膜，围绕在毛细血管基膜的外面。血脑屏障可阻止有害物质进入脑组织，对脑和脊髓起到保护作用，但同样也可阻止一些治疗药物的进入。

五、脑脊液及其循环

脑脊液 cerebral spinal fluid（CSF）是无色透明的液体，在成人总量约 125ml，充满于各脑室和蛛网膜下隙。脑脊液由各脑室的脉络丛产生，侧脑室脉络丛产生的脑脊液经室间孔到第三脑室，与第三脑室脉络丛产生的脑脊液一起，经中脑水管流入第四脑室，再汇合第四脑室脉络丛产生的脑脊液一起经第四脑室正中孔和外侧孔进入蛛网膜下隙，循环于脑和脊髓周围，最后经蛛网膜粒渗入上矢状窦，回到颈内静脉（图10-26）。正常情况下，脑脊液的产生和吸收处于平衡状态，如果循环障碍，可以导致脑积水和颅内压升高，使脑组织受压变形，甚至出现脑疝而危及生命。脑脊液循环途径见表10-4。

表10-4 脑脊液循环途径

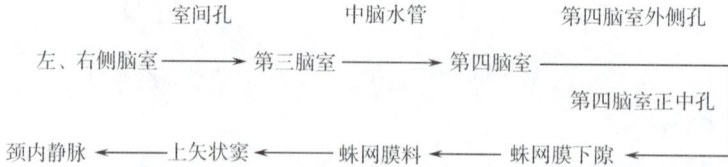

六、脑和脊髓的传导通路

传导通路是指感受器接受刺激产生的感觉冲动要传到大脑皮质、大脑皮质发出的运动冲动要传到效应器所经过的路径。可分为两大类：感觉（上行）传导通路和运动（下行）传导通路。不管是上行还是下行传导通路，在脑和脊髓内都有特定的路径（专门的纤维束）。

（一）感觉传导通路

1.躯干、四肢本体感觉和精细触觉传导通路

本体感觉又称深感觉，是指人在运动或静止状态时感受到的，来自肌、腱、关节等处的位置觉、运动觉和震动觉。精细触觉是指经过触摸体会物体纹理粗细和辨别两点间距离的实体感觉。以上两种感觉经同一路径传导，共由三级神经元组成（图10-32）。

第1级神经元为脊神经节细胞，其周围突分布于肌、腱、关节，构成本体感觉感受器（包括皮肤的精细触觉感受器），中枢突经脊神经后根进入脊髓，在脊髓后索上行。其中来自第5胸节段以下的纤维组成薄束，来自第4

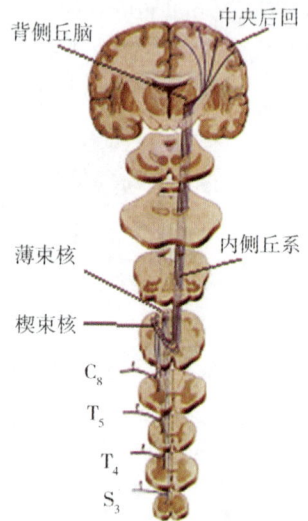

图 10-32 本体感觉和精细触觉传导通路

胸节段以上的纤维组成楔束，两束上行至延髓，分别终止于薄束核和楔束核，换第2级神经元。第2级神经元的胞体在薄束核和楔束核内，它们发出的纤维向前绕过中央管的腹侧，左右相互交叉（内侧丘系交叉），交叉后的纤维折而上行组成内侧丘系，经脑桥、中脑止于背侧丘脑，换第3级神经元。第3级神经元胞体在背侧丘脑腹后核，其轴突组成丘脑皮质束，经内囊后肢投射到大脑皮质中央后回的上 2/3 和中央旁小叶的后部。

2.躯干和四肢的痛、温觉及粗触觉传导通路

痛觉、温度觉、粗触觉和压觉称为浅感觉，躯干和四肢浅感觉传导通路也由三级神经元组成。

第1级神经元也是脊神经节细胞，其周围突分布于躯干、四肢皮肤，构成浅感觉感受器，中枢突经脊神经后根进入脊髓，先上行1~2个节段，终止于上行后节段灰质后角，换第2级神经元。第2级神经元的胞体在脊髓后角，它们的轴突交叉至对侧脊髓前

索和外侧索，组成上行的脊髓丘脑束，经延髓、脑桥、中脑止于背侧丘脑腹后核，换第 3 级神经元。第 3 级神经元胞体在背侧丘脑腹后核，由此发出的纤维组成丘脑皮质束，经内囊后肢投射到中央后回的上 2/3 区和中央旁小叶的后部（图 10-33）。

3. 头面部浅感觉传导通路

第 1 级神经元是三叉神经节经胞，其周围突经三叉神经分布于头面部皮肤、黏膜，构成浅感觉感受器，中枢突组成三叉神经感觉根进入脑桥，止于三叉神经感觉核。第 2 级神经元在三叉神经脑桥核和三叉神经脊束核，由此发出的纤维向对侧交叉，组成三叉丘脑束，向上止于背侧丘脑腹后核。第 3 级神经元也是在背侧丘脑腹后核，由此发出的纤维也组成丘脑皮质束，经内囊后肢股射到中央后回下 1/3 区（图 10-33）。

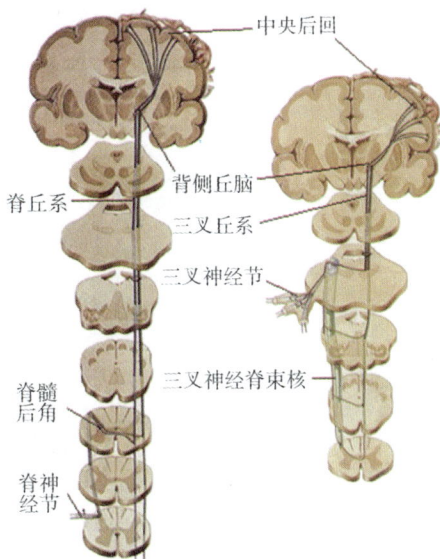

图 10-33　浅感觉传导通路

4. 视觉传导通路

眼球固定向前平视时所能看到的空间范围称为视野。由于晶状体的折光作用，使颞侧半视野的物像投射到鼻侧半视网膜上，而鼻侧半视野的物像投射到颞侧半视网膜上。

视网膜的视锥细胞和视杆细胞是光感受器，将冲动传给双极细胞（第 1 级神经元），再传给节细胞（第 2 级神经元），节细胞的轴突在眼球后部组成视神经，经视神经管入颅腔后，两侧视神经发生视交叉，交叉后延续为视束，视交叉是不完全性交叉，来自眼球鼻侧半视网膜的纤维发生交叉，而来自眼球颞侧半视网膜的纤维不交叉，因此一侧视束由同侧颞侧半视网膜的纤维和对侧鼻侧半视网膜的纤维构成。视束向后终于外侧膝状体（第 3 级神经元）。由外侧膝状体发出的纤维组成视辐射，经内囊后肢的后部，投射到大脑皮质枕叶距状沟两侧的视觉中枢（图 10-34）。

视觉传导通路不同部位的损伤，会有不同的临床表现：一侧视神经全部损伤，患眼全盲；视交叉中间部的纤维损伤（如垂体肿瘤压迫），引起双眼颞侧半视野偏盲（管状视野）；一侧视束以后，以至视觉中枢损伤，可出现双眼对侧视野同向偏盲。

视束终于外侧膝状体之前还发出纤维至同侧上丘，一侧上丘发出纤维到双侧动眼神经经副交感核，形成瞳孔对光反射环路。

（二）运动传导通路

运动传导通路管理骨骼肌的运动，包括锥体系和锥体外系两部分。

1. 锥体系 pyramidal system

是管理骨骼肌随意运动的通路，由上、下两级运动神经元组成。中央前回和中央旁小叶前部的锥体细胞为上运动神经元，它们的轴突组成锥体束，分为皮质脊髓束、皮质核束两部分；脊髓前角运动细胞和脑神经躯体运动核为下运动神经元，它们的轴突组成脊神

应用链接

瞳孔对光反射是光照一侧瞳孔，引起双侧瞳孔缩小的反应。光照侧的反应称直接对光反射，光未照侧的反应称间接对光反射。

经或脑神经，前者支配躯干、四肢骨骼肌运动，后者支配头面部骨骼肌运动。

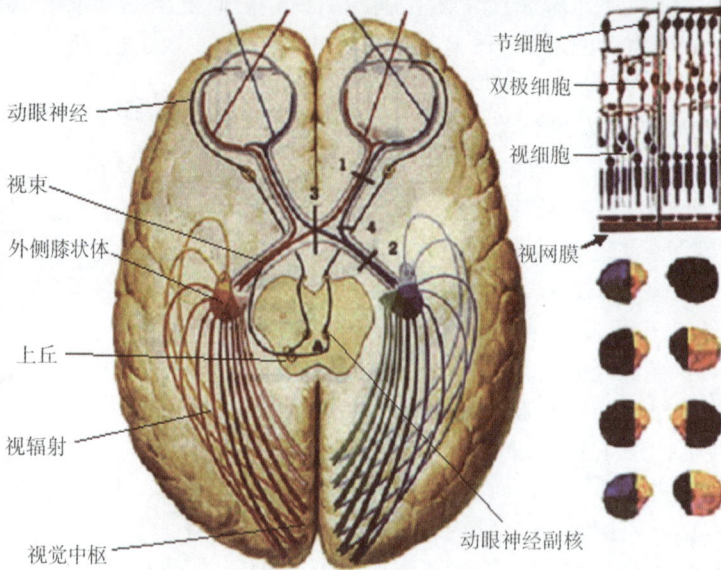

图 10-34　视觉传导通路

（1）皮质脊髓束 corticospinal tract：起自中央前回上 2/3 及中央旁小叶前部的锥体细胞，经内囊后肢、中脑的大脑脚、脑桥腹侧，至延髓上段腹侧形成锥体，在锥体的下方，大部分纤维交叉越边至对侧，形成对侧皮质脊髓侧束，逐节段止于脊髓灰质前角，支配四肢肌；小部分纤维不交叉，形成同侧皮质脊髓前束，陆续止于脊髓上胸节段的双侧脊髓灰质前角，支配躯干肌。一侧皮质脊髓束在锥体交叉以上损伤，出现对侧肢体瘫痪，躯干肌无明显影响；若在锥体交叉以下损伤，则表现为同侧肢体瘫痪（图 10-35）。

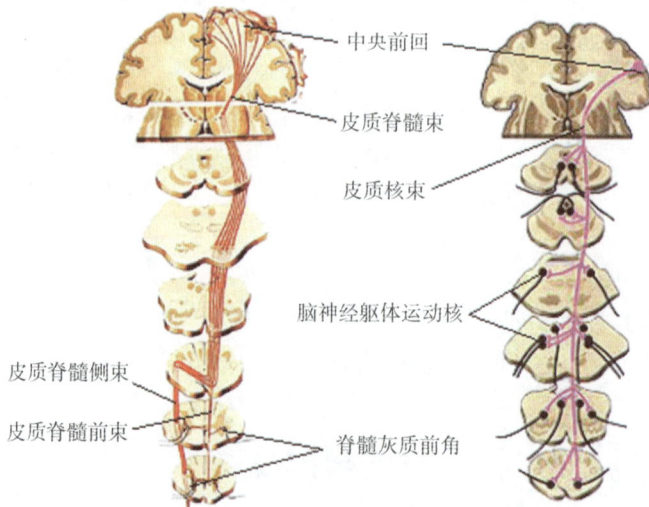

图 10-35　锥体系

（2）皮质核束 corticonuclear tract：起自中央前回下 1/3 区的锥体细胞，经内囊膝下降至脑干，陆续发出分支到双侧脑神经躯体运动核（除只发出分支到对侧面神经核下部和舌下神经核外），支配双侧眼外肌、咀嚼肌、上部面肌和咽喉肌以及对侧下部面肌和舌肌。若一侧皮质核束损伤，表现为对侧下部面肌瘫痪和对侧舌肌瘫痪，由于损伤发生在脑神经核以上，所以将这种瘫痪称为核上瘫或中枢性面瘫（舌瘫）；若一侧面神经（或舌下神经）损伤，表现为同侧面部上、下面肌均瘫痪（同侧舌肌瘫痪），由于损伤发生在脑神经核以下，称这种瘫痪为核下瘫或周围性面瘫（舌瘫）（图 10-35，10-36）。

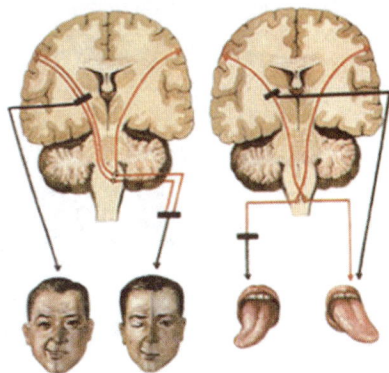

图 10-36　核上瘫和核下瘫

2. 锥体外系　是指锥体系以外影响和控制骨骼肌活动的所有下行传导路径，结构十分复杂。主要涉及大脑皮质、纹状体、红核、黑质、脑干网状结构和小脑等，这些结构之间经过多次交换神经元，形成许多环路，最终经红核脊髓束实现对脊髓前角的控制。锥体外系的主要功能是调节肌张力、协调肌群运动、维持体态姿势和习惯性动作等。

第三节　周围神经系统

周围神经系统 peripheral nervous system 是指脑和脊髓以外的所有神经组织，包括与脊髓相连的 31 对脊神经和与脑相连的 12 对脑神经，两者中都包含躯体神经和内脏神经两种成分。为了便于叙述，通常将周围神经系统分为脊神经、脑神经和内脏神经 3 部分。

一、脊神经

脊神经 spinal nerves 共 31 对，包括颈神经 8 对、胸神经 12 对、腰神经 5 对、骶神经 5 对和尾神经 1 对。每对脊神经借前根和后根连于脊髓，前、后根在椎间孔处合成脊神经并穿出椎间孔。第 1 对颈神经由第 1 颈椎上方穿出椎管，其他脊神经由相应的椎间孔穿出椎管，第 5 对骶神经和尾神经由骶管裂孔出椎管。椎间孔周围的结构发生改变，如椎间盘突出、椎骨骨质增生以及骨折等都会累及脊神经。

脊神经前根为运动根，含有前角发出的躯体运动纤维和侧角发出的内脏运动纤维（部分前根）；后根为感觉根，躯体和内脏感觉神经元的胞体位于脊神经节内，其周围突随脊神经分布于外周，中枢突随后根进入脊髓。因此，每对脊神经都是混合性神经。脊神经离开椎管后，即分为前、后两支（图 10-37）。后支比较细小，分布于项、背、腰、骶部棘突两侧的皮肤和深层的肌肉；前支粗大，分布于躯干前外侧部和四肢的皮肤与肌肉。除胸神经前支保留明显的节段性分布外，其余脊神经的前支均交织成神经丛，由神经丛再分支分布于相应的区

应用链接

由于颈丛的皮支在胸锁乳突肌后缘中点比较集中，临床上称此点为神经点，颈部手术时，可在此点进行颈丛阻滞麻醉。

域。神经丛包括：颈丛、臂丛、腰丛和骶丛。

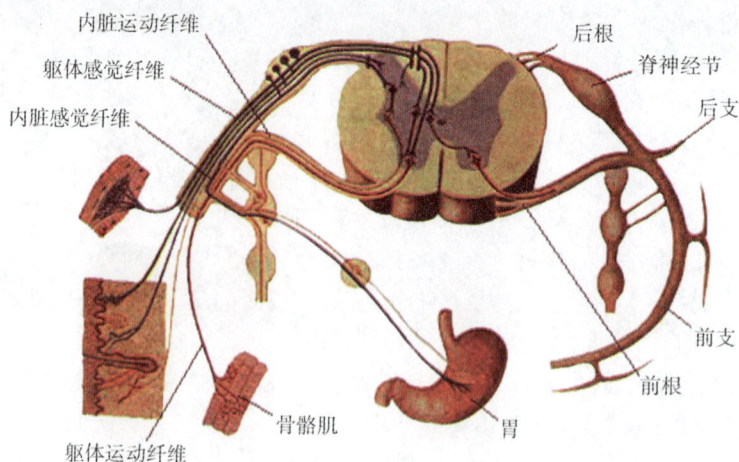

图 10-37 脊神经的组成和分布

（一）颈丛

颈丛 cervical plexus 由第 1~4 颈神经的前支组成，位于胸锁乳突肌上部的深面，分支包括浅支和深支。颈丛的浅支属于皮支，在胸锁乳突肌后缘中点附近较集中，后穿出深筋膜至皮下，呈放射状分布于枕部、耳后部、颈前部和肩部等处的皮肤（图 10-38）。深支分布于颈部深肌、心包和膈。膈神经 phrenic nerve 为深支中最大者，属于混合性神经。向下经锁骨下动、静脉之间入胸腔，沿心包两侧下行至膈，运动纤维支配膈的运动；感觉纤维分布于心包、胸膜和膈下面中央部的腹膜，右膈神经的感觉纤维还分布于肝和胆囊表面的腹膜。膈神经受刺激时产生呃逆，受损伤时产生膈肌麻痹，出现呼吸困难（图 10-39）。

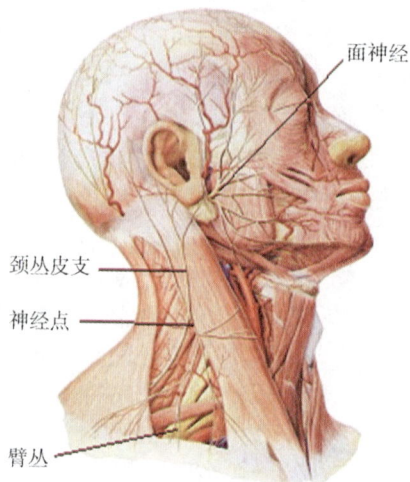

图 10-38 头颈部肌及神经血管

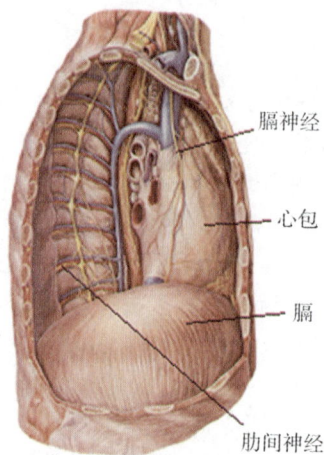

图 10-39 纵侧右侧面观

（二）臂丛

臂丛 brachial plexus 由第 5~8 对颈神经前支和第 1 胸神经前支的大部分组成，从斜角肌间隙穿出，行于锁骨下动脉的后上方，经锁骨后上方向外下进入腋窝，围绕腋动脉形成内侧束、外侧束和后束，后由各束发出分支，分布到上肢（图 10–40）。臂丛的主要分支有：

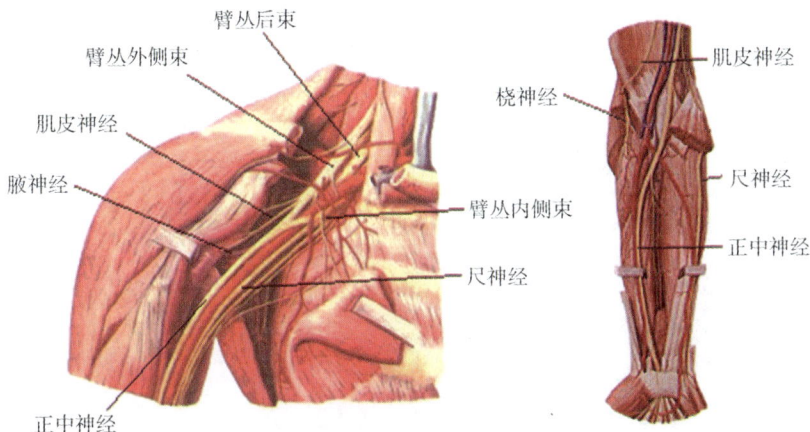

图 10–40 臂丛及主要分支

1. **腋神经** axillary nerve 起自臂丛后束，向后外绕肱骨外科颈，分支支配三角肌运动，管理肩部以及臂外上部皮肤感觉。

2. **桡神经** radial nerve 起自臂丛后束，在肱三头肌深面紧贴肱骨桡神经沟行向下外，经肱骨外上髁前方至前臂背侧，沿途发出分支，支配肱三头肌和所有前臂后群肌的运动，皮支主要管理前臂后面、手背桡侧半及桡侧两个半手指近节背面皮肤感觉（图 10–41）。

3. **尺神经** ulnar nerve 由臂丛内侧束发出，沿肱二头肌内侧下降，经肱骨内上髁后方的尺神经沟浅至前臂掌面，伴尺动脉下行入手掌。沿途发出分支支配前臂尺侧的屈肌、手肌内侧群（小鱼际）和大部分中间群；皮支管理手掌尺侧半、尺侧一个半手指掌面、手背尺侧半及尺侧两个半手指背面皮肤的感觉（图 10-40，图 10-41）。

4. 正中神经 median nerve 由臂丛内、外侧束各发出部分纤维汇合构成，沿肱二头肌内侧伴肱动脉下降至肘窝，在指浅、深屈肌间下行至手掌。正中神经在臂部无分支；前臂支配桡侧大部分屈肌；在手部支配手肌外侧群（大鱼际），管理手掌桡侧半及桡侧 3 个半手指掌面皮肤感觉（图 10-41，图 10-42）。

5. 肌皮神经 musculocutaneous nerve 由外侧束发出，在肱二对肌深面下行，支配臂前群肌运动。皮支自肘关节外上方浅出，分布于前臂外侧部的皮肤。

> **应用链接**
>
> 正中神经损伤时患者表现为屈腕力减弱，拇指不能对掌，鱼际萎缩，手掌变平坦，呈"猿手"畸形，皮支分布区感觉消失（图 10-42）。

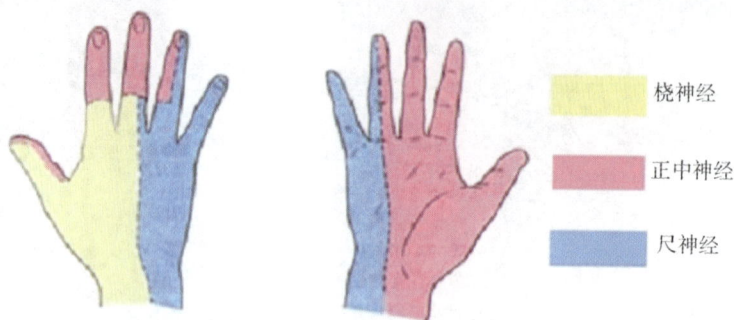

桡神经
正中神经
尺神经

图 10-41 手部皮肤的神经分布

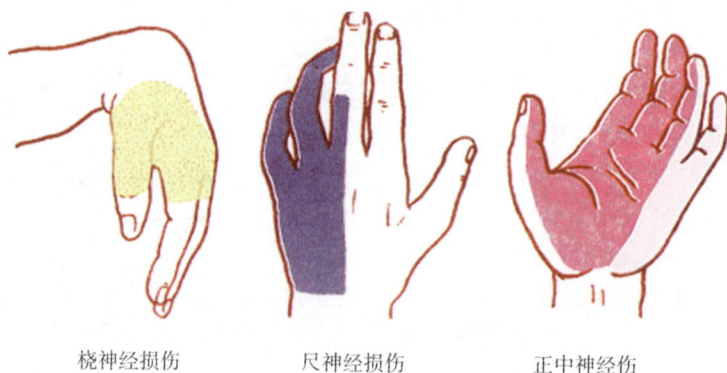

桡神经损伤　　　　尺神经损伤　　　　正中神经伤

图 10-42 桡、尺、正中神经损伤后的表现

（三）胸神经前支

胸神经前支共 12 对，除第 1 对大部分加入臂丛、第 12 对的小部分加入腰丛外，其余都不组成神经丛。第 1 胸神经前支余下部分行于第一肋间隙形成第一肋间神经 intercostal nerves,，第 2~11 胸神经前支位于相应肋间隙内形成相应肋间神经，第 12 胸神经前支部分位于第 12 肋的下方，称肋下神经 subcostal nerve。肋间神经和肋下神经支配肋间肌和腹前、外侧群肌运动，管理胸腹壁皮肤和相应区域壁胸膜和壁腹膜的感觉（图 10-39）。

胸神经前支在胸腹壁的分布具有明显的节段性：第2胸神经前支分布于胸骨角平面，第4胸神经前支分布于乳头平面，第6胸神经前支分布于剑突平面，第8胸神经前支分布于肋弓平面，第10胸神经前支分布于脐平面，第12胸神经前支分布于脐与耻骨联合连线中点平面。临床上可以根据感觉障碍平面推断脊髓损伤的部位，还可以用来判定麻醉平面的高低。

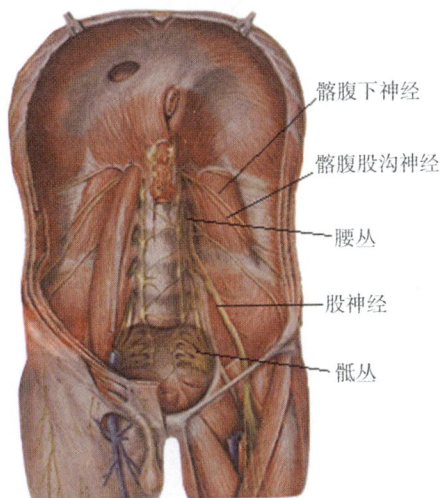

图 10-43　腰丛和骶丛

（四）腰丛

腰丛 lumbar plexus 由第12胸神经前支的一部分、第1~3腰神经前支和第4腰神经前支的一部分组成，位于腰大肌的深面。主要分支有（图10-43）：

1. 髂腹下神经和髂腹股沟神经　支配腹股沟区的肌肉运动，管理该区域皮肤感觉。

2. 股神经 femoral nerve　是腰丛最大的分支，经腹股沟韧带深面，在股动脉的外侧进入股三角，立即分为多个分支，支配大腿前群肌运动，管理大腿前面、小腿内侧面和足内侧缘皮肤感觉。股神经损伤表现为：屈髋无力，不能伸小腿，大腿前面和小腿内侧面皮肤感觉障碍，膝跳反射消失。

3. 闭孔神经 obturator nerve　沿盆腔侧壁前行，穿闭孔至大腿内侧，分支支配大腿内侧肌群运动，管理大腿内侧部皮肤感觉。

（五）骶丛

骶丛 sacral plexus 由第4腰神经前支的一部分、第5腰神经前支和所有的骶、尾神经前支组成，位于骶骨和梨状肌的前方（图10-43）。骶丛发出臀上、下神经支配臀部肌肉收缩和管理臀部皮肤的感觉，发出阴部神经支配会阴部肌肉收缩和管理会阴部皮肤的感觉，还发出全身最粗大的神经——坐骨神经。

坐骨神经 sciatic nerve 由梨状肌下缘出骨盆，在臀大肌深面下行至大腿后群肌之间，一般在腘窝上角附近分为胫神经和腓总神经（图

应用链接

胫神经损伤表现为：足不能跖屈，因小腿前群肌过度牵拉，使足出现背屈外翻状态，称为"钩状足"。腓总神经在腓骨头下方位置表浅，易受损伤，伤后表现为：踝关节不能背屈，趾不能伸，足下垂并内翻，称"马蹄内翻足"（图10-45）。

10-44）。下降过程中分支分布于大腿后群肌和髋关节。自股骨大转子与坐骨结节连线的中点至腘窝中点作一连线，其上 2/3 坐骨神经干的体表投影，临床上坐骨神经痛患者在此连线上可出现明显压痛。

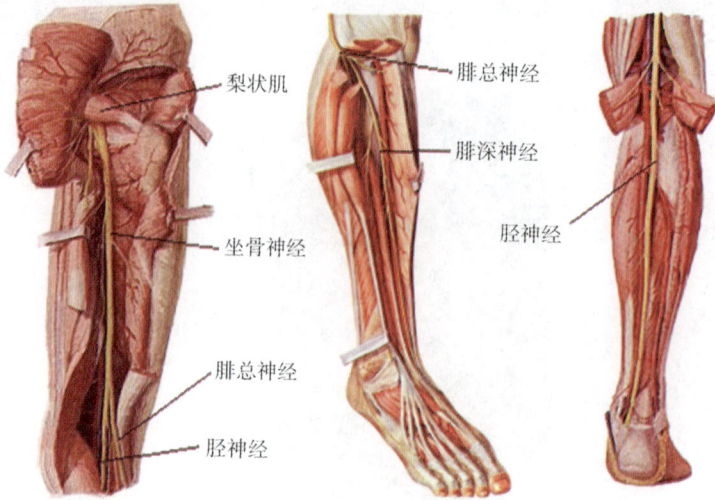

梨状肌

腓总神经

腓深神经

坐骨神经

胫神经

腓总神经

胫神经

图 10-44　坐骨神经及其分支分布

胫神经 tibial nerve 自腘窝向下，行于小腿三头肌深面，经内踝后方进入足底。支配小腿后群肌和足底肌运动，管理小腿后面和足底皮肤感觉。

腓总神经 common peroneal nerve 沿腘窝上外侧缘向外下行进，绕腓骨颈至小腿前面，再分为腓浅神经和腓深神经。腓浅神经 superficial peroneal nerve 支配小腿外侧群肌运动，管理小腿外侧面下部及足背大部分皮肤感觉。腓深神经 deep peroneal nerve 支配小腿前群肌和足背肌运动。

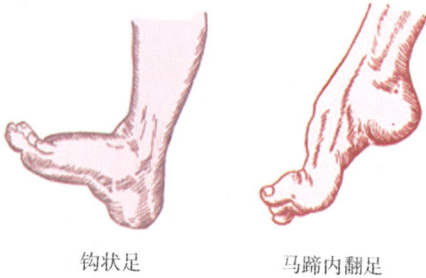

钩状足　　　马蹄内翻足

图 10-45　胫神经和腓总神经损伤后的表现

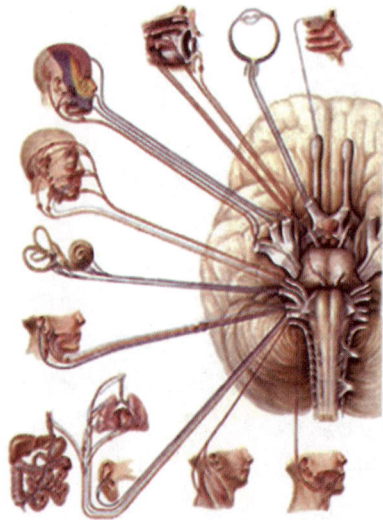

图 10-46　脑神经概况

二、脑神经

脑神经 cranial nerves 共12对，其顺序（国际上惯用罗马数字表示）和名称为：Ⅰ嗅神经、Ⅱ视神经、Ⅲ动眼神经、Ⅳ滑车神经、Ⅴ三叉神经、Ⅵ展神经、Ⅶ面神经、Ⅷ前庭蜗神经、Ⅸ舌咽神经、Ⅹ迷走神经、Ⅺ副神经、Ⅻ舌下神经。脑神经中也有躯体运动、躯体感觉、内脏运动和内脏感觉4种纤维成分。有的脑神经只有感觉纤维，称感觉性脑神经（Ⅰ、Ⅱ、Ⅷ）；有的只有运动纤维，称运动性脑神经（Ⅲ、Ⅳ、Ⅵ、Ⅺ、Ⅻ）；还有的既含感觉纤维又含运动纤维，为混合性脑神经（Ⅴ、Ⅶ、Ⅸ、Ⅹ）。各脑神经所含纤维成分及分布见图10-46。

（一）嗅神经

嗅神经 olfactory nerve 起自鼻腔上部嗅区黏膜的嗅细胞，向上穿过筛孔进入颅前窝，连于大脑半球下面的嗅球，传导嗅觉。

（二）视神经

视神经 optic nerve 由视网膜节细胞的轴突在视神经盘处集聚而成，向后经视神经管进入颅腔，连于下丘脑的视交叉，传导视觉。

（三）动眼神经

动眼神经 oculomotor nerve 含有躯体运动和内脏运动（副交感）两种纤维。躯体运动纤维由动眼神经核发出，内脏运动纤维由动眼神经副核发出。两种纤维一起自中脑的脚间窝出脑，向前经眶上裂入眶（图10-47）。躯体运动纤维支配除上斜肌和外直肌以外的眼外肌。内脏运动纤维在睫状神经节交换神经元，神经节发出纤维进入眼球，分布于瞳孔括约肌和睫状肌。一侧动眼神经损伤，表现为上睑下垂，眼外斜视，瞳孔散大，对光反射消失。

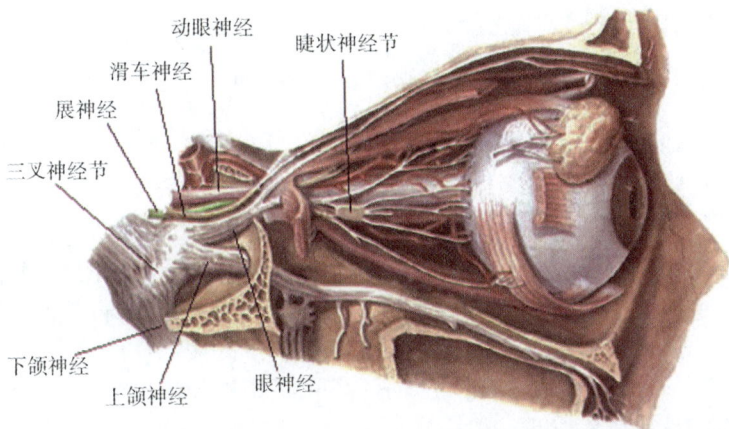

图10-47 眶内结构（右侧）

（四）滑车神经

滑车神经 trochlear nerve 起自中脑的滑车神经核，由下丘下方出脑，绕大脑脚向前，经眶上裂入眶，支配上斜肌。

（五）三叉神经

三叉神经 trigeminal nerve 连于脑桥腹外侧，是最粗大的脑神经。含有躯体感觉和躯体运动两种纤维成分。三叉神经根上有膨大的三叉神经节，节内为感觉神经元的胞体，感觉神经元的中枢突进入脑桥，止于三叉神经脑桥核和三叉神经脊束核，周围突形成三叉神经的三大分支：即眼神经、上颌神经和下颌神经（图10-48）。三叉神经的躯体运动纤维起自三叉神经运动核，出脑后加入下颌神经。

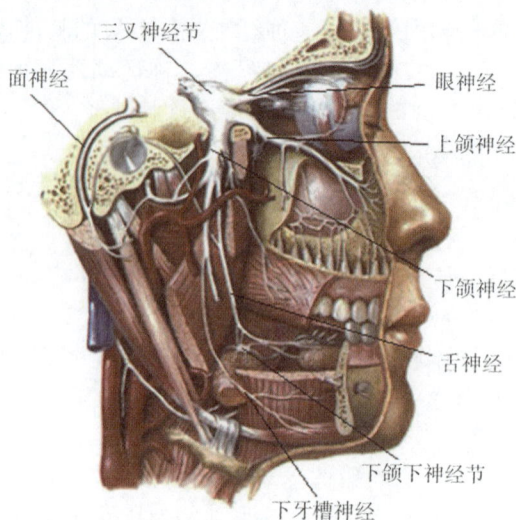

图10-48　三叉神经及其分支

1. 眼神经 ophthalmic nerve　只有感觉纤维。经眶上裂入眶，分布于泪腺、眼球、上睑及鼻背皮肤，其终支眶上神经由眶上切迹（眶上孔）出眶，分布于额部皮肤（图10-47）。

应用链接

一侧三叉神经损伤时，患侧面部皮肤及口、鼻腔黏膜感觉丧失，角膜反射消失，由于咀嚼肌瘫痪，患侧咬合无力，张口时下颌偏向患侧。

2. 上颌神经 maxillary nerve　也只有感觉纤维。由圆孔出颅，再经眶下裂入眶，延为眶下神经，最后自眶下孔穿出，分布于睑裂与口裂之间的皮肤（图10-47）。上颌神经在穿出眶下孔之前发出分支到上颌牙及相应牙龈、上颌窦和鼻腔黏膜等处传导一般感觉。

3. 下颌神经 mandibular nerve　既含感觉纤维又含运动纤维。由卵圆孔出颅，立即发出多个分支。躯体运动纤维主要支配咀嚼肌的收缩，躯体感觉纤维分布于下颌牙、牙龈、颊黏膜、舌前2/3黏膜以及耳前、颞区和口裂以下的面部皮肤，传导一般感觉。下颌神经的主要分支有：①舌神经 lingual nerve：由下颌神经分出后，呈弓状向前下进入舌，分布于舌前2/3黏膜，管理一般感觉。②下牙槽神经 inferior alveolar nerve：经下颌孔入下颌管，在管内分支至下颌牙、牙龈，终支由颏孔穿出，称颏神经，分布于口裂以下的皮肤（图10-48）。

（六）展神经

展神经 abducent nerve 由展神经核发出，自脑桥下缘出脑，向前经眶上裂入眶，支配外直肌收缩（图10-47）。

（七）面神经

面神经 facial nerve 连于延髓脑桥沟，展神经的外侧。含有躯体运动、内脏运动和内脏感觉3种纤维。躯体运动纤维是面神经的主要成分，起自面神经核，出脑后依次经内耳门、内耳道、面神经管，最后由茎乳孔穿出，向前穿腮腺实质，于腮腺边缘呈放射状分支支配面部表情肌。内脏运动和内脏感觉纤维不随躯体运动纤维穿出茎乳孔，而是在面神经管内分出，其中内脏运动纤维先在翼腭神经节、下颌下神经节交换神经元（图10-48，10-49），神经节发出纤维支配泪腺、下颌下腺和舌下腺分泌，内脏感觉纤维分布于舌前 2/3 黏膜，管理味觉。

应用链接

　　面神经在颅外损伤时，出现患侧面肌瘫痪，表现为：患侧鼻唇沟变浅或消失、口角偏向健侧、不能鼓腮、额纹消失、不能闭眼；如在面神经管内损伤，除上述表现外，还出现舌前 2/3 味觉丧失，下颌下腺、舌下腺和泪腺分泌障碍。

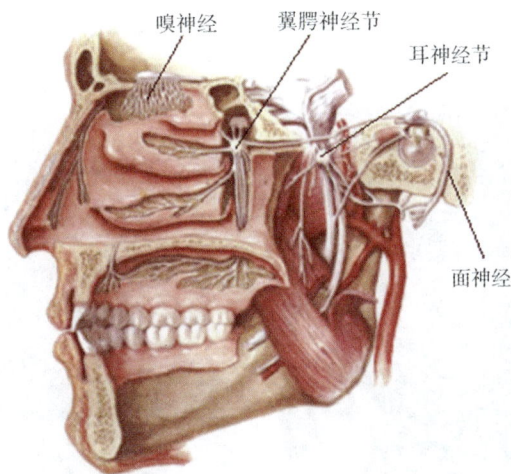

图 10-49　翼腭神经节

（八）前庭蜗神经

　　前庭蜗神经 vestibulocochlear nerve 连于延髓脑桥沟，面神经的外侧，包括前庭神经和蜗神经，均只有感觉纤维。前庭神经 vestibular nerve 传导由内耳壶腹嵴、椭圆囊斑和球囊斑感受的平衡觉冲动。蜗神经 cochlear nerve 传导由内耳螺旋器感受的听觉冲动。

（九）舌咽神经

　　舌咽神经 glossopharyngeal nerve 连于延髓的后外侧沟上份，经颈静脉孔出颅，躯体运动纤维支配咽肌收缩；内脏运动纤维在耳神经节交换神经元，神经节发出纤维管理腮腺分泌；躯体感觉纤维分布于鼓室、咽鼓管，传导一般躯体感觉；内脏感觉纤维除分布于舌后 1/3 的黏膜，传导味觉冲动外，还分布到颈动脉窦和颈动脉小球，传导由血压变化和血液 CO_2 浓度变化刺激颈

应用链接

　　喉上神经、喉返神经与甲状腺关系密切，临床上甲状腺手术容易误伤，一旦伤及，轻者声音嘶哑、音调降低，重者失音、呼吸困难，甚至窒息。

动脉窦和颈动脉小球产生的内脏感觉冲动。

（十）迷走神经

迷走神经 vagus nerve 连于延髓，舌咽神经的下方，经颈静脉出颅，有四种纤维：躯体运动纤维支配喉肌收缩；内脏运动纤维（副交感）支配胸腔所有器官和腹腔大部分器官的平滑肌、心肌和腺体的活动；躯体感觉纤维分布于耳郭及外耳道皮肤，传导一般躯体感觉；内脏感觉纤维分布于咽、喉及胸、腹腔器官，管理内脏感觉。

迷走神经是行程最长、分布最广的脑神经。出颅后在颈部行于颈总动脉与颈内静脉之间，进入胸腔后沿食管前后下行，并经食管裂孔进入腹腔。迷走神经在颈部主要发出喉上神经，喉上神经又分成内支和外支，外支与甲状腺上动脉伴行支配喉肌收缩，内支管理声门裂以上黏膜的感觉；迷走神经在胸部除发出分支到胸腔所有器官外还发出喉返神经，喉返神经从胸腔返回颈部，与甲状腺下动脉分支交叉，运动纤维支配喉肌收缩，感觉纤维管理声门裂以下黏膜的感觉（图 10-50）。迷走神经在腹部的分支，分布于肝、胆、胰、脾、肾及结肠左曲以上的消化管。

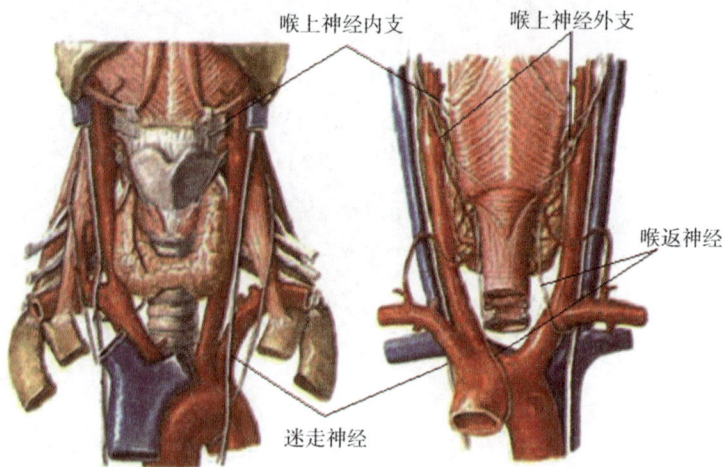

图 10-50　迷走神经及主要分支

（十一）副神经

副神经 accessory nerve 连于延髓后外侧沟，迷走神经下方，只有躯体运动纤维，发自副神经核，经颈静脉孔出颅，支配胸锁乳突肌和斜方肌。

（十二）舌下神经

应用链接

一侧舌下神经损伤，伤侧舌肌瘫痪。由于颏舌肌瘫痪，伸舌时舌尖偏向患侧。

舌下神经 hypoglossal nerve 连于延髓锥体的外侧，只有躯体运动纤维，发自舌下神经核，经舌下神经管出颅，支配一侧舌肌运动。

12 对脑神经的主要内容概括于表 10-5。

表10-5　脑神经简表

脑神经名称	连脑部位	出入颅部位	主要分布范围
嗅神经	端脑	筛板	鼻腔嗅区黏膜
视神经	间脑	视神经管	视网膜
动眼神经	中脑腹侧	眶上裂	除上斜肌和外直肌以外的眼外肌（躯体运动纤维）瞳孔括约肌和睫状肌（副交感纤维）
滑车神经	中脑背侧	眶上裂	上斜肌
三叉神经	脑桥	眶上裂 圆孔 卵圆孔	泪腺、眼球、睑裂以上皮肤 上颌、睑裂与口裂之间的皮肤 下颌、口裂以下的皮肤，咀嚼肌运动
展神经	脑桥	眶上裂	外直肌
面神经	脑桥	茎乳孔	面肌；泪腺、下颌下腺、舌下腺；舌前2/3黏膜（味觉）
前庭蜗神经	脑桥	内耳门	内耳壶腹嵴、椭圆囊斑、球囊斑（平衡觉）；内耳螺旋器（听觉）
舌咽神经	延髓	颈静脉孔	咽肌；腮腺；舌后1/3黏膜、咽黏膜、颈动脉窦、颈动脉小球；鼓室咽鼓管
迷走神经	延髓	颈静脉孔	喉肌；耳郭、外耳道皮肤；喉、气管、胸、腹腔器官；
副神经	延髓	颈静脉孔	胸锁乳突肌、斜方肌
舌下神经	延髓	舌下神经管	舌肌

三、内脏神经

内脏神经系统是神经系统的一个组成部分，可分为中枢部和周围部，中枢部在脑和脊髓，周围部分布于内脏器官、心血管和腺体，称内脏神经 visceral nerve。内脏神经和躯体神经一样，按照纤维的性质，可分为感觉和运动两种纤维成分。

（一）内脏运动神经

内脏运动神经 visceral motor nerve 调节内脏、心血管的运动和腺体的分泌，通常不受人的意志控制，是不随意的，故又称之为自主神经 autonomic nerve，又因它主要是控制和调节动、植物共有的物质代谢活动，并不支配动物所特有的骨骼肌的运动，所以曾称之为植物神经 vegetative nerve，其分布概况见图10-51。内脏运动神经与躯体运动神经相比较，在形态、结构和功能方面存在差异，简述如下：

（1）内脏运动神经的低级中枢在脑干的内脏运动核、脊髓胸1至腰3（$T_1 \sim L_3$）侧角以及骶2~4（S_{2-4}）骶副交感核，躯体运动神经的低级中枢在脑干的躯体运动核和脊髓灰质前角。

（2）内脏运动神经支配平滑肌、心肌活动和腺体分泌，不受意识控制；躯体运动神经支配骨骼肌运动，受意识控制。

（3）内脏运动神经从低级中枢到达所支配的器官需要2级神经元，内脏运动神经自低级中枢发出后，先在内脏神经节交换神经元，再由神经节发出纤维到达效应器。

低级中枢的神经元为节前神经元，其轴突称节前纤维；神经节内的神经元称节后神经元，其轴突称节后纤维；躯体运动神经从低级中枢发出至骨骼肌只有一级神经元。

（4）内脏运动神经有交感纤维和副交感纤维两种纤维成分，多数内脏器官同时接受两种纤维支配；躯体运动神经仅有躯体运动纤维一种成分。

（5）内脏运动神经节后纤维常攀附脏器或血管形成神经丛，再由丛分支到效应器；躯体运动神经往往以神经干的形式分布。基于内脏运动神经的特点，将内脏运动神经分成交感神经和副交感神经两部分。

1. 交感神经

交感神经 sympathetic nerve 的低级中枢位于脊髓胸 1 至腰 3（$T_1 \sim L_3$）侧角。周围部包括节前纤维、交感神经节、节后纤维三部分。

交感神经节包括椎旁节（也称交感干神经节）和椎前节。椎旁节位于脊柱两侧，有 22~24 个成对节和一个单节，每侧的椎旁节借节间支连接在一起，构成交感干 sympathetic trunk。椎前节位于脊柱前方，在腹腔干、肠系膜上动脉、肠系膜下动脉及肾动脉的起始处，分别称腹腔神经节、肠系膜上神经节、肠系膜下神经节和主动脉肾神经节（图 10-51）。

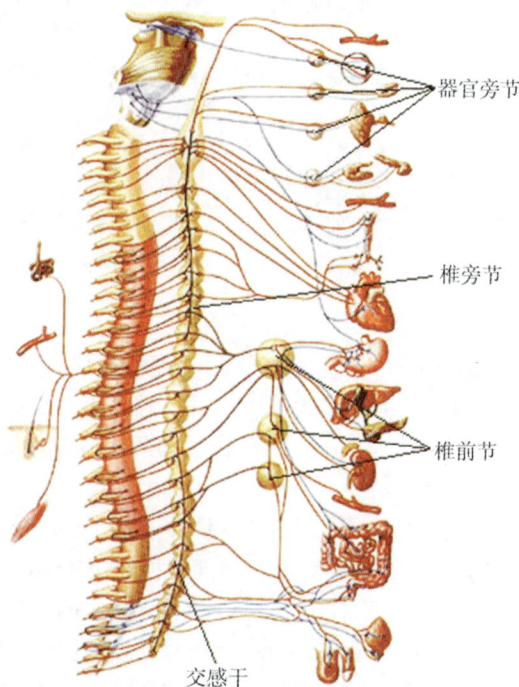

器官旁节

椎旁节

椎前节

交感干

图 10-51　内脏运动神经概况

由低级中枢发出的节前纤维经脊神经前根、白交通支，进入椎旁节和椎前节换元。换元后的节后纤维通过 3 条路径到达所支配的器官：①由椎旁节发出节后纤维通过灰交通支返回脊神经，随脊神经分布到全身血管、汗腺和竖毛肌。②由交感神经节发出节后纤维攀附动脉走行，到达所支配的器官。③由交感神经节发出节后纤维直接向前，支配胸、腹、盆腔器官（图 10-52）。

2. 副交感神经

副交感神经 parasympathetic nerve 低级中枢有两处。一处是脑干中的内脏运动核，称颅部副交感；另一处是脊髓骶 2~4（S$_{2-4}$）骶副交感核，称骶部副交感。周围部也包括节前纤维、副交感神经节、节后纤维三部分。

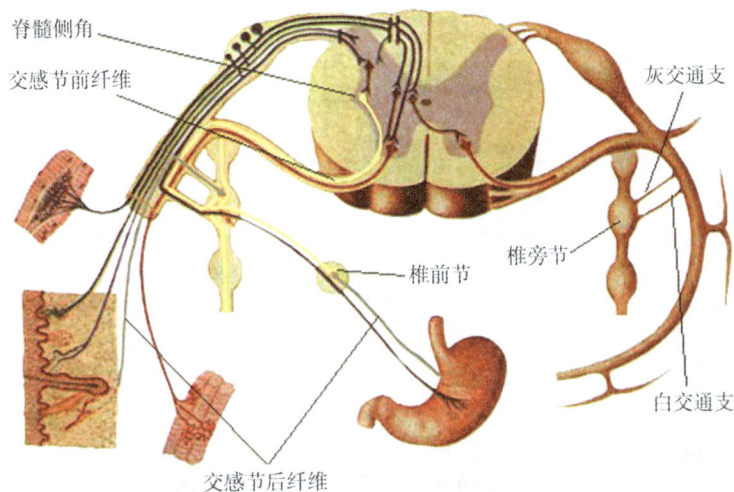

图 10-52　交感神经纤维走行模式图

副交感神经节一部分与所支配器官距离较近，称器官旁节，另外一部分位于所支配器官壁内，称壁内节。

由脑干内脏运动核发出的节前纤维，随第 III、VII、IX、X 对脑神经进入器官旁节（睫状神经节、下颌下神经节、翼腭神经节）和壁内节换元，换元后的节后纤维支配瞳孔括约肌、睫状肌、泪腺、下颌下腺、舌下腺、腮腺、胸腔器官平滑肌及腺体、心肌、腹腔结肠左曲以上所有器官的平滑肌及腺体；骶副交感核发出的节前纤维构成盆内脏神经，到达器官壁内节换元。换元后的节后纤维支配腹腔结肠左曲以下器官、所有盆腔器官、外生殖器等处的平滑肌及腺体（图 10-51）。

3. 交感神经与副交感神经的区别

交感神经和副交感神经都是内脏运动神经，绝大多数内脏器官，都受交感神经和副交感神经的双重支配。但二者在神经来源、形态结构、分布范围和功能上各有不同，其区别见表 10-6 和表 10-7。

表10-6　交感神经与副交感神经的区别

项目	交感神经	副交感神经
低级中枢	脊髓胸 1 至腰 3（T$_1$~L$_3$）侧角	脑干的内脏运动核，脊髓骶 2~4（S$_{2-4}$）骶副交感核
周围神经节节前纤维与节后纤维	椎旁节和椎前节 节前纤维短，节后纤维长	器官旁节和壁内节 节前纤维长，节后纤维短
分布范围	分布范围广，除头颈部、胸、腹、盆腔器官外，还遍及全身血管、汗腺和竖毛肌等	不如交感神经广泛，大部分血管、汗腺、竖毛肌、肾上腺髓质无副交感神经分布

表10-7 交感神经和副交感神经对器官的作用比较表

器官	交感神经	副交感神经
眼	瞳孔散大	瞳孔缩小
	抑制泪腺分泌	增加泪腺分泌
心脏	心律加快，收缩力加强	心律减慢，收缩力减弱
冠状动脉	舒张	轻度收缩
周围动脉	收缩	无作用
支气管	扩张，抑制腺体分泌	收缩，促进腺体分泌
胃肠	抑制蠕动	加强蠕动
膀胱	逼尿肌舒张，括约肌收缩	逼尿肌收缩，括约肌舒张
皮肤	促进汗腺分泌，竖毛肌收缩	无作用

（二）内脏感觉神经

内脏感觉神经 visceral sensory nerve 和躯体感觉神经一样，感觉神经元的胞体也位于脑神经节和脊神经节内，周围突则分布于内脏、心血管和腺体等处的内感受器，把感受到的各种刺激传递到各级中枢，也可到达大脑皮质，产生相应内脏感觉。一般情况下，内脏器官的各种活动（如胃肠蠕动、心跳等）意识是感觉不到的，但大脑皮质可对内脏感觉神经不断传来的冲动进行中枢整合，通过内脏运动神经调节内脏器官的各种活动，从而维持机体内、外环境的动态平衡。

内脏感觉神经与躯体感觉神经相比较有以下特点：

（1）内脏感觉痛域较高，对一般强度的刺激不产生主观感觉，如正常的各种内脏活动一般不引起感觉。

（2）内脏感觉对切割、烧灼等刺激则不敏感，对牵拉、膨胀、冷热、缺血等刺激比较敏感。

（3）内脏感觉神经的传入途径比较分散，一个脏器的感觉可经多条脊神经的后根传入脊髓，一条脊神经内也可含有多个脏器的感觉纤维，因此内脏疼痛往往是比较弥散的，定位是模糊的。

（4）内脏发生病变时，可出现牵涉性痛。当某些内脏器官患病时，可在体表的一定区域产生疼痛或感觉过敏，这种现象称为牵涉性痛，例如心绞痛时，常在左前胸壁或左上臂内侧皮肤感到疼痛；肝胆疾病时，在右肩部感到疼痛等。常见脏器的牵涉性痛部位见表10-8。

表10-8 常见脏器的牵涉性痛部位

患病器官	疼痛牵涉部位
心	心前区、左侧肩、臂和手尺侧
肝、胆囊	右上腹、右肩背部
胃、胰	左上腹、肩胛间
小肠、阑尾	上腹、脐周围
肾、输尿管	腰、腹股沟

练习题

一、A1 型题（单句型最佳选择题）

1. 脊髓的副交感神经低级中枢位于：
   A. 全部骶节中　　　　　　　　B. 骶 1~3 节中
   C. 胸部和腰部脊髓侧角　　　　D. 腰 2~4 节中　　　　　　　E. 骶 2~4 节中

2. 从脑干背面出脑的神经是：
   A. 视神经　　　　　　　　　　B. 展神经　　　　　　　　　C. 动眼神经
   D. 三叉神经　　　　　　　　　E. 滑车神经

3. 三叉神经根位于：
   A. 脑桥小脑三角处　　　　　　B. 延髓脑桥沟处　　　　　　C. 脚间窝处
   D. 脑桥基底部与小脑中脚交界处　　　　　　　　　　　　　E. 以上都不是

4. 动眼神经副核发出的纤维支配：
   A. 舌下腺，颌下腺　　　　　　B. 腮腺　　　　　　　　　　C. 泪腺
   D. 胸腹腔脏器　　　　　　　　E. 睫状肌，瞳孔括约肌

5. 关于基底核的正确描述是：
   A. 又称新纹状体　　　　　　　B. 包括尾状核、杏仁体
   C. 是大脑髓质中的灰质块　　　D. 包括旧纹状体，豆状核　　E. 参与组成边缘系统

6. 视觉区位于：
   A. 额中回后部　　　　　　　　B. 额下回后部　　　　　　　C. 扣带回后部
   D. 海马回后部　　　　　　　　E. 距状沟上、下的枕叶皮质

7. 内囊位于：
   A. 豆状核与丘脑之间　　　　　B. 豆状核与尾状核之间
   C. 豆状核与尾状核及背侧丘脑之间
   D. 豆状核与屏状核之间　　　　E. 豆状核，尾状核与屏状核之间

8. 不通过内囊后肢的纤维束是：
   A. 皮质核束　　　　　　　　　B. 听辐射　　　　　　　　　C. 丘脑皮质束
   D. 皮质脊髓束　　　　　　　　E. 视辐射

9. 不与脑干相连的脑神经：
   A. 嗅神经　　　　　　　　　　B. 三叉神经　　　　　　　　C. 动眼神经
   D. 滑车神经　　　　　　　　　E. 副神经

10. 传导头面部痛、温觉刺激的神经是：
    A. 第Ⅲ对脑神经　　　　　　　B. 第Ⅳ对脑神经　　　　　　C. 第Ⅴ对脑神经
    D. 第Ⅵ对脑神经　　　　　　　E. 第Ⅷ对脑神经

11. 躯体运动区位于：
    A. 中央前回和中央旁小叶前部
    B. 额中回后部　　　　　　　　　　　　　　　　　　　　　C. 额下回后部
    D. 中央后回和中央旁小叶后部　　　　　　　　　　　　　　E. 中央前回和中央后回

12. 上颌神经通过的孔是：
    A. 破裂孔　　　　　　　　　　B. 棘圆孔　　　　　　　　　C. 卵圆孔

D. 圆孔 　　　　　　　　　　E. 茎乳孔

13. 滑车神经支配：

　　A. 上直肌 　　　　　　B. 提上睑肌 　　　　　C. 上斜肌

　　D. 下斜肌 　　　　　　E. 内直肌

14. 关一侧舌下神经损伤时表现为：

　　A. 不能伸舌 　　　　　　B. 伸舌时舌尖偏向患侧

　　C. 伸舌时舌尖偏向健侧 　　D. 伸舌时舌尖上卷 　　　E. 伸舌时舌尖居中

15. 管理舌内肌和舌外肌运动的神经是：

　　A. 舌神经 　　　　　　B. 舌咽神经 　　　　　C. 舌下神经

　　D. 舌下神经和舌咽神经 　　E. 舌神经和舌下神经

16. 肱骨外科颈骨折，最易损伤的神经是：

　　A. 桡神经 　　　　　　B. 正中神经 　　　　　C. 尺神经

　　D. 腋神经 　　　　　　E. 肌皮神经

17. 左侧内囊膝部损伤可出现：

　　A. 右侧肢体瘫痪 　　　　B. 左侧肢体瘫痪 　　　C. 伸舌偏向右侧

　　D. 口角偏向右侧 　　　　E. 右侧额纹消失

18. 管理眼球角膜的神经是：

　　A. 展神经 　　　　　　B. 视神经 　　　　　C. 眼神经

　　D. 滑车神经 　　　　　E. 动眼神经

19. 内脏神经的说法错误的是

　　A. 主要分布于内脏、心血管和腺体

　　B. 中枢在脑和脊髓内 　　C. 含有感觉和运动两种纤维

　　D. 内脏感觉神经元的胞体在脑和脊髓神经节内

　　E. 分为交感神经和副交感神经两部分

20. 出现"爪形手"，是何神经损伤所致

　　A. 肌皮神经 　　　　　　B. 尺神经 　　　　　C. 桡神经

　　D. 正中神经 　　　　　E. 腋神经

二、名词解释

1. 灰质 　　　　2. 神经核 　　　　3. 白质 　　　　4. 基底核

5. 神经节 　　　6. 内囊 　　　　7. 边缘叶 　　　8. 蛛网膜下隙

9. 大脑动脉环 　　10. 蛛网膜粒

（张永昌）

第十一单元

内分泌系统 ◀ ● ● ●

内分泌系统 endocrine system 和神经系统共同维持机体内环境和稳态，调节机体的生长发育和新陈代谢（图 11-1）。内分泌系统由内分泌腺和内分泌组织组成。内分泌腺 endocrine gland 无管腺，分泌的物质称激素 hormone，激素直接进入血循环，作用于特定的靶器官。人体主要的内分泌腺有垂体、甲状腺、甲状旁腺、肾上腺等。内分泌组织指分散于机体组织器官中的内分泌细胞团。人体主要的内分泌组织有胰岛、卵巢内的卵泡和黄体、睾丸内的间质细胞等。

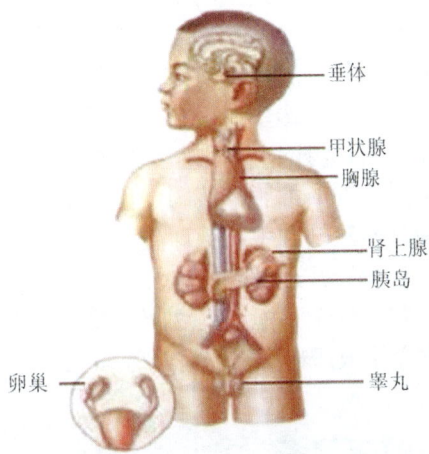

垂体
甲状腺
胸腺
肾上腺
胰岛
卵巢
睾丸

图 11-1　内分泌腺概况

第一节　甲状腺

一、甲状腺的位置形态

甲状腺 thyroid gland 是人体重要的内分泌腺，位于颈前部，喉和气管的两侧，红褐色，略呈"H"形，分左右两侧叶，连接两侧叶的中间部称甲状腺峡。有的自峡部向上伸出锥状叶。甲状腺的左叶、右叶分别位于喉和气管颈部的两侧；甲状腺峡横位于第

2~4气管软骨的前方。甲状腺左叶、右叶的后外方与颈部大血管相邻，内侧与喉、气管、咽、食管和喉返神经等相邻。甲状腺有两层被膜，内层为纤维囊，包裹甲状腺表面，伸入甲状腺实质，将腺分为大小不等的小叶。外层为甲状腺鞘，由气管前筋膜包绕而成，且甲状腺侧叶与环状软骨之间常有韧带样结缔组织相连，故吞咽时，甲状腺可随喉向上、下移动。（图 11-2）

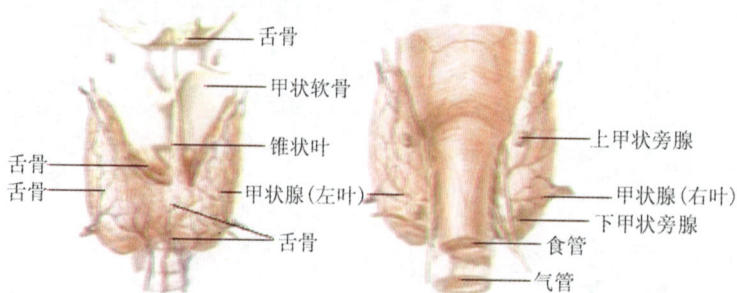

图 11-2 甲状腺和甲状旁腺

二、甲状腺的微细结构

甲状腺实质由甲状腺滤泡和滤泡旁细胞组成，滤泡间有少量的结缔组织和丰富的毛细血管（图 11-3）。甲状腺滤泡呈球形或椭圆形，大小不等。滤泡腔内充满胶状物质，其主要成分是甲状腺球蛋白，它是合成甲状腺激素的主要原料。滤泡上皮细胞围成滤泡壁。该上皮为单层立方形细胞，核圆，位于中央。滤泡上皮细胞能以碘和甲状腺球蛋白为原料，合成甲状腺激素，并适时释放入血。滤泡旁细胞又称 C

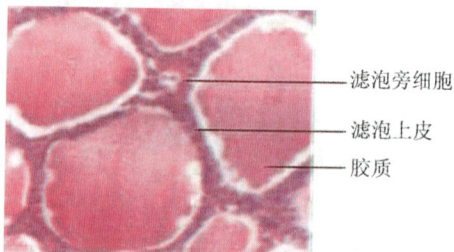

图 11-3 甲状腺微细结构

细胞，位于滤泡上皮之间或滤泡之间的结缔组织内。该细胞呈卵圆形或多边形，稍大，常单个或成群存在。滤泡旁细胞分泌降钙素，有降低血钙的作用。

临床联系

幼儿时期甲状腺功能低下，可导致呆小症（克汀病），患者身体异常矮小，智力低下。成年人甲状腺激素分泌过多，可导致甲状腺功能亢进，可引起突眼性甲状腺肿，病人常有心跳加速、神经过敏、体重减轻及眼球突出等症状。甲状腺激素分泌不足时，成人可患黏液性水肿，患者皮肤变厚，并有性功能减退、毛发脱落等现象；碘对甲状腺的活动有调节作用。缺碘时可引起甲状腺组织增生而导致腺体增大。在某些地区，土地或饮水中缺碘，如不能得到适当的补充，可引起地方性甲状腺肿。

第二节 甲状旁腺

一、甲状旁腺的形态和位置

甲状旁腺 parathyroid gland 为扁椭圆形小体，棕黄色，有光泽。腺体大小似黄豆，随个体和年龄的不同而稍有差异。甲状旁腺通常有上、下两对，分别贴附于甲状腺左、右叶的后面，有时埋入甲状腺的实质内，手术时寻找困难（图11-2）。甲状旁腺分泌的激素能调节体内钙的代谢，维持血钙平衡。

二、甲状旁腺的微细结构

甲状旁腺的主要腺细胞为主细胞，间有嗜酸性细胞。其腺细胞排列成团状或索状。甲状旁腺主细胞呈圆形或多边形，能分泌甲状旁腺素。该激素有调节钙磷代谢、升高血钙、降低血磷的作用。甲状旁腺嗜酸性细胞常单个或成群存在于主细胞之间，较主细胞大，核较小。

临床联系

甲状旁腺素分泌不足，或因手术时甲状旁腺被切除过多时，即产生钙的代谢失常，而导致手足搐搦症，甚至死亡。功能亢进时则引起骨质过度吸收，容易发生骨折。

第三节 肾上腺

一、肾上腺的位置和形态

肾上腺位于腹膜后，两肾的内上方，左右各一，与肾共同包裹在肾筋膜内。肾上腺腺体呈灰黄色，左肾上腺似半月形，右肾上腺似三角形（图11-4）。

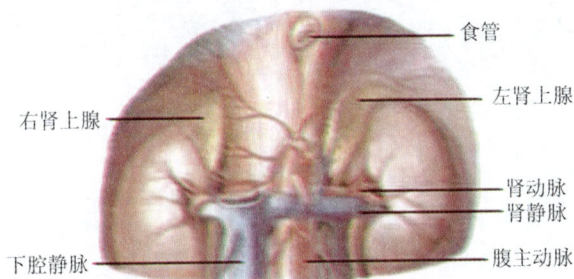

食管
左肾上腺
右肾上腺
肾动脉
肾静脉
下腔静脉
腹主动脉

图 11-4 肾上腺

二、肾上腺的微细结构

肾上腺可分为皮质和髓质两部分，外被结缔组织膜（图11-5）。

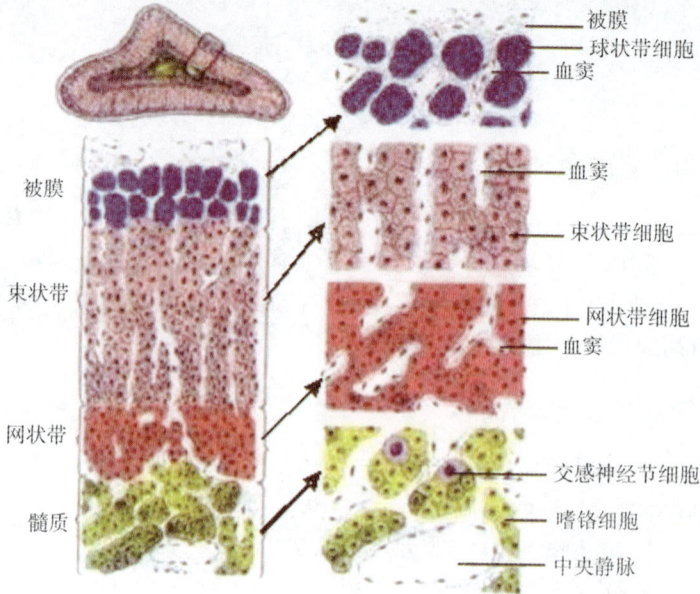

图 11-5 肾上腺微细结构仿真图

（一）肾上腺皮质

肾上腺皮质位于腺体的周围部，占肾上腺体积的 80%。根据细胞的形态和排列特点，将皮质由外向内依次分为球状带、束状带和网状带。

1. 球状带　位于皮质浅层，较薄。细胞呈低柱状或卵圆形，集合成球状团块。球状带的腺细胞分泌盐皮质激素。

2. 束状带　位于皮质中层，最厚。细胞体积较大，呈立方形或多边形，排列成索状。束状带的腺细胞分泌糖皮质激素。

3. 网状带　位于皮质最内层。细胞较小，呈低柱状或多边形，排列成索状并互连成网。网状带的腺细胞分泌少量雄激素和微量雌激素。

（二）肾上腺髓质

肾上腺髓质位于腺体的中央，髓质细胞可被铬盐染成棕褐色，故又称嗜铬细胞。该细胞可分泌肾上腺素和去甲肾上腺素。

第四节　垂　体

一、垂体的位置、形态与分部

垂体 pituitary gland 位于蝶骨体上面的垂体窝内，呈椭圆形，外包硬脑膜。它上借漏斗连于下丘脑，前上方与视交叉相邻（图 11-6）。垂体分为前部的腺垂体和后部的神经垂体。腺垂体又分为远侧部、结节部和中间部；神经垂体由神经部和漏斗组成。远侧部和结节部合称的垂体前叶（表 11-1），分泌的激素可分 4 类：①生长素（GH）：主要是促进骨和软组织的生长。②催乳素（PRL）：使已发育而具备泌乳条件的乳腺（分娩后）

分泌乳汁。③黑色细胞刺激素（MSH）：使皮肤黑色素细胞合成黑色素。④促激素：即各种促进其他内分泌腺分泌活动的激素，包括促肾上腺皮质激素（ACTH）、促甲状腺激素（TSH）和促性腺激素等。垂体后叶包括神经部和中间部，能储存和释放抗利尿激素antidiuretic hormone（ADH）和缩宫素（催产素 oxytocin），需要时再由后叶释放入血液，可使血压上升，尿量减少，并能使子宫平滑肌收缩。

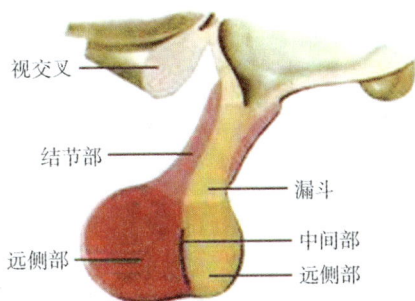

图 11-6 垂体

表 11-1 垂体的组成

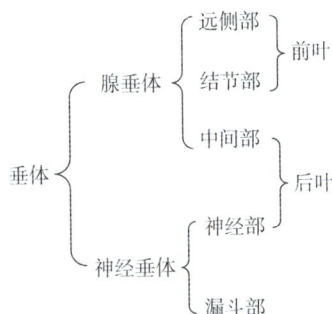

二、垂体的微细结构

（一）腺垂体

腺垂体主要由腺细胞组成，排列成索状或团块，其间有丰富的血窦。腺细胞分为嗜酸性细胞、嗜碱性细胞和嫌色细胞。

1.嗜酸性细胞　体积较大，呈圆形或椭圆形，数量多。胞质中含有嗜酸性颗粒，分泌促生长素和催乳素。

2.嗜碱性细胞体　积大小不等，呈椭圆形或多边形，数量少。胞质中含有嗜碱性颗粒，分泌促甲状腺激素、促肾上腺皮质激素、卵泡刺激素和黄体生成素。

3.嫌色细胞　数量最多，胞体小，胞质少，着色浅，细胞界限不清。可分化为嗜酸性细胞和嗜碱性细胞。

神经垂体主要由无髓神经纤维和神经胶质细胞构成，不含腺细胞，无内分泌功能。

临床联系

幼年期生长素缺乏，则患侏儒症。

幼年期生长素过多，则患巨人症。

成年后生长素过多，则患肢端肥大症。

（三）垂体门脉系统

腺垂体主要由大脑基底动脉发出的垂体上动脉供应。垂体上动脉从结节部上端进入神经垂体的漏斗，在该处形成袢样的窦状毛细血管网，称第一级毛细血管网。这些毛细血管网下行到结节部汇集形成数条垂体门微静脉，它们下行进入远侧部，再度形成窦状毛细血管网，称第二级毛细血管网。垂体门微静脉及其两端的毛细血管网共同构成垂体门脉系统 hypophyseal portal system（图 11-7）。远侧部的毛细血管最后汇集成小静脉注入垂体周围的静脉窦。

（四）下丘脑与腺垂体的关系

下丘脑神前区和结节区（弓状核等）的一些神经元具有内分泌功能，称为神经内分泌细胞，细胞的轴突伸至垂体漏斗。细胞合成的多种激素经轴突释放入漏斗处的第一级毛细血管网内，继而经垂体门微静脉输至远侧部的第二级毛细血管网。这些激素分别调节远侧部各种腺细胞的分泌活动（图 11-7）。其中对腺细胞分泌起促进作用的激素，称释放激素 releasing hormone（RH）；对腺细胞分泌起抑制作用的激素，则称为释放抑制激素 release inhibiting hormone（RIH）。下丘脑通过所产生的释放激素和释放抑制激素，经垂体门脉系统，调节腺垂体内各种细胞的分泌活动，反之腺垂体产生的各种激素又可通过垂体血液环流，到达下丘脑，反馈影响其功能活动。

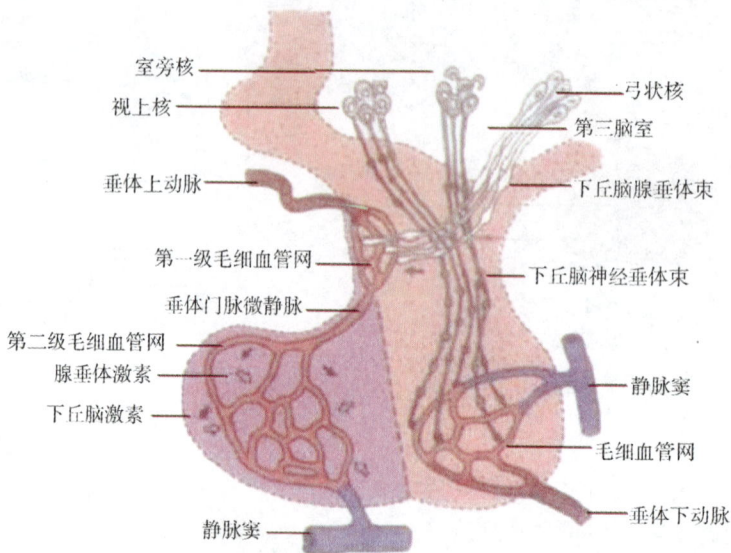

图 11-7　垂体的血管分布及其与下丘脑的关系示意图

（五）神经垂体及其与下丘脑的关系

　　神经垂体与下丘脑直接相连，因此两者是结构和功能的统一体。神经垂体主要由无髓神经纤维和神经胶质细胞组成，并含有较丰富的窦状毛细血管和少量网状纤维。神经垂体无髓神经纤维主要起源于下丘脑前区的两个神经核团，称视上核和室旁核，核团内含有大型神经内分泌细胞，其轴突经漏斗直抵神经部，末梢止于毛细血管，形成下丘脑－神经垂体束（图 11-7）。视上核和室旁核的大型神经内分泌细胞合成抗利尿激素和缩宫素（催产素）。抗利尿激素的主要作用是促进肾远曲小管和集合管重吸收水，使尿量减少；抗利尿激素分泌若超过生理剂量，可导致小动脉平滑肌收缩，血压升高，故又称加压素。缩宫素（催产素）主要可以引起妊娠子宫平滑肌收缩，并促进乳腺分泌。

练习题

A1 型题（单句型最佳选择题）

1. 下列哪项不属于内分泌腺

　　A. 甲状腺　　　　　　　　B. 甲状旁腺　　　　　　　　C. 肾上腺

　　D. 脑垂体　　　　　　　　E. 淋巴结

2. 内分泌腺的共同结构特点是没有

　　A. 腺泡　　　　　　　　　B. 导管　　　　　　　　　　C. 细胞器

D. 细胞核　　　　　　　E. 神经末梢

3. 甲状腺峡部位于
   A.4~6 颈椎平面　　　　　B. 环状软骨前方
   C.2~4 气管环前方　　　　D. 甲状软骨的前方
   E. 食管的前方

4. 患儿身材矮小，智力低下是因哪类激素分泌不足
   A. 生长激素　　　　B. 雄激素　　　　C. 甲状腺激素
   D. 肾上腺皮质激素　　E.ADH

5. 关于甲状腺的结构特征哪项错误
   A. 由滤泡上皮细胞组成滤泡状结构
   B. 滤泡内含嗜酸性的胶状物
   C. 细胞粗面内质网丰富
   D. 滤泡间有滤泡旁细胞
   E. 上皮的高低与功能状态无关

6. 甲状旁腺
   A. 共有 4 对，是甲状腺旁边的腺体
   B. 其分泌的激素不足则患糖尿病
   C. 共有 2 对，位于甲状腺侧叶后方
   D. 其形态为锥形，颜色为棕色
   E. 其分泌的激素不足则血钙升高

7. 下列关于肾上腺的描述，正确的是
   A. 左肾上腺呈三角形　　　　B. 右肾上腺呈半月形
   C. 实质分皮质和髓质两部分　　D. 不在肾脂肪囊内
   E. 为有管腺

8. 关于肾上腺皮质网状带的结构特点哪项错误
   A. 位于皮质最内层与髓质相连
   B. 腺细胞排列成索互相吻合成网
   C. 腺细胞具有分泌类固醇激素细胞的超微结构特点
   D. 腺细胞胞质中含脂滴。
   E. 主要分泌糖皮质激素

9. 甲状腺滤泡旁细胞分泌的激素
   A. 作用于破骨细胞，使血钙升高
   B. 作用于成骨细胞，使血钙下降
   C. 作用于成骨细胞，使血钙升高
   D. 作用于骨细胞，使血钙下降
   E. 以上说法都不对

10. 关于垂体的描述错误的是
    A. 位于蝶骨的垂体窝里
    B. 主要由腺垂体和神经垂体组成
    C. 为不成对的椭圆形器官

D. 神经垂体分泌很多种激素

E. 腺垂体分泌很多种激素

11. 腺垂体远侧部主要受下列哪种激素调节

A. 下丘脑视上核分泌的激素

B. 下丘脑室旁核分泌的激素

C. 下丘脑弓状核分泌的激素

D. 神经垂体分泌的激素

E. 以上都是

12. 腺垂体分为

A. 前叶和后叶   B. 前叶和垂体柄

C. 远侧部、中间部和漏斗部   D. 远侧部、结节部和中间部

E. 前叶、中间部和正中隆起

13. 肢端肥大症是由垂体哪种细胞分泌过盛引起的

A. 垂体细胞   B. 嗜酸性细胞   C. 嗜碱性细胞

D. 嫌色细胞   E. 以上都不是

14. 神经垂体的功能是

A. 合成激素

B. 调节脑垂体的活动

C. 贮存和释放下丘脑激素的场所

D. 受下丘脑结节核分泌物的影响

E. 分泌黑色细胞刺激素

（罗　昊）

第三部分

胚胎学

>>>

人体胚胎学概要 ◄●●

要点导航

学习要点

掌握：受精、植入、胚泡的概念；受精的过程；植入的时间、过程、部位及植入的条件；胎盘的结构和功能。

熟悉：蜕膜、二胚层形成；三胚层的形成和分化；胎膜的组成，胎盘屏障的概念；先天畸形的发生原因。

了解：胚胎发育的分期；双胎、多胎和联体胎；胎儿血液循环及出生后的变化。

技能要点

运用胚胎学的知识分析各种不同避孕措施的原理。

具备优生优育宣教的基本知识。

人体胚胎学是研究人出生前发生、发育过程及其规律的一门科学。包括生殖细胞的发生、受精、整个胚胎发育过程、胚胎与母体的关系、先天性畸形的成因等。人胚胎在母体子宫中的发育经历 38 周，分为两个时期：

（1）胚期 embryology period 是从受精卵形成到第 8 周末，此期胚体的外形及各器官系统的发育初级雏形。

（2）胎期 fetal period 是从第 9 周到出生，此期胚体外形和各器官系统逐渐发育，多数器官出现不同程度的功能活动。

第一节　生殖细胞的发育成熟

一、生殖细胞

生殖细胞 germ cell 又称配子 gamete，包括精子和卵子，均为单倍体细胞，即仅有 23 条染色钵，其中一条是性染色体。它们的发生概况见图 12-1。

1. 精子的发生、成熟和获能

在成人睾丸生精小管中，自生精上皮基底部至腔面，依次有精原细胞、初级精母细胞、次级精母细胞、精子细胞、精子。精原细胞形成精子的过程称精子的发生。精原细胞经过有丝分裂演变成初级精母细胞，初级精母细胞经过 DNA 复制后，进行第一次减数分裂形成两个次级精母细胞。次级精母细胞进入第二次减数分裂，产生两个精子细胞，精子细胞为单倍体细胞，染色体为（23，Y）或（23，X）。精子细胞不再分裂，经过复杂的形态变化由圆形逐渐转变为蝌蚪状的精子。

　　射出的精子虽有运动能力，却无穿过卵子周围放射冠和透明带的能力。这是由于精子头的外表有一层能阻止顶体酶释放的糖蛋白。精子在子宫和输卵管中运行过程中，该糖蛋白被女性生殖管道分泌物中的酶降解，从而获得受精能力，此现象称获能capacitation。精子在女性生殖管道内的受精能力一般可维持1天。

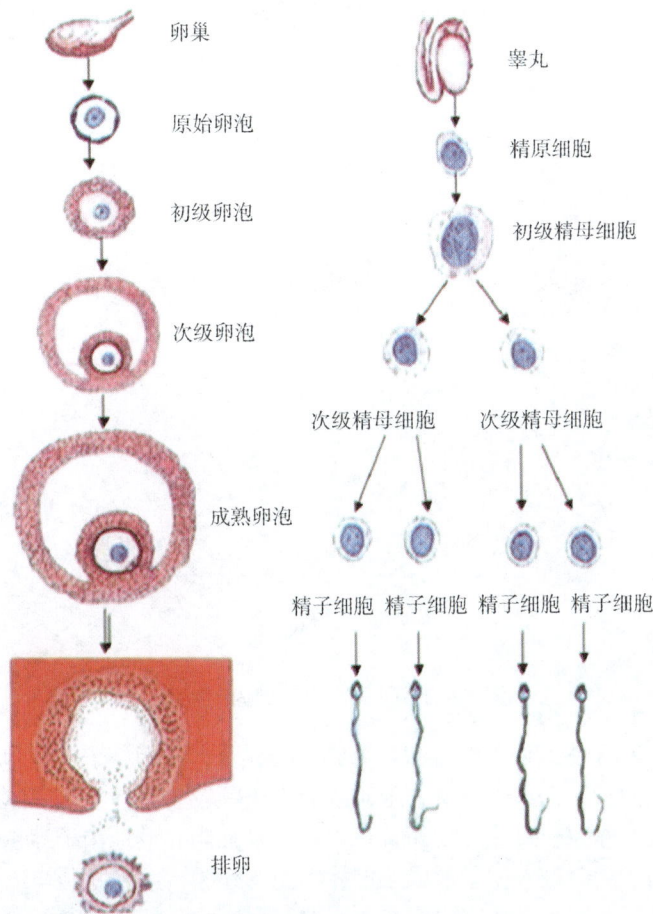

图 12-1　精子和卵子发生示意图

2. 卵子的发生和排卵

　　卵泡发育是一个连续的变化过程，按结构变化分为原始卵泡、初级卵泡、次级卵泡和成熟卵泡四个阶段，卵泡发育也经历了两次减数分裂。青春期后，在垂体分泌的卵泡刺激素（FSH）和黄体生成素（LH）作用下，卵泡陆续发育，一个卵泡发育至成熟约需要85天。成熟卵泡破裂，次级卵母细胞从卵巢排出的过程称为排卵 ovulation，排卵一般在月经周期的第14天，在一个月经周期一般只有一个卵泡成熟并排卵，通常左右交替排卵。女性一生约排400个卵，在绝经期排卵停止。

　　从卵巢排出的卵子处于第二次减数分裂的中期，为二倍体细胞，输卵管漏斗部的伞覆盖在卵巢上，将排出的卵子摄入，并停留在输卵管壶腹部。若与精子相遇，受到精子穿入其内的激发，卵子才完成第二次减数分裂，卵子的染色体减半，从二倍体（46，XX）变成单倍体（23，X）。若未受精，于排卵后 12~24 小时退化。

二、受精

受精 fertilization 指精子和卵子结合形成受精卵的过程（图 12-2）。受精一般发生在输卵管壶腹部。大量获能的精子接触卵子周围的放射冠，顶体释放顶体酶，溶解卵子周围的放射冠和透明带，这种变化称为顶体反应 acrosome reaction，从而形成一个精子穿过的通道，精子与卵子直接接触，是受精的开始。

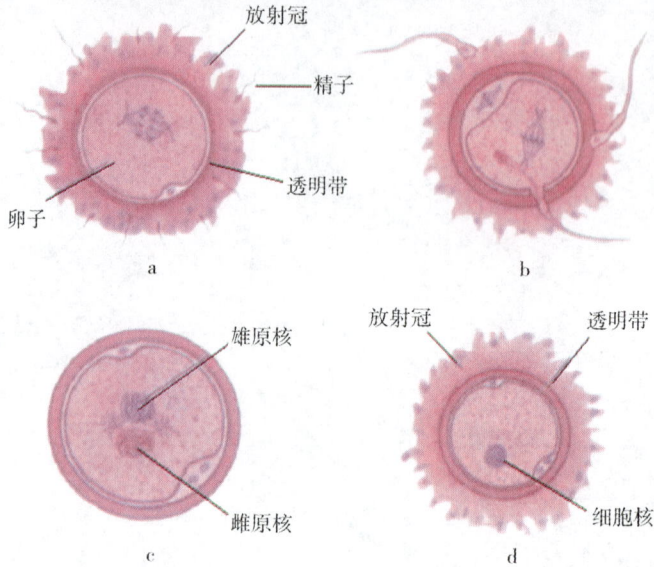

图 12-2　卵子的受精过程示意图

受精开始时，精子头侧面的细胞膜与卵细胞膜融合，随即精子的细胞核和细胞质进入卵子内。精子进入卵子后，卵子浅层细胞质内的皮质颗粒立即释放溶酶体酶样物质，使透明带结构发生变化，称为透明带反应 zona reaction，从而阻止其他精子穿越透明带。在极少的情况下，两个精子同时进入卵子形成三倍体细胞的胚胎，此种胚胎均流产或出生后很快死亡。精子入卵子后，卵子迅速完成第二次成熟分裂。此时精子和卵子的细胞核分别称为雄原核 male pronucleus 和雌原核 female pronucleus。两个原核逐渐在细胞中部靠拢，核膜随即消失，染色体混合，形成二倍体的受精卵 fertilized ovum，又称合子 zygote，从而开始了一个新个体的发育。

受精的意义在于：①激发卵裂　受精使卵子的缓慢代射转入代谢旺盛，受精卵可连续进行细胞分裂和分化，形成新个体。②恢复染色体数目　精子与卵子的结合，恢复了二倍体，维持物种的稳定性；③决定胎儿性别　带有 Y 染色体的精子与卵子结合发育为男性，带有 X 染色体的精子与卵子结合则发育为女性。

受精后，母体血浆内很快出现一种免疫抑制物，称早期妊娠因子 early pregnancy factor，它是目前检查早期妊娠的一种指征。

第二节　胚胎的早期发育

一、卵裂和胚泡形成

受精卵一旦形成，就开始由输卵管向子宫移动，并不断进行细胞分裂，此过程称卵裂 cleavage。卵裂产生的子细胞称卵裂球 blastomere。随着卵裂球数目的增加，细胞体积逐渐变小，到第 3 天时，卵裂球数达到 12~16 个，组成一个实心胚，称桑椹胚 morula（图 12-3，12-4）。

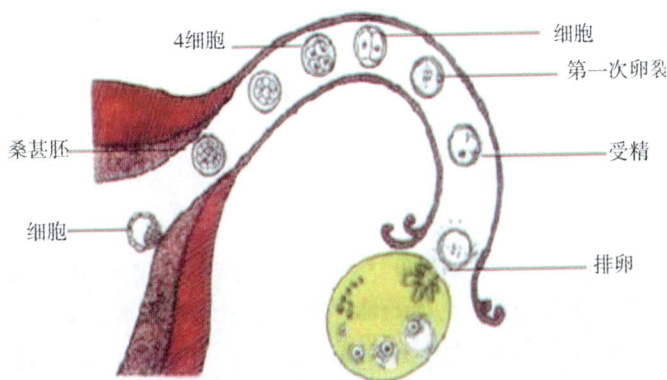

图 12-3　排卵受精与卵裂过程

于受精的第 4 天，桑椹胚进入子宫腔，其细胞继续分裂，细胞间逐渐出现若干个小的腔隙并逐渐汇合成一个大腔，腔内充满液体，胚呈现囊泡状称胚泡 blastocyst，又称囊胚。胚泡壁为单层扁平细胞称滋养层 trophoblast，中心的腔称胚泡腔 blastocoele，胚泡腔内一侧有一群细胞附着，称内细胞群 inner cell mass（图 12-4）。

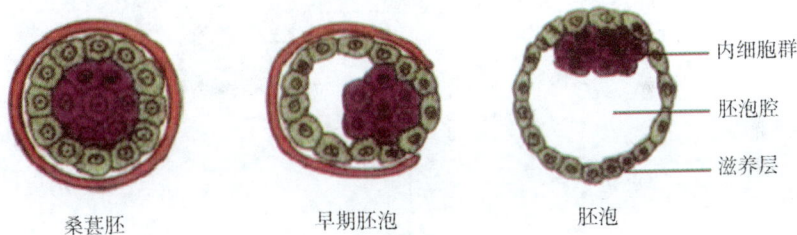

桑椹胚　　　　　早期胚泡　　　　　胚泡

内细胞群
胚泡腔
滋养层

图 12-4　桑椹胚和胚泡的形态

二、植入

（一）植入的时间和部位

胚泡逐渐埋入子宫内膜的过程称植入 implantation，又称着床 imbed。植入于受精后第 5~6 天开始，第 11~12 天完成。胚泡的植入

应用链接

【异位妊娠】若植入近子宫颈处，在此形成胎盘，称前置胎盘 placenta previa，分娩时胎盘可堵塞产道，导致胎儿娩出困难。若植入在子宫以外部位，称异位妊娠 ectopic pregnancy，又称宫外孕，常发生在输卵管，偶见于子宫阔韧带、肠系膜，甚至卵巢表面等处（图 12-5），宫外孕胚胎多早期死亡。

部位通常在子宫底或子宫体部，最多见于后壁。

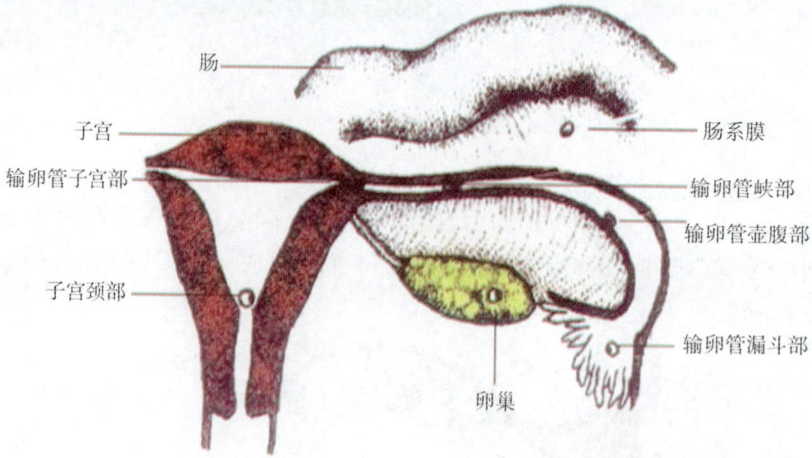

肠

子宫

输卵管子宫部

子宫颈部

肠系膜

输卵管峡部

输卵管壶腹部

输卵管漏斗部

卵巢

图 12-5　异位植入

（二）植入的过程

植入时，内细胞群一侧的滋养层先与子宫内膜接触，并分泌蛋白酶，消化与其接触的内膜组织，然后胚泡则沿着被消化组织的缺口逐渐埋入内膜功能层。在植入过程中，与内膜接触的滋养层细胞迅速增殖，滋养层增厚，并分化为内、外两层。外层细胞间的细胞界线消失，称合体滋养层 syncytiotrophoblast；内层由单层立方细胞组成，称细胞滋养层 cytotrophoblast。后者的细胞通过细胞分裂使细胞数目不断增多，并补充合体滋养层。胚泡全部植入子宫内膜后，缺口修复，植入完成。这时整个滋养层均分化为两层，合体滋养层内出现腔隙，其内含有母体血液（图 12-6）。

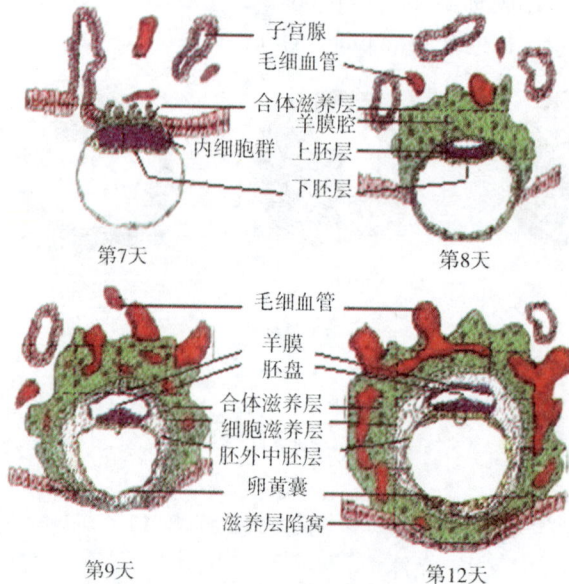

子宫腺

毛细血管

合体滋养层

内细胞群

羊膜腔

上胚层

下胚层

第7天　　　　第8天

毛细血管

羊膜

胚盘

合体滋养层

细胞滋养层

胚外中胚层

卵黄囊

滋养层陷窝

第9天　　　　第12天

图 12-6　植入的过程

（三）植入后子宫内膜的变化

植入时的子宫内膜处于分泌期，植入后血液供应更丰富，腺体分泌更旺盛，基质细胞变肥大，富含糖原和脂滴，内膜进一步增厚。子宫内膜的这些变化称蜕膜反应，此时的子宫内膜称蜕膜 decidua。根据蜕膜与胚的位置关系，将其分为三部分：①基蜕膜 decidua basalis，是位居胚深部的蜕膜；②包蜕膜 decidua capsularis，是覆盖在胚宫腔侧的蜕膜；③壁蜕膜 decidua parietalis，是子宫其余部份的蜕膜（图 12-7）。

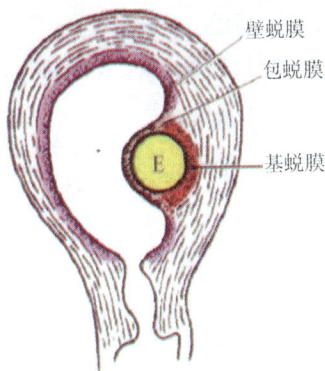

壁蜕膜
包蜕膜
基蜕膜

图 12-7　胚胎与子宫内膜关系

应用链接

人卵体外受精 fertilization in vitro（ⅣF）技术创建于 1969 年。用 IVF 技术获得的受精卵在体外发育到桑葚胚或早期胚泡，再移植到子宫内的技术称胚胎移植 embryo transfer（ET）。应用 IVF 和 ET 技术于 1978 年诞生了第一例"试管婴儿"test tube baby。IVF 和 ET 技术的开展，可以解决因输卵管堵塞而不能怀孕妇女的生育问题。目前，体外受精获得的早期人胚，经冷冻保存后再移植入子宫的胚胎也获得成活。

（四）植入的条件

植入时，必须具备一些条件：

（1）胚泡透明带必须按时溶解消失。

（2）胚泡发育良好适时到达子宫。

（3）雌激素和孕激素正常分泌，使子宫内膜保持在分泌期。

（4）正常的子宫内环境和蜕膜反应。

若母体内分泌紊乱或内分泌受药物干扰，子宫内膜周期性变化与胚泡的发育不同步，子宫内膜有炎症或有避孕环等异物，均可阻碍胚泡的植入。

应用链接

避孕原理及方法

1.抑制排卵或精子的产生：女用避孕药，男用避孕措施

2.阻止精子和卵子结合：（1）器具阻隔，如避孕套；（2）体外射精；（3）安全期避孕法；（4）绝育手术。

3.阻碍受精卵着床：宫内节育器，探亲避孕药

应用避孕套、输卵管粘堵或输精管结扎等措施，可以阻止精子与卵子相遇，从而阻止受精

三、胚层形成

（一）二胚层胚盘及相关结构的形成

1.二胚层的形成过程

在第 2 周胚泡植入时，内细胞群的细胞也增殖分化，逐渐形成一个圆盘状的胚盘 embryonic disc，此时的胚盘由内、外两个胚层构成，是人体发生的原基。外胚层 ectoderm 为邻近滋养层的一层柱状细胞，内胚层 endoderm 是位居胚泡腔侧的一层立方细胞，两层紧贴在一起。继之，在外胚层的近滋养层侧出现一个腔，称羊膜腔 amniotic cavity，羊膜腔壁称羊膜 amnion，腔内液体为羊水。羊膜与外胚层的周缘续连，故外胚

层构成羊膜腔的底。内胚层的周缘向下延伸形成另一个囊，即卵黄囊 yolk sac，故内胚层构成卵黄囊的顶。滋养层、羊膜腔和卵黄囊则是提供营养和起保护作用的附属结构。

2. 胚外中胚层形成

胚泡腔内出现松散分布的星状细胞和细胞外基质，填充在细胞滋养层和卵黄囊、羊膜囊之间形成胚外中胚层。继而胚外中胚层细胞间出现腔隙，腔隙逐渐汇合形成一个大腔，称胚外体腔（图 12-8）。胚外中胚层则分别附着于滋养层内面及卵黄囊和羊膜的外面，羊膜腔顶壁尾侧与滋养层之间的胚外中胚层将两者连接起来。称体蒂 body stalk。体蒂将发育为脐带的主要成分。

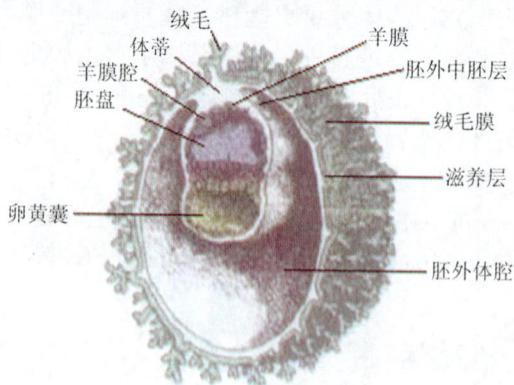

图 12-8 第 3 周初胚的立体模式图

（二）三胚层胚盘及相关结构的形成

1. 原条的发生和中胚层的形成

至第 3 周初，胚盘外层细胞增殖，在胚盘外胚层尾侧正中线上形成一条增厚区，称原条 primitive streak。原条的头端略膨大，为原结 primitive node（图 12-9）。继而在原条的中线出现浅沟，原结的中心出现浅凹，分别称原沟和原凹。原条深面的细胞则逐渐迁移到内、外胚层之间，形成松散的间充质。原条两侧的间充质细胞继续向侧方扩展，形成胚内中胚层 intraembryonic mesoderm 即中胚层 mesoderm，它在胚盘边缘与胚外中胚层续连。

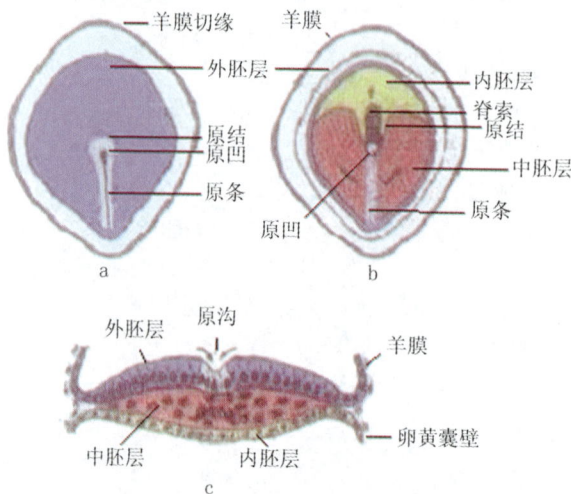

a胚盘背面观　b切除上胚层，示中胚层和脊索
c通过原条的胚盘横切面示胚层形成

图 12-9 第 16 天的胚盘

2. 脊索的发生

从原凹向头端增生迁移的细胞，在内、外胚层之间形成一条单独的细胞索，称脊索 notochord，它在早期胚胎起一定支架作用（图 12-10）。脊索向头端生长，原条则相对缩短，最终消失。若原条细胞残留，在人体骶尾部可分化形成由多种组织构成的畸胎瘤。

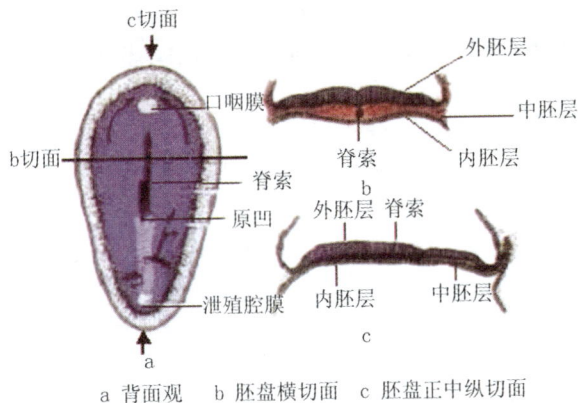

a 背面观　b 胚盘横切面　c 胚盘正中纵切面

图 12-10　第 18 天胚盘，示胚层和脊索形成

四、三胚层的分化

从第 4 周初至第 8 周末的发育过程，三个胚层也逐渐分化形成各器官的原基。

1. 外胚层的分化　脊索形成后，诱导其背侧中线的外胚层增厚呈板状，称神经板 neural plate。神经板随脊索的生长而增长，且头侧宽于尾侧。继而神经板随脊索的生长而增长，中央沿长轴向脊索方向凹陷，形成神经沟 neural groove，沟两侧边缘隆起称神经褶 neural fold，两侧神经褶在神经沟中段靠拢并愈合，愈合向两端延伸，使神经沟完全闭合为神经管 neural tube（图 12-11）。神经管两侧的表面外胚层在管的背侧靠拢并愈合，使神经管位居于表面外胚层的深面。神经管将分化为中枢神经系统以及松果体、神经垂体和视网膜等。在神经褶愈合过程中，它的一些细胞迁移到神经管背侧成一条纵行细胞索，继而分裂为两条分别位于神经管的背外侧，称神经嵴 neural crest，它将分化为周围神经系统及肾上腺髓质等结构。位于体表的表面外胚层，将分化为皮肤的表皮及其附属器，以及牙釉质、角膜上皮、晶状体、内耳膜迷路、腺垂体、口腔和鼻腔与肛门的上皮等。

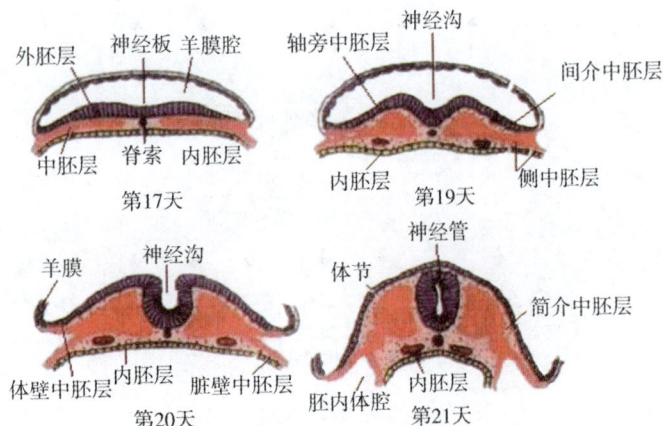

图 12-11　中胚层早期分化和神经管形成

2. 中胚层的分化 中胚层在脊索两旁从内向外依次分化为轴旁中胚层、间介中胚层和侧中胚层。分散存在的中胚层细胞，称间充质，分化为结缔组织以及血管、肌组织等。

（1）轴旁中胚层 paraxial mesoderm：紧邻脊索两侧的中胚层细胞迅速增殖，形成一对纵行的细胞索，即轴旁中胚层。它随即分裂为块状细胞团，称体节 somite。体节左右成对，从颈部向尾依次形成，随胚龄的增长而增多，故可根据体节的数量推算早期胚龄。第 5 周时，体节全部形成，共约 42~44 对。体节将分化为皮肤的真皮、大部份中轴骨骼（如脊柱、肋骨）及骨骼肌。

> **应用链接**
>
> 如前神经孔未闭，大脑未发育，则形成无脑儿。如果后神经孔未愈合，脊髓未发育或脊柱未愈合将会导致脊髓裂或脊柱裂。

（2）间介中胚层 intermediate mesoderm：位于轴旁中胚层与侧中胚层之间，分化为泌尿生殖系统的主要器官。

（3）侧中胚层 lateral mesoderm：是中胚层最外侧的部份，其内部先出现一个小的腔隙，然后融合成一个大的胚内体腔。两侧的侧中胚层在口咽膜的头侧汇合为生心区。随着胚体的形成，生心区移到胚体原始消化管的腹侧，口咽膜的尾侧，分化形成心脏。侧中胚层迅速裂为两层。与外胚层邻近的一层，称体壁中胚层 parietall mesoderm，将分化为体壁（包括肢体）的骨骼、肌肉、血管和结缔组织；与内胚层邻近的一层，称脏壁中胚层 visceral mesoderm，覆盖于由内胚层演化形成的原始消化管外面，将分化为消化和呼吸系统的肌组织、血管和结缔组织等。两层之间的腔为原始体腔，最初呈马蹄铁形，继而从头端到尾端分化为心包腔、胸膜腔和腹膜腔。

3. 内胚层的分化 在胚体形成的同时，内胚层卷折形成原始消化管。原始消化管将分化为消化管、消化腺、呼吸道和肺的上皮组织，以及中耳、甲状腺、甲状旁腺、胸腺、膀胱和阴道等的上皮组织（图 12-12）。

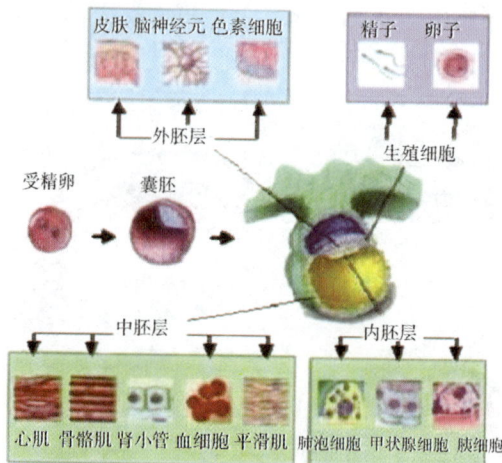

图 12-12 三胚层分化示意图

五、胚体的形成

随着胚层的分化，扁平形胚盘逐渐变为圆柱形的胚体。这是通过胚盘边缘向腹侧卷折形成头褶、尾褶和左右侧褶而实现的。胚盘卷折主要是由于各部份生长速度的差异所引起。如胚盘中部的生长速度快于边缘部，外胚层的生长速度又快于内胚层，致使外胚层包于胚体外表，内胚层卷到胚体内，胚体凸到羊膜腔内，胚盘头尾方向的生速度快于左右方向的生长，头侧的生长速度又快于尾侧，因而胚盘卷折为头大尾小的圆柱形胚体，胚盘边缘则卷折到胚体腹侧。随着胚的进一步发育，胚体腹侧的边缘逐渐靠近，最终在胚体腹侧形成圆索状的原始脐带，与绒毛膜相连。

圆柱形胚体形成的结果：胚体凸入羊膜腔的羊水内；体蒂和卵黄囊连于胚体腹侧脐处，外包羊膜，形成原始脐带；口咽膜和泄殖腔膜分别转到胚体头和尾的腹侧；外胚层包于胚体外表；内胚层卷折到胚体内，形成头尾方向的原始消化管，管中份的腹侧借缩窄的卵黄蒂与卵黄囊通连，管头端由口咽膜封闭，尾端由泄殖腔膜封闭。至第 8 周末，胚体外表已可见眼、耳和鼻的原基及发育中的四肢，初具人形（图 12-13）。

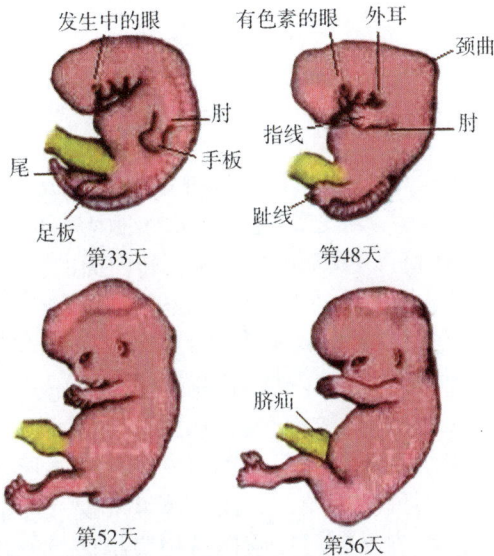

图 12-13　第 5~8 周胚体外形的演变

第三节　胎膜和胎盘

胎膜和胎盘是对胚胎起保护、营养、呼吸和排泄等作用的附属结构，有的还有一定的内分泌功能。胎儿娩出后，胎膜、胎盘与子宫蜕膜一并排出，总称衣胞 afterbirth。

一、胎膜

胎膜 fetal membrane 包括绒毛膜、羊膜、卵黄囊、原囊和脐带（图 12-14）。

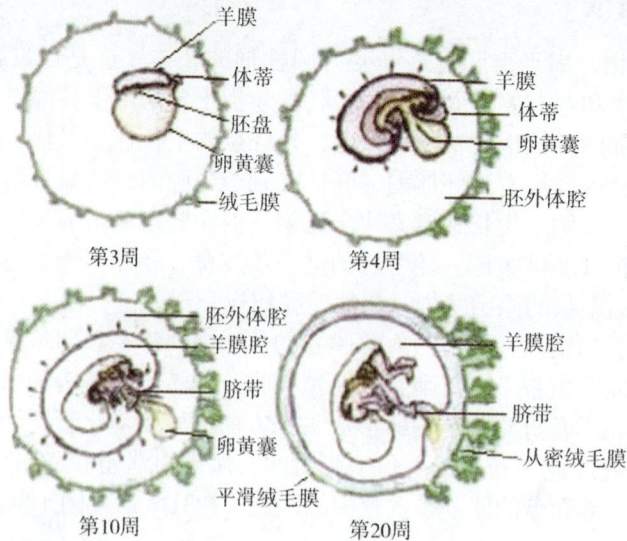

图 12-14 胎膜的演变

（一）绒毛膜

1. 绒毛膜的形成

绒毛膜 chorion 由滋养层和衬于其内面的胚外中胚层组成。植入完成后，滋养层已分化为合体滋养层和细胞滋养层，继之细胞滋养层的细胞局部增殖，形成许多伸入合体滋养层内的隆起，这时，表面有许多突起的滋养层和内面的胚外中胚层合称为绒毛膜。绒毛膜包在胚胎及其他附属结构的最外面，直接与子宫蜕膜接触，膜的外表有大量绒毛 villi。绒毛的发育使绒毛膜与子宫蜕膜接触面增大，利于胚胎与母体间的物质交换。第 2 周末的绒毛仅由外表的合体滋养层和内部的细胞滋养层构成，称初级绒毛干。第 3 周时，胚外中胚层逐渐伸入绒毛干内，改称次级绒毛干。此后，绒毛干内的间充质分化为结缔组织和血管，形成三级绒毛干。绒毛干进而发出分支，形成许多细小的绒毛。同时，绒毛干末端的细胞滋养层细胞增殖，穿出合体滋养层。伸抵蜕膜组织，将绒毛干固着于蜕膜上。这些穿出的细胞滋养层细胞还沿蜕膜扩展，彼此连接，形成一层细胞滋养层壳，使绒毛膜与子宫蜕膜牢固连接。绒毛干之间的间隙，称绒毛间隙 intervillous space。绒毛间隙内充以从子宫螺旋动脉来的母体血。胚胎藉绒毛汲取母血中的营养物质并排出代谢产物。

2. 绒毛的演变

胚胎早期，整个绒毛膜表面的绒毛均匀分布。之后，由于包蜕膜侧的血供匮乏，绒毛逐渐退化、消失，形成表面无绒毛的平滑绒毛膜 smooth chorion。基蜕膜侧血供充足，该处绒毛反复分支，生长茂密，称丛密绒毛膜 villous chorion，它与基蜕膜组成胎盘（图 12-14，12-15）

绒毛膜为早期胚胎发育提供营养物质和氧气，丛密绒毛膜参与组成胎盘。在绒毛膜发育过程中，若血管未通连，胚胎可因缺乏营养而发育迟缓或死亡。若绒毛膜发生病变，如滋养层细胞过度增生、绒毛内结缔组织变性水肿（水泡状胎块）、滋养层细胞癌变（绒毛膜上皮癌）等，不仅严重影响胚胎的发育，还危及母体健康。

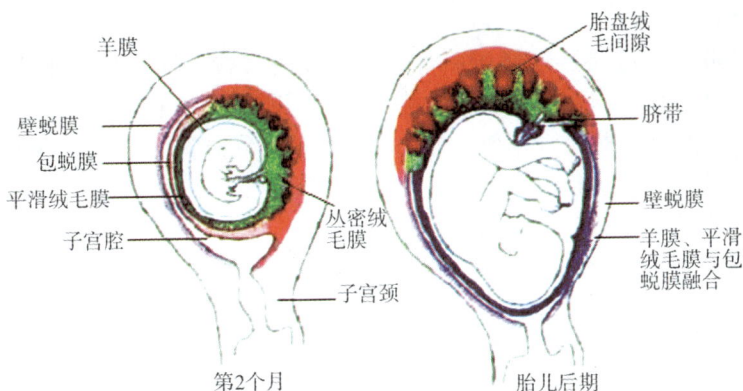

图 12-15　胎膜、蜕膜与胎盘

（二）羊膜

羊膜 amnion 为半透明薄膜，羊膜腔内充满羊水 amniotic fluid，胚胎在羊水中生长发育。羊膜最初附着于胚盘的边缘，与外胚层连续。随着胚体形成、羊膜腔扩大和胚体凸入羊膜腔内，羊膜遂在胚胎的腹侧包裹在体蒂表面，形成原始脐带。羊膜腔的扩大逐渐使羊膜与绒毛膜相贴，胚外体腔消失。妊娠早期的羊水无色透明，含有脱落的上皮细胞和一些胎儿的代谢产物。羊水主要由羊膜不断分泌产生，又不断地被羊膜吸收和被胎儿吞饮，故羊水是不断更新的。羊膜和羊水在胚胎发育中起重要的保护作用，如胚胎在羊水中可较自由的活动，有利于骨骼肌的正常发育，并防止胚胎局部粘连或受外力的压迫与震荡。临产时，羊水还具扩张宫颈冲洗产道的作用。随着胚胎的长大，羊水也相应增多，分娩时有 1000~1500ml。

> **应用链接**
>
> 羊水过少 （500ml 以下），易发生羊膜与胎儿粘连，影响正常发育。
>
> 羊水过多 （2000ml 以上），也可影响胎儿正常发育。
>
> 羊水含量不正常　还与某些先天性畸形有关，如胎儿无肾或尿道闭锁可致羊水过少，胎儿消化道闭锁或神经管封闭不全可致羊水过多
>
> 穿刺抽取羊水：（1）进行细胞染色体检查；（2）测定羊水中某些物质的含量。

（三）卵黄囊

卵黄囊 yolk sac 位于原始消化管腹侧。鸟类胚胎的卵黄囊内贮有大量卵黄，为胚胎发育提供营养。人胚胎的卵黄囊内没有卵黄，卵黄囊不发达，它的出现也是种系发生和进化的反映。人胚胎卵黄囊被包入脐带后，与原始消化管相连的卵黄蒂于第 6 周闭锁，卵黄囊也逐渐退化，但人类的造血干细胞和原始生殖细胞却分别来自卵黄囊的胚外中胚层和内胚层。

（四）尿囊

尿囊 allantois 是从卵黄囊尾侧向体蒂内伸出的一个盲管，随着胚体的形成而开口于原始消化管尾段的腹侧，即与后来的膀胱通连。尿囊闭锁后形成膀胱至脐的脐正中韧带。尿囊壁胚外中胚层中形成的尿囊动脉和尿囊静脉，演变为以后脐带内的脐动脉和脐静脉。

（五）脐带

脐带 umbilical cord 是连于胚胎脐部与胎盘间的索状结构。脐带外被羊膜，内含体蒂分化的黏液性结缔组织。结缔组织内除有闭锁的卵黄蒂和尿囊外，还有脐动脉和脐静脉。脐血管的一端与胚胎血管相连，另一端与胎盘绒毛血管续连。脐动脉有两条，将胚胎血液运送至胎盘绒毛内，在此，绒毛毛细血管内的胚胎血与绒毛间隙内的母血进行物质交换。脐静脉仅有一条，将胎盘绒毛汇集的血液送回胚胎。胎儿出生时，脐带长40~60cm，粗 1.5~2cm，透过脐带表面的羊膜，可见内部盘曲缠绕的脐血管。

应用链接

脐带过短：胎儿娩出时易引起胎盘过早剥离，造成出血过多。

脐带过长：易缠绕胎儿肢体或颈部，可致局部发育不良，甚至导致胎儿窒息死亡。

二、胎盘

（一）胎盘的结构

胎盘 placenta 是由胎儿的丛密绒毛膜与母体的基蜕膜共同组成的圆盘形结构（图12-16）。足月胎儿的胎盘重约 500g，直径 15~20cm，中央厚，周边薄，平均厚约 2.5cm。胎盘的胎儿面光滑，表面覆有羊膜，脐带附于中央或稍偏，透过羊膜可见呈放射状走行的脐血管分支。胎盘的母体面粗糙，为剥离后的基蜕膜，可见 15~30 个由浅沟分隔的胎盘小叶 cytoledon。

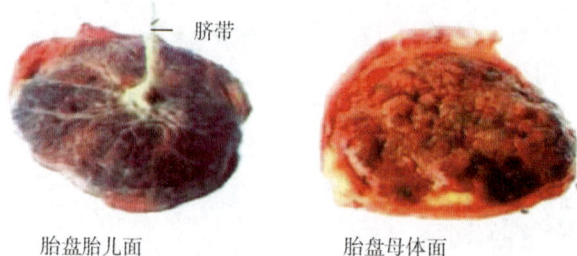

胎盘胎儿面 胎盘母体面

图 12-16 胎盘整体观

在胎盘垂直切面上，可见羊膜下方为绒毛膜的结缔组织，脐血管的分支行于其中。绒毛膜发出 40~60 根绒毛干。绒毛干又发出许多细小绒毛，干的末端以细胞滋养层壳固着于基蜕膜上。脐血管的分支沿绒毛干进入绒毛内，形成毛细血管。绒毛干之间为绒毛间隙，由基蜕膜构成的短隔伸入间隙内，称胎盘隔 placental septum。胎盘隔将绒毛干分隔到胎盘小叶内，每个小叶含 1~4 根绒毛干。子宫螺旋动脉与子宫静脉开口于绒毛间隙，故绒毛间隙内充以母体血液，绒毛浸在母血中（图 12-17）。

（二）胎盘的血液循环

胎盘内有母体和胎儿两套血液循环，两者的血液在各自的封闭管道内循环，互不相混，但可进行物质交换。母体动脉血从子宫螺旋动脉流入绒毛间隙，在此与绒毛内毛细血管的胎儿血进行物质交换后，由子宫静脉回流入母体。胎儿的静脉血经脐动脉及其分支流入绒毛毛细血管，与绒毛间隙内的母体血进行物质交换后，成为动脉血，又经脐静脉回流到胎儿。

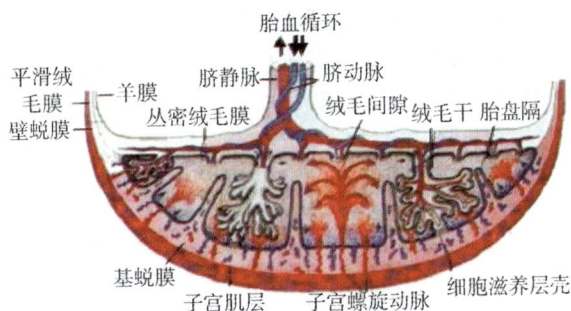

图 12-17　胎盘的结构和血液循环途径

（三）胎盘屏障

胎儿血与母体血在胎盘内进行物质交换所通过的结构，称胎盘膜 placental membrane 或胎盘屏障 placental barrier。早期胎盘膜由合体滋养层、细胞滋养层和基膜、薄层绒毛结缔组织及毛细血管内皮和基膜组成。发育后期，由于细胞滋养层在许多部位消失，以及合体滋养层在一些部位仅为一薄层胞质，故胎盘膜变薄，胎血与母血间仅隔以绒毛毛细血管内皮和薄层合体滋养层及两者的基膜，更有利于胎血与母血间的物质交换。

（四）胎盘的功能

1. 物质交换　进行物质交换是胎盘的主要功能，胎儿通过胎盘从母血中获得营养和 O_2，排出代谢产物和 CO_2。因此胎盘具有相当于出生后小肠、肺和肾的功能。由于某些药物、病毒和激素可以透过胎盘膜影响胎儿，故孕妇用药需慎重。

2. 内分泌功能　胎盘的合体滋养层能分泌数种激素，对维持妊娠起重要作用。主要为：①绒毛膜促性腺激素 human chorionic gonadotropin（HCG），其作用与黄体生成素类似，能促进母体黄体的生长发育，以维持妊娠，HCG 在妊娠第 2 周开始分泌，第 8 周达高峰，以后逐渐下降。②绒毛膜促乳腺生长激素 human chorionic somatomammotropin（HCS），能促使母体乳腺生长发育，HCS 于妊娠第 2 个月开始分泌，第 8 个月达高峰，直到分娩。③孕激素和雌激素，于妊娠第 4 个月开始分泌，以后逐渐增多。母体的黄体退化后，胎盘的这两种激素起着继续维持妊娠的作用。

第四节　胎儿的血液循环和出生后的变化

一、胎儿血液循环途径

胎儿与外界的物质交换必须通过胎盘进行，胎儿心血管系统的结构特点和血液循环途径和出生后有很大的不同。来自胎盘的营养物质丰富和氧含量较高的血液，经脐静脉进入胎儿体内至胎儿肝。大部分血液经静脉导管直接注入下腔静脉，小部分经肝血窦入下腔静脉。下腔静脉还收集由下肢和盆、腹腔器官来的静脉血，下腔静脉将混合血（主要是含氧量高和营养物质丰富的血）送入右心房。从下腔静脉导入右心房的血液，少量与上腔静脉来的血液混合，大部分血液通过卵圆孔进入左心房，与由肺静脉来的少量血液混合后进入左心室。左心室的血液大部分经主动脉弓及其三大分支分布到头、颈和上肢，以充分供应胎儿头部发育所需的营养和氧；小部分血液流入降主动脉。从头、颈部及上肢回流的静脉血经上腔静脉进入右心房，与下腔静脉来的小部分血液混合后经右心室进入肺动脉。胎儿肺无呼吸功能，故肺动脉大部分血液（90%以上）经动脉导管注入降主动脉。降主动脉血液除经分支分布到盆、腹腔器官和下肢外，还经脐动脉将血液运送到胎盘，在胎盘与母体血液进行气体和物质交换后，再由脐静脉送往胎儿体内（图12-18）。

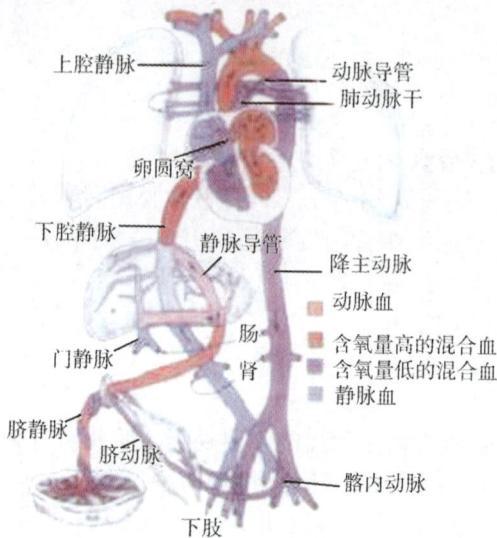

图 12-18　胎儿的血液循环

二、胎儿出生后血液循环的变化

胎儿出生后，胎盘血循环停止。新生儿肺开始呼吸活动。动脉导管、静脉导管和脐血管均废用，心血管系统发生一系列改变。主要变化如下：①脐静脉（腹腔内的部分）闭锁，成为由脐部至肝的肝圆韧带；②脐动脉大部分闭锁成为脐外侧韧带，仅近侧段保留成为膀胱上动脉；③肝的静脉导管闭锁成为静脉韧带，从门静脉的左支经肝到下腔静脉；④出生后脐静脉闭锁，从下腔静脉注入右心房的血液减少，右心房压力降低，同时肺开始呼吸，大量血液由肺静脉回流进入左心房，左心房压力增高，于是卵圆孔瓣紧贴于继发隔，使卵圆孔关闭。出生后约一年左右，卵圆孔瓣方与继发隔完全融合，达到解剖关闭，但约有25%的人卵圆孔未达到完全的解剖关闭；⑤动脉导管闭锁成为动脉韧带。

第五节 双胎、多胎和联胎

一、双胎

双胎 twins 又称孪生，双胎的发生率约占新生儿的1%。双胎有两种。

（一）双卵孪生

一次排出两个卵子分别受精后发育为双卵孪生 dizygotic twins，占双胎的大多数。它们有各自的胎膜与胎盘，性别相同或不同，相貌和生理特性的差异如同一般兄弟姐妹，仅是同龄而已。

（二）单卵孪生

由一个受精卵发育为两个胚胎，故此种双胎儿的遗传基因完全一样。他（她）们的性别一致，而且相貌和生理特征也极相似。单卵孪生 monozygotic twins 可以是：①从受精卵发育出两个胚泡，他们分别植入，两个胎儿有各自的羊膜腔和胎盘；②一个胚泡内出现两个内细胞群，各发育为一个胚胎，这类孪生儿有各自的羊膜，但共有一个绒毛膜与胎盘；③胚盘上出现两个原条与脊索；诱导形成两个神经管，发育为两个胚胎，这类孪生儿同位于一个羊膜腔内，也共有一个绒毛膜与胎盘。（图12-19）

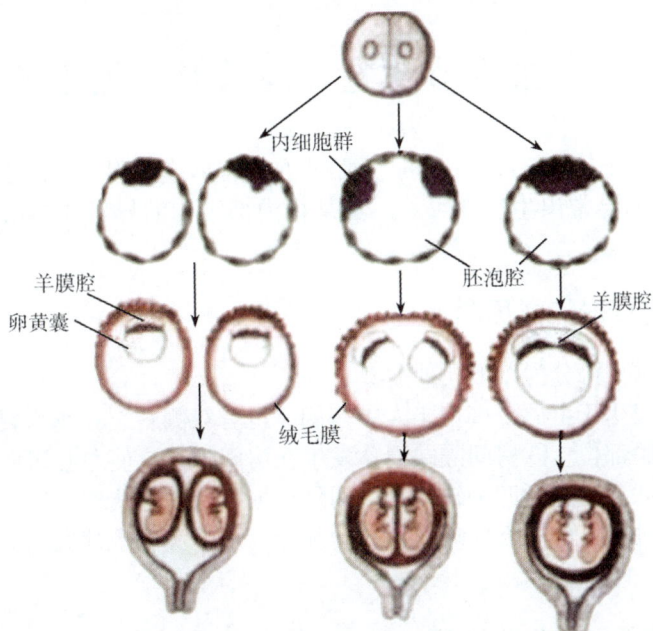

图 12-19 单卵孪生形成机制

二、多胎

一次娩出两个以上新生儿为多胎 multiple birth。多胎的原因可以是单卵性、多卵性或混合性，常为混合性多胎。多胎发生率低，三胎约万分之一，四胎约百万分之一；四胎以上更为罕见，多不易存活。

三、联体双胎

在单卵孪生中，当一个胚盘出现两个原条并分别发育为两个胚胎时，若两原条靠得较近，胚体形成时发生局部联接，称联体双胎 conjoined twins（图 12-20）。联体双胎有对称型和不对称型两类。对称型是指两个胚胎大小相同，根据连接的部位不同分为头联体、臀联体、胸腹联体等。不对称型指两个胚胎一大一小，小者常发育不全，形成寄生胎或胎中胎。

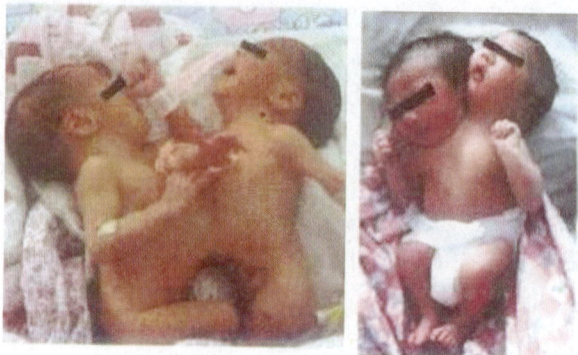

图 12-20 联体双胎

第六节　先天性畸形与优生

先天性畸形 congenital malformation 是胎儿在器官形成过程中，由于某些因素所致的形态异常，外形的异常出生后即可见，当某种内部结构的异常要在出生后才能逐渐显现，称为出生缺陷。

一、先天性畸形的常见类型

先天性畸形常见可分为以下几种类型。

①唇裂：常发生于上唇，多偏于人中一侧，也有双侧唇裂；②腭裂：常与唇裂同时存在，发生在硬腭部位；③房间隔缺损：发生在房间隔上，使左心房血液可以倒流回右心房；④法洛四联症：包括四种缺陷：室间隔缺损、肺动脉狭窄、主动脉骑跨、右心室肥大，是儿童一种常见的先天性畸形；⑤动脉导管未闭：也是常见畸形，由主动脉和肺动脉之间的通道未闭合所致。

二、先天性畸形的发病原因

（一）遗传因素

先天性畸形的遗传因素有染色体畸变和基因突变两类。染色体畸变包括染色体数目异常和染色体结构异常，如先天性卵巢发育不全、先天愚型、猫叫综合征等。基因突变是指 DNA 分子碱基组成的排列顺序发生改变，而染色体外形看不见异常，如软骨发育不全、多囊肾、多发性结肠息肉等。

（二）环境因素

1. 生物性致畸因子 目前已经确定对人类胚胎有致畸作用的生物因子有：风疹病毒、巨细胞病毒、单纯疱疹病毒、弓形虫、梅毒螺旋体等。

2. 物理性致畸因子 射线、机械性压迫和损伤等已确认对人类胚胎有致畸作用。

3. 致畸性药物 20世纪60年代"反应停事件"后，药物致畸作用引起人们的普遍重视，并对药物进行严格的致畸检测。多数抗肿瘤药物有明显的致畸作用，如甲氨蝶呤可引起无脑、小头及四肢畸形。某些抗生素也有致畸作用，如孕期大剂量服用四环素可引起胎儿牙釉质发育不全，大剂量应用链霉素可引起先天性耳聋，大剂量应用新生霉素可引起先天性白内障和短指畸形等。某些抗惊厥药物、治疗精神病的药物均有不同程度的致畸作用，可引起多种畸形。

4. 致畸性化学物质 在工业"三废"、农药、食品添加剂和防腐剂中，含有一些有致畸作用的化学物质。

5. 其他致畸因子 酗酒、大量吸烟、缺氧、严重营养不良等均有致畸作用。孕期过量饮酒可引起多种胎儿畸形，称胎儿酒精综合征 fetal alcohol syndrome。吸烟的致畸作用越来越受到人们的重视，吸烟引起胎儿畸形主要是由于尼古丁使胎盘血管收缩，胎儿缺血，CO进入胎儿血液并使胎儿缺氧。另外，吸烟所产生的其他有害物质，如氰氢酸盐，也可影响胎儿的正常发育。吸烟不仅引起胎儿先天畸形，严重者可导致胎儿死亡和流产。

（三）环境因素与遗传因素在畸形中的相互作用

在先天性畸形的发生中，环境因素与遗传因素的相互作用是非常明显的，多数畸形是二者相互作用的结果。一方面表现为环境致畸因子通过引起胚体染色体畸形和基因突变而导致先天性畸形，另一方面还表现在遗传因素可影响胚胎对致畸因子的易感程度。

三、致畸形敏感期

胎儿发育是否畸形，不仅决定于致畸因子的性质和胚胎的遗传特性，还决定于致畸因子作用时胚胎所处的发育阶段。受致畸因子作用后最易发生畸形的阶段称致畸敏感期。一般受精后2周内正值卵裂和胚泡植入，此时致畸因子可损伤整个胚胎或者大部分细胞造成胚胎死亡流产。妊娠第3~8周为各个器官分化期，最容易受致畸因子影响产生器官形态异常，属于致畸高度敏感期。

四、优生

优生已经成为一项国策，其主要内容是控制先天性畸形新生儿出生率，以达到逐步改善和提高人群遗传素质的目的。我国开展优生工作主要有如下几点：禁止近亲结婚，进行遗传咨询，提倡适龄生育和产前诊断等。婚前应进行遗传咨询，对不适宜生育的夫妇建议采取相应的措施。在妊娠期间要避免接触上述各种环境致畸因素，要进行妊娠监护，对有遗传性疾病家族史的夫妇尤其要进行产前检查，尽早发现畸形胚胎以便采取相应措施。常用的产前检查方法包括B型超声波、胎儿镜、胎儿心电图、生物化学及酶检查、染色体诊断等。

练习题

A1 型题（单句型最佳选择题）

1. 受精一般发生于输卵管的

   A. 漏斗部　　　　B. 壶腹部　　　　C. 峡部

   D. 子宫部　　　　E. 输卵管伞

2. 射出的精子

   A. 已有运动能力及受精能力　　　　B. 既无运动能力也无受精能力

   C. 已有运动能力但无受精能力　　　　D. 有穿过放射冠和透明带的能力

   E. 以上都不对

3. 精子获能是指

   A. 女性生殖管道中的酶分解精子表面抑制精子释放顶体酶的糖蛋白，从而使精子获得受精能力

   B. 精子表面被一层糖蛋白所封闭，抑制其释放顶体酶

   C. 精子释放顶体酶的反应

   D. 透明带变致密的过程

   E. 放射冠被分解的过程

4. 关于受精，何项错误

   A. 受精一般在输卵管壶腹部

   B. 受精前精子和卵子已完成第二次成熟分裂

   C. 精子细胞膜与卵子细胞膜融合

   D. 精子进入卵子后，发生透明带反应

   E. 形成二倍体的受精卵

5. 受精时精子穿入

   A. 卵原细胞　　　　B. 初级卵母细胞　　　　C. 次级卵母细胞

   D. 成熟卵细胞　　　　E. 原始卵泡

6. 宫外孕最常见的部位是

   A. 卵巢　　　　B. 腹腔　　　　C. 肠系膜

   D. 输卵管　　　　E. 子宫阔韧带

7. 次级卵母细胞完成第二次成熟分裂是在

   A. 排卵前　　　　B. 排卵时　　　　C. 受精时

   D. 出生前　　　　E. 青春期

8. 前置胎盘是由于胚泡植入在

   A. 子宫底　　　　B. 子宫后壁　　　　C. 子宫前壁

   D. 近子宫颈处　　　　E. 输卵管处

9. 人胚发育时，透明带消失发生在

   A. 二细胞期　　　　B 四细胞期　　　　C. 桑葚胚期

   D. 胚泡期　　　　E. 胚盘期

10. 胚泡的组成

    A. 滋养层、内细胞群、胚外体腔　　　　B. 滋养层、胚泡腔、内细胞群

    C. 胚盘、胚泡腔、内细胞群　　　　D. 绒毛膜、胚外体腔、胚盘

E. 滋养层、内细胞群

11. 卵裂是指

 A. 第一次成熟分裂　　　B. 无丝分裂　　　　　　C. 第二次成熟分裂

 D. 卵细胞的分裂　　　　E. 受精卵的早期分裂

12. 胚泡植入的正常位置是

 A. 子宫底、体部内膜功能层　　　　　　　　B. 子宫颈部

 C. 子宫肌层　　　　　　D. 子宫内膜基底层　　　E. 输卵管

13. 胚泡植入后的子宫内膜称

 A. 胎膜　　　　　　　　B. 蜕膜　　　　　　　　C. 绒毛膜

 D. 羊膜　　　　　　　　E. 基膜

14. 三胚层胚盘由（　　）构成。

 A. 上胚层、基膜和外胚层　　　　　　　　　B. 内胚层、胚内中胚层和下胚层

 C. 上胚层、基膜、下胚层　　　　　　　　　D. 内胚层、胚内中胚层和外胚层

 E. 上胚层、胚内中胚层和下胚层

15. 卵泡腔形成在哪个阶段

 A. 次级卵泡　　　　　　B. 原始卵泡　　　　　　C. 初级卵泡

 D. 成熟卵泡　　　　　　E. 闭锁卵泡

16. 参与胎盘形成的是

 A. 基蜕膜　　　　　　　B. 包蜕膜　　　　　　　C. 壁蜕膜

 D. 平滑绒毛膜　　　　　E. 羊膜

17. 在正常情况下，足月胎儿的脐带长

 A.20~40cm　　　　　　B.40~60cm　　　　　　C.60~80cm

 D.80~100cm　　　　　 E.100~120cm

18. 致畸敏感期是指胚胎发育

 A. 第 1~2 周　　　　　　B. 第 1~2 月　　　　　　C. 第 3~8 周

 D. 第 3~8 天　　　　　　E. 第 2~3 月

19. 分娩时羊水的量

 A.500ml~1000ml　　　B.500ml~1500ml　　　C.1000ml~1500ml

 D.1000ml~2000ml　　　E.2000ml~2500ml

20. 卵圆孔完全关闭是在

 A. 胎儿第 4 个月　　　　B. 胎儿第 6 个月　　　　C. 胎儿第 8 个月

 D. 出生前不久　　　　　E. 出生后 1 年左右

（罗　昊）

参考答案

绪论
1.E 2.B 3.C

第一单元 人体细胞
1.D 2.B 3.B 4.D 5.A

第二单元 基本组织
（一）A1 型题
1.B 2.D 3.C 4.E 5.B 6.C 7.D 8.A 9.E 10.D
（二）A2 型题
1.D 2.C 3.C 4.B 5.E 6.E 7.B
（三）A3 型题
1.B 2.E 3.D 4.D 5.C 6.A 7.E 8.C 9.E

第二部分 器官及系统结构

第三单元 运动系统
1.D 2.B 3.B 4.B 5.C 6.B 7.D 8.D 9.C 10.B 11.D 12.B 13.C
14.C 15.A

第四单元 消化系统
1.E 2.B 3.A 4.E 5.A 6.B 7.B 8.C 9.D 10.C 11.D 12.B 13.E 14.B
15.D 16.E 17.D 18.C 19.B 20.E 21.E 22.C 23.B 24.C 25.B 26.B
27.D 28.E 29.A 30.D 31.B 32.B 33.A 34.D 35.C 36.A 37.E 38.A
39.B 40.D

第五单元 呼吸系统
1.B 2.D 3.D 4.B 5.D 6.C 7.B 8.B 9.C 10.B 11.B 12.E 13.B 14.D
15.E 16.C 17.D 18.B 19.A 20.A 21.A 22.C 23.A

第六单元 泌尿系统
1.B 2.C 3.D 4.A 5.D

第七单元 生殖系统
1.C 2.C 3.B 4.B 5.C 6.C 7.D 8.B 9.E 10.C

第八单元 脉管系统
1.C 2.A 3.A 4.B 5.E 6.C 7.C 8.A 9.B 10.D

第九单元 感觉器官
1.B 2.D 3.B 4.C 5.D 6.A 7.D 8.B 9.D

第十单元 神经系统
1.E 2.E 3.D 4.E 5.C 6.E 7.C 8.A 9.A 10.C 11.A 12.D 13.C 14.B
15.C 16.D 17.C 18.C 19.E 20.B

第十一单元　内分泌系统

1.E　2.B　3.C　4.C　5.E　6.C　7.C　8.E　9.B　10.D　11.C　12.D　13.B　14.D　15.C

第三部分　胚胎学

第十二单元　人体胚胎学概要

1.B　2.C　3.A　4.B　5.C　6.D　7.C　8.D　9.D　10.B　11.E　12.A　13.B　14.D　15.A　16.A　17.B　18.C　19.C　20.E

参考文献

[1] 柏树令，应大君.系统解剖学.第7版.北京：人民卫生出版社，2011.

[2] 郭光文，王序.人体解剖彩色图谱.北京：人民卫生出版社，1986.

[3] 彭裕文.局部解剖学.第7版.北京：人民卫生出版社，2011.

[4] 吴先国.人体解剖学.北京：人民卫生出版社，2004.

[5] 马大军.人体解剖学.北京：中国协和医科大学出版社，2008.

[6] 曹承刚.人体解剖学.北京：中国协和医科大学出版社，2007.

[7] 刘文庆.人体解剖学.北京：人民卫生出版社，2004.

[8] 窦肇华.人体解剖学与组织胚胎学.第6版.北京：人民卫生出版社，2012.

[9] 陈鹤林.人体解剖.天津：科学技术出版社，2012.

[10] 邹仲之.组织学与胚胎学.第7版.北京：人民卫生出版社，2011.

[11] 盖一峰.人体解剖学.第2版.北京：人民卫生出版社，2010.

[12] 陈佑泉.人体解剖学与组织胚胎学.第2版.陕西：第四军医大学出版社，2012.

[13] 邹终之.组织学与胚胎学.第7版.北京：人民卫生出版社，2008.

[14] 韩中保.组织学与胚胎学.天津：科学技术出版社，2012.

[15] 宿宝贵.人体解剖学.第2版.北京：人民卫生出版社，2010.